Karin Furer

„Teaching about religion“ – Religionskunde im Vergleich

ReligionsRecht im Dialog

herausgegeben von

Prof. Dr. Adrian Loretan
(Universität Luzern)

Band 13

LIT

Karin Furer

„Teaching about religion“ – Religionskunde im Vergleich

Rechtsvergleichende und verhandlungstheoretische Betrachtung von integrierter Religionskunde in Frankreich und Religionskunde als gesondertem Fach im Kanton Zürich

LIT

Gedruckt auf alterungsbeständigem Werkdruckpapier entsprechend
ANSI Z3948 DIN ISO 9706

Bibliografische Information der Deutschen Nationalbibliothek
Die Deutsche Nationalbibliothek verzeichnet diese Publikation in der Deutschen Nationalbibliografie; detaillierte bibliografische Daten sind im Internet über http://dnb.d-nb.de abrufbar.

ISBN 978-3-643-80116-6
Zugl.: Luzern, Univ., Diss., 2011

Klosbachstr. 107
CH-8032 Zürich
Tel. +41 (0) 44-251 75 05
Fax +41 (0) 44-251 75 06
e-Mail: zuerich@lit-verlag.ch
http://www.lit-verlag.ch

LIT VERLAG Dr. W. Hopf
Berlin 2012
Verlagskontakt:
Fresnostr. 2
D-48159 Münster
Tel. +49 (0) 2 51-620 320
Fax +49 (0) 2 51-23 19 72
e-Mail: lit@lit-verlag.de
http://www.lit-verlag.de

Auslieferung:
Deutschland: LIT Verlag Fresnostr. 2, D-48159 Münster
Tel. +49 (0) 2 51-620 32 22, Fax +49 (0) 2 51-922 60 99, e-Mail: vertrieb@lit-verlag.de

Österreich: Medienlogistik Pichler-ÖBZ, e-Mail: mlo@medien-logistik.at

Schweiz: B + M Buch- und Medienvertrieb, e-Mail: order@buch-medien.ch

Vorwort

Die vorliegende Arbeit wurde im Herbst 2011 als Dissertation zur Erlangung der Würde einer Doktorin der Theologie an der Theologischen Fakultät der Universität Luzern angenommen. Literatur und Rechtsprechung wurden bis Ende 2010 berücksichtigt.

Mein herzlicher Dank geht zuerst an meinen Doktorvater, Prof. Dr. iur can. et lic. theol. Adrian Loretan, Inhaber der Professur für Kirchenrecht und Staatskirchenrecht an der Theologischen Fakultät der Universität Luzern. Seine uneingeschränkte Unterstützung und Ermutigung haben den Arbeitsprozess ebenso unterstützt wie seine fachlichen Anstösse und Anmerkungen. Sein Vertrauen in mich und die Freiheit in meiner Forschungsarbeit beeinflussten diese Arbeit entscheidend. Meinem Zweitbetreuer, Prof. Dr. iur. Francis Messner, Directeur de recherche am CNRS Strassburg, möchte ich ebenfalls ganz herzlich danken. Die Diskussionen mit ihm haben mir wichtige Hinweise für das Verständnis des französischen Rechtssystems geliefert und das Interesse für das lokale Recht des Elsass geweckt. Er hat es mir ermöglicht, stets frei nach meinen Bedürfnissen an seinem Institut in Strassburg forschen zu können. Jean-Paul Willaime, Directeur d'études an der „Ecole pratique des hautes études“ (EPHE) in Paris danke ich für die wertvollen religionssoziologischen Impulse. Prof. Dr. iur. Brigitte Basdevant-Gaudemet, Professorin an der Universität Paris XI, danke ich für ihre Unterstützung im Anfangsstadium dieser Dissertation.

Auch der Forschungsgruppe PRISME-SDRE um Prof. Dr. Francis Messner möchte ich danken, besonders Anne Fornerod, Anne-Laure Zwilling, Françoise Curtit und Jinane Baroudy.

Mathias Rellstab, Ralph Pringsheim und Stefan Bossart danke ich für ihre Unterstützung bei der sprachlichen Bereinigung des Manuskripts und der Vorbereitung der Drucklegung. Dem Verein zur Förderung wissenschaftlicher Publikationen an der Universität Luzern sowie dem Rektorat der Universität Luzern danke ich für den grosszügigen Beitrag an die Druckkosten.

Schliesslich gilt mein Dank meinen Eltern, Rosmarie und Christian Furer-Kramer. Sie haben mich auf meinem akademischen Weg stets bedingungslos unterstützt. Ihnen ist die vorliegende Arbeit gewidmet.

Zürich, November 2011 — Karin Furer

Inhaltsübersicht

Inhaltsverzeichnis

Abkürzungsverzeichnis

ABl.	Amtsblatt der Europäischen Union
Abs.	Absatz
aBV	Bundesverfassung der Schweizerischen Eidgenossenschaft vom 29. Mai 1874 (alte Bundesverfassung, aufgehoben)
AEUV	Konsolidierte Fassung des Vertrags über die Arbeitsweise der Europäischen Union in der Fassung des Vertrags von Lissabon, ABl. C83/47 vom 30. März 2010
AJ Famille	Actualité Juridique Famille
AJDA	L' Actualité Juridique Droit Administratif
AJP/PJA	Aktuelle Juristische Praxis / Pratique Juridique Actuelle
aKV ZH	Verfassung des eidgenössischen Standes Zürich vom 18. April 1869 (alte Kantonsverfassung, aufgehoben)
al.	Alinéa
Anm.	Anmerkung
Art.	Artikel
Art. D.	Artikel im dekretorischen Teil
Art. L.	Artikel im gesetzlichen Teil
Art. R.	Artikel im reglementarischen Teil
ass.	Assemblée
Aufl.	Auflage
aVSG	Gesetz über die Volksschule und die Vorschulstufe (Volksschulgesetz) vom 11. Juni 1899 (LS 412.11, aufgehoben) [Kanton Zürich]
BATNA	Best Alternative To Negotiated Agreement
BBl	Bundesblatt der Schweizerischen Eidgenossenschaft
Bd.	Band

BehiG	Bundesgesetz über die Beseitigung von Benachteiligungen von Menschen mit Behinderungen vom 13. Dezember 2002 (Behindertengleichstellungsgesetz; SR 151.3)
BGE	Entscheidung(en) des Schweizerischen Bundesgerichts
BiG	Bildungsgesetz vom 1. Juli 2002 (LS 410.1) [Kanton Zürich]
BK	Berner Kommentar, Kommentar zum schweizerischen Privatrecht
BO	Bulletin officiel de l'Education nationale
BSK OR II	HONSELL, Heinrich, VOGT, Nedim Peter, WATTER, Rolf, *Basler Kommentar, Obligationenrecht II, Art. 530 – 1186 OR,* 3. Auflage, Helbing & Lichtenhahn, Basel, 2008.
BSK ZGB I	HONSELL, Heinrich, VOGT, Nedim Peter, GEISER, Thomas, *Basler Kommentar, Zivilgesetzbuch I, Art. 1 – 456 ZGB,* 4. Auflage, Helbing & Lichtenhahn, Basel, 2010.
BV	Bundesverfassung der Schweizerischen Eidgenossenschaft vom 18. April 1999 (SR 101)
c.	contre
C.	Constitution; Verfassung der französischen Republik vom 4. Oktober 1958
C. cass.	Cour de cassation
C. civ.	Code civil
C. éduc.	Code de l'éducation
C. pén.	Code pénal
ca.	Circa
Cass. civ.	Zivilrechtskammer der Cour de cassation
CE	Conseil d'Etat
CNRS	Centre national de la recherche scientifique
Cons. const.	Conseil constitutionnel

CRDF	Centre de recherche sur les droits fondamentaux
D.	Recueil Dalloz
d. h.	das heisst
DBG	Bundesgesetz vom 14. Dezember 1990 über die direkte Bundessteuer (SR 642.11)
DC.	Décision
DDHC	Déclaration des Droits de l'Homme et du Citoyen von 1789
déc.	Décision
ders.	Derselbe
DH	DENZINGER, Heinrich, HÜNERMANN, Peter, HOPING, Helmut, *Kompendium der Glaubensbekenntnisse und kirchlichen Lehrentscheidungen,* 42. Auflage, Herder, Freiburg im Breisgau, 2009.
DR	Desicions and Reports (Publikation der Europäischen Kommission für Menschenrechte)
E.	Erwägung
e. E.	eigene Einfügung
EDK	Schweizerische Konferenz der kantonalen Erziehungsdirektoren
e.g.	exempli gratia (zum Beispiel)
EGMR	Europäischer Gerichtshof für Menschenrechte
EKG	Gesetz über die evangelisch-reformierte Landeskirche vom 7. Juli 1963 (LS 181.11, aufgehoben) [Kanton Zürich]
EKMR	Europäische Kommission für Menschenrechte
EMRK	Konvention vom 4. November 1950 zum Schutze der Menschenrechte und Grundfreiheiten (SR 0.101)
et al.	und andere
etc.	et cetera
EU	Europäische Union
EUREL	„Religion en Europe“

EUV	Konsolidierte Fassung des Vertrags über die Europäische Union in der Fassung des Vertrags von Lissabon, ABl. C83/13 vom 30. März 2010
EUVV	Konsolidierte Fassung des Vertrags über die Europäische Union, ABl. 115/15 vom 9. Mai 2008
f. / ff.	und folgende (Seiten)
Fasc.	Fascicule (Heft)
FCPE	„Fédération des conseils de parents d'élèves"
FEN	„Syndicat des enseignants"
Fn.	Fussnote
FPE	„Fédération Protestante de l'Enseignement"
GG	Gemeindegesetz vom 6. Juni 1926 (LS 131.1) [Kanton Zürich]
GjG	Gesetz über die anerkannten jüdischen Gemeinden vom 9. Juli 2007 (LS 184.1) [Kanton Zürich]
GSRL	„Groupe Sociétés, Religions, Laïcités"
HarmoS-Konkordat	Interkantonale Vereinbarung über die Harmonisierung der obligatorischen Schule vom 14. Juni 2007 (LS 410.31) [Kanton Zürich]
Hg.	Herausgeber
i.S.	in Sachen
ibid.	ibidem (daselbst, am gleichen Ort, an gleicher Stelle)
IESR	Institut européen en sciences des religions
Jhg.	Jahrgang
JO / JOFR	Journal officiel / Journal officiel de la République française
KiG	Kirchengesetz vom 9. Juli 2007 (LS 180.1)
KKG	Gesetz über das katholische Kirchenwesen vom 7. Juli 1963 (LS 182.1, aufgehoben) [Kanton Zürich]
KR-Nr.	Kantonsrats-Nummer
KRK	Übereinkommen über die Rechte des Kindes vom 20. November 1989 (SR 0.107)

KV ZH	Verfassung des Kantons Zürich vom 27. Februar 2005 (LS 101)
L.	loi (Gesetz)
lit.	Litera
LPG	Gesetz über das Arbeitsverhältnis der Lehrpersonen an der Volksschule vom 10. Mai 1999 (LS 412.31) [Kanton Zürich]
LS	Loseblattsammlung (Zürcher Gesetzessammlung)
LUV	Verordnung über den landeskirchlichen Unterricht vom 4. April 1990 (LS 181.17, OS 51 (1990 – 1991), 59; aufgehoben) [Kanton Zürich]
m. E.	meines Erachtens
MAR	Reglement der EDK vom 16. Januar 1995 über die Anerkennung von gymnasialen Maturitätsausweisen (MAR) (LS 410.5) [Kanton Zürich]
MSG	Mittelschulgesetz vom 13. Juni 1999 (LS 413.21) [Kanton Zürich]
n°	numéro (Nummer)
Nr.	Nummer
NZZ	Neue Zürcher Zeitung (Zürich)
OG RR	Gesetz über die Organisation des Regierungsrates und der kantonalen Verwaltung (LS 172.1) [Kanton Zürich]
OR	Bundesgesetz vom 30. März 1911 betreffend die Ergänzung des Schweizerischen Zivilgesetzbuches (Fünfter Teil: Obligationenrecht) (SR 220)
OS	Offizielle Sammlung der seit 10. März 1831 erlassenen Gesetze, Beschlüsse und Verordnungen des Eidgenössischen Standes Zürich
p. / pp.	pagina / paginae
PFRLR	Principe fondamental reconnu par les lois de la République / Principes fondamentaux reconnus par les lois de la République
PHZH	Pädagogische Hochschule Zürich

Pra	Die Praxis des Bundesgerichts (Basel)
PRISME	„Politiques, Religions, Institutions et Société: Mutations Européennes“
Puf	Presses Universitaires de France
PUS	Presses Universitaires de Strasbourg
RDC	Revue de droit canonique
Rec.	Recueil Lebon
REDCo	„Religion in Education. A contribution for Dialogue or a factor of Conflict in transforming societies of European countries“
RSVO	Verordnung über das Rechtsetzungsverfahren in der kantonalen Verwaltung (Rechtsetzungsverordnung) vom 29. November 2000 (LS 172.16) [Kanton Zürich]
Rz.	Randziffer
Schulblatt ZH	Schulblatt des Kantons Zürich
SDRE	„Société, Droit et Religion en Europe“
sect.	section (Sektion)
SJKR	Schweizerisches Jahrbuch für Kirchenrecht
SJZ	Schweizerische Juristen-Zeitung
SKZ	Schweizerische Kirchenzeitung
SNES	„Syndicat national des enseignements du second degré“
sous-sect.	sous-section (Untersektion)
SR	Systematische Sammlung des Bundesrechts
St. Galler Kommentar zur Bundesverfassung	EHRENZELLER, Bernhard, MASTRONARDI, Philippe, SCHWEIZER, Rainer J., VALLANDER, Klaus A., (Hg.), *Die schweizerische Bundesverfassung, Kommentar,* 2. Auflage, Schulthess, Zürich, 2008.
StG	Steuergesetz vom 8. Juni 1997 (LS 631.1) [Kanton Zürich]
StGB	Schweizerisches Strafgesetzbuch vom 19. Dezember 1937 (SR 311.0)

StHG	Bundesgesetz vom 14. Dezember 1990 über die Harmonisierung der direkten Steuern der Kantone und Gemeinden (SR 642.14)
Synodalverordnung	Synodalverordnung des Kantons Zürich vom 9. Juni 2004 (LS 410.11) [Kanton Zürich]
TA	Tribunal administrativ
UBF	„Union bouddhiste de France“
UNO-Pakt I	Internationaler Pakt vom 16. Dezember 1966 über wirtschaftliche, soziale und kulturelle Rechte (SR 0.103.1)
UNO-Pakt II	Internationaler Pakt vom 16. Dezember 1966 über bürgerliche und politische Rechte (SR 0.103.2)
vgl.	Vergleiche
Vol.	Volume (Band)
Volkszählungs-verordnung	Verordnung über die eidgenössische Volkszählung (Volkszählungsverordnung) vom 19. Dezember 2008 (SR 431.112.1)
VSA	Volksschulamt des Kantons Zürich
VSG	Gesetz über die Volksschule und die Vorschulstufe vom 7. Februar 2005 (LS 412.100) [Kanton Zürich]
VSV	Verordnung über die Volksschule und die Vorschulstufe vom 28. Juni 2006 (LS 412.101) [Kanton Zürich]
VvL	Vertrag von Lissabon zur Änderung des Vertrags über die Europäische Union und des Vertrags zur Gründung der Europäischen Gemeinschaft (ABl. C 306/01 vom 17. Dezember 2007)
VwVG	Bundesgesetz vom 20. Dezember 1968 über das Verwaltungsverfahren (SR 172.021)
WVK	Wiener Übereinkommen vom 23. Mai 1969 über das Recht der Verträge (SR 0.111)
ZBl	Schweizerisches Zentralblatt für Staats- und Verwaltungsrecht
ZGB	Schweizerisches Zivilgesetzbuch vom 10. Dezember 1907 (SR 210)

Ziff.	Ziffer
ZP	Zusatzprotokoll zur EMRK
ZSR	Zeitschrift für Schweizerisches Recht

Literaturverzeichnis

ADAIR, Wendi Lyn, BRETT, Jeanne M., *Culture and Negotiation Processes,* in: GELFAND, Michele J., BRETT, Jeanne M., (Hg.), *The Handbook of Negotiation and Culture,* Stanford University Press, Stanford, 2004, pp. 158 – 176.

AKGÖNÜL, Samim, (Hg.) *Laïcité en débat, Principes et représentations en France et en Turquie*, PUS, Strasbourg, 2008.

ALFANDARI, Elie, *La liberté d'association,* in: CABRILLAC, Rémy, FRISON-ROCHE, Marie-Anne, REVET, Thierry, (Hg.), *Libertés et droits fondamentaux*, 16. Auflage, Dalloz, Paris, 2010, pp. 453 – 474.

ALLAND, Denis, (Hg.), *Droit international public,* puf, Paris, 2000.

ALLAND, Denis, *Droit international et droit interne*, in: ALLAND, Denis, (Hg.), *Droit international public,* puf, Paris, 2000, pp. 351 – 397.

AMBÜHL, Hans, *HarmoS: demokratisch legitimiert, subsidiär, zielführend,* in: AUER, Andreas, *Herausforderung HarmoS, Bildungspolitik, Föderalismus und Demokratie auf dem Prüfstein,* Schulthess, Zürich, 2010, pp. 35 – 48.

ARMAND, Gilles, Editorial, in: Quel avenir pour la laïcité cent ans après la loi de 1905?, *CRDF* 4 (2005).

AUBERT, Jean-François, EICHENBERGER, Kurt, MÜLLER, Jörg Paul, RHINOW, René A., SCHINDLER, Dietrich, *Kommentar zur Bundesverfassung der Schweizerischen Eidgenossenschaft vom 29. Mai 1874,* Helbing & Lichtenhahn, Basel, 1996.

AUBERT, Jean-François, MAHON, Pascal, *Petit commentaire de la Constitution fédérale de la Confédération suisse du 18 avril 1999*, Schulthess, Genf, 2003.

AUER, Andreas, *Herausforderung HarmoS, Bildungspolitik, Föderalismus und Demokratie auf dem Prüfstein,* Schulthess, Zürich, 2010.

AUER, Andreas, MALINVERNI, Giorgio, HOTTELIER, Michel, *Droit constitutionnel suisse, vol. II: Les droits fondamentaux,* 2. Auflage, Stämpfli Verlag, Bern, 2006.

BASDEVANT-GAUDEMET, Brigitte, *Quelques étapes de l'anticléricalisme en France. Aux origines de la laïcité à la française*, in: RAADSCHELDERS, Jos C. N., (Hg.), *Staat und Kirche in Westeuropa in verwaltungshistorischer Perspektive (19./20. Jh.),* Jahrbuch für europäische Verwaltungsgeschichte Band 14, Nomos, Baden-Baden, 2002, pp. 21 – 39.

BASDEVANT-GAUDEMET, *L'enseignement des religions en Europe, cadres institutionnels,* in: MENGES LE PAPE, Christine, (Hg.), *L'enseignement des religions approches laïques et religieuses*, Presses de l'Université Toulouse Capitole, Toulouse, 2010, pp. 286 – 302.

BASDEVANT-GAUDMET, Brigitte, *Le régime juridique des écoles privées et des aumôneries de l'enseignement public en France*, in: CONSORZIO EUROPEO DI RICERCA SUI RAPPORTI TRA STATI ET CONFESSIONI RELIGIOSE, (Hg.), *Stati e confessioni religiose in europa, modelli di finanziamento pubblico, scuola et fattore religioso*, Giuffrè, Milan, 1992, pp. 139 – 170.

BAUBÉROT, Jean, *Histoire de la laïcité en France*, 5. Auflage, puf, Paris, 2010.

BAUBÉROT, Jean, La laïcité. Evolutions et enjeux, *Problèmes politiques et sociaux, Dossier d'actualité mondiale,* 768 (1996).

BAUMANN, Martin, *Dieux, gourous, esprit et âmes: Les traditions hindoues en Suisse*, in: BAUMANN, Martin, STOLZ, Jörg, (Hg.), *La nouvelle Suisse religieuse, Risques et chances de sa diversité,* Labor et Fides, Genf, 2009, pp. 230 – 245.

BAUMANN, Martin, STOLZ, Jörg, (Hg.), *La nouvelle Suisse religieuse, Risques et chances de sa diversité,* Labor et Fides, Genf, 2009.

BAUMANN, Robert, Die Umsetzung völkerrechtswidriger Initiativen, *ZBl* 111 (2010), pp. 242 – 274.

BAUMER, Iso, *Unité et diversité des Eglises chrétiennes d'Orient en Suisse*, in: BAUMANN, Martin, STOLZ, Jörg, (Hg.), *La nouvelle Suisse religieuse, Risques et chances de sa diversité,* Labor et Fides, Genf, 2009, pp. 166 – 180.

BAZIOU, Jean-Yves, *L'Eglise catholique,* in: MESSNER, Francis, (Hg.), *La culture religieuse à l'école, Enquête, prises de position, pratiques européennes*, Les éditions du cerf, Paris, 1995, pp. 271 – 274.

BEDOUELLE, Guy, COSTA, Jean-Paul, *Les laïcités à la française*, puf, Paris, 1998.

BELLIGER, Andrea, GLUR-SCHÜPFER, Thomas, SPITZER, Beat, *Staatlicher und kirchlicher Religionsunterricht an den öffentlichen Schulen der Deutschschweizer Kantone*, Zentralschweizerischer Beratungsdienst für Schulfragen, Ebikon, 1999.

BÉRAUD, Céline, MASSIGNON, Bérengère, MATHIEU, Séverine, WILLAIME, Jean-Paul, *The School – An Appropriate Institution in France for Acquiring Knowledge on Religious Diversity and Experiencing it Firsthand?* in: VALK, Pille, BERTRAM-TROOST, Gerdien, FRIEDERICI, Markus, BÉRAUD, Céline, (Hg.), *Teenagers' Perspectives on the Role of Religion in their Lives, Schools and Societies. A European Quantitative Study*, Waxmann, Münster, 2009, pp. 131 – 163.

BÉRAUD, Céline, WILLAIME, Jean-Paul, *Les jeunes, l'école et la religion*, Bayard, Paris, 2009.

BERTELSMANN STIFTUNG (Hg.), *Religionsmonitor 2008*, Gütersloher Verlagshaus, Gütersloh, 2007.

BERTELSMANN STIFTUNG, (Hg.), *What the World Believes, Analyses and Commentary on the Religion Monitor 2008,* Verlag Bertelsmann Stiftung, Gütersloh, 2009.

BIAGGINI, Giovanni, *Art. 10*, in: HÄNER, Isabelle, RÜSSLI, Markus, SCHWARZENBACH, Evi, (Hg.), *Kommentar zur Zürcher Kantonsverfassung,* Schulthess, Zürich, 2007, pp. 125 – 135.

BIAGGINI, Giovanni, *Art. 14*, in: HÄNER, Isabelle, RÜSSLI, Markus, SCHWARZENBACH, Evi, (Hg.), *Kommentar zur Zürcher Kantonsverfassung,* Schulthess, Zürich, 2007, pp. 171 – 183.

BIAGGINI, Giovanni, *Art. 15*, in: HÄNER, Isabelle, RÜSSLI, Markus, SCHWARZENBACH, Evi, (Hg.), *Kommentar zur Zürcher Kantonsverfassung,* Schulthess, Zürich, 2007, pp. 185 – 189.

BIGLER-EGGENBERGER, Margrith, *Art. 41,* in: EHRENZELLER, Bernhard, MASTRONARDI, Philippe, SCHWEIZER, Rainer J., VALLANDER, Klaus A., (Hg.), *Die schweizerische Bundesverfassung, Kommentar,* 2. Auflage, Schulthess, Zürich, 2008, pp. 785 – 805.

BINMORE, Ken, *Does Game Theory Work?, The Bargaining Challenge,* Massachusetts Institute of Technology Press, Cambridge, Massachusetts, 2007.

BLOCH, Oscar, VON WARTBURG, Walther, (Hg.) *Dictionnaire étymologique de la langue française,* 3. Auflage, puf, Paris, 2008.

BONNET, Baptiste, Le Conseil d'Etat et la Convention internationale des droits de l'enfant à l'heure du bilan, De l'art du pragmatisme, *D.* (2010), p. 1031.

BORNE, Dominique, *L'enseignement des faits religieux, quels contenus?,* in: BORNE, Dominique, WILLAIME, Jean-Paul, (Hg.), *Enseigner les faits religieux, quels enjeux?*, Armand Colin, Paris, 2007, pp. 97 – 119.

BORNE, Dominique, WILLAIME, Jean-Paul, (Hg.), *Enseigner les faits religieux, quels enjeux?*, Armand Colin, Paris, 2007.

BRÄM, Werner Kurt, *Religionsunterricht als Rechtsproblem im Rahmen der Ordnung von Kirche und Staat, Unter besonderer Berücksichtigung der Schulgesetzgebung in den Kantonen und der Unterrichtsordnungen der evangelisch-reformierten Kirchen in der Schweiz,* Theologischer Verlag, Zürich, 1978.

BRÉCHON, Pierre, TCHERNIA, Jean-François, *La France à travers ses valeurs,* Armand Colin, Paris, 2009.

BREITSCHMID, Peter, *Art. 133,* in: HONSELL, Heinrich, VOGT, Nedim Peter, GEISER, Thomas, (Hg.), *Basler Kommentar, Zivilgesetzbuch I, Art. 1 – 456 ZGB,* 4. Auflage, Helbing & Lichtenhahn, Basel, 2010, pp. 892 – 903.

CABANEL, Patrick, *La laïcité scolaire face aux religions: de quelques accommodements sous la IIIe République,* in: WILLAIME, Jean-Paul, MATHIEU, Sévérine, (Hg.), *Des maîtres et des Dieux, Ecoles et religions en Europe*, Belin, Paris, 2005, pp. 237 – 248.

CABRILLAC, Rémy, FRISON-ROCHE, Marie-Anne, REVET, Thierry, (Hg.), *Libertés et droits fondamentaux*, 16. Auflage, Dalloz, Paris, 2010.

CAMERER, Colin F., *Behavioral Game Theory, Experiments in Strategic Interactions,* Princeton University Press, Princeton/New Jersey, 2003.

CARBONNIER, Jean, *Droit civil, La famille, L'enfant, le couple*, 21. Auflage, puf, Paris, 2002.

CARLEN, Louis, *Neuere staatskirchenrechtliche Rechtsprechung des schweizerischen Bundesgerichts,* in: LORETAN, Adrian, (Hg.), *Kirche – Staat im Umbruch, Neuere Entwicklungen im Verhältnis von Kirchen und anderen Religionsgemeinschaften zum Staat*, NZN Buchverlag, Zürich, 1995, pp. 188 – 203.

CAVELTI, Urs Josef, KLEY, Andreas, *Art. 15,* in: EHRENZELLER, Bernhard, MASTRONARDI, Philippe, SCHWEIZER, Rainer J., VALLANDER, Klaus A., (Hg.), *Die schweizerische Bundesverfassung, Kommentar,* 2. Auflage, Schulthess, Zürich, 2008, pp. 349 – 365.

CHANTEBOUT, Bernard, *Droit constitutionnel,* 26. Auflage, Sirey, Paris, 2009.

CHARLIER-DAGRAS, Marie-Dominique, *La laïcité française à l'épreuve de l'intégration européenne, pluralisme et convergences*, L'Harmattan, Paris, 2002.

COCHAND, Aude-May, In nichtreligiöser Weise über Religion sprechen, Ansgar Jödicke zur Entwicklung zu nichtkonfessionellem Religionsunterricht, *SKZ* 179 (2011), pp. 225 – 226.

COHEN, Rachel, *Association des directeurs des écoles juives de France,* in: MESSNER, Francis, (Hg.), *La culture religieuse à l'école, Enquête, prises de position, pratiques européennes*, Les éditions du cerf, Paris, 1995, pp. 279 – 282.

COLLIARD, Claude-Albert, *Les libertés publiques*, 8. Auflage, Dalloz, Paris, 2005.

CONSEIL CONSTITUTIONNEL, BASDEVANT-GAUDEMET, Brigitte, *La jurisprudence constitutionnelle en matière de liberté confessionnelle et le régime juridique des cultes et de la liberté confessionnelle en France*, Paris, November 1998, <http://www.conseil-constitutionnel.fr/conseil-constitutionnel/root/bank_mm/bilan_99/libreg.pdf>, [Stand 20. Oktober 2011].

CONSEIL D'ETAT, *Rapport public, Réflexions sur la laïcité,* Paris, 2004, <http://www.conseil-etat.fr/cde/node.php?articleid=406>, [Stand 20. Oktober 2011].

CONSORZIO EUROPEO DI RICERCA SUI RAPPORTI TRA STATI ET CONFESSIONI RELIGIOSE, (Hg.) *Stati e confessioni religiose in europa, modelli di finanziamento pubblico, scuola et fattore religioso*, Giuffrè, Milan, 1992.

CORNU, Gérard, (Hg.), *Vocabulaire juridique,* 7. Auflage, puf, Paris, 2005.

COURTIN, Christine, L'intérêt de l'enfant et les droits et libertés fondamentaux des parents, *D.* (2001), p. 422.

CRAVER, Charles B., The Negotiation Process, *American Journal of Trial Advocacy* 27 (2003), p. 271 ff., <http://www.ssrn.com/abstract=987654>, [Stand 20. Oktober 2011].

CRUMP, Larry, GLENDON, A. Ian, *Towards a Paradigm of Multiparty Negotiation*, in: CRUMP, Larry, SUSSKIND, Lawrence E., (Hg.), *Multiparty Negotiation, Volume 1: An Introduction to Theory and Practice*, SAGE, London, 2008, pp. 1 – 30.

CRUMP, Larry, SUSSKIND, Lawrence E., (Hg.), *Multiparty Negotiation, Volume 1: An Introduction to Theory and Practice*, SAGE, London, 2008.

CURTIT, Françoise, MESSNER, Francis, (Hg.), *Droit des religions en France et en Europe: Recueil des textes*, Bruylant, Bruxelles, 2008.

CZAJKA, Henri, JOUTARD, Philippe, LEQUIN, Yves, (Hg.), *Enseigner l'histoire des religions dans une démarche laïque*, CNDP/CRDP de Besançon, Besançon, 1992.

DANNEMANN, Gerhard, *Comparative Law: Study of Similarities or Differences?,* in: REIMANN, Mathias, ZIMMERMANN, Reinhard, (Hg.), *The Oxford Handbook of Comparative Law*, Oxford University Press, New York, 2006, pp. 383 – 419.

DARGENT, Claude, *Les protestants en France aujourd'hui*, Payot, Paris, 2005.

DAUZAT, Albert, *Dictionnaire étymologique de la langue française*, Larousse, Paris, 1938.

DE CRUZ, Peter, *Comparative Law in a Changing World*, Second Edition, Cavendish Publishing Limited, London, 1999.

DEBENE, Marc, *Code le l'éducation 2010, Commenté*, 4. Auflage, Dalloz, Paris, 2010.

DEBRAY, Régis, *L'enseignement du fait religieux à l'école laïque, Rapport au ministre de l'éducation nationale, avec préface de Jack Lang,* Odile Jacob, Paris, 2002. Hier verwendete Form: <http://www.ladocumentationfrancaise.fr/rapports-publics/024000544/index.shtml>, [Stand 20. Oktober 2011].

DEBRE, Jean-Louis, *La laïcité à l'école, Un principe républicain à réaffirmer, Rapport de la mission d'information de l'Assemblée nationale, présidée par Jean-Louis Debré,* Band I, Odile Jacob, Paris, 2004.

DEM, Cheikhe, *Institut Musulman de la Mosquée de Paris,* in: MESSNER, Francis, (Hg.), *La culture religieuse à l'école, Enquête, prises de position, pratiques européennes*, Les éditions du cerf, Paris, 1995, pp. 267 – 270.

DENZINGER, Heinrich, HÜNERMANN, Peter, HOPING, Helmut, *Kompendium der Glaubensbekenntnisse und kirchlichen Lehrentscheidungen,* 42. Auflage, Herder, Freiburg im Breisgau, 2009.

DESSEMONTET, François, ANSAY, Tugrul, *Introduction to Swiss Law*, Kluwer Law International, The Hague, 2004.

DETRIK, Sharon, *A Commentary on the United Nations Convention on the Rights of the Child*, Martinus Nijhoff Publishers, The Hague, 1999.

DUBOIS, Jean-Pierre, *Préface,* in: VINCENT-LEGOUX, Marie-Caroline, *L'ordre public, Etude de droit comparé interne*, puf, Paris, 2001, pp. 7 – 9.

DURAND-PRINBORGNE, Claude, *La laïcité*, 2. Auflage, Dalloz, Paris, 2004.

DURAND-PRINBORGNE, Claude, Laïcité dans le service public de l'éducation, *CRDF* 4 (2005), pp. 23 – 32.

DURAND-PRINBORGNE, Claude, LEGRAND, André, *Le Code de l'éducation*, LexisNexis Litec, Paris, 2002.

EDWARDS, Ward, MILES, Ralph F., VON WINTERFELDT, Detlof, (Hg.), *Advances in Decision Analysis, From Foundations to Applications*, Cambridge University Press, Cambridge, 2007.

EHRENZELLER, Bernhard, GOMEZ, Peter, GREWE, Constance, KLEY, Andreas, KOTZUR, Markus, ODENDAHL, Kerstin, SCHINDLER, Benjamin, THÜRER, Daniel, (Hg.), *Religionsfreiheit im Verfassungsstaat,* Dike, Zürich, 2011.

EHRENZELLER, Bernhard, *HarmoS im Lichte der Bildungsverfassung,* in: AUER, Andreas, *Herausforderung HarmoS, Bildungspolitik, Föderalismus und Demokratie auf dem Prüfstein,* Schulthess, Zürich, 2010, pp. 23 – 34.

EHRENZELLER, Bernhard, MASTRONARDI, Philippe, SCHWEIZER, Rainer J., VALLANDER, Klaus A., (Hg.), *Die schweizerische Bundesverfassung, Kommentar,* 2. Auflage, Schulthess, Zürich, 2008.

EHRENZELLER, Bernhard, SAHLFELD, Konrad, *Art. 61a,* in: EHRENZELLER, Bernhard, MASTRONARDI, Philippe, SCHWEIZER, Rainer J., VALLANDER, Klaus A., (Hg.), *Die schweizerische Bundesverfassung, Kommentar,* 2. Auflage, Schulthess, Zürich, 2008, pp. 1123 – 1133.

EHRENZELLER, Bernhard, SAHLFELD, Konrad, *Vorbemerkungen zur Bildungsverfassung,* in: EHRENZELLER, Bernhard, MASTRONARDI, Philippe, SCHWEIZER, Rainer J., VALLANDER, Klaus A., (Hg.), *Die schweizerische Bundesverfassung, Kommentar,* 2. Auflage, Schulthess, Zürich, 2008, pp. 1107 – 1122.

EHRENZELLER, Bernhard, SCHOTT, Markus, *Art. 62,* in: EHRENZELLER, Bernhard, MASTRONARDI, Philippe, SCHWEIZER, Rainer J., VALLANDER, Klaus A., (Hg.), *Die schweizerische Bundesverfassung, Kommentar,* 2. Auflage, Schulthess, Zürich, 2008*,* pp. 1134 – 1158.

ERBACHER, Christian E., *Grundzüge der Verhandlungsführung,* 3. Auflage, vdf Hochschulverlag AG an der ETH Zürich, Zürich, 2010.

ESTIVALÈZES, Mireille, *L'enseignement religieux en France, Un état des lieux de la situation contemporaine,* in: WILLAIME, Jean-Paul, MATHIEU, Sévérine, (Hg.), *Des maîtres et des Dieux, Ecoles et religions en Europe*, Belin, Paris, 2005, pp. 223 – 235.

ESTIVALÈZES, Mireille, *Les religions dans l'enseignement laïque*, puf, Paris, 2005.

FAMOS, Cla Reto, *Die öffentlichrechtliche Anerkennung von Religionsgemeinschaften im Lichte des Rechtsgleichheitsprinzips,* Universitätsverlag Freiburg Schweiz, Freiburg, 1999.

FAMOS, Cla Reto, *Zur Rechtslage eines obligatorischen Religionsunterrichts*, in: KUNZ, Ralph, PFEIFFER, Matthias, FRANK-SPÖRRI, Katharina, FUISZ, Jozsef, (Hg.), *Religion und Kultur – Ein Schulfach für alle,* Theologischer Verlag Zürich, Zürich, 2005, pp. 47 – 64.

FELLMANN, Walter, MÜLLER, Karin, *Berner Kommentar, Kommentar zum schweizerischen Privatrecht, Schweizerisches Zivilgesetzbuch, Das Obligationenrecht, Art. 530 – 544 OR*, Stämpfli Verlag, Bern, 2006.

FIALA, Pierre, Les termes de la laïcité, Différenciations morphologique et conflits sémantiques, *Mots, Les langages du politique*, 27 (1991).

FISCHER, Klemens H., *Der Vertrag von Lissabon, Text und Kommentar zum Europäischen Reformvertrag*, 2. Auflage, Nomos, Baden-Baden, 2010.

FISHER, Roger, URY, William, PATTON, Bruce M., *Das Harvard-Konzept, Der Klassiker der Verhandlungstechnik,* 23. Auflage, Campus Verlag, Frankfurt, 2009.

FLEINER, Fritz, GIACOMETTI, Zaccaria, *Schweizerisches Bundesstaatsrecht,* Polygraphischer Verlag Zürich, Zürich, 1949.

FORNEROD, Anne, (Hg.), *Assistance spirituelle dans les services publics,* PUS, Strasbourg, 2012 (provisorisches Publikationsjahr).

FORNEROD, Anne, *L'aumônerie de l'enseignement public secondaire: état des lieux et pratiques administratives,* in: FORNEROD, Anne, (Hg.), *Assistance spirituelle dans les services publics,* PUS, Strasbourg, 2012 (provisorisches Publikationsjahr).

FORSTMOSER, Peter, VOGT, Hans-Ueli, *Einführung in das Recht,* 4. Auflage, Stämpfli Verlag, Bern, 2008.

FOSSIER, Thierry, Les dispositions de la convention de New York relative aux droits de l'enfant peuvent être d'application directe en droit interne, *AJ Famille* 2005, p. 274.

FRIEDERICH, Ueli, CAMPICHE, Roland, PAHUD DE MORTANGES, René, WINZELER, Christoph, *Bundesstaat und Religionsgemeinschaften, Überlegungen und Vorschläge für ein zeitgemässes Religionsrecht*, SJKR Beiheft, Peter Lang Bern, 2003.

FRIEDERICH, Ueli, *Einführung in das schweizerische Staatskirchenrecht,* in: LORETAN, Adrian, (Hg.), *Kirche - Staat im Umbruch, Neuere Entwicklungen im Verhältnis von Kirchen und anderen Religionsgemeinschaften zum Staat,* NZN Buchverlag, Zürich, 1995, pp. 19 – 32.

FRIEDERICH, Ueli, *Kirchen und Glaubensgemeinschaften im pluralistischen Staat, Zur Bedeutung der Religionsfreiheit im schweizerischen Staatskirchenrecht*, Stämpfli Verlag, Bern, 1993.

FRÜH, Beatrice, *Die UNO-Kinderrechtskonvention, Ihre Umsetzung im schweizerischen Schulrecht, insbesondere im Kanton Aargau*, Dike, Zürich, 2007.

GÄCHTER, Thomas, JAAG, Tobias, (Hg.), *Das neue Zürcher Volksschulrecht*, Dike, Zürich, 2007.

GARAY, Alain, Laïcité, école et appartenance religieuse: pour un bilan exigeant de la loi n° 2004 - 228 du 15 mars 2004, *CRDF* 4 (2005), pp. 33 – 48.

GARLICKI, Lech, JANKOWSKA-GILBERG, Magdalena, *Religiöse Aspekte im öffentlichen Schulsystem vor dem Hintergrund der Rechtsprechung des EGMR,* in: EHRENZELLER, Bernhard, GOMEZ, Peter, GREWE, Constance, KLEY, Andreas, KOTZUR, Markus, ODENDAHL, Kerstin, SCHINDLER, Benjamin, THÜRER, Daniel, (Hg.), *Religionsfreiheit im Verfassungsstaat,* Dike, Zürich, 2011, pp. 121 – 134.

GELFAND, Michele J., BRETT, Jeanne M., (Hg.), *The Handbook of Negotiation and Culture,* Stanford University Press, Stanford, 2004.

GICQUEL, Jean, GICQUEL, Jean-Eric, *Droit constitutionnel et institutions politiques*, 24. Auflage, Montchrestien, Paris, 2010.

GIL-ROSADO, Marie-Philomène, *Les libertés de l'esprit de l'enfant dans les rapports familiaux*, Defrénois, Paris, 2006.

GODARD, Bernard, TAUSSIG, Sylvie, *Les musulmans en France, Courrants, institutions, communautés: un état des lieux,* Robert Laffont, Paris, 2007.

GOICHOT, Emile, *Les prises de position des associations de parents,* in: MESSNER, Francis, (Hg.), *La culture religieuse à l'école, Enquête, prises de position, pratiques européennes*, Les éditions du cerf, Paris, 1995, pp. 115 – 126.

GREIMAS, Algirdas Julien, *Grand dictionnaire, Ancien français, La langue du Moyen Âge, De 1080 à 1350,* Larousse, Paris, 2007.

GRIFFEL, Alain, Vom Umgang mit verfassungswidrigen Initiativen, Schranken des Initiativrechts und ihre Prüfung, *NZZ* 230. Jhg. (2009) vom 9. Dezember 2010, p. 13.

GUINCHARD, Serge, DEBARD, Thierry, (Hg.), *Lexique de termes juridiques 2011,* 18. Auflage, Dalloz, Paris, 2010.

HABOURY, Frédéric, (Hg.), *Le dictionnaire érudit de la langue française*, Larousse, Paris, 2009.

HÄFELIN, Ulrich, *Art. 49,* in: AUBERT, Jean-François, EICHENBERGER, Kurt, MÜLLER, Jörg Paul, RHINOW, René A., SCHINDLER, Dietrich, (Hg.), *Kommentar zur Bundesverfassung der Schweizerischen Eidgenossenschaft vom 29. Mai 1874,* Helbing & Lichtenhahn, Basel, 1996.

HÄFELIN, Ulrich, HALLER, Walter, KELLER, Helen, *Schweizerisches Bundesstaatsrecht*, 7., stark überarbeitete Auflage, Schulthess, Zürich, 2008.

HÄFELIN, Ulrich, HALLER, Walter, *Schweizerisches Bundesstaatsrecht, Die neue Bundesverfassung,* 5. Auflage, Schulthess, Zürich, 2001.

HÄFELIN, Ulrich, HALLER, Walter, *Schweizerisches Bundesstaatsrecht, Ein Grundriss,* 4. Auflage, Schulthess, Zürich, 1998.

HÄFELIN, Ulrich, MÜLLER, Georg, UHLMANN, Felix, *Allgemeines Verwaltungsrecht,* 6. Auflage, Dike, Zürich, 2010.

HAFNER, Felix, *Glaubens- und Gewissensfreiheit,* in: THÜRER, Daniel, AUBERT, Jean-François, MÜLLER, Jörg Paul, (Hg.), *Verfassungsrecht der Schweiz, Droit constitutionnel suisse,* Schulthess, Zürich, 2001, pp. 707 – 719.

HAFNER, Felix, LORETAN, Adrian, SCHWANK, Alexandra, *Gesamtschweizerische Rahmenbedingungen des Religionsunterrichts,* in: KOHLER-SPIEGEL, Helga, LORETAN, Adrian, (Hg.), *Religionsunterricht an der öffentlichen Schule, Orientierungen und Entscheidungshilfen zum Religionsunterricht,* NZN, Zürich, 2000, pp. 55 – 81.

HANDSCHIN, Lukas, *Art. 530,* in: HONSELL, Heinrich, VOGT, Nedim Peter, WATTER, Rolf, (Hg.), *Basler Kommentar, Obligationenrecht II, Art. 530 – 1186 OR,* 3. Auflage, Helbing & Lichtenhahn, Basel, 2008, pp. 3 – 9.

HÄNER, Isabelle, RÜSSLI, Markus, SCHWARZENBACH, Evi, (Hg.), *Kommentar zur Zürcher Kantonsverfassung,* Schulthess, Zürich, 2007.

HANGARTNER, Yvo, *Art. 190,* in: EHRENZELLER, Bernhard, MASTRONARDI, Philippe, SCHWEIZER, Rainer J., VALLANDER, Klaus A., (Hg.), *Die schweizerische Bundesverfassung, Kommentar,* 2. Auflage, Schulthess, Zürich, 2008, pp. 2795 – 2811.

HANGARTNER, Yvo, Religionsfreiheit, Ein Überblick aus Anlass des neuen Art. 72 Abs. 3 BV (Verbot des Baus von Minaretten), *AJP/PJA* 19 (2010), pp. 441 – 451.

HAUSHEER, Heinz, AEBI-MÜLLER, Regina E., *Das Personenrecht des Schweizerischen Zivilgesetzbuches,* 2. Auflage, Stämpfli Verlag, Bern, 2007.

HAUSHEER, Heinz, JAUN, Manuel, *Die Einleitungsartikel des Schweizerischen Zivilgesetzbuches, Nachdruck unter Anpassung an die neue BV und jüngsten Änderungen des ZGB,* Stämpfli Verlag, Bern, 2001.

HEGNAUER, Cyril, *Grundriss des Kindesrechts und des übrigen Verwandtschaftsrechts,* 5., überarbeitete Auflage, Stämpfli Verlag, Bern, 1999.

HEINI, Anton, SCHERRER, Urs, *Art. 60,* in: HONSELL, Heinrich, VOGT, Nedim Peter, GEISER, Thomas, (Hg.), *Basler Kommentar, Zivilgesetzbuch I, Art. 1 – 456 ZGB,* 4. Auflage, Helbing & Lichtenhahn, Basel, 2010, pp. 456 – 464.

HEINI, Anton, SCHERRER, Urs, *Art. 62,* in: HONSELL, Heinrich, VOGT, Nedim Peter, GEISER, Thomas, (Hg.), *Basler Kommentar, Zivilgesetzbuch I, Art. 1 – 456 ZGB,* 4. Auflage, Helbing & Lichtenhahn, Basel, 2010, pp. 465 – 469.

HILTI, Martin, *Die Gewissensfreiheit in der Schweiz*, Dike, Zürich, 2008.

HONSELL, Heinrich, VOGT, Nedim Peter, GEISER, Thomas, (Hg.), *Basler Kommentar, Zivilgesetzbuch I, Art. 1 – 456 ZGB,* 4. Auflage, Helbing & Lichtenhahn, Basel, 2010.

HONSELL, Heinrich, VOGT, Nedim Peter, WATTER, Rolf, *Basler Kommentar, Obligationenrecht II, Art. 530 – 1186 OR,* 3. Auflage, Helbing & Lichtenhahn, Basel, 2008.

HÖRDEGEN, Stephan, *Aktuelle Aspekte des gerichtlichen Rechtsschutzes im Volksschulrecht,* in: GÄCHTER, Thomas, JAAG, Tobias, (Hg.), *Das neue Zürcher Volksschulrecht*, Dike, Zürich, 2007, pp. 65 – 97.

HÖRDEGEN, Stephan, *Chancengleichheit und Schulverfassung, Unter Berücksichtigung sozial-liberaler Gerechtigkeitstheorien und der niederländischen Bildungsverfassung*, Schulthess, Zürich, 2005.

HÖRDEGEN, Stephan, Grundziele und -werte der „neuen" Bildungsverfassung, *ZBl* 108 (2007), pp. 113 – 145.

HOURMANT, Louis, *Transmettre la culture religieuse à l'école publique: l'opinion des élèves,* in: MESSNER, Francis, (Hg.), *La culture religieuse à l'école, Enquête, prises de position, pratiques européennes*, Les éditions du cerf, Paris, 1995, pp. 39 – 73.

HUBER, Eugen, *Erläuterungen zum Vorentwurf des Eidgenössischen Justiz- und Polizeidepartements, Zweite, durch Verweisungen auf das Zivilgesetzbuch und etliche Beilagen ergänzte Ausgabe (1914), Erster Band: Einleitung, Personen-, Familien- und Erbrecht*, in: REBER, Markus, HURNI, Christoph, (Hg.), *Berner Kommentar, Kommentar zum schweizerischen Privatrecht, Materialien zum Zivilgesetzbuch, Band II,* Stämpfli Verlag, Bern, 2007, pp. 1 – 482.

HUGUENIN, Claire, *Art. 59,* in: HONSELL, Heinrich, VOGT, Nedim Peter, GEISER, Thomas, (Hg.), *Basler Kommentar, Zivilgesetzbuch I, Art. 1 – 456 ZGB,* 4. Auflage, Helbing & Lichtenhahn, Basel, 2010, pp. 444 – 450.

HUMBERT, Claude-Alain, *Religionsführer Zürich, Kirchen, religiös-spirituelle Gruppierungen, Zentren und weltanschauliche Bewegungen der Stadt Zürich*, Orell Füssli, Zürich, 2004.

HÜRLIMANN-KAUP, Bettina, SCHMID, Jörg, *Einleitungsartikel des ZGB und Personenrecht,* 2. Auflage, Schulthess, Zürich, 2010.

IFOP, *Analyse: Le catholicisme en France en 2009,* Juli 2009. <http://www.ifop.com/media/pressdocument/43-1-document_file.pdf>, [Stand 20. Oktober 2011].

IFOP, *Le catholicisme en France en 2006, Analyse de l'Ifop pour „La Croix"*. <http://www.eurel.info>, Pfad: France - Données socioreligieuses - Appartenance et démographie religieuse. [Stand 20. Oktober 2011].

INSTITUT EUROPEEN DE BOUDDHISME TIBETAIN, in: MESSNER, Francis, (Hg.), *La culture religieuse à l'école, Enquête, prises de position, pratiques européennes*, Les éditions du cerf, Paris, 1995, pp. 259 – 266.

INSTITUT EUROPÉEN EN SCIENCES DES RELIGIONS (IESR), *Avis de l'IESR sur le projet de programme d'histoire pour la classe de première, voie générale*, 14. Mai 2010. <http://www.iesr.ephe.sorbonne.fr/index6272.html>, [Stand 20. Oktober 2011].

JAAG, Tobias, Neuordnung des Verhältnisses zwischen Kirchen und Staat im Kanton Zürich, *SJZ* 99 (2003), pp. 549-558.

JAAG, Tobias, Rechtsfragen der Volksschule, insbesondere im Kanton Zürich, *ZBl* 98 (1997), pp. 537 – 562.

JAAG, Tobias, *Staats- und Verwaltungsrecht des Kantons Zürich,* 3. Auflage, Schulthess, Zürich, 2005.

JACKSON, Robert, (Hg.), *International Perspectives on Citizenship, Education and Religious Diversity*, RoutledgeFalmer, London, 2003. Verlag??

JÖDICKE, Ansgar, *„Religion und Kultur" – ein religionswissenschaftlicher Kommentar*, in: KUNZ, Ralph, PFEIFFER, Matthias, FRANK-SPÖRRI, Katharina, FUISZ, Jozsef, (Hg.), *Religion und Kultur – Ein Schulfach für alle?,* Theologischer Verlag Zürich, Zürich, 2005, pp. 205 – 220.

JOUTARD, Philippe, Enseigner l'histoire des religions, *Education et Pédagogies*, 7 (1990), pp. 81 – 87.

JURISCLASSEUR ADMINISTRATIF, *Domaines de la loi et du règlement*, Fasc. 106. [Fassung vom 16. Juli 2008].

KÄGI-DIENER, Regula, *Art. 19,* in: EHRENZELLER, Bernhard, MASTRONARDI, Philippe, SCHWEIZER, Rainer J., VALLANDER, Klaus A., (Hg.), *Die schweizerische Bundesverfassung, Kommentar,* 2. Auflage, Schulthess, Zürich, 2008, pp. 417 – 433.

KAISER, Matthäus, *Die Laien,* in: LISTL, Joseph, MÜLLER, Hubert, SCHMITZ, Heribert, (Hg.), *Handbuch des katholischen Kirchenrechts,* Friedrich Pustet, Regensdorf, 1983, pp. 184 – 186.

KÄLIN, Walter, KIENER, Regina, *Grundrechte*, Stämpfli Verlag, Bern, 2007.

KARLEN, Peter, *Das Grundrecht der Religionsfreiheit in der Schweiz, Zürcher Studien zum öffentlichen Recht*, Schulthess, Zürich, 1988.

KATHOLISCHE MITTELSCHULSEELSORGE, EVANGELISCH-REFORMIERTE LANDESKIRCHE, *Konzept Ökumenische Mittelschularbeit,* Zürich, 2002, <http://www.zh.kath.ch/ organisation/fachstellen/dienststellen/mittelschulseelsorge/dokumente/konzept.pdf/view >, [Stand 20. Oktober 2011].

KELLER, Lucy, *„Runde Tische" in der Gesetzgebung, Eine staatsrechtliche und rechtstheoretische Analyse informeller Verhandlungen im schweizerischen Gesetzgebungsverfahren*, Schulthess, Zürich, 2009.

KIENER, Regina, *Bildung, Forschung und Kultur,* in: THÜRER, Daniel, AUBERT, Jean-François, MÜLLER, Jörg Paul, (Hg.), *Verfassungsrecht der Schweiz, Droit constitutionnel suisse,* Schulthess, Zürich, 2001, pp. 903 – 913.

KLEY, Andreas, *Wie neutral ist die Rechtsprechung des Schweizerischen Bundesgerichts in Glaubens- und Weltanschauungsfragen? Die bisherige Gerichtspraxis zur religiösen Neutralität, die ausgeblendete Zivilreligion und die Möglichkeit ihrer Einblendung durch Art. 25a VwVG,* in: PAHUD DE MORTANGES, René, (Hg.), *Religiöse Neutralität, Ein Rechtsprinzip in der multireligiösen Gesellschaft*, Schulthess, Zürich, 2008, pp. 65 – 104.

KOHLER-SPIEGEL, Helga, LORETAN, Adrian, (Hg.), *Religionsunterricht an der öffentlichen Schule, Orientierungen und Entscheidungshilfen zum Religionsunterricht,* NZN, Zürich, 2000.

KOHLER, Janine, *La Fédération protestante de l'enseignement,* in: MESSNER, Francis, (Hg.), *La culture religieuse à l'école, Enquête, prises de position, pratiques européennes*, Les éditions du cerf, Paris, 1995, pp. 275 – 278.

KONTAKTGRUPPE DER ERZIEHUNGSDIREKTION, DER EVANGELISCH-REFORMIERTEN LANDESKIRCHE UND DER RÖMISCH-KATHOLISCHEN KIRCHE, (Hg.), *Konfessionell-kooperativer Religionsunterricht an der Oberstufe der Volksschule von A bis Z, Lexikon der wichtigsten Begriffe und Stichwörter (KoKoRu-Lexikon),* 1. Auflage, Erziehungsdirektion des Kantons Zürich, Zürich, 1993.

KOROBKIN, Russell, A Positive Theory of Legal Negotiation, *The Georgetown Law Journal* 88 (2000), pp. 1789 – 1831.

KOTTHOFF, Helga, SPENCER-OATEY, Helen, (Hg.), *Handbook of Intercultural Communication,* Mouton de Gruyter, Berlin, 2009.

KRAMER, Roderick M., MESSICK, David M., (Hg.), *Negotiation as a Social Process,* SAGE, London, 1995.

KRAMER, Roderick M., *The "Dark Side" of Social Context, The Role of Intergroup Paranoia in Intergroup Negotiation,* in: GELFAND, Michele J., BRETT, Jeanne M. (Hg.), *The Handbook of Negotiation and Culture,* Stanford University Press, Stanford, 2004, pp. 219 – 237.

KRAUS, Dieter, *Schweizerisches Staatskirchenrecht, Hauptlinien des Verhältnisses von Staat und Kirche auf eidgenössischer und kantonaler Ebene,* Mohr, Tübingen, 1993.

KUNZ, Ralph, PFEIFFER, Matthias, FRANK-SPÖRRI, Katharina, FUISZ, Jozsef, *Ein neues Fach und seine Implikationen*, in: KUNZ, Ralph, PFEIFFER, Matthias, FRANK-SPÖRRI, Katharina, FUISZ, Jozsef (Hg.), *Religion und Kultur – Ein Schulfach für alle?*, Theologischer Verlag Zürich, Zürich, 2005, pp. 11 – 30.

KUNZ, Ralph, *Schule als Lernraum für Religion, Der Beitrag der Religionskunde zur religiösen Bildung*, in: KUNZ, Ralph, PFEIFFER, Matthias, FRANK-SPÖRRI, Katharina, FUISZ, Jozsef, (Hg.), *Religion und Kultur – Ein Schulfach für alle?*, Theologischer Verlag Zürich, Zürich, 2005, pp. 221 – 239.

LAMBOLEY, Anne, *Les droits fondamentaux de l'enfant*, in: CABRILLAC, Rémy, FRISON-ROCHE, Marie-Anne, REVET, Thierry, (Hg.), *Libertés et droits fondamentaux*, 16. Auflage, Dalloz, Paris, 2010, pp. 277 – 305.

LAZAUD, Frédéric, *L'exécution par la France des arrêts de la Cour européenne des droits de l'Homme,* presses universitaires d'Aix-Marseilles, Aix-en-Provence, 2006.

LEBOW, Richard Ned, *The Art of Bargaining*, The Johns Hopkins University Press, Baltimore & London, 1996.

LEBRETON, Gilles, *Libertés publiques et droits de l'Homme*, 8. Auflage, Dalloz, Paris, 2009.

LEGRAND, Pierre, (Hg.), *Comparer les droits, résolument*, Presses universitaires de France, Paris, 2009, pp. 405 – 430.

LENZ, Carl Otto, BORCHARDT, Klaus-Dieter, *EU-Verträge, Kommentar nach dem Vertrag von Lissabon*, 5. Auflage, Bundesanzeiger Verlagsgesellschaft, Köln, 2010.

LÉON, Antoine, ROCHE, Pierre, *Histoire de l'enseignement en France,* 12. Auflage, puf, Paris, 2008.

LEROY, Yves, SCHÖNENBERGER, Marie-Bernadette, *Introduction générale au droit suisse*, 2. Auflage, Schulthess Editions romandes, Genf, 2008.

LORETAN, Adrian, (Hg.), *Kirche - Staat im Umbruch, Neuere Entwicklungen im Verhältnis von Kirchen und anderen Religionsgemeinschaften zum Staat*, NZN Buchverlag, Zürich, 1995.

LORETAN, Adrian, (Hg.), *Theologische Fakultäten an europäischen Universitäten, Rechtliche Situation und theologische Perspektiven,* LIT, Münster, 2004.

LORETAN, Adrian, *Brauchen die Kirchen den Staat noch? Zum Kontext der Religionsfreiheit,* in: RIES, Markus, KIRCHSCHLÄGER, Walter, (Hg.), *Glauben und Denken nach Vatikanum II, Kurt Koch zur Bischofswahl,* NZN Buchverlag, Zürich, 1996, pp. 150 – 178.

LORETAN, Adrian, *Die Konzilserklärung über die Religionsfreiheit – oder ist der Kirchenaustritt Privatsache?*, in: SCHWEIZERISCHES PASTORALSOZIOLOGISCHES INSTITUT, (Hg.), *Jenseits der Kirchen, Analyse und Auseinandersetzung mit einem neuen Phänomen in unserer Gesellschaft,* NZN Buchverlag, Zürich, 1998, pp. 113 – 145.

LORETAN, Adrian, *Religionen im Kontext der Menschenrechte, Religionsrechtliche Studien, Teil 1,* Theologischer Verlag Zürich, Zürich, 2009.

LORETAN, Adrian, *Theologie in der Universität von morgen – Staatskirchenrechtliche Modelldiskussion*, in: LORETAN, Adrian, (Hg.), *Theologische Fakultäten an europäischen Universitäten, Rechtliche Situation und theologische Perspektiven,* LIT, Münster, 2004, pp. 39 – 53.

LUCE, Duncan R., RAIFFA, Howard, *General Introduction to the Theory of Games*, in: CRUMP, Larry, SUSSKIND, Lawrence E., (Hg.), *Multiparty Negotiation, Volume 1: An Introduction to Theory and Practice*, SAGE, London, 2008, pp. 67 – 75.

LUCHAIRE, François, CONAC, Gérard, PRÉTOT, Xavier, *La Constitution de la République française, Analyses et commentaires,* 3. Auflage, Economica, Paris, 2009.

MACHELON, Jean-Pierre, *Rapport, Commission de réflexion juridique sur les relations des cultes avec les pouvoirs publics,* Paris, 20. September 2006, <http://www.ladocumentationfrancaise.fr/rapports-publics/064000727/index.shtml>, [Stand 20. Oktober 2011].

MAHON, Pascal, *Art. 11 Protection des enfants et des jeunes,* in: AUBERT, Jean-François, MAHON, Pascal, *Petit commentaire de la Constitution fédérale de la Confédération suisse du 18 avril 1999*, Schulthess, Genf, 2003, pp. 112 – 117.

MAHON, Pascal, *Art. 15 Liberté de conscience et de croyance*, in: AUBERT, Jean-François, MAHON, Pascal, *Petit commentaire de la Constitution fédérale de la Confédération suisse du 18 avril 1999*, Schulthess, Genf, 2003, pp. 138 – 149.

MAHON, Pascal, *Art. 72 Eglise et Etat*, in: AUBERT, Jean-François, MAHON, Pascal, *Petit commentaire de la Constitution fédérale de la Confédération suisse du 18 avril 1999*, Schulthess, Genf, 2003, pp. 571 – 576.

MAZARS, Guy, *Réflexions sur la culture religieuse à l'école,* in: MESSNER, Francis, (Hg.), *La culture religieuse à l'école, Enquête, prises de position, pratiques européennes*, Les éditions du cerf, Paris, 1995, pp. 227 – 235.

MEIER-HAYOZ, Arthur, *Art. 1 ZGB*, in: *Basler Kommentar, Einleitung Artikel 1 – 10 ZGB*, Stämpfli Verlag, Bern, 1962, p. 1.

MERTESDORF, Christine, *Weltanschauungsgemeinschaften, Eine verfassungsrechtliche Betrachtung mit Darstellung einzelner Gemeinschaften,* Lang, Frankfurt am Main, 2008.

MESSNER, Francis, (Hg.), *La culture religieuse à l'école, Enquête, prises de position, pratiques européennes,* Les éditions du cerf, Paris, 1995.

MESSNER, Francis, PRÉLOT, Pierre-Henri, WOEHRLING, Jean-Marie, (Hg.), *Traité de droit français des religions*, Litec, Paris, 2003.

MESSNER, Francis, *Présentation: Les defis de l'enseignement religieux,* in: MESSNER, Francis, VIERLING, André, (Hg.), *L'enseignement religieux à l'école publique,* Oberlin, Strasbourg, 1998, pp. 9 – 18.

MESSNER, Francis, VIERLING, André, (Hg.), *L'enseignement religieux à l'école publique*, Oberlin, Strasbourg, 1998.

MICHAELS, Ralf, *The Functional Method of Comparative Law*, in: REIMANN, Mathias, ZIMMERMANN, Reinhard, (Hg.), *The Oxford Handbook of Comparative Law*, Oxford University Press, New York, 2006, pp. 339 – 382.

MICHEL, Nicolas, *L'imprégnation du droit étatique par l'ordre juridique international,* in: THÜRER, Daniel, AUBERT, Jean-François, MÜLLER, Jörg Paul, (Hg.), *Verfassungsrecht der Schweiz, Droit constitutionnel suisse,* Schulthess, Zürich, 2001, pp. 63 – 76.

MÜLLER, Jörg Paul, SCHEFER, Markus, *Grundrechte in der Schweiz, Im Rahmen der Bundesverfassung, der EMRK und der UNO-Pakte*, Stämpfli Verlag, Bern, 2008.

MÜLLER, Olaf, POLLACK, Detlef, *Wie religiös ist Europa?, Kirchlichkeit, Religiosität und Spiritualität in West- und Osteuropa*, in: BERTELSMANN STIFTUNG, (Hg.), *Religionsmonitor 2008*, Gütersloh, 2007, pp. 167 – 178.

NASH, John, Non-cooperative Games, *Annals of Mathematics* 54 (1951) pp. 286 – 295, in: CRUMP, Larry, SUSSKIND, Lawrence E., (Hg.), *Multiparty Negotiation, Volume 1: An Introduction to Theory and Practice*, SAGE, London, 2008, p. 45 ff.

NOUAILHAT, René, *Enseigner le fait religieux, Un défi pour la laïcité,* Nathan, Paris, 2004.

PACTET, Pierre, MELIN-SOUCRAMANIEN, Ferdinand, *Droit constitutionnel,* 28. Auflage, Sirey, Paris, 2009.

PAHUD DE MORTANGES, René, (Hg.), *Religiöse Neutralität, Ein Rechtsprinzip in der multireligiösen Gesellschaft*, Schulthess, Zürich, 2008.

PAHUD DE MORTANGES, René, *Zur Anerkennung und Gleichbehandlung von Religionsgemeinschaften*, in: FRIEDERICH, Ueli, CAMPICHE, Roland, PAHUD DE MORTANGES, René, WINZELER, Christoph, (Hg.), *Bundesstaat und Religionsgemeinschaften. Überlegungen und Vorschläge für ein zeitgemässes Religionsrecht*, SJKR Beiheft, Peter Lang, Bern, 2003, pp. 49 – 67.

PIUS XI., Enzyklika „Divini illius magistri“ vom 31. Dezember 1929, in: DENZINGER, Heinrich, HÜNERMANN, Peter, HOPING, Helmut, *Kompendium der Glaubensbekenntnisse und kirchlichen Lehrentscheidungen,* 42. Auflage, Herder, Freiburg im Breisgau, 2009, Rz. 3685 – 3698.

PEISER, Gustave, *Droit administratif général,* 24. Auflage, Dalloz, Paris, 2008.

PEISER, Gustave, Ecole publique, Ecole privée et Laïcité en France, in: Cemoti, n° 19 - *Laïcité(s) en France et en Turquie*, <http://cemoti.revues.org/document1699.html>, [Stand 20. Oktober 2011].

PESTALOZZI, Christoph M., HETTICH, Peter, *Art. 543,* in: HONSELL, Heinrich, VOGT, Nedim Peter, WATTER, Rolf, (Hg.), *Basler Kommentar, Obligationenrecht II, Art. 530 – 1186 OR,* 3. Auflage, Helbing & Lichtenhahn, Basel, 2008, pp. 32 – 40.

PETERS, Anne, *Völkerrecht, Allgemeiner Teil,* 2. Auflage, Schulthess, Zürich, 2008.

PFISTERER, Thomas, (Hg.) *Konsens und Mediation im Verwaltungsbereich, Vom Familien- über das Wirtschafts- zum Verwaltungsrecht, Überarbeitete Referate der Tagung vom 26. März 2003 an der Universität Zürich*, Schulthess, Zürich, 2004.

PFISTERER, Thomas, *Grundsätze zur Verwendung von Konsens- und Mediationslösungen im Verwaltungsbereich,* in: PFISTERER, Thomas, (Hg.) *Konsens und Mediation im Verwaltungsbereich, Vom Familien- über das Wirtschafts- zum Verwaltungsrecht, Überarbeitete Referate der Tagung vom 26. März 2003 an der Universität Zürich*, Schulthess, Zürich, 2004, pp. 109 – 128.

PLOTKE, Herbert, *Schweizerisches Schulrecht*, 2., vollständig überarbeitete und stark erweiterte Auflage, Haupt, Bern, 2003.

POLZER, Jeffrey T., MANNIX, Elizabeth A., NEALE, Margaret A., *Multiparty Negotiation in Its Social Context,* in: KRAMER, Roderick M., MESSICK, David M., (Hg.), *Negotiation as a Social Process,* SAGE, London, 1995, pp. 123 – 142.

PORTALIS, Jean-Etienne-Marie, *Discours prononcé par le citoyen Portalis, orateur du gouvernement dans la séance du Corps Législatif du 15 germinal X, sur l'organisation des cultes*, in: *Almanach du clergé de France, pour l'année 1834, publié sur les documents du Ministère des cultes*, Première Année, Gauthier Frères et Cie, Paris, 1834, pp. 426 – 444.

POULAT, Emile, *Les diocésaines, République française, Eglise catholique: loi de 1905 et associations cultuelles, le dossier d'un litige et de sa solution, 1903 – 2003*, La Documentation française, Paris, 2007.

POULAT, Emile, *Notre laïcité publique, „La France est une République laïque" (Constitutions de 1946 et 1958)*, Berg International, Paris, 2003.

PRÉLOT, Pierre-Henri, *La religion dans les constitutions françaises, De la Constitution civile du clergé à la laïcité constitutionnelle (1789 – 1958),* in: AKGÖNÜL, Samim, (Hg.), *Laïcité en débat, Principes et représentations en France et en Turquie*, Strasbourg, Presses Universitaires de Strasbourg, Strasbourg, 2008, pp. 79 – 116.

PRÉLOT, Pierre-Henri, *Definir juridiquement la laïcité*, in: GONZALES, Gérard, (Hg.), *Laïcité, liberté de religion et Convention européenne des droits de l'homme, Actes du colloque organisé le 18 novembre 2005 par l'Institut de droit européen des droits de l'homme,* Bruylant, Bruxelles, 2006, pp. 113 – 149.

PUTNAM, Linda L., ROLOFF, Michael E., *Communication and Negotiation,* SAGE, London, 1992.

RAIFFA, Howard, RICHARDSON, John, METCALFE, David, *Negotiation Analysis, The Science and Art of Collaborative Decision Making,* Harvard University Press, Cambridge, Massachusetts, 2002.

REIMANN, Mathias, ZIMMERMANN, Reinhard, (Hg.), *The Oxford Handbook of Comparative Law,* Oxford University Press, New York, 2006.

REUSSER, Ruth, LÜSCHER, Kurt, *Art. 11,* in: EHRENZELLER, Bernhard, MASTRONARDI, Philippe, SCHWEIZER, Rainer J., VALLANDER, Klaus A., (Hg.), *Die schweizerische Bundesverfassung, Kommentar,* 2. Auflage, Schulthess, Zürich, 2008, pp. 273 – 288.

REY-DEBOVE, Josette, REY, Alain (Hg.), *Le Nouveau Petit Robert, Dictionnaire alphabétique et analogique de la langue française,* Les Dictionnaires Le Robert, Paris, 2004.

RHINOW, René, (Hg.), *Die Bundesverfassung 2000, Eine Einführung*, Helbling & Lichtenhahn, Basel, 2000.

RIBI, Thomas, Alle drei Kirchenvorlagen deutlich verworfen, *NZZ* 224. Jhg. (2003) vom 1. Dezember 2003, p. 33.

RICHNER, Felix, FREI, Walter, KAUFMANN, Stefan, MEUTER, Hans Ulrich, *Handkommentar zum DBG (Bundesgesetz über die direkte Bundessteuer),* 2. Auflage, Verlag Zürcher Steuerrecht, Zürich, 2009.

RIEMER, Hans Michael, *Berner Kommentar, Kommentar zum schweizerischen Privatrecht, Das Personenrecht, Allgemeine Bestimmungen, Systematischer Teil und Kommentar zu Art. 52 – 59 ZGB,* Stämpfli Verlag, Bern, 1993.

RIES, Markus, KIRCHSCHLÄGER, Walter, (Hg.), *Glauben und Denken nach Vatikanum II, Kurt Koch zur Bischofswahl,* NZN Buchverlag, Zürich, 1996.

RIST, Manfred, Risse im Idealbild der Grande Nation, *NZZ* 287 (2010) vom 9. Dezember 2010, p. 3.

RIVERO, Jean, La notion juridique de laïcité, *D. chronique* (1949), p. 137.

RIVERO, Jean, *Libertés publiques,* Bd. 1, 9. Auflage, puf, Paris, 2003.

ROBBERS, Gerhard, *Rechtliche Rahmenbedingungen für Religionsgemeinschaften im europäischen und nationalen Recht*, in: EPINEY, Astrid, PAHUD DE MORTANGES, René, BEYDOUN, Khalil, (Hg.), *Religionen und Migration im Europarecht und Implikationen für die Schweiz, Religions et migration en droit européen et implications pour la Suisse,* Schulthess, Zürich, 2009, pp. 1 – 15.

ROBERT, Jacques, DUFFAR, Jean, *Droits de l'homme et libertés fondamentales*, 8. Auflage, Montchrestien, Paris, 2009.

ROBERT, Jacques, *La liberté de religion, de pensée et de croyance,* in: CABRILLAC, Rémy, FRISON-ROCHE, Marie-Anne, REVET, Thierry, (Hg.), *Libertés et droits fondamentaux*, 16. Auflage, Dalloz, Paris, 2010, pp. 395 – 417.

ROCHEFORT, Florence, Foulard, genre et laïcité en 1989, *Vingtième Siècle. Revue d'histoire* 75 (2002), pp. 145 – 156.

RÖHL, Martin, *Art. 130,* in: HÄNER, Isabelle, RÜSSLI, Markus, SCHWARZENBACH, Evi, (Hg.), *Kommentar zur Zürcher Kantonsverfassung,* Schulthess, Zürich, 2007, pp. 1231 – 1248.

RÖHL, Martin, *Art. 131,* in: HÄNER, Isabelle, RÜSSLI, Markus, SCHWARZENBACH, Evi, (Hg.), *Kommentar zur Zürcher Kantonsverfassung,* Schulthess, Zürich, 2007, pp. 1249 – 1253.

ROLOFF, Michael E., JORDAN, Jerry M., *Achieving Negotiation Goals, The „Fruits and Foibles" of Planning ahead,* in: PUTNAM, Linda L., ROLOFF, Michael E., (Hg.), *Communication and Negotiation,* SAGE, London, 1992, pp. 21 – 45.

ROOS, Markus, BÜELER, Xaver, *Konfessionell-kooperativer Religionsunterricht, Auswertung einer Umfrage,* Im Auftrag der Bildungsdirektion Zürich, Abteilung Bildungsplanung, Forschungsbereich Schulqualität & Schulentwicklung der Universität Zürich, Zürich, 1998.

ROUILLER, Claude, Le principe de la neutralité confessionnelle relative. Réflexions sur la liberté de religion conçue comme un moyen d'intégration, faites à partir du droit d'accomplir les rites funéraires, *AJP/PJA* 12 (2003), pp. 944 – 958.

RUCH, Alexander, *Art. 49,* in: EHRENZELLER, Bernhard, MASTRONARDI, Philippe, SCHWEIZER, Rainer J., VALLANDER, Klaus A., (Hg.), *Die schweizerische Bundesverfassung, Kommentar,* 2. Auflage, Schulthess, Zürich, 2008, pp. 912 – 923.

RÜEGG, Christoph, *Die privatrechtlich organisierten Religionsgemeinschaften in der Schweiz, Eine Bestandesaufnahme und juristische Analyse,* Universitätsverlag Freiburg Schweiz, Freiburg, 2002.

RÜSSLI, Markus, *Rechtsstellung und Bedeutung der Privatschulen im Kanton Zürich*, in: GÄCHTER, Thomas, JAAG, Tobias, (Hg.), *Das neue Zürcher Volksschulrecht*, Dike, Zürich, 2007, pp. 35 – 49.

RUTZ-IMHOF, Ernst, *Zum Verhältnis von Kirche und Staat im Kanton Zürich,* in: LORETAN, Adrian, (Hg.), *Kirche - Staat im Umbruch, Neuere Entwicklungen im Verhältnis von Kirchen und anderen Religionsgemeinschaften zum Staat*, NZN Buchverlag, Zürich, 1995, pp. 50 – 61.

SAHLFELD, Konrad, *Aspekte der Religionsfreiheit im Lichte der Rechtsprechung der EMRK-Organe, des UNO-Menschenrechtsausschusses und nationaler Gerichte*, Schulthess, Zürich, 2004.

SAMUEL, Geoffrey, *Dépasser le fonctionnalisme*, in: LEGRAND, Pierre, (Hg.), *Comparer les droits, résolument*, puf, Paris, 2009, pp. 405 – 430.

SATTLER, Karl-Otto, Der Staat darf das Fach Religion an öffentlichen Schulen gestalten, Der Strassburger Menschenrechtsgerichtshof greift in einen Berliner Streit ein, *NZZ* 230. Jhg. (2009) vom 1. September 2009, p. 7.

SCHEFER, Markus, *Die Kerngehalte von Grundrechten, Geltung, Dogmatik, inhaltliche Ausgestaltung*, Stämpfli Verlag, Bern, 2001.

SCHLAICH, Klaus, *Radikale Trennung und Pluralismus – zwei Modelle der weltanschaulichen Neutralität des Staates*, in: MIKAT, Paul, (Hg.), *Kirche und Staat in der neueren Entwicklung*, Wissenschaftliche Buchgesellschaft, Darmstadt, 1980, pp. 427 – 451.

SCHMITHÜSEN, Bernhard, *Religionsfreiheit und Glaubenserfahrung, dargestellt am Beispiel entheogener Glaubensgemeinschaften*, Schulthess, Zürich, 2007.

SCHWEIZER, Rainer J., *Art. 3,* in: EHRENZELLER, Bernhard, MASTRONARDI, Philippe, SCHWEIZER, Rainer J., VALLANDER, Klaus A., (Hg.), *Die schweizerische Bundesverfassung, Kommentar,* 2. Auflage, Schulthess, Zürich, 2008, pp. 349 – 365.

SCHWEIZERISCHE KONFERENZ DER KANTONALEN ERZIEHUNGSDIREKTOREN (EDK), *Interkantonale Vereinbarung vom 14. Juni 2007 über die Harmonisierung der obligatorischen Schule (HarmoS-Konkordat), Kommentar zu den einzelnen Bestimmungen*, <http://edudoc.ch/record/24712/files/HarmoS_Kommentar_d.pdf?ln=de version=1>, [Stand 20. Oktober 2011].

SCHWEIZERISCHES PASTORALSOZIOLOGISCHES INSTITUT, (Hg.), *Jenseits der Kirchen, Analyse und Auseinandersetzung mit einem neuen Phänomen in unserer Gesellschaft,* NZN Buchverlag, Zürich, 1998.

SCHWENZER, Ingeborg, *Art. 301,* in: HONSELL, Heinrich, VOGT, Nedim Peter, GEISER, Thomas, (Hg.), *Basler Kommentar, Zivilgesetzbuch I, Art. 1 – 456 ZGB,* 4. Auflage, Helbing & Lichtenhahn, Basel, 2010, pp. 1594 – 1598.

SCIOTTI-LAM, Claudia, *L'applicabilité des traités internationaux relatifs aux droits de l'homme en droit interne,* Bruylant, Bruxelles, 2004.

SEBENIUS, James K. *Negotiation Analysis*, in: EDWARDS, Ward, MILES, Ralph F., VON WINTERFELDT, Detlof, (Hg.), *Advances in Decision Analysis, From Foundations to Applications*, Cambridge University Press, Cambridge, 2007, pp. 469 – 488.

SEROUSSI, Roland, *Introduction au droit comparé,* Dunond, Paris, 2000.

SPANGLE, Michael L., WARREN ISENHART, Myra, *Negotiation, Communication for Diverse Settings,* SAGE, Thousand Oaks, 2003.

SWERRY, Jean-Marie, *Aumôneries catholiques dans l'enseignement public, Un renouveau de la laïcité?*, Les éditions du cerf, Paris, 1995.

TAPPENBECK, Christian R., PAHUD DE MORTANGES, René, *Religionsfreiheit und religiöse Neutralität in der Schule*, in: PAHUD DE MORTANGES, René, (Hg.), *Religiöse Neutralität, Ein Rechtsprinzip in der multireligiösen Gesellschaft*, Schulthess, Zürich, 2008, pp. 105 – 136.

TEXTE DE RÉFLEXION DE LA FCPE, in: MESSNER, Francis, (Hg.), *La culture religieuse à l'école, Enquête, prises de position, pratiques européennes*, Les éditions du cerf, Paris, 1995, pp. 223 – 226.

THOMSON, Leigh, PETERSON, Erika, KRAY, Laura, *Social Context in Negotiation: An Informations-Processing Perspective,* in: KRAMER, Roderick M., MESSICK, David M., (Hg.), *Negotiation as a Social Process,* SAGE, London, 1995, pp. 5 – 36.

THÜRER, Daniel, AUBERT, Jean-François, MÜLLER, Jörg Paul, (Hg.), *Verfassungsrecht der Schweiz, Droit constitutionnel suisse,* Schulthess, Zürich, 2001.

THÜRER, Daniel, FURER, Karin, *Religion against the principle of humanity?,* in: THÜRER, Daniel, (Hg.), *Völkerrecht als Fortschritt und Chance, Grundidee Gerechtigkeit, Bd. 2*, Dike, Zürich, 2009, pp. 613 – 625.

TUOR, Peter, SCHNYDER, Bernhard, SCHMID, Jörg, RUMO-JUNGO, Alexandra, *Das Schweizerische Zivilgesetzbuch,* 13. Auflage, Schulthess, Zürich, 2009.

UHLE, Arnd, *Freiheitlicher Verfassungsstaat und kulturelle Identität*, Mohr Siebeck, Tübingen, 2004.

VALK, Pille, BERTRAM-TROOST, Gerdien, FRIEDERICI, Markus, BÉRAUD, Céline, (Hg.), *Teenagers' Perspectives on the Role of Religion in their Lives, Schools and Societies. A European Quantitative Study*, Waxmann, Münster, 2009.

VAN MEURS, Nathalie, SPENCER-OATEY, Helen, *Multidisciplinary perspectives on intercultural conflict: the 'Bermuda Triangle' of conflict, culture and communication*, in: KOTTHOFF, Helga, SPENCER-OATEY, Helen, (Hg.), *Handbook of Intercultural Communication,* Mouton de Gruyter, Berlin, 2009, pp. 99 – 120.

VAN ZANTEN, Angès, OBIN, Jean-Pierre, *La carte scolaire, Faits, révélations, analyses,* puf, Paris, 2008.

VERPEAUX, Michel, Les principes fondamentaux reconnus par les lois de le République ont-ils encore un avenir?, *D.* (2004), p. 1537.

VILLIGER, Mark E., *EMRK und UNO-Menschenrechtspakte,* in: THÜRER, Daniel, AUBERT, Jean-François, MÜLLER, Jörg Paul, (Hg.),*Verfassungsrecht der Schweiz, Droit constitutionnel suisse,* Schulthess, Zürich, 2001, pp. 647 – 656.

VINCENT-LEGOUX, Marie-Caroline, *L' ordre public, Etude de droit comparé interne*, puf, Paris, 2001.

VON NEUMANN, John, MORGENSTERN, Oskar, *Theory of Games and Economic Behavior*, Princeton University Press, Princeton, 1944.

VON UNGERN-STERNBERG, Antje, *Religionsfreiheit in Europa, Die Freiheit individueller Religionsausübung in Grossbritannien, Frankreich und Deutschland – ein Vergleich*, Mohr Siebeck, Tübingen, 2008.

WANDRUSZKA, Mario, *Das Leben der Sprachen*, Deutsche Verlags-Anstalt, Stuttgart, 1984.

WEBER, Thomas, Markanter Wandel in der Zürcher Religionslandschaft, Ergebnisse der Volkszählungen 1970 – 2000 für den Kanton Zürich, *statistik.info* 2 (2003), pp. 1 – 8, <http://www.statistik.zh.ch / internet / justiz_inneres / statistik / de / statistiken / veroeffentlichungen / statistikinfo.html>, [Stand 20. Oktober 2011].

WEISFLOG, Walter E., *Rechtsvergleichung und juristische Übersetzung, Eine interdisziplinäre Studie,* Schulthess, Zürich, 1996.

WENDELSPIESS, Martin, *Organisation der Schulbehörden*, in: GÄCHTER, Thomas, JAAG, Tobias, (Hg.), *Das neue Zürcher Volksschulrecht*, Dike, Zürich, 2007, pp. 21 – 34.

WILLAIME, Jean-Paul, MATHIEU, Sévérine, (Hg.), *Des maîtres et des Dieux, Ecoles et religions en Europe*, Belin, Paris, 2005.

WINTSCH, Sandra, *Flüchtlingskinder und Bildung – Rechtliche Aspekte*, Schulthess, Zürich, 2008.

WINZELER, Christoph, *Die weltanschauliche Neutralität des Staates*, in: PAHUD DE MORTANGES, René, (Hg.), *Religiöse Neutralität, Ein Rechtsprinzip in der multireligiösen Gesellschaft*, Schulthess, Zürich, 2008, pp. 1 – 30.

WINZELER, Christoph, *Einführung in das Religionsverfassungsrecht der Schweiz*, 2. Auflage, Schulthess, Zürich, 2009.

WOEHRLING, Jean-Marie, Le statut public des cultes reconnus en Alsace-Moselle et le principe constitutionnel de la neutralité de l'Etat, *RDC* 54 (2004), pp. 221 – 257.

WOEHRLING, Jean-Marie, *Synthèse des travaux*, in: MESSNER, Francis, VIERLING, André, (Hg.), *L'enseignement religieux à l'école publique*, Oberlin, Strasbourg, 1998, pp. 135 – 141.

WOLFFGANG, Hans-Michael, *Art. 6,* in: LENZ, Carl Otto, BORCHARDT, Klaus-Dieter, (Hg.), *EU-Verträge, Kommentar nach dem Vertrag von Lissabon*, 5. Auflage, Bundesanzeiger Verlagsgesellschaft, Köln, 2010, pp. 57 – 60.

WYSS, Martin Philipp, Glaubens- und Religionsfreiheit zwischen Integration und Isolation, Aktuelle Probleme aus der höchstrichterlichen und internationalen Praxis, *ZBl* 95 (1994), pp. 385 – 409.

WYSS, Martin Philipp, *Öffentliche Interessen – Interessen der Öffentlichkeit?,* Stämpfli Verlag, Bern, 2001.

WYTTENBACH, Judith, *Grund- und Menschenrechtskonflikte zwischen Eltern, Kind und Staat, Schutzpflichten des Staates gegenüber Kindern und Jugendlichen aus dem internationalen Menschenrechtsschutz und der Bundesverfassung (Art. 11 BV)*, Helbing & Lichtenhahn, Basel, 2006.

ZANGGER, Michael, Respektvolle Annäherung an Religionen und Kulturen, *4 - 8 Zeitschrift für Kindergarten und Unterstufe* 12 (2007), pp. 5 – 7.

ZEHNDER, Urs, *Religionsunterricht und Schulseelsorge an der Kantonsschule Wiedikon Zürich*, in: KOHLER-SPIEGEL, Helga, LORETAN, Adrian, (Hg.), *Religionsunterricht an der öffentlichen Schule, Orientierungen und Entscheidungshilfen zum Religionsunterricht,* NZN, Zürich, 2000, pp. 223 – 230.

ZOLLER, Elisabeth, (Hg.), *La conception américaine de la laïcité*, Dalloz, Paris, 2005.

ZWEIGERT, Konrad, KÖTZ, Hein, *An Introduction to Comparative Law*, 3. Auflage, Clarendon Press, Oxford, 1998.

ZWEIGERT, Konrad, KÖTZ, Hein, *Einführung in die Rechtsvergleichung auf dem Gebiet des Privatrechts*, 3. Auflage, Mohr, Tübingen, 1996.

ZWILLING, Anne-Laure, *France*, in: NIELSEN, Jorgen S., (Hg.) *Yearbook of Muslims in Europe, Vol. 1*, Brill, Leiden, 2009, pp. 127 – 139.

Entscheidverzeichnis

I. Europäische Ebene

1. Europäischer Gerichtshof für Menschenrechte (EGMR)

Die Urteile des EGMR können unter der Adresse <http://www.echr.coe.int/ECHR/FR/hudoc> eingesehen werden und wurden in der vorliegenden Arbeit in der dort publizierten Form verwendet. Sie werden hier mit der Applikationsnummer und dem Urteilsdatum zitiert.

EGMR, *Belgischer Sprachenstreit*, (mehrere Nummern: 1474/62; 1677/62; 1691/62; 1769/63; 1994/63; 2126/64), 23. Juli 1968.

EGMR, *Kjeldsen, Busk Madsen und Pedersen c./ Dänemark,* (mehrere Nummern: 5095/71; 5920/72; 5926/72), 7. Dezember 1976.

EGMR, *Handyside c./ Vereinigtes Königreich*, 5493/72, 7. Dezember 1976.

EGMR, *Airey c./ Irland*, 6289/73, 9. Oktober 1979.

EGMR, *Kokkinakis c./ Griechenland*, 14307/88, 25. Mai 1993.

EGMR, *Leyla Sahin c./ Türkei*, 44774/98, 10. November 2005.

EGMR, *Folgerø und andere c./ Norwegen*, 15472/02, 29. Juni 2007.

EGMR, *Zengin c./ Türkei,* 1448/04, 9. Oktober 2007.

EGMR, *Lautsi c./ Italien*, 30814/06, 3. November 2009.

EGMR, *Appel-Irrgang und andere c./ Deutschland*, 45216/07, 20. Oktober 2009.

EGMR, *Lautsi c./ Italien*, 30814/06, 18. März 2011.

2. Europäische Komission für Menschenrechte

EKMR, *Angeleni c./ Schweden*, 10491/83, DR 51 (1987), pp. 41 – 49.

II. Frankreich

1. Cour de cassation

Cass. civ. première, 18 mai 2005, n° 02-20613.

Cass. ass. plénière, 19 mai 1978, Dame Roy c. assoc. Educ. Populaire Sainte Marthe, n° 76-41.211.

2. Conseil d'Etat

CE, 19 mai 1933, Sieur Benjamin [René] et Syndicat d'initiative de Nevers, *Rec.*, p. 541.

CE, 3 mai 1950, Mlle Jame, *Rec.* p. 247.

CE, sect., 28 janvier 1955, Association professionnelle des aumôniers de l'enseignement public, *Rec.*, p. 51.

CE, avis, 27 novembre 1989, Le principe de la laïcité et les signes d'appartenance à une communauté religieuse, n° 346893.

CE, 27 juillet 1990, Association pour une nouvelle organisation du temps scolaire et ministre de l'éducation nationale, de la jeunesse et des sports, *Rec.*, p. 229.

CE, ass., 21 décembre 1990, Confédération nationale des associations catholiques et autres, *Rec.*, p. 368.

CE, 17 février 1992, Eglise de Scientologie de Paris, *AJDA*, 1992, p. 460, *Rec.* p. 61.

CE, 2 novembre 1992, Kherouaa et Mme Kachour et Balo et Mme Kizic, *Rec.*, p. 389.

CE, 10 janvier 1996, M. Huret, n° 153477.

CE, ass., 3 juillet 1996, Kone, *Rec.*, p. 255.

CE, 22 septembre 1997, Mlle Cinar, *Rec.*, p. 1997.

CE, avis, 3 mai 2000, Mlle Marteaux, *Rec.*, p. 165.

CE, 18 octobre 2000, Association promouvoir et autres, *Rec.*, p. 425.

CE, 6 avril 2001, Syndicat national des enseignements du second degré (SNES), *Rec.*, p. 171.

CE, 6 juin 2001, Archevêque de Strasbourg et autres, *Rec.* p. 255.

3. Conseil constitutionnel

Cons. const., 19 novembre 2004, déc. n° 2004-505 DC.

Cons. const., 23 novembre 1977, déc. n° 77-87 DC.

Cons. const., 18 janvier 1985, déc. n° 84-185 DC.

Cons. const., 31 janvier 2006, déc. n° 2006-203 DC.

4. Tribunal administratif de Bordeaux

TA Bordeaux, 4 mai 2005, Fédération syndicale unitaire - enseignement de Lot-et-Garonne c. recteur de l'académie de Bordeaux: organisation du baccalauréat, n° 0402516.

III. Schweiz

1. Veröffentlichte Entscheide des Schweizerischen Bundesgerichts

BGE 23 I 1361 (Urteil vom 30. Dezember 1897 i.S. Traxl und Konsorten).

BGE 95 I 350 (Urteil vom 9. Juli 1969 i.S. Neuapostolische Kirche in der Schweiz gegen Evangelische Landeskirche, Katholische Landeskirche und Steuerrekurskommission des Kantons Thurgau).

BGE 97 I 116 (Urteil vom 3. März 1971 i.S. Verein Freie Evangelisch-Theologische Hochschule Basel gegen Regierungsrat und Verwaltungsgericht des Kantons Basel-Stadt).

BGE 102 Ia 468 (Urteil vom 6. Oktober 1976 i.S. Buchdruckerei Elgg AG gegen evangelisch-reformierte Kirchgemeinde Elgg und Verwaltungsgericht des Kantons Zürich).

BGE 104 Ia 79 (Urteil vom 8. Februar 1978 i.S. S. gegen Kirchgemeinde Johannes Bern und Regierungsrat des Kantons Bern).

BGE 108 II 490 (Urteil der I. Zivilabteilung vom 5. Oktober 1982 i.S. Albrecht Müller gegen Werner Klinke (Berufung)).

BGE 113 Ia 304 (Urteil der II. öffentlichrechtlichen Abteilung vom 13. November 1987 i.S. Nehal Ahmed Syed gegen Direktion der Justiz des Kantons Zürich (staatsrechtliche Beschwerde)).

BGE 117 Ia 27 (Urteil der II. öffentlichrechtlichen Abteilung vom 21. Februar 1991 i.S. S. und Kons. gegen Direktion für Erziehung und kulturelle Angelegenheiten des Kantons Freiburg und Staatsrat des Kantons Freiburg (Beschwerde an den Bundesrat gemäss Art. 73 Abs. 1 lit. a Ziff. 2 VwVG sowie staatsrechtliche Beschwerde)).

BGE 117 Ia 311 (Urteil der II. öffentlichrechtlichen Abteilung vom 20. September 1991 i.S. E. und H. S. gegen Kantonsschulrat, Regierungsrat und Verwaltungsgericht des Kantons Glarus (staatsrechtliche Beschwerde)).

BGE 118 Ia 46 (Urteil der II. öffentlichrechtlichen Abteilung vom 14. Februar 1992 i.S. Verein Scientology Kirche Zürich gegen Verein infoSekta und Regierungsrat des Kantons Zürich sowie i.S. Verein Vereinigungskirche Zürich gegen Verein infoSekta und Regierungsrat des Kantons Zürich (staatsrechtliche Beschwerden)).

BGE 119 Ia 178 (Urteil der II. öffentlichrechtlichen Abteilung vom 18. Juni 1993 i.S. A. und M. gegen Regierungsrat des Kantons Zürich (staatsrechtliche Beschwerde)).

BGE 122 II 485 (Arrêt de la première Cour de droit public du 1er novembre 1996 dans la cause S. contre Office fédéral de la police (recours de droit administratif)).

BGE 123 I 296 (Arrêt de la seconde Cour de droit public du 12 novembre 1997 dans la cause X. contre Conseil d'Etat du canton de Genève (recours de droit public)).

BGE 125 II 417 (Urteil der I. öffentlichrechtlichen Abteilung vom 26. Juli 1999 i.S. A. gegen Schweizerische Bundesanwaltschaft, Eidgenössisches Justiz- und Polizeidepartement und Schweizerischen Bundesrat (Verwaltungsgerichtsbeschwerde)).

BGE 126 I 122 (Urteil der II. öffentlichrechtlichen Abteilung vom 13. Juni 2000 i.S. Model AG gegen Steuerverwaltung und Verwaltungsgericht des Kantons Thurgau (staatsrechtliche Beschwerde)).

BGE 126 II 377 (Urteil der II. öffentlichrechtlichen Abteilung vom 11. September 2000 i.S. F. A. und A. A. gegen Regierungsrat sowie Verwaltungsgericht des Kantons Zürich (Verwaltungsgerichtsbeschwerde und staatsrechtliche Beschwerde)).

BGE 129 I 12 (Urteil der II. öffentlichrechtlichen Abteilung i.S. V. und 20 Mitb. gegen Grosser Rat des Kantons Bern (staatsrechtliche Beschwerde) 2P.297/2001 vom 7. November 2002).

BGE 129 III 250 (Urteil der II. Zivilabteilung i.S. A. P. gegen M. P. sowie Obergericht des Kantons Zürich (Berufung) 5C.158/2002 vom 19. Dezember 2002).

BGE 129 I 74 (Urteil der II. öffentlichrechtlichen Abteilung i.S. X. gegen Amt für Justizvollzug des Kantons Zürich sowie Direktion der Justiz und des Innern des Kantons Zürich (staatsrechtliche Beschwerde)).

BGE 133 I 156 (Urteil der II. öffentlichrechtlichen Abteilung i.S. A.X. gegen Regierungsrat und Verwaltungsgericht des Kantons Luzern (Staatsrechtliche Beschwerde) 2P.276/2005 / 2P.314/2006 vom 7. Mai 2007).

BGE 134 I 75 (Urteil der II. öffentlichrechtlichen Abteilung i.S. X. gegen Katholische Kirchgemeinde Luzern sowie Römisch-katholische Landeskirche des Kantons Luzern (Staatsrechtliche Beschwerde) 2P.321/2006 vom 16. November 2007).

BGE 135 I 79 (Urteil der II. öffentlichrechtlichen Abteilung i.S. X. und Y. gegen Stadtschulrat Schaffhausen und Erziehungsrat des Kantons Schaffhausen (Beschwerde in öffentlichrechtlichen Angelegenheiten) 2C.149/2008 vom 24. Oktober 2008).

2. Unveröffentlichte Entscheide des Schweizerischen Bundesgerichts

2P.307/1991 Urteil der II. öffentlichrechtlichen Abteilung des Bundesgerichts vom 19. Januar 1993, in: *ZBl* 94 (1993), pp. 219 – 223.

Materialienverzeichnis

I. Botschaft zur neuen Bundesverfassung

Botschaft über eine neue Bundesverfassung vom 20. November 1996, *BBl* 149 (1997), pp. 1 – 642.

II. Beschlüsse des Bildungsrates und des Regierungsrates des Kantons Zürich

1. Veröffentlichte Beschlüsse

Die bildungsrätlichen Beschlüsse werden in der Publikationsform im amtlichen Schulblatt des Kantons Zürich zitiert. Erfolgte die Publikation nur auszugsweise und wird der nicht veröffentlichte Beschlussteil verwendet, so wird der betreffende Beschluss in seiner Publikationsform auf der Internetseite des Bildungsrates zitiert.

Beschluss des Erziehungsrates vom 16. Juli 1974, Biblische Geschichte und Sittenlehre an der 1. – 6. Primarklasse ab Schuljahr 1975/76, *Schulblatt ZH* 89 (1974), pp. 909 – 913.

Beschluss des Erziehungsrates vom 4. August 1987, Unterricht in Biblischer Geschichte / Religionsunterricht. Stellung im neuen Lehrplan der Volksschule, *Schulblatt ZH* 102 (1987), pp. 717 – 722.

Beschluss des Erziehungsrates vom 26. März 1991, Richtlinien für den Religionsunterricht an der Oberstufe der Zürcher Volksschule, *Schulblatt ZH* 106 (1991), pp. 514 – 522.

Beschluss des Erziehungsrates vom 29. Oktober 1991, Revision des Lehrplans für die Volksschule des Kantons Zürich. Religionsunterricht an der Oberstufe, *Schulblatt ZH* 107 (1992), pp. 12 – 14.

Beschluss des Erziehungsrates vom 12. April 1994, Richtlinien für den kirchlichen Religionsunterricht an der Oberstufe der Zürcher Volksschule und die Dispensation von Schülerinnen und Schüler für kirchliche Unterrichtsprojekte. Änderung, *Schulblatt ZH* 109 (1994), pp. 554 – 557.

Beschluss des Bildungsrates des Kantons Zürich vom 15. August 2000, Volksschule. Weiterentwicklung des Konfessionell-kooperativen Religionsunterrichts in das Fach „Religion und Kultur". Vernehmlassung, *Schulblatt ZH* 115 (2000), pp. 542 – 544.

Beschluss des Bildungsrates des Kantons Zürich vom 13. September 2001, Volksschule. Weiterentwicklung des Konfessionell-kooperativen Religionsunterrichts in das Fach „Religion und Kultur". Vernehmlassungsergebnisse. Weiteres Vorgehen, *Schulblatt ZH* 116 (2001), pp. 698 – 699.

Beschluss des Bildungsrates des Kantons Zürich vom 26. Februar 2002, Volksschule. Weiterentwicklung des Konfessionell-kooperativen Religionsunterrichts in das Fach „Religion und Kultur". Personelle Zusammensetzung der bildungsrätlichen Kommission, *Schulblatt ZH* 117 (2002), p. 251.

Beschluss des Bildungsrates des Kantons Zürich vom 5. November 2002, Weiterentwicklung des Konfessionell-kooperativen Religionsunterrichts in das Fach „Religion und Kultur". Personelle Zusammensetzung der bildungsrätlichen Kommission (Änderung), *Schulblatt ZH* 117 (2002), p. 699.

Beschluss des Bildungsrates des Kantons Zürich vom 14. Juli 2003, Volksschule. Sanierungsprogramm 04. Änderung der Lektionentafeln der Primarschule, *Schulblatt ZH* 118 (2003), pp. 584 – 585.

Beschluss des Bildungsrates des Kantons Zürich vom 1. Dezember 2003, Volksschule. Sanierungsprogramm 04. Änderung der Lektionentafeln der Primarschule, *Schulblatt ZH* 119 (2004), pp. 6 – 8.

Beschluss des Bildungsrates des Kantons Zürich vom 29. November 2004, Volksschule. Biblische Geschichte. Weiteres Vorgehen, *Schulblatt ZH* 120 (2005), p. 4.

Beschluss des Regierungsrates des Kantons Zürich vom 27. Februar 2006, Volksschule. Religion und Kultur an der Primarstufe, *Schulblatt ZH* 121 (2006) pp. 39 – 40.

Beschluss des Bildungsrates des Kantons Zürich vom 27. Februar 2006, Volksschule. Religion und Kultur an der Primarschule, <http://www.bi.zh.ch/internet/bildungsdirektion/de/unsere_direktion/bildungsrat/beschluesse_2010/beschluesse_2006.html>, [Stand 20. Oktober 2011].

Beschluss des Bildungsrates des Kantons Zürich vom 27. Februar 2006, Volksschule. Religion und Kultur an der Oberstufe. Lehrplan und Pilotphase, *Schulblatt ZH* 121 (2006) pp. 40 – 41. Der vollständige Beschluss ist auf folgender Seite abrufbar: <http://www.bi.zh.ch/internet/bildungsdirektion/de/unsere_direktion/bildungsrat/beschluesse_2010/beschluesse_2006.html>, [Stand 20. Oktober 2011].

Beschluss des Bildungsrates des Kantons Zürich vom 2. Oktober 2006, Religion und Kultur Primarstufe. Lehrplan, *Schulblatt ZH* 121 (2006), pp. 65 – 66.

Auszug aus dem Beschluss des Bildungsrates des Kantons Zürich vom 4. Dezember 2006, Volksschule. Religion und Kultur an der Sekundarstufe I. Einführung, *Schulblatt ZH* 122 (2007), pp. 61 – 62. Der vollständige Beschluss ist auf folgender Seite abrufbar: <http://www.bi.zh.ch/internet/bildungsdirektion/de/unsere_direktion/bildungsrat/beschluesse_2010/beschluesse_2006.html>, [Stand 20. Oktober 2011].

Beschluss des Bildungsrates des Kantons Zürich vom 29. Juni 2007, Volksschule. Religion und Kultur an der Primarstufe. Einführung. Rahmenbedingungen, *Schulblatt ZH* 122 (2007), pp. 63 – 65.

Beschluss des Bildungsrates des Kantons Zürich vom 12. Januar 2009, Religion und Kultur. Reduzierte Qualifikation für Primarlehrpersonen, *Schulblatt ZH* 124 (2009), pp. 68 – 69.

Beschluss des Bildungsrates des Kantons Zürich vom 28. Mai 2009, Religion und Kultur. Wissenschaftliche Evaluation der Einführungsphase des Fachs „Religion und Kultur", *Schulblatt ZH* 124 (2009), p. 71.

Beschluss des Bildungsrates des Kantons Zürich vom 28. Mai 2009, Volksschule. Lehrmittel Religion und Kultur für die Primarstufe. Neuschaffung, *Schulblatt ZH* 124 (2009), pp. 72 – 73.

Beschluss des Bildungsrates des Kantons Zürich vom 2. November 2009, Volksschule. Lehrmittel Religion und Kultur für die Sekundarstufe I. Neuschaffung, *Schulblatt ZH* 125 (2010), pp. 64 – 66.

2. Unveröffentlichte Beschlüsse

Beschluss des Bildungsrates des Kantons Zürich vom 23. August 2004, Volksschule. Oberstufe. Schaffung eines neuen Faches „Religion und Kultur".

Beschluss des Bildungsrates des Kantons Zürich vom 14. März 2005, Volksschule. Biblische Geschichte. Lehrplanänderung.

Beschluss des Bildungsrates des Kantons Zürich vom 27. Februar 2006, Volksschule. Religion und Kultur an der Primarstufe, <http://www.bi.zh.ch/internet/bildungsdirektion/de/unsere_direktion/bildungsrat/beschluesse_2010/beschluesse_2006.html>, [Stand 20. Oktober 2011].

III. Veröffentlichungen in der Offiziellen Gesetzessammlung des Kantons Zürich (OS)

Volksschulgesetz (VSG) (Änderung vom 12. März 2007; Staatsbeiträge für das Fach „Religion und Kultur"), OS 63 (2008), pp. 474 – 475.

IV. Veröffentlichungen im Amtsblatt des Kantons Zürich

Antrag des Regierungsrates vom 24. November 2004, „Beschluss des Kantonsrates über das Zustandekommen der Volksinitiative für die Weiterführung des Faches „Biblische Geschichte an der Primarschule", *Amtsblatt des Kantons Zürich* (2004), 10. Dezember 2004, pp. 1482 – 1484.

Antrag des Regierungsrates vom 14. Dezember 2005, „A. Beschluss des Kantonsrates über die Volksinitiative für die Weiterführung des Faches Biblische Geschichte, B. Volksschulgesetz (Änderung; Staatsbeiträge für das Fach „Religion und Kultur"), C. Beschluss des Ka[n]tonsrates über die Erledigung eines parlamentarischen Vorstosses", *Amtsblatt des Kantons Zürich* (2006), pp. 1 – 8.

Rückzug der Volksinitiative für die Weiterführung des Faches „Biblische Geschichte" an der Primarschule und Veröffentlichung des Gegenvorschlages des Kantonsrates betreffend Volksschulgesetz, (Änderung vom 12. März 2007; Staatsbeiträge für das Fach „Religion und Kultur") vom 2. Mai 2007, *Amtsblatt des Kantons Zürich* (2007), 11. Mai 2007, pp. 808 – 809.

V. Dringliches Postulat KR-Nr. 258/2005

Dringliches Postulat: Fach „Religion und Kultur" an der Primarstufe vom 19. September 2005, <http://www.kantonsrat.zh.ch/Geschaeft_Details.aspx?ID=4f958818-097e-4d90-ac23-9854eb6ad2c9>, [Stand 20. Oktober 2011].

VI. Protokolle des Kantonsrates

83. Sitzung, Montag, 20. Dezember 2004, „1a. Zustandekommen der Volksinitiative für die Weiterführung des Faches „Biblische Geschichte" an der Primarschule", *Protokolle des Zürcher Kantonsrates* 83 (2004), p. 6290.

120. Sitzung, Montag, 26. September 2005, „44. Fach Religion und Kultur an der Primarstufe", *Protokolle des Zürcher Kantonsrates* 120 (2004), pp. 8929 – 8932.

185. Sitzung, Montag, 15. Januar 2007, „7. Beschluss des Kantonsrates über die Volksinitiative für die Weiterführung des Faches „Biblische Geschichte“ in der Primarschule“, *Protokolle des Zürcher Kantonsrates* 185 (2007), pp. 13292 – 13313.

202. Sitzung, Montag, 12. März 2007, „3. Beschluss des Kantonsrates über die Volksinitiative für die Weiterführung des Faches „Biblische Geschichte“ in der Primarschule“, *Protokolle des Kantonsrates* 202 (2007), pp. 14314 – 14316.

VII. Internet

Internetseite der Bertelsmannstiftung bezüglich des Religionsmonitors, <http://www.religionsmonitor.com>, [Stand 20. Oktober 2011].

Internetseite der Elternorganisation „Schule und Elternhaus“, <http://www.schule-elternhaus.ch>, [Stand 20. Oktober 2011].

Internetseite von EUREL, „Données sociologiques et juridiques sur la religion en Europe“, Religionssoziologische Informationen der Forschungsgruppen PRISME-SDRE und GSRL, <http://www.eurel.info>, [Stand 20. Oktober 2011].

Internetseite der Fachstelle für Religionspädagogik der römisch-katholischen Kirche des Kantons Zürich, <http://www.religionspaedagogikzh.ch>, [Stand 20. Oktober 2011].

Internetseite des französischen Bildungsministeriums: <http://www.education.gouv.fr>, [Stand 20. Oktober 2011].

Internetseite des französischen Bildungsministeriums für die Angestellten des Bildungsbereiches, <http://www.eduscol.education.fr>, [Stand 20. Oktober 2011].

Internetseite der „Fédération Protestante de l'Enseignement“ (FPE), <http://hachet.pierre.free.fr/activites.html>, [Stand 20. Oktober 2011].

Internetseite des „Institut européen en sciences des religions“ in Paris, <http://www.iesr.ephe.sorbonne.fr>, [Stand 20. Oktober 2011].

Internetseite des „Institut français d'opinion public“ (Ifop): <http://www.ifop.com>, [Stand 20. Oktober 2011].

Internetseite der „Mosquée de Paris“, <http://www.mosquee-de-paris.org>, [Stand 20. Oktober 2011].

Internetseite der Forschungseinheit PRISME („Politiques, Religions, Institutions et Société: Mutations Européennes") am CNRS Strassburg, <http://prisme.u-strasbg.fr/pindex.htm>, [Stand 20. Oktober 2011].

Internetseite des Projektes „Lehrplan 21", <http://www.lehrplan.ch>, [Stand 20. Oktober 2011].

Projektseite des Religionspädagogischen Gesamtkonzepts der evangelisch-reformierten Kirche des Kantons Zürich, <http://www.rpg-zh.ch>, [Stand 20. Oktober 2011].

Internetseite der Schulseelsorgeeinrichtungen der öffentlichen Schulen Frankreichs, <http://aep.cef.fr>, [Stand 20. Oktober 2011].

Internetseite des Statistischen Amts des Kantons Zürich, <http://www.statistik.zh.ch>, [Stand 20. Oktober 2011].

Internetseite der „Union bouddhiste de France" (UBF), <http://www.bouddhisme-france.org>, [Stand 20. Oktober 2011].

Internetseite des Zürcher Bildungsrates, <http://www.bi.zh.ch/internet/bildungsdirektion/de/unsere_direktion/bildungsrat.html>, [Stand 20. Oktober 2011].

Internetseite des Verbands der Schulleiterinnen und Schulleiter des Kantons Zürich, <http://www.vslzh.ch>, [Stand 20. Oktober 2011].

Internetseite des Verband Zürcher Schulpräsidentinnen und Schulpräsidenten, (VZS) <http://www.vzs.ch/portrait>, [Stand 20. Oktober 2011].

Einleitung

I. Gegenstand der Untersuchung

Der Themenbereich „Religionsunterricht und öffentliche Schule" ist in der Schweiz seit mehreren Jahren Gegenstand öffentlicher Diskussionen, zahlreicher Gerichtsurteile[1] und wissenschaftlicher Publikationen[2]. Die vorliegende Arbeit enthält daher keine neue Behandlung der Fragen, welchen Platz Religion an den öffentlichen Schulen einnehmen darf und was insbesondere religionskundliche Bildung leisten kann und was nicht. Sie setzt den erreichten Diskussionsstand bezüglich des Inhalts religionskundlicher Bildung im Sinne des „teaching about religion" voraus[3].

Die vorliegende Forschungsarbeit möchte den Blick weg vom Inhalt auf einen anderen Aspekt religionskundlicher Bildung an den öffentlichen Schulen lenken. Hintergrund dafür sind die grossen Veränderungen im schweizerischen Bildungssystem, die durch die Annahme der so genannten „Bildungsverfassung" am 21. Mai 2006 durch das Schweizer Stimmvolk ausgelöst wurden. Zentrales Anliegen der Bemühungen im Bildungswesen ist der Erhalt und die Steigerung der Wettbewerbsfähigkeit des schweizerischen Bildungssystems im internationalen Vergleich. Untrennbar verbunden mit diesen Bemühungen ist die Harmonisierung der kantonal verschiedenen öffentlichen Schulsysteme. Die Harmonisierung, wie sie im HarmoS-Konkordat vorgesehen ist[4], betrifft die Grundlagenfächer. Der „Lehrplan 21", ein vom HarmoS-Konkordat unabhängi-

---

1 Anstelle vieler vgl. Entscheid des Bundesgerichts vom 19. Januar 1993, 2P.307/1991 in *ZBl* 94 (1993), pp. 219 – 223.

2 Anstelle vieler vgl. KOHLER-SPIEGEL, Helga, LORETAN, Adrian, (Hg.), *Religionsunterricht an der öffentlichen Schule, Orientierungen und Entscheidungshilfen zum Religionsunterricht,* NZN, Zürich, 2000; LORETAN, Adrian, *Religionsunterrichtskonzepte und ihre rechtlichen Koordinaten,* in: LORETAN, Adrian, *Religionen im Kontext der Menschenrechte: religionsrechtliche Studien, Teil 1,* Theologischer Verlag Zürich, Zürich, 2010, pp. 185 – 207. TAPPENBECK, Christian R., PAHUD DE MORTANGES, René, *Religionsfreiheit und religiöse Neutralität in der Schule*, in: PAHUD DE MORTANGES, René, (Hg.), *Religiöse Neutralität, Ein Rechtsprinzip in der multireligiösen Gesellschaft*, Schulthess, Zürich, 2008, pp. 105 – 136.

3 Vgl. zu den Tendenzen des religionskundlichen Unterrichts das Interview mit Ansgar JÖDICKE. COCHAND, Aude-May, In nichtreligiöser Weise über Religion sprechen, Ansgar Jödicke zur Entwicklung zu nichtkonfessionellem Religionsunterricht, *SKZ* 179 (2011), pp. 225 – 226.

4 Interkantonale Vereinbarung über die Harmonisierung der obligatorischen Schule vom 14. Juni 2007 (HarmoS-Konkordat (LS 410.31) [Kanton Zürich]).

ges Projekt zur Lehrplanharmonisierung, enthält aber den Fachbereich „Ethik, Religionen, Gemeinschaft" explizit als zu vereinheitlichenden Bereich[5]. Insofern ist eine Ausweitung der Harmonisierung der kantonalen Bildungsangebote auf lebenskundliche und religionskundliche Fächer nicht nur denkbar, sondern im Projekt „Lehrplan 21" vorgesehen. Im Hinblick auf eine solche Ausweitung oder grundsätzlich auf eine stärkere Integration des religionskundlichen Aspekts an der öffentlichen Schule stellt sich nicht nur die Frage, wie diese Integration aussehen kann, sondern auch, auf welche Art sie erreicht werden kann. Dieser Aspekt eines religionskundlichen Bildungsangebots an der öffentlichen Schule soll im Rahmen dieser Arbeit beleuchtet werden.

Der Kanton Zürich hat in den letzten Jahren den vielbeachteten Versuch gestartet, ein neues religionskundliches Fach an der öffentlichen Schule einzuführen. „Religion und Kultur", so der Name des Faches, soll als obligatorisches Unterrichtsfach den bisherigen konfessionell-kooperativen Unterricht (KoKoRu) auf der Sekundarstufe I und das Fach „Biblische Geschichte" auf der Primarstufe ablösen. Die beiden bisherigen Bildungsangebote waren als religiöser Unterricht mit Abmeldesystem konzipiert und wurden der multireligiösen Klassenzusammensetzung nicht mehr gerecht. Das neue Fach muss bis zum Schuljahresbeginn 2011/2012 an allen öffentlichen Schulen des Kantons Zürich eingeführt sein. Der Kanton Zürich ist traditionell ein evangelisch-reformierter Kanton, der heute ein etabliertes System der Kooperation von öffentlich-rechtlich anerkannten Kirchen und dem Staat kennt. Mit der neuen Kantonsverfassung wurden neu zwei jüdische Gemeinden anerkannt.

Mit Frankreich wurde in der vorliegenden Arbeit bewusst ein Land mit einem besonderen staatskirchenrechtlichen System gewählt: Mit der „laïcité" kennt Frankreich ein System der Trennung von Religionsgemeinschaften und Staat. Wie zu zeigen sein wird, ist diese Trennung aber nicht religionsfeindlich zu verstehen. Vielmehr handelt es sich um eine Aufteilung von Zuständigkeitsbereichen, wobei die eine Instanz von der Existenz der anderen weiss. Die Diskussionen um religionskundliche Bildungsangebote an den öffentlichen Schulen sind bereits älteren Datums und fanden 2002 einen (vorläufigen)[6] Abschluss

---

5 Die Informationen auf der Internetseite des Projektes Lehrplan 21 enthalten den Fachbereich „Ethik, Religionen, Gemeinschaft" für die 7. – 9. Klasse explizit. <http://www.lehrplan.ch/?q=node/52>, [Stand 20. Oktober 2011].

6 Die französischen Lehrpläne werden in regelmässigen Abständen überarbeitet. Zum Zeitpunkt des Abschlusses vorliegender Arbeit sind bereits neue Lehrpläne für die obligatorische Schulzeit in Kraft. Vgl. den Arrêté vom 9. Juni 2008 (publiziert im *JO* vom 17. Juni 2008) für die Primarstufe sowie den Arrêté vom 15 Juli 2008 (publiziert im *JO* vom 5. August 2008 sowie im *BO spécial* vom 28. August 2008) für die Klassen 6 – 3. Kürzungen des religionskundlichen Aspektes hat es auf Stufe der Gymnasien gegeben, wogegen das „Institut européen en sciences des

durch die Einführung der neuer Lehrpläne. In Frankreich wurde allerdings kein neues Fach geschaffen. Religionskundliche Inhalte wurden in die bestehenden Fächer integriert, wobei dem Geschichtsunterricht der Hauptteil der Materie zugeteilt wurde.

Es handelt sich bei der vorgenommenen Untersuchung aber nicht um einen Ländervergleich. Die föderalistische Struktur der Schweiz bringt eine grosse Vielfalt an Formen religiöser und religionskundlicher Bildung mit sich, die einen Vergleich zwischen Frankreich und „der Schweiz" zwangsläufig zu einem Vergleich von jeweiligem kantonalen System und französichem System umwandeln würde. Erschwerend käme bei einem derartigen Unterfangen hinzu, dass auch Frankreich unterschiedliche Modelle kennt. Zu denken ist in erster Linie an die eigene Rechtstradition der drei östlichen Departemente Haut-Rhin, Bas-Rhin und Moselle, sowie an die Systeme, die auf den französischen Inseln Geltung haben. Verglichen werden in der Folge zwei Modelle religionskundlicher Bildung und ihre rechtlichen Rahmenbedingungen: das „integrierte Modell" im Grossteil Frankreichs und das „separierte Modell" im Kanton Zürich. Die Begriffe wurden so gewählt, da im Grossteil Frankreichs religionskundliche Aspekte in vorhandene Fächer integriert wurden, im Kanton Zürich hingegen ein eigenes, „separates" Fach geschaffen wurde.

Es geht in dieser Arbeit nicht darum, die beiden Modelle in Hinblick auf ihren pädagogischen Wert zu vergleichen. Ziel ist vielmehr zu erkennen, weshalb die jeweiligen Modelle gewählt wurden – und wie sie erarbeitet wurden.

Mit „Erarbeitung" ist nicht das Rechtsetzungsverfahren gemeint. „Erarbeitung" oder „Ausarbeitung" meint in der vorliegenden Arbeit den Prozess, der von ersten Gesprächen, Zeitungsmeldungen und Ähnlichem bis zum Erlass neuer Lehrpläne oder der Einführung des neuen Faches stattgefunden hat. Dieser Prozess ist geprägt von Kommunikation. Kommunikationsprozesse zwischen mehreren Gesprächspartnern aber, die das Erreichen eines bestimmten Zieles oder die Lösung eines konkreten Problems zum Gegenstand haben, sind Verhandlungen. „Erarbeitung" eines bestimmten Modelles bedeutet folglich auch „Verhandlung" über ein bestimmtes Modell religionskundlicher Bildung.

Hier vertretener Ansicht nach ist es nicht das Ergebnis eines Verhandlungsprozesses an sich, das entscheidend ist für seine Dauerhaftigkeit und seinen Erfolg. Es ist vielmehr das „Wie", die Art der Verhandlung, die über die Zukunftsfähigkeit einer Lösung entscheidet. Auch im Bildungsbereich münden

religions" (IESR) protestierte. Vgl. etwa INSTITUT EUROPÉEN EN SCIENCES DES RELIGIONS (IESR), *Avis de l'IESR sur le projet de programme d'histoire pour la classe de première, voie générale*, 14. Mai 2010. <http://www.iesr.ephe.sorbonne.fr/index6272.html>, [Stand 20. Oktober 2011].

politische Prozesse in die Setzung neuer Normen. Diese entfalten ihre Kraft aber nur dort, wo Konsens über ihre Umsetzung herrscht. Konkret bedeutet dies für die religionskundliche Bildung, dass nur dort, wo über ihren Inhalt und ihre Form Konsens herrscht, sie auch tatsächlich in der Praxis vermittelt wird. Gibt es grosse Proteste seitens der Eltern und Schwierigkeiten in der Umsetzung im Klassenzimmer, so läuft ein neues Modell religionskundlicher Bildung Gefahr, dass sein Inhalt gar nicht mehr oder nicht mehr im ursprünglichen Sinne unterrichtet wird. Es ist folglich sinnvoll, die Art und Weise zu beachten, wie über ein entsprechendes Modell religionskundlicher Bildung verhandelt wird. Informationen über den optimalen Verhandlungsprozess liefert die vertragstheoretische Forschung. Bekanntestes Ergebnis dieses Forschungszweiges ist das „Harvard-Konzept“[7].

Die Anwendung von Verhandlungstheorien ist aus dem privatrechtlichen Bereich und insbesondere aus dem Vertragsrecht bekannt. Verhandlungstheorien befassen sich mit der Frage, wie eine Verhandlung geführt werden sollte, um das bestmögliche Resultat zu erzielen. Überträgt man diese im privatrechtlichen Bereich erprobten Theorien auf Verhandlungen im öffentlich-rechtlichen Bereich, ist insbesondere der zentralen Position des Staates Rechnung zu tragen.

Damit der hier vorgenommene Modellvergleich möglichst aussagekräftig wird, wurde eine Einschränkung bezüglich der Schulstufen vorgenommen. Auch wenn nachfolgend religionskundliche Bildung für die ganze Zeitspanne der obligatorischen Bildung betrachtet wird, beschränkt sich die Analyse in Teil III auf die Sekundarstufe I. Grund dafür ist zum einen, dass diese Stufe sowohl im Grossteil Frankreichs als auch im Kanton Zürich im Zentrum der Diskussionen stand und sich auf der Sekundarstufe I auch erste Auswirkungen zeigten. Zum anderen bestehen bezüglich der Primarstufe und der Gymnasialstufe Asymmetrien, die einen Modellvergleich verunmöglichen. In Frankreich ist die Primarstufe kaum von religionskundlicher Bildung betroffen, während im Kanton Zürich „Religion und Kultur“ auch auf der Primarstufe unterrichtet werden soll. Für die nachobligatorische Schulzeit verhält es sich umgekehrt: Die Gymnasialstufe ist im Kanton Zürich nicht von der Diskussion um ein obligatorisches religionskundliches Bildungsangebot betroffen[8], während in Frankreich Ver-

7 FISHER, Roger, URY, William, PATTON, Bruce M., *Das Harvard-Konzept, Der Klassiker der Verhandlungstechnik,* 23. Auflage, Campus Verlag, Frankfurt, 2009.

8 Anzumerken ist, dass der Kanton Zürich mit den so genannten Langzeitgymnasien Institutionen der Sekundarstufe II kennt, welche auch die letzten Jahre der obligatorischen Schulzeit abdecken. Sie haben eigene Lehrpläne, welche dem Fach Religion in Form eines Freifaches Rechnung tragen. Diese Besonderheit wird im Rahmen der Darstellung des Kantons Zürich zwar erwähnt, aber nicht ausgeführt, da sie in Frankreich keine Entsprechung findet. Ebenfalls hinzuweisen ist auf das Fach „Religionslehre“, das jede Zürcher Kantonsschule (Gymnasium) im Rahmen

änderungen der Lehrpläne auf der Stufe der Gymnasien in Hinblick auf religionskundliche Bildung vorgenommen wurden.

Eine weitere Eingrenzung betrifft das französische Modell. Zwar sieht es vor, dass religionskundliche Aspekte in verschiedenen bestehenden Unterrichtsfächern behandelt werden sollen. Nur in Bezug auf den Geschichtsunterricht aber hat diese Grundidee Niederschlag in den Lehrplänen gefunden. Daher beschränkt sich die Darstellung des integrierten Modells im Grossteil Frankreichs in der vorliegenden Arbeit auf den Geschichtsunterricht.

II. Sprachregelungen

In der vorliegenden Arbeit wird unter Religionskunde oder „teaching about religion" die reine Wissensvermittlung über religiöse Phänomene und Inhalte verstanden. Im Gegensatz dazu ist religiöser Unterricht oder „teaching in religion" die Bezeichnung für den religiösen, konfessionellen Religionsunterricht[9]. In der französischen Sprache wird von „enseignement des faits religieux"[10] gesprochen, wenn Religionskunde gemeint ist. Dieselbe inhaltliche Bedeutung hat der ältere Begriff „culture religieuse"[11]. Der konfessionelle Religionsunterricht wird als „enseignement religieux" bezeichnet.

Die nachfolgende Arbeit enthält Zitate aus der französischen Literatur, Gesetzgebung und Rechtsprechung. Wo möglich, sind diese nicht übersetzt worden. Jede Übersetzung stellt eine Interpretation des Textinhaltes dar[12] und kann zu einer Verfälschung desselben führen. Um dies zu verhindern, wurden die entsprechenden Zitate unübersetzt gelassen. In Teil I wurde besonderer Wert auf die originalsprachlichen Zitate gelegt, da so der deutschsprachigen Leserschaft ein Einblick in die Begrifflichkeit des französischen Rechts gewährt werden soll. In den nachfolgenden Teilen II und III wurden die Gesetzesinhalte und

der Ergänzungsfachwahl am Kurzzeitgymnasium anbieten kann. Weder Angebot noch tatsächliche Durchführung sind aber obligatorisch, so dass ein aussagekräftiger Vergleich auf der Stufe der Kurzzeitgymnasien nicht möglich ist.

9 EKMR, *Angeleni c./Schweden*, 10491/83, DR 51 (1987), pp. 41 – 49.

10 Vgl. den Titel des Buches von BORNE/WILLAIME: BORNE, Dominique, WILLAIME, Jean-Paul, (Hg.), *Enseigner les faits religieux, quels enjeux?*, Armand Colin, Paris, 2007. Ebenso: DEBRAY, Régis, *L'enseignement du fait religieux à l'école laïque, Rapport au ministre de l'éducation nationale*, avec préface de Jack Lang, Odile Jacob, Paris, 2002.

11 Vgl. den Titel der Publikation von MESSNER: MESSNER, Francis, (Hg.), *La culture religieuse à l'école, Enquête, prises de position, pratiques européennes*, Les éditions du cerf, Paris, 1995.

12 Vgl. zur Übersetzungsproblematik § 7 II.4., p. 218.

rechtlichen Begriffe teilweise übersetzt. Eine Sonderstellung nimmt der Begriff „laïcité" ein, der über die ganze Arbeit hin unübersetzt bleibt[13]. Teil III enthält wiederum zahlreiche englische Zitate, die ebenfalls unübersetzt übernommen wurden. Grund dafür ist zum einen, dass die verwendeten Theorien aus dem englischsprachigen Raum kommen und zum anderen, dass die verwendeten Begriffe die bezeichneten Prozesse oder Gegenstände prägnanter erfassen als die deutsche Umschreibung, die im Rahmen der Übersetzung nötig wäre[14].

Die verwendeten Werke werden jeweils mit dem Nachnamen des Autors oder der Autoren in KAPITÄLCHEN und einer Kurzformel für den Werktitel zitiert. Sind mehr als vier Autoren an einem Werk beteiligt, wird nur der erste genannt, die anderen werden unter *et. al.* zusammengefasst. Werden die üblichen privatrechtlichen Kommentare aus der schweizerischen Rechtsliteratur zitiert, wird in vorliegender Arbeit dem Autor die Abkürzung *BK ()* oder *BSK ()* vorangestellt.

Unter der Bezeichnung „Grossteil Frankreichs" ist jener Teil Frankreichs zu verstehen, für den das Gesetz vom 9. Dezember 1905 über die Trennung von Kirche und Staat Geltung hat. Wie es der Begriff bereits sagt, ist zwar der überwiegende Teil des französischen Territoriums von diesem Gesetz betroffen, nicht aber das gesamte Staatsgebiet.

Zwecks besserer Lesbarkeit der Arbeit wurde auf die Nennung beider Geschlechter verzichtet und stattdessen lediglich die männliche Form gewählt.

III. Aufbau der vorliegenden Arbeit und angewandte Methoden

Grundgedanke hinter dem Aufbau vorliegender Arbeit ist, dass Verhandlungsgespräche innerhalb einer bestimmten rechtlichen Rahmenordnung zwischen bestimmten Parteien stattfinden und im Erfolgsfall eine Vereinbarung zur Folge haben, welcher alle Beteiligten zustimmen können. Die Struktur der vorliegenden Arbeit orientiert sich an diesem Gedanken und thematisiert folglich zuerst die rechtlichen Rahmenbedingungen der jeweiligen Verhandlungen, stellt die beteiligten Parteien mit Ausnahme des Staates dar und präsentiert den Aus-

---

13 Es handelt sich dabei um ein Beispiel rechtskultureller Unübersetzbarkeit. Vgl. WEISFLOG, *Juristische Übersetzung*, p. 39.

14 Ein Beispiel dafür ist ein längeres Zitat aus der Publikation von Colin CAMERER, *Behavioral Game Theory,* in Teil III, § 8 IV.4.C.a), p. 259, Behavioralistische Spieltheorie und Verhandlung. Mittels plastischer Formulierungen verdeutlicht er die Wichtigkeit, menschliches Verhalten in die spieltheoretische Forschung einzubeziehen. Die Originalität der Darstellung würde durch Übersetzung verloren gehen.

arbeitungsprozess. Der Verhandlungsgegenstand, das jeweilige Modell religionskundlicher Bildung, wird als Bestandteil des Erarbeitungsprozesses dargestellt, ohne ihn aber inhaltlich zu analysieren und zu bewerten. Jeder Teil der Arbeit enthält im Hinblick auf die Rechtsvergleichung für jeden Aspekt zuerst eine Darstellung der Situation in Frankreich, dann der Situation in der Schweiz und im Kanton Zürich.

Teil I befasst sich mit den rechtlichen Rahmenbedingungen in den beiden Ländern. Ohne sie zu vergleichen, werden die beiden Rechtsordnungen fokussiert auf religiöse und religionskundliche Bildung dargestellt. Dazu ist es unabdingbar, auf die religionsrechtlichen Eigenheiten der beiden Länder einzugehen, ihr jeweiliges Verhältnis zu internationalen Verträgen und Grundsätzen zu thematisieren sowie ihre Bildungssysteme darzustellen. § 1 enthält die Darstellung der Regelungen für den Grossteil Frankreichs sowie – in einem kurzen Exkurs – für die drei östlichen Departemente Haut-Rhin, Bas-Rhin und Moselle. § 2 präsentiert die rechtlichen Rahmenbedingungen in der Schweiz und im Kanton Zürich. In § 3 werden die Ergebnisse zusammengefasst.

Teil II stellt die Frage nach den Verhandlungspartnern und stellt den Erarbeitungsprozess des jeweiligen Modells religionskundlicher Bildung dar. In § 4 stehen jene Gruppierungen im Zentrum, die an einem religionskundlichen Bildungsangebot interessiert sein können und im Erarbeitungsprozess in unterschiedlicher Art und Weise berücksichtigt wurden. Die Religionsgemeinschaften und Interessensverbände in Frankreich werden gestützt auf deren Selbstdarstellungen sowie wissenschaftlicher Publikationen aus der Religionssoziologie porträtiert. Die Auswahl der Religionsgemeinschaften und Interessensverbände folgt jener, die die Forschungsgruppe um Prof. Dr. Francis MESSNER vorgenommen hat[15]. Die Ergebnisse der Forschungsgruppe um Jean-Paul WILLAIME, die im Rahmen des Projektes REDCo (Religion in Education. A contribution to Dialogue or a factor of conflict in transforming societies of European Countries) erarbeitet wurden[16], aktualisieren die Darstellung der Gruppe der Schüler. Als Folge der Aktualität und der daher fehlenden wissenschaftlichen Publikationen zum Zürcher Erarbeitungsprozess werden die interessierten Gruppierungen im Kanton Zürich gestützt auf unterschiedliche Quellen porträtiert. Grundlagen sind die Statuten der privatrechtlich organisierten Vereine, die Gesetze der öffentlich-rechtlich oder einfach anerkannten Religionsgemeinschaften sowie Statistiken und Forschungsergebnisse zur religionssoziologischen Situation

---

15 MESSNER, Francis, (Hg.), *La culture religieuse à l'école, Enquête, prises de position, pratitques européennes*, Les éditions du cerf, Paris, 1995.

16 BÉRAUD, Céline, WILLAIME, Jean-Paul, *Les jeunes, l'école et la religion*, Paris, Bayard, 2009.

in der Schweiz[17]. In § 5 werden die Erarbeitungsprozesse des religionskundlichen Bildungsangebotes im Grossteil Frankreichs und im Kanton Zürich nachgezeichnet. Der Erarbeitungsprozess des französischen, integrierten Modells wird gestützt auf wissenschaftliche Publikationen[18] dargestellt, da der untersuchte Prozess im Zeitraum von 1986 bis und mit 2002 stattfand und somit abgeschlossen ist. Im Unterschied dazu ist der in dieser Arbeit untersucht Erarbeitungsprozess im Kanton Zürich noch im Gange. Dieser Prozess, der 1999 begann, wird soweit möglich gestützt auf bildungsrätliche Beschlüsse, Lehrpläne und wissenschaftliche Publikationen präsentiert. In § 6 werden die wichtigsten Punkte zusammengefasst.

Teil III enthält zwei verschiedene Formen der Evaluation. In § 7 wird die Rechtsvergleichung vorgenommen, wobei das Grundprinzip der Funktionalität Leitstern ist. Ziel ist es, den Blick für die Eigenheiten des schweizerischen / zürcherischen Systems und des Systems im Grossteil Frankreichs zu schärfen und die gefundene Lösung für religionskundliche Bildung unter dem Aspekt der jeweiligen rechtlichen Tradition zu betrachten. In § 8 kommt mit der verhandlungstheoretischen Analyse eine Methode hinzu, welche nach dem Ausarbeitungsprozess und der Parteibeteiligung fragt. Dazu wurde aus vier verschiedenen Beiträgen der verhandlungstheoretischen Forschung ein Analysemodell entwickelt, das auf beide Ausarbeitungsprozesse angewandt wird. Dieses Modell besteht aus fünf Stufen und ermöglicht es, Schwierigkeiten und Herausforderungen festzuhalten, die in beiden Ausarbeitungsprozessen vorhanden waren. Am Ende der Analyse stehen Empfehlungen für zukünftige Ausarbeitungsprozesse von religionskundlichen Bildungsangeboten an den öffentlichen Schulen der Schweiz. § 9 fasst die Ergebnisse von Teil III zusammen. Im Rahmen der Schlusszusammenfassung soll nochmals allgemein auf die Forschungsergebnisse zurückgeblickt werden.

Methodisch betrachtet nimmt die Arbeit zum einen eine Rechtsvergleichung in den Bereichen Religionsrecht, Bildungsrecht und der Regelung religionskundlicher Bildung, zum anderen eine verhandlungstheoretische Analyse der beiden Ausarbeitungsprozesse des jeweiligen Modells religionskundlicher Bildung vor. Die Darstellung der rechtlichen Rahmenbedingungen der beiden Modelle in Teil I entspricht den Länderberichten, welche in der rechtsvergleichenden Arbeit Voraussetzung für den Rechtsvergleich an sich sind[19]. Die Rechtsvergleichung erfolgt in Teil III § 7. Die zweite Methode, die Analyse der beiden Aus-

---

17 BAUMANN, Martin, STOLZ, Jörg, (Hg.), *La nouvelle Suisse religieuse, Risques et chances de sa diversité,* Labor et Fides, Genf, 2009.

18 ESTIVALÈZES, Mireille, *Les religions dans l'enseignement laïque*, puf, Paris, 2005.

19 Zur Methode der Rechtsvergleichung siehe etwa: ZWEIGERT, Konrad, KÖTZ, Hein, *An Introduction to Comparative Law*, 3. Auflage, Clarendon Press, Oxford, 1998.

arbeitungsprozesse als Verhandlungsprozesse, setzt die Darstellung der Verhandlungspartner und des Verhandlungsprozesses voraus. Diese Darstellung erfolgt in Teil II. Teil III § 8 enthält die Analyse, die auf vier Beiträgen der verhandlungstheoretischen Forschung beruht und einem eigenen Analysemodell entsprechend abläuft[20].

20 Zur exakten Beschreibung des Analysemodells und seiner Grundlagen vgl. § 8 III., p. 240 sowie § 8 IV., p. 243.

Teil I: Die rechtlichen Rahmenbedingungen

§ 1 Religion, Staat und Schule im nationalen Recht Frankreichs

I. Besonderheiten des französischen Verfassungsrechts

Der für die vorliegende Frage relevante Bereich des französischen Rechts weist im Vergleich zum schweizerischen Recht einige Unterschiede auf. Zwecks besserer Verständlichkeit nachfolgender Ausführungen sollen vier wichtige Aspekte geklärt werden: die Stellung der Verfassung innerhalb des französischen Rechtssystems, die Form der Grundrechtsnennung in der Verfassung, die Kategorie der „principes fondamentaux reconnus par les lois de la République“ sowie das Verhältnis von französischem Landesrecht und Völkerrecht im Allgemeinen und in Bezug auf drei völkerrechtliche Verträge im Speziellen.

1. Die Stellung der Verfassung im französischen Rechtssystem

Nach schweizerischem Verständnis stehen die Verfassungsnormen an erster Stelle, wenn in absteigender Reihenfolge nach der Antwort auf eine Rechtsfrage gesucht wird[1]. In der französischen Rechtswissenschaft herrschte lange Zeit eine andere Gewichtung vor, welche den Gesetzen und Reglemente („lois et règlements“)[2] die höchste Bedeutung zumass. Der französischen Verfassung kam demgegenüber die Bedeutung einer politischen Rahmenordnung zu. Ihr Inhalt umfasste und umfasst in erster Linie Normen, welche die Organisation und Funktionen des Staates und seiner Organe regeln[3]. Die Bedeutung der Ver-

---

1 Vgl. die Hierarchie der Normen in FORSTMOSER/VOGT, *Einführung in das Recht,* § 2, Rz. 55 ff.

2 „La hierarchie des normes à laquelle sont soumis les actes individuels se limitait à deux „étages“: le niveau législatif et le niveau réglementaire.“ MESSNER/PRÉLOT/WOEHRLING, *Traité*, p. 285.

3 PRÉLOT, *La religion dans les constitutions françaises,* in: AKGÖNÜL, *Laïcité en débat*, p. 79.

fassung hat sich aber verändert. Heute steht sie auch in Frankreich unbestritten an erster Stelle der internen Rechtsordnung[4].

Die Verfassung vom 4. Oktober 1958 (C.) führte insbesondere zu einer veränderten Stellung der Gesetze, indem die Artikel 34 C. und 37 C. den Regelungsbereich der Gesetze einschränken[5]. Die erwähnte Entwicklung des Verfassungsrechts hat für die Darstellung der im vorliegenden Kontext relevanten Normen zwei Konsequenzen. Erstens sind die relevanten Bestimmungen in unterschiedlichen Rechtsquellen enthalten. Zweitens werden die Grundrechte und -prinzipien mit verschiedenen Begriffen versehen, da ihre Bezeichnung nicht in der Verfassung genannt oder durch sie definiert wird[6].

2. Nennungsform der Grundrechte in der französischen Verfassung

Die französische Verfassung kennt keinen gesonderten Grundrechtskatalog[7]. Die Freiheiten und Rechte, die jedem Menschen kraft seines Menschseins zukommen, sind in verschiedenen, ursprünglich eigenen Rechtstexten enthalten, die Teil des so genannten „bloc de consitutionnalité“ sind. Des Weiteren kann ein Grundrecht ein „principe fondamental reconnu par les lois de la République“ (PFRL) sein.

Die Präambel der heute gültigen Verfassung vom 4. Oktober 1958[8] nennt die drei Rechtsquellen, welche (nebst der Verfassung selbst) Grundlage des französischen Verfassungsrecht hinsichtlich der Grundrechte sind: die Menschen-

---

4 Vgl. PACTET/MELIN-SOUCRAMANIEN, *Droit constitutionnel,* p. 533.

5 CHANTEBOUT spricht von einer „révolution juridique“, welche durch die Verfassung von 1958 im Allgemeinen und durch die Art. 34 C. und 37 C. ausgelöst wurden. CHANTEBOUT, *Droit constitutionnel,* p. 574.

6 Die grösste Herausforderung bildet dieser Umstand für den Begriff „laïcité“. Vgl. § 1 II.1., p. 21.

7 In den Materialien zur Verfassungsausarbeitung ist der Hinweis zu finden, dass ein Grundrechtskatalog nicht von der Regierung, sondern aus traditionellen Gründen nur durch das Volk erstellt werden kann. Man entschied sich in der Folge, die in der Universellen Menschenrechtserklärung von 1798 sowie der Verfassung von 1946 enthaltenen Grundrechte durch einen Verweis in die neue Verfassung einzubinden. LUCHAIRE/CONAC/PRÉTOT, *La Constitution de la République française,* p. 104.

8 „Le peuple français proclame solennellement son attachemt aux droits de l'homme et aux principes de la souveraineté nationale tels qu'ils ont été définis par la Déclaration de 1789, confirmée et complétée par le préambule de la constitution de 1946, ainsi qu'aux droits et devoirs définis dans la Charte de l'environnement.“

rechtserklärung von 1789, die Präambel der Verfassung von 1946 sowie die Umweltcharta von 2004.

Für die hier behandelte Frage sind die Menschenrechtserklärung von 1789, die Präambel der Verfassung von 1946 sowie die Verfassung vom 4. Oktober 1958 von Bedeutung. Sie werden direkt an gegebener Stelle thematisiert. Auf die Umweltcharta von 2004 wird im Weiteren nicht eingegangen.

3. Die Kategorie der „principes fondamentaux reconnus par les lois de la République“ (PFRLR)

Durch die Präambel der Verfassung von 1946 wurden die „principes fondamentaux reconnus par les lois de la République“, kurz PFRLR[9], eingeführt[10]. Sie werden vom Conseil constitutionnel festgehalten[11].

Allgemein gesagt nimmt ein PFRLR Grundfreiheiten der III. Republik[12] auf. Dahinter steht das Anliegen, an die liberalen politischen Traditionen vor dem Regime von Vichy (1940 – 44) anzuknüpfen und diese zu stärken. Seit 1971 hält der Conseil constitutionnel die PFRLR fest, wobei das erste PFRLR die liberté d'association[13] war. Es gibt drei Voraussetzungen für die Definition eines PFRLR. Das Prinzip muss in einem Gesetzestext enthalten sein, welcher während der drei vorhergehenden Republiken entstanden ist, es muss von grundlegender Bedeutung sein und entweder die Grundrechte oder die Staatsorganisation betreffen und es muss – als dritte Voraussetzung – von seiner Einführung bis zum Ende der III. Republik ununterbrochene Anwendung gefunden haben[14]. Aufgrund des Rückgriffs auf Gesetze aus der Zeit der III. Republik hat

---

9 Die Abkürzung wird unterschiedlich gehandhabt. GICQUEL setzt Punkte und schreibt „P.F.R.L.R.“. GICQUEL, *Droit constitutionnel,* p. 103. CURTIT/MESSNER verzichten auf die Punktierung. CURTIT/MESSNER, (Hg.), *Le droit des religions en France*, p. 69. Die Verfasserin schliesst sich letzterer Version an.

10 „(...) Il (le peuple, e. E.) réaffirme solennellement les droits et libertés d l'homme et du citoyen consacrés par la Déclaration des droits de 1789 et les principes fondamentaux reconnus par les lois de la République.“ Präambel der Verfassung von 1946, al. 1. Die PFRLR sind Teil des „bloc de constitutionnalité“. Vgl. PACTET/MELIN-SOUCRAMANIEN, *Droit constitutionnel,* p. 536.

11 Da es sich um Verfassungsprinzipien handelt, ist der Conseil constitutionnel zuständig. Allerdings hat der Conseil d'Etat im Urteil Kone (CE, ass., 3 juillet 1996, Kone, *Rec.*, p. 255.) zum ersten Mal ebenfalls ein PFRLR festgehalten.

12 PACTET/MELIN-SOUCRAMANIEN, *Droit constitutionnel,* p. 538.

13 Cons. const., 16 juillet 1971, déc. n° 71-44 DC.

14 LUCHAIRE/CONAC/PRÉTOT, *La Constitution de la République française,* p. 112. Demgegenüber nennt VERPEAUX eine einfachere Regel, welche der Definition eines PFRLR zugrunde liegt: „Une loi précise et datée doit contenir une règle suf-

ein PFRLR retrospektiven Charakter und dient der Vervollständigung der geschriebenen Verfassung[15].

4. Internationale Verträge und nationales Recht

A. Im Allgemeinen

Frankreich kennt das monistische System: Nach der Ratifikation werden die internationalen Verträge Bestandteil des nationalen Rechts und sind grundsätzlich direkt anwendbar. Die monistische Theorie geht von der Existenz einer Rechtsordnung aus[16], die durch verschiedene Normen verwirklicht wird. Insofern ist es nötig, dass die Normen internationaler Verträge in die innerstaatliche Rechtsordnung integriert werden. Die Inkorporation eines internationalen Vertrages ergibt sich durch die Publikation des Ratifikationsdekrets im Journal officiel (*JO*). „Le traité acquiert, à cet instant, *une valeur supérieure à celle des lois*, sous réserve de réciprocité (art. 55 C)."[17] Der Vorbehalt der Gegenseitigkeit gilt nicht, wenn es sich um humanitäres Recht oder europäisches Gemeinschaftsrecht handelt. Ebenso verhält es sich gegenüber Verträgen, welche allgemeine Menschenrechte beinhalten wie die Europäische Menschenrechtskonvention (EMRK), da sie objektive Verpflichtungen beinhalten. Diese schliessen die Idee der Gegenseitigkeit zwischen den Staaten aus[18].

Weder der Conseil d'Etat noch die Cour de Cassation, die beiden obersten Gerichte Frankreichs, haben sich zum Verhältnis von Art. 55 C. zu internationalen Verträgen über die Menschenrechte geäussert. Gemäss SCIOTTI-LAM kann aber aus dem Entscheid des Conseil d'Etat vom 21. Dezember 1990[19] abgeleitet

---

fisamment générale pour que celle-ci puisse recevoir le qualificatif de „PFRLR"." VERPEAUX, Les principes fondamentaux reconnus par les lois de le République ont-ils encore un avenir ?, *D.* 2004, p. 1537.

15 Die PFRLR sind ebenfalls Bestandteil des „bloc de constitutionnalité". CHANTEBOUT, *Droit constitutionnel,* p. 590.

16 „Comme son nom l'indique, le monisme est la pensée de l'*un*." ALLAND, *Droit international et droit interne*, in: ALLAND (Hg.), *Droit international public,* p. 355.

17 GICQUEL, *Droit consitutionnel et institutions politiques*, p. 516.

18 SCIOTTI-LAM, *L'applicabilité des traités internationaux relatifs aux droits de l'homme en droit interne,* p. 297.

19 CE, ass., 21 décembre 1990, Confédération nationale des associations catholiques et autres, *Rec.*, p. 368.

werden, dass die Reziprozitätsbedingung im Bezug auf menschenrechtliche Verträge keine Anwendung findet[20].

B. Die Europäische Menschenrechtskonvention (EMRK) und die Rechtsprechung des Europäischen Gerichtshofes für Menschenrechte (EGMR)

Frankreich hat die Europäische Menschenrechtskonvention (EMRK) sowie die Zusatzprotokolle 1, 3, 4 und 5 am 3. Mai 1974 ratifiziert. Da es sich um einen internationalen Vertrag mit menschenrechtlichem Inhalt handelt, kommt die Reziprozitätsbedingung von Art. 55 C. nicht zur Anwendung. Allerdings stimmte Frankreich erst am 2. Oktober 1981 der Regelung zu, wonach jede Person das Recht hat, eine Verletzung der garantierten Grundrechte an den Europäischen Gerichtshof für Menschenrechte (EGMR) weiterzuziehen[21].

Der EGMR garantiert die Durchsetzbarkeit der vertraglich verankerten Menschenrechte. Seine Rechtsprechung ist gemäss Art. 46 EMRK für die Vertragsparteien bindend[22] und damit auch für Frankreich von Bedeutung. Die Umsetzung eines Urteils wird vom Ministerkomitee überwacht[23]. Die Anzahl der

---

20 SCIOTTI-LAM, *L'applicabilité des traités internationaux relatifs aux droits de l'homme en droit interne*, p. 310. „En conclusion, on peut donc avancer qu'à présent, en France, la condition de réciprocité de l'article 55 de la Constitution ne joue plus en cas de traités relatifs aux droits de l'homme." Ibid., pp. 311/312. Auch gemäss ALLAND ist der Gegenseitigkeitsvorbehalt von Art. 55 C. in Zusammenhang mit Verträgen nicht anwendbar, welche aufgrund ihrer Natur nicht Gegenstand von Gegenseitigkeit sein können. ALLAND, *Droit international et droit interne*, in: ALLAND, (Hg.), *Droit international public*, p. 382. Frankreich hat am 11. April 1980 die Wiener Vertragsrechtskonvention (WVK) ratifiziert. Dessen Artikel 26 enthält das Prinzip „pacta sunt servanda": „Ist ein Vertrag in Kraft, so bindet er die Vertragsparteien und ist von ihnen nach Treu und Glauben zu erfüllen." Art. 27 WVK enthält die Regelung, dass eine Vertragspartei sich nicht auf auf ihr innerstaatliches Recht berufen kann, um die Nichterfüllung eines Vertrages zu rechtfertigen. Insofern wäre der Vorbehalt der Reziprozität auch unter dem Aspekt des genannten Artikels nicht anbringbar.

21 LAZAUD, *L'exécution par la France des arrêts de la Cour européenne des droits de l'Homme*, p. 21.

22 Art. 46 Abs. 1 EMRK: „Die Hohen Vertragsparteien verpflichten sich, in allen Rechtssachen, in denen sie Partei sind, das endgültige Urteil des Gerichtshofs zu befolgen." Art. 44 EMRK legt fest, wann ein Urteil endgültig ist. Aus Art. 46 Abs. 1 geht hervor, dass ein endgültiges Urteil keine Wirkung erga omnes, sondern lediglich gegenüber den betroffenen Vertragsparteien entfaltet.

23 Art. 46 Abs. 2 EMRK: „Das endgültige Urteil des Gerichtshofs ist dem Ministerkomitee zuzuleiten; dieses überwacht seine Durchführung."

Urteile, welche seit 1986 gegen Frankreich ergangen sind, haben merklich zugenommen[24]. Dennoch spricht LAZAUD von einem „désintérêt“[25] seitens der französischen Gerichte gegenüber der Rechtsprechung des EGMR und weist darauf hin, dass die Frage der Ausführung eines Urteils nicht von jener nach der Autorität des EGMR zu trennen sei[26].

Die Schwierigkeiten, welche sich bei der Umsetzung von Urteilen gegen Frankreich ergeben, betreffen zwei Bereiche: die Rechtsetzung und die Rechtsanwendung.

Geht es um die Rechtssetzung, so ist auf den Grundmechanismus des französischen Rechts hinzuweisen, dass internationale Verträge vor ihrer Ratifikation auf die Kompatibilität mit der Verfassung geprüft werden können[27]. Diesem Prinzip liegt das Bedürfnis nach Harmonisierung der Rechtsordnung zu Grunde. Es wird innerstaatlich bereits bei der Rechtssetzung darauf geachtet, dass sie nicht Quelle von Konflikten werden kann[28] und es ist in der Folge nicht leicht nachvollziehbar, wenn eine völkerrechtliche Norm gemäss einem Urteil doch gegen innerstaatliches Recht verstossen soll.

Der zweite Punkt ist die Rechtsanwendung und betrifft die Frage, ob das durch Ratifizierung eines völkerrechtlichen Vertrages gesetzte Recht richtig angewandt wird. Hier muss auf die lange Tradition der Menschenrechte in Frankreich verwiesen werden. Frankreich ist und versteht sich selbst als „la patrie de

---

24 LAZAUD, *L'exécution par la France des arrêts de la Cour européenne des droits de l'Homme*, p. 25.

25 LAZAUD, *L'exécution par la France des arrêts de la Cour européenne des droits de l'Homme*, p. 31.

26 „En d'autre termes, l'analyse de l'exécution par la France des arrêts de la Cour européenne permet de mesurer l'autorité dont celle-ci y jouit.“ Frédéric LAZAUD, *L'exécution par la France des arrêts de la Cour européenne des droits de l'Homme*, p. 32. Dies bedeutet aber nicht, dass Frankreich die Strassburger Urteile nicht anerkennen würde.

27 Vgl. Art. 54 der französischen Verfassung. GICQUEL bezeichnet diese Überprüfung als „contrôle de contrariété à la Constitution“. Der Weg der Überprüfung, die bisher selten eingefordert wurde (12 Fälle), steht dem Präsidenten, dem Premierminister, jedem Präsidenten einer parlamentarischen Versammlung (assemblée) sowie einer Gruppe von 60 Abgeordneten oder 60 Senatoren offen. GICQUEL, *Droit constitutionnel*, p. 516.

28 „Le système français se caractérise par la volonté d'éviter tout conflit entre le droit international écrit et les normes constitutionnelles.“ ALLAND, *Droit international et droit interne*, in: ALLAND (Hg.), *Droit international public*, p. 375.

la Déclaration de 1789“[29]. Vor dem Hintergrund dieses Selbstverständnisses ist nachvollziehbar, dass ein Urteil gegen Frankreich, welches sich auf falsche Rechtsanwendung bezieht, von den obersten französischen Gerichten nicht ohne weiteres anerkannt werden kann.

C. Frankreich und die UN-Kinderrechtskonvention

Die UNO-Kinderrechtskonvention (KRK) wurde am 26. Januar 1990 von Frankreich unterzeichnet und am 2. Juli 1990 ratifiziert[30]. Da es sich um einen völkerrechtlichen Vertrag handelt, der objektive Verpflichtungen in Bezug auf Menschenrechte enthält, ist die Reziprozitätsklausel aus Art. 55 C. nicht anwendbar.

Die Frage, ob Normen der Konvention von Einzelpersonen direkt angerufen werden können, war lange Zeit umstritten. Der Conseil d’Etat und die Cour de cassation entwickelten unterschiedliche Haltungen.

Der Conseil d’Etat untersuchte die Konvention Artikel um Artikel und stellte die direkte Anwendbarkeit zumindest für einige der Artikel fest[31].

Die Cour de cassation hingegen hatte lange Zeit die Position vertreten, dass die Konvention als ganzes keine direkte Wirkung entfaltet, dass sie sich in erster Linie an die Unterzeichnerstaaten wendet und Harmonisierungspflichten der nationalen Gesetzgebung mit den Artikeln der Konvention begründet[32]. Dennoch sah die Cour de cassation im Kindeswohl einen objektiven Ein-

---

[29] RIVERO, *Sur l'effet dissuasif de la sanction juridique*, Mélanges Raynaud, D. 1985, p. 680, zitiert in LAZAUD, *L'exécution par la France des arrêts de la Cour européenne des droits de l'Homme,* p. 24, Fn. 23.

[30] L. n° 90-548, 2. Juli 1990, *JO* 5. Juli 1990. Im französischen Rechtssystem wird auch von der „Convention de New York“ gesprochen. So etwa: Cass. civ. 1ère, 18 mai 2005, n° 02-20613: „Vu les articles 3-1 et 12-2 de la convention de New York du 26 janvier 1990 (...).“

[31] So etwa bezüglich Art. 3 KRK. CE, 2e/6e sous-sect. réunies, 22 septembre 1997, Mlle Cinar, *Rec.*, p. 319: „Considérant qu'aux termes de l'article 3-1 de la convention internationale des droits de l'enfant du 26 janvier 1990 (...) qu'il résulte de ces stipulations, qui peuvent être utilement invoquées à l'appui d'un recours pour excès de pouvoir, que dans l'exercice de son pouvoir d'appréciation, l'autorité administrative doit accorder une attention primordiale à l'intérêt supérieur des enfants dans toutes les décisions les concernant.“

[32] Der Gesetzgeber hat daher in Art. 388-1 C. civ. Regelungen aufgenommen, die das Kindeswohl im Falle eines Rechtsstreits zwischen den Erziehungsberechtigten berücksichtigen. FOSSIER, Les dispositions de la convetion de New York relative aux droits de l’enfant peuvent être d’application directe en droit interne; *AJ Famille*, 2005, p. 274.

schränkungsgrund der Elternrechte[33]. Damit hat nicht nur der Gesetzgeber, sondern auch das Gericht selbst dem Kindeswohl Rechnung getragen, ohne den „effet direct" zu bejahen. In ihrer Entscheidung vom 18. Mai 2005[34] hat die Cour de cassation allerdings eine überraschende Änderung der Rechtsprechung[35] vorgenommen und die direkte Anwendbarkeit einiger Artikel der Konvention bejaht[36].

Die direkte Anwendbarkeit einzelner Artikel und insbesondere des Art. 3 Abs. 1 KRK hatte eine Zunahme der Rechtssprechung zur Kinderrechtskonvention zur Folge. Der Conseil d'Etat bleibt bei seiner traditionellen Rechtsprechung und limitiert die direkte Anwendbarkeit auf einige Artikel[37]. Dennoch kann man davon sprechen, dass die Kinderrechtskonvention zu einem Instrument wurde, dessen sich der Conseil d'Etat mit „bemerkenswertem Pragmatismus"[38] bedient.

Zu Recht bedauert GIL-ROSADO die lediglich partielle direkte Anwendbarkeit: „La reconnaissance partielle de l'applicabilité directe de la Convention de New York par les juridictions françaises empêchant ce traité de déployer pleinement ses effets en droit interne, il convient donc de se tourner vers les autres instruments juridiques, notamment la Convention européenne des droits de l'homme, pour obtenir une meilleure protection des libertés de l'enfant."[39]

---

33 Cass. civ. 1ère, 22 février 2000, Kommentar von Christine COURTIN. COURTIN, L'intérêt de l'enfant et les droits e libertés fondamentaux des parents, *D.* 2007, p. 422.

34 Cass. civ. 1ère , 18 mai 2005, n° 02-20613: „Vu les articles 3-1 et 12-2 de la convention de New York du 26 janvier 1990 (...) Attendu que dans toutes les décisions qui concernent les enfants, l'intérêt supérieur de l'enfant doit être une considération primordiale (...)."

35 LAMBOLEY spricht von einem „revirement spectaculaire". LAMBOLEY, *Les droits fondamentaux de l'enfant*, in: CABRILLAC et al., *Libertés et droits fondamentaux*, p. 277.

36 „Il ne s'agit pas d'un revirement total de jurisprudence dans la mesure où la Cour de cassation n'a pas reconnu l'applicabilité directe de la Convention des droits de l'enfant dans sa globalité." GIL-ROSADO, *Les libertés de l'esprit de l'enfant*, p. 25.

37 Bezüglich Art. 3 Abs. 2 und Abs. 3 KRK vgl. CE, 31 octobre 2008, Section française de l'observatoire international des prisons, *Rec.*, p. 374. Kritisch : GOUTTENOIRE/BONFILS, Droits de l'enfant juin 2008 – mai 2009, *D.* 2009, p. 1918.

38 BONNET spricht von „aisance et un pragmatisme remarquable". BONNET, Le Conseil d'Etat et la Convention internationale des droits de l'enfant à l'heure du bilan, De l'art du pragmatisme, *D.* 2010, p. 1031.

39 GIL-ROSADO, *Les libertés de l'esprit de l'enfant*, p. 27.

D. *Der Vertrag von Lissabon und das Recht der Europäischen Union (EU)*

Als Mitglied der Europäischen Union (EU) anerkennt Frankreich nebst dem nationalen Recht auch primäres und sekundäres EU-Recht. Mit Inkrafttreten des Vertrags von Lissabon (VvL) am 1. Dezember 2009 ist ein Vertragswerk der Europäischen Union dazugekommen, das eine Konsolidierung des bisherigen Rechts zum Ziel hat[40]. „Der Vertrag von Lissabon, ein klassischer Mantelvertrag, ändert die existierenden Verträge, ersetzt sie jedoch nicht, wie dies beim EUVV vorgesehen gewesen wäre."[41]

Ohne vertieft auf das Unionsrecht einzugehen, soll hier auf einzelne Vertragsartikel aufmerksam gemacht werden, die für das Verhältnis von Religionsgemeinschaften und Staat von Bedeutung sind.

Zum einen ist auf Art. 6 Abs. 2 des Vertrags über die Europäische Union (EUV) hinzuweisen, demgemäss die Union der Europäischen Konvention zum Schutz der Menschenrechte und Grundfreiheiten beitritt. ROBBERS interpretiert diesen Artikel als Ausdruck der Achtung der Grundrechte, „wie sie in der Europäischen Menschenrechtskonvention gewährleistet sind"[42]. Für Frankreich, das die EMRK ratifiziert hat, ergibt sich daraus keine neue Verpflichtung.

Zum anderen ist für die Frage des Verhältnisses von Religionsgemeinschaften und Staat Art. 17 des Vertrags über die Arbeitsweise der Europäischen Union (AEUV) relevant, der durch Art. 2 Ziff. 30 VvL eingefügt wird. Die Absätze 1[43] und 2[44] von Art. 17 AEUV erklären die Regelung des Verhältnisses von Religionsgemeinschaften, Weltanschauungsgemeinschaft und einzelnen Staaten als innerstaatliche Angelegenheiten der Mitgliedstaaten und garantieren Res-

---

40 Nach dem Vertrag von Lissabon gibt es nur noch die Europäische Union (EU), die durch drei nebeneinander bestehende Verträge geprägt ist: den Vertrag über die Europäische Union (EUV), den Vertrag über die Arbeitsweise der Europäischen Union (AEUV) sowie den Euratom-Vertrag. LENZ/BORCHARDT, *EU-Verträge*, p. V.

41 FISCHER, *Der Vertrag von Lissabon*, p. 93.

42 ROBBERS, *Rechtliche Rahmenbedingungen für Religionsgemeinschaften im europäischen und nationalen Recht*, in: EPINEY et al., *Religionen und Migration im Europarecht und Implikationen für die Schweiz*, p. 11. Vgl. auch WOLFFGANG im Kommentar zu Art. 6 Abs. 2 EUV. WOLFFGANG, *Art. 6,* in LENZ/BORCHARDT, *EU-Verträge*, pp. 57 – 60.

43 „Die Union achtet den Status, den Kirchen und religiöse Vereinigungen oder Gemeinschaften in den Mitgliedstaaten nach deren Rechtsvorschriften geniessen, und beeinträchtigt ihn nicht."

44 „Die Union achtet in gleicher Weise den Status, den weltanschauliche Gemeinschaften nach den einzelstaatlichen Rechtsvorschriften geniessen."

pekt und Nichtbeeinträchtigung der getroffenen Regelungen seitens der EU. Die Absätze 1 und 2 von Art. 17 AEUV sind bereits in der Erklärung Nr. 11 zum Vertrag von Amsterdam vom 2. Oktober 1997 enthalten[45]. Neu ist lediglich Art. 17 Abs. 3 AEUV: „Die Union pflegt mit diesen Kirchen und Gemeinschaften in Anerkennung ihrer Identität und ihres besonderen Beitrags einen offenen, transparenten und regelmässigen Dialog."

II. Das vielschichte System der laïcité: Entstehung und Bedeutung

Zentraler Begriff in Zusammenhang mit den Themenbereichen der Religionsfreiheit, dem Verhältnis von Religionen und Staat sowie den Fragen zur staatlichen Neutralität in religiösen Fragen ist in Frankreich die „laïcité". Das französische System stellt eine Besonderheit im europäischen Vergleich dar[46], indem es eine grundsätzliche Trennung von Religionen und Staat vorsieht. Reduziert man aber „laïcité" lediglich auf ein staatskirchenrechtliches (Trennungs-) System, so wird man der Vielschichtigkeit der „laïcité" nicht gerecht. Im Gegensatz zum verbreiteten Bild der „laïcité" als System einer religionsfeindlichen Trennung beinhaltet es auch den Aspekt, dass der Staat aktiv die Religionsfreiheit der Bürger zu fördern hat. Seit ihren Anfängen umfasst die „laïcité" das Prinzip der Gleichheit und des Respekts aller Glaubensansichten sowie der staatlichen Neutralität in religiösen Angelegenheiten.

„Laïcité" bezeichnet ein Grundprinzip. Geht es aber um die entsprechenden Gesetze und Normen, wird die Sammelbezeichnung „droit des religions"[47] ver-

45 Erklärung Nr. 11 zur Schlussakte des Vertrags von Amsterdam vom 2. Oktober 1997, ABl. C 340/133 vom 10. November 1997. ROBBERS spricht von der „Kirchenerklärung von Amsterdam". ROBBERS, *Rechtliche Rahmenbedingungen für Religionsgemeinschaften im europäischen und nationalen Recht*, in: EPINEY et al., *Religionen und Migration im Europarecht und Implikationen für die Schweiz*, p. 12.

46 Anders sieht dies aus, wenn man die USA in den Vergleich einbezieht. Zwar sind die Auswirkungen der jeweiligen Trennungsform unterschiedlich. Bezieht man sich aber auf die Ursprünge, so findet man eine nahe Verwandtschaft. Wie BAUBÉROT darlegt, liess sich der Gesetzgeber von Artikel 4 des Gesetzes vom 9. Dezember 1905 über die Trennung von Kirche und Staat von der amerikanische Gesetzgebung und jener, welche die freie Kirche in Schottland betraf, inspirieren. „Paradoxe significatif: la laïcité a pu s'établir en France grâce à un emprunt, le transfert d'un élément de la culture politique anglo-saxonne nuançant le modèle républicain." BAUBÉROT, *Histoire de la laïcité*, p. 76.

47 Vgl. den Titel des massgebenden Bandes von MESSNER/PRÉLOT/WOEHRLING: *Traité de droit français des religions*.

wendet. Dieser Begriff umfasst eine grosse Anzahl verschiedener Rechtsregelungen, die sich im Laufe der vergangenen Jahrzehnte entwickelt und gegenseitig ergänzt haben.

Im Folgenden soll es zunächst darum gehen, den Begriff „laïcité“ etymologisch zu ergründen, bevor die geschichtliche Entwicklung betrachtet wird. Weiter werden die heute geltenden rechtlichen Grundlagen der „laïcité“ behandelt, bevor auf die Ernennung der „laïcité“ zu einem PFRLR eingegangen wird.

1. Zum Begriff „laïcité“

Das Wort „laïcité“ hat seinen Ursprung im altgriechischen Begriff „laikos“/ „Volk“[48]. Der verwandte lateinische Begriff „laicus“ wird im Christentum verwendet, um einen getauften Christen zu bezeichnen, der aber nicht dem Klerus angehört[49]. Der Begriff erhält in der Folge einen Platz in der Lehre der katholischen Kirche. In der französischen Literatur des 12. Jahrhunderts wird „laicus“ zu „lai“. Die Bedeutung dieses altfranzösischen Wortes ist interessant. Einerseits bedeutet „lai“„säkular, zivil“ oder „Laie, ohne Amt in der Kirche“[50]. Andererseits hat das Wort auch die Bedeutung „nicht zur Universität gehörig“ oder ganz einfach „Ignorant, Dummkopf“[51].

Im 19. Jahrhundert verändert sich die Begriffsbedeutung merklich. Der Bedeutungsstrang „non clerc, non écclésiastique“ wird insofern weiter entwickelt, als dass „laïque“ nun als Gegensatz zu „religieux“ verstanden wird. Der Begriff

48 Einige Autoren bevorzugen es, das Substantiv „laos“ als Herkunftsbegriff zu verwenden. So DURAND-PRINBORGNE, *La laïcité*, p. 10 oder BEDOUELLE/COSTA, *Les laïcités à la française*, p. 10. *Le dictionnaire érudit de la langue française,* p. 1018, sowie *Vocabulaire Juridique*,p. 526 nennen „laikos“ als Wortursprung der Wortgruppe um „laïque“. Sowohl der *Dictionnaire étymologique de la langue française* von DAUZAT dem Jahr 1938 also auch der *Dictionnaire étymologique de la langue française* von BLOCH/VON WARTBURG führen „laïque“ auf den lateinischen Begriff „laicus“ zurück. DAUZAT, *Dictionnaire étymologique de la langue française,* 1938, p. 426, BLOCH/VON WARTBURG *Dictionnaire étymologique de la langue française*, 2008, p. 358. Sowohl DAUZAT als auch BLOCH/VON WARTBURG nennen „laïcité“ nicht gesondert.

49 Der katholische Codex iuris canonici von 1983 nennt den getauften Christen, der nicht dem Klerus angehört, Laie. (Titulus II De obligationibus et iuribus christifidelium laicorum CIC/1983). Damit wird der Laie auch im kanonischen Recht negativ definiert. Siehe KAISER, *Die Laien,* in: *Handbuch des katholischen Kirchenrechts,* pp. 184 – 186.

50 GREIMAS, *Dictionnaire de l'Ancien Français*, p. 330.

51 GREIMAS, *Dictionnaire de l'Ancien Français*, p. 330. In diesen beiden Wortbedeutungen kommt die enge Verbindung zwischen Kirche und Bildung zum Ausdruck. Es sind die Geistlichen, die das Privileg haben, eine Bildung zu erhalten.

„laïque" wird wieder mit seiner griechischen Wurzel in Verbindung gebracht und von seiner Entwicklung im katholischen Kontext losgelöst. „Laikos", „du peuple", wird nun mit der politischen Philosophie der Republik in Verbindung gebracht: „L'esprit clérical, c'est la prétention d'une minorité à dominer la majorité au nom d'une religion. Les laïques, c'est le peuple (...) et l'esprit laïque, c'est l'ensemble des aspirations du peuple, du laos, c'est l'esprit démocratique et populaire."[52] Die Unterscheidung, die Ferdinand BUISSON hier vornimmt, tendiert zu einer Trennung der beiden Sphären. In diesem politischen Kontext wird nun der Begriff „laïcité" geschaffen.

Die erste Definition von „laïcité" findet sich gemäss DURAND-PRINBORGNE im Dictionnaire Larousse von 1873: „caractère de ce qui est laïque, d'une personne laïque, d'un enseignement laïque"[53]. Ferdinand BUISSON schreibt in seinem *Dictionnaire de pédagogie et d'instruction primaire* zum Begriff „laïcité": „Ce mot est nouveau et, quoique correctement formé, il n'est pas encore d'un usage général. Cependant le néologisme est nécessaire, aucun autre terme ne permettant d'exprimer sans périphrase la même die dans son ampleur".[54]

Neuere Definitionen nehmen beide Bedeutungsstränge auf, die sich im Laufe der Zeit entwickelt haben. Der *Nouveau Petit Robert* gibt unter „laïcité" folgende Bedeutung an[55]: „1. Caractère laïque, 2. Principe de séparation de la société civile et de la société religieuse, l'Etat n'exerçant aucun pouvoir religieux et les Eglises aucun pouvoir politique . (...)."

Im *Vocabulaire Juridique* sind schliesslich folgende Definitionen zu finden[56]:

– Laïcité: (pour une structure politique, un système juridique, une institution). Caractère non confessionnel de l'entité considérée, négation renvoyant à son caractère commun à tous les citoyens (par opposition à communautariste), parfois à son caractère public et ouvert à tous (mais il exite des institutions privées laïques), à son caractère civil par opposition à religieux (ex. le mariage civil)[57].

[52] BUISSON, zitiert in FIALA, *Les termes de la laïcité,* p. 53. An der Schule kann dieser „esprit laïque" nur von Nicht-Klerikern unterrichtet werden. Die wichtigen Gesetze der III. Republik, wie etwa das Gesetz von Jules Ferry betreffend den Primarschulunterricht, müssen vor diesem Hintergrund gelesen werden.

[53] DURAND-PRINBORGNE, *La laïcité,* p. 10.

[54] BUISSON, zitiert in FIALA, *Les termes de la laïcité,* p. 52.

[55] LE NOUVEAU PETIT ROBERT, p. 1420.

[56] CORNU, *Vocabulaire juridique*, p. 526.

[57] CORNU, *Vocabulaire juridique,* p. 526.

– Laïque: 1. qui ne fait pas partie du clergé, 2. qui est indépendant de toute confession religieuse, en ce sens s'opposant à confessionnel[58].

„Laïcité" ist nicht gleichzusetzen mit dem deutschen Begriff „Laizismus"[59]. „Laizismus" entspricht dem französischen Wort „laïcisme". Dieser Begriff wird als „doctrine des partisans de la laïcisation des institutions"[60] definiert. Der antiklerikale und damit auch antireligiöse Charakter des Begriffes wird durch die Wortwahl obiger Definition deutlich. Demgegenüber bezeichnet der Begriff „laïcité" lediglich: „Principe d'organisation et de fonctionnement des services de l'Etat et de toutes les autres personnes publiques, selon lequel l'Etat est non confessionnel."[61]. Neutralität und nicht Antiklerikalismus ist dem Begriff „laïcité" eigen.

In der vorliegenden Arbeit wird der Term „laïcité" meist unübersetzt verwendet. Es ist hier vertretener Ansicht nach unmöglich, seiner französischen Bedeutung in der deutschen Sprache umfassend gerecht zu werden[62].

Etymologische Betrachtungen können lediglich den Hintergrund eines Begriffes und damit nur einen Teil seiner Bedeutung erklären. Eine Sprache ist kein System, das ein für alle Mal verbindlich und unveränderbar festgelegt wurde. Sie verändert sich. Die Bedeutung eines Begriffes lässt sich daher nicht nur durch den Blick zurück in die Geschichte, sondern auch durch den Blick auf mögliche Entwicklungen verstehen. Für den Begriff der laïcité gilt dies nicht weniger. „L'idée laïque n'est pas un corps de formules clichées une fois pour toutes... C'est une idée vivante et qui veut vivre."[63]

2. Geschichtliche Entwicklung des Verhältnisses Religionen – Staat

Die geschichtliche Entwicklung des Prinzips der laïcité kann in fünf Etappen unterteilt werden. Sie beginnt zur Zeit des Ancien Régime und ist verbunden mit dem Begriff „Gallikanismus". Dann folgt die Revolutionszeit, die einen ersten Schritt in Richtung Trennung wagt. Das darauffolgende System der vier

---

58 CORNU, *Vocabulaire juridique,* p. 526.

59 Nicht eindeutig: WINZELER, *Die weltanschauliche Neutralität des Staates*, in: René PAHUD DE MORTANGES, *Religiöse Neutralität.* p. 4.

60 *Le Dictionnaire érudit de la langue française*, p. 1018.

61 GUICHARD/DEBARD, (Hg.), *Lexique des termes juridiques,* p. 477.

62 Derselben Ansicht : ZOLLER (Hg.), *La conception américaine de la laïcité*, p. 3. Ebenso: WEISFLOG, *Juristische Übersetzung*, p. 39.

63 BAYET, Albert, *Laïcité XXe siècle,* Hachette, Paris, 1958, p. 7, zitiert in BEDOUELLE/COSTA, *Les laïcités à la française* p. 14.

anerkannten Religionsgemeinschaften stellt eine weitere wichtige Entwicklungsstufe dar. Und der Zeitabschnitt, der die Trennung von Kirche und Staat mit sich brachte, ist die Vorstufe zur heutigen Situation, der konstitutionellen laïcité. Diese Etappen lassen sich weniger scharf voneinander trennen als es die Aufzählung suggeriert. Viele Prozesse laufen ineinander hinein, bedingen und verstärken sich gegenseitig[64].

A. Ancien Régime und Gallikanismus

Mit Kirche und Staat existierten von den Anfängen des Ancien Régimes an zwei Systeme auf dem Gebiet Frankreichs, welche dieselben Menschen betrafen. Dabei stützte sich der König auf die katholische Kirche, um seine Macht zu legitimieren, übte zugleich aber die Kontrolle über die weltlichen Angelegenheiten der Kirche aus. Diese enge Verbindung von katholischer Kirche und Staat, die aus Frankreich eine katholische Monarchie macht, wird symbolisch auf die Taufe von Clovis im Jahr 496 zurückgeführt[65]. Das Selbstverständnis der katholischen Kirche veränderte sich dadurch zu jenem einer nationalen Kirche, einer Kirche, die lediglich in spirituellen Angelegenheiten dem Staat untersteht und in deren Augen das ökumenische Konzil über dem Papst steht. Dieses Selbstverständnis und das damit verbundene System werden mit dem Begriff „Gallikanismus" bezeichnet. In der Folge ist es zutreffender, von einer „église gallicane" als einer „église nationale" zu sprechen, würde doch Letzteres auch eine Partizipation des Volkes einschliessen[66]. Die damalige Kirche war aber keine nationale, dem Volk zugehörige Kirche, sondern war geprägt durch die enge Verbindung von hoher Geistlichkeit und französischem König.

Eine wichtige Etappe in der Ausprägung der gallikanen Kirche stellte die „Pragmatique Sanction de Bourges" von 1438 dar. Sie beschränkte zum einen die päpstliche Intervention in den Bereichen Rechtsprechung und Steuern. Zum andern unterstrich sie die Zuständigkeit des Königs in den weltlichen Angelegenheiten der katholische Kirche[67]. Das bedeutete insbesondere, dass der Kö-

---

64 Diese Unschärfe in der Abgrenzung liegt auch darin, dass keine Entwicklung ohne die ihr vorausgehende Situation denkbar ist. In den Worten von Brigitte BASDEVANT-GAUDEMET: „Chaque régime reste tributaire de la situation antérieure, ne serait-ce, parfois, que par son souci d'en prendre le contre-pied." MESSNER/PRÉLOT/WOEHRLING, *Traité,* p. 81.

65 PRÉLOT, *La religion dans les constitutions françaises,* in: AKGÖNÜL, *Laïcité en débat,* p. 81.

66 MESSNER/PRÉLOT/WOEHRLING, *Traité*, p. 87, mit weiteren Literaturhinweisen.

67 Es handelt sich hier um den „politischen Gallikanismus". Daneben existiert auch der „gallicanisme conciliaire, soutenant l'autorité du concil oecuménique sur le pape." MESSNER/PRÉLOT/WOEHRLING, *Traité*, p. 83.

nig die Wahl neuer Bischöfe und Äbte mitbestimmte: Er gab „Wahlempfehlungen“ ab, die einen verbindlichen Charakter hatten. Der Papst anerkannte diese nationale Regelung nie. In der Folge funktionierte sie schlecht und wurde unter François I. abgeschafft.

Erst das Konkordat von Bologna, 1516 durch François I. und Leo X. geschlossen, festigte die Position des Königs. Die Wahl der Bischöfe und Äbte wurde nun so geregelt, dass der König die Kandidaten nominierte und der Papst diesen die kanonische Investitur verlieh. Die Gewählten leisteten dem König einen Treue-Eid, der sie faktisch an den König band, trotz ihrer kanonischen Investitur. 1682 wurde die getroffene Regelung durch die „Déclaration des quatres articles“ ergänzt, durch die Louis XVI. die gallikane Ausrichtung der französischen Kirche verstärkte. Das Konkordat blieb bis 1790 in Kraft und regelte somit für eine lange Zeitspanne das Verhältnis von Staat und katholischer Kirche[68].

Der französische Katholizismus war unumstritten Frankreichs Staatsreligion. Zwar wurde während der Zeitspanne zwischen dem Edikt von Nantes 1598 und dem Edikt von Fontainebleau von 1685 auch der Protestantismus akzeptiert. Allerdings handelt es sich nur um ein passives Tolerieren und nicht aktives Akzeptieren des protestantischen Christentums. Die dominante Stellung der römisch-katholischen Kirche wurde durch diese Akzeptanz nicht bedeutend tangiert. Ähnlich verhielt es sich mit dem Judentum. Die Tätigkeit vieler Juden im Geldleihgeschäft war wirtschaftlich gesehen interessant, weshalb die Religionsgemeinschaft bis zum Ende des Ancien Régime toleriert wurde.

B. *Französische Revolution*

„C’est avec la Révolution, que le processus de laïcisation tend véritablement à prendre corps dans la société française“[69]. Zentral war in politischer Hinsicht die Loslösung von der Idee, dass Gott den König einsetzt und ihm einen besonderen Status gibt. Ausdruck für diese Veränderung der Sicht ist Art. 3 der „Déclaration des Droits de l’Homme et du Citoyen“ (DDHC)[70]: Die Souveränität und Macht einer Regierung kommt vom Volk, von der Nation.

Historiker sind sich unterdessen einig, dass die Revolution nicht grundsätzlich gegen die Kirche als solche gerichtet war[71]. Insbesondere der höhere Klerus war

---

68 MESSNER/PRÉLOT/WOEHRLING, *Traité*, p. 85.

69 DEBRÉ, *La laïcité à l'école*, p. 13.

70 „Le principe de toute Souveraineté réside essentiellement dans la Nation. Nul corps, nul individu ne peut exercer d’autorité qui n’en émane expressément.“

71 MESSNER/PRÉLOT/WOEHRLING, *Traité*, p. 87.

aber in solchem Mass mit dem Staat verknüpft, dass die katholische Kirche im Laufe der revolutionären Ereignisse zum Ziel werden musste. Während dem Jahrzehnt nach 1789 lassen sich drei verschiedene Strömungen beobachten, die sich ergänzten und abwechselten: Es gab Bewegungen, die auf Säkularisation und Akzeptanz einer pluralistischen Gesellschaft abzielten. Weiter gab es die Strömung, die aus der Kirche einen staatlichen Dienst machen wollte. Und letztlich war auch eine Dechristianisierungsbewegung vorhanden.

Mit der Nennung der Religionsfreiheit in Art. 10 DDHC wurde der individualrechtliche Aspekt der Religionsfreiheit gesetzlich verankert. Die Verfassung von 1791 garantierte darüber hinaus auch die Ausübungsfreiheit. Dennoch kam es kurze Zeit nach der Veröffentlichung der Erklärung der Menschen- und Bürgerrechte zur Enteignung der katholischen Kirche[72]. Gründe dafür waren aber weniger antiklerikales Gedankengut als Finanzprobleme des Staates zu erklären. Der kirchliche Reichtum sollte der jungen Republik zugute kommen. Gleichzeitig mit dieser Nationalisierung der Kirchengüter wurde symbolisch auch die Kirche als solche in den Staat integriert.

Diese Integration verdeutlichte die „Constitution civile du clergé" vom 12. Juli 1790. Sie ersetzte unilateral das Konkordat von 1516. In der Folge wurde zunächst die Anzahl der Bischöfe reduziert, neue Geistliche wurden von der Wahlversammlung eines Distrikts oder Département gewählt und wurden vom Staat angestellt und entlöhnt. Die kanonische Investitur erfolgte durch den Metropolitanbischof oder einen anderen Bischof, der Papst in Rom wurde lediglich informiert. Die Geistlichen mussten zudem einen Eid auf die Nation und das Gesetz leisten. Gemäss BASDEVANT-GAUDEMET war mit dieser rechtlichen Regelung der Höhepunkt des Gallikanismus erreicht[73]. Durch die Integration kontrollierte der Staat die Kirche vollumfänglich.

Der Papst reagierte lange Zeit nicht auf die Ereignisse. Erst am 10. März 1791 verurteilte Pius VI. die Konstitution durch die Breve „Quod aliquantum". In der Folge spaltete sich der katholische Klerus in zwei Lager. Der „clergé constitutionnel" stellte sich hinter die republikanische Regierung Frankreichs, der „clergé réfractaire" hingegen auf die Seite Roms. Letztere Gruppierung wurde aus ideologischen Gründen verfolgt, deportiert und umgebracht. Die Dechristianisierungspolitik der Convention wandte sich dann aber auch gegen die „église constitutionnelle". Aus der Bewegung, welche eine französische Kirche organisieren wollte, entstand nun eine antiklerikale Strömung. Unter dem „gou-

72 Dekret vom 2. November 1789.

73 „Le gallicanisme est poussée au plus haut point et l'Eglise ainsi organisée sera qualifiée d'Eglise constitutionnelle ou gallicane." BASDEVANT-GAUDEMET, *Quelques étapes de l'anticléricalisme en France*, p. 23.

vernement de la Terreur“ von Robespierre (Frühling 1793 – Juli 1794) wurde der Klerus unterschiedslos als Gegner republikanischer Ideen betrachtet und daher verfolgt[74].

Im Dekret vom 18. September 1794 kam zum ersten Mal ein Wille zur Trennung von Kirche und Staat zum Ausdruck. Besorgt um die finanzielle Lage heisst es dort: „La République française ne paie plus les frais ni les salaires d'aucun culte.“ Am 21. Februar 1795 wurde ein erstes Trennungsregime errichtet, wobei sämtliche finanziellen Leistungen des Staates gestrichen wurden. Die Bürger hatten aber das Recht, die katholische Religion auszuüben. Unter der Regierung des Direktoriums klangen auch die gewaltsamen Aktionen gegen religiöse Amtsträger ab.

C. System der vier anerkannten Religionsgemeinschaften

Die Revolutionswirren beruhigten sich in Hinblick auf die Religionen erst unter Napoléon wieder. Unter seiner Herrschaft erhielten vier Religionsgemeinschaften die Stellung von staatlich anerkannten Religionen: die katholische Kirche, die reformierte Kirche, die lutheranische Kirche sowie das Judentum. Dieses System erscheint auf den ersten Blick als ein Schritt zurück zu den Bedingungen des Ancien Régime. Dabei geht aber verloren, dass dieses System die Multireligiosität förderte und die Forderungen nach Gleichheit und Religionsfreiheit aus den Revolutionsjahren aufnahm und weiterführte. Zudem handelte es sich nun um eine laizisierte staatliche Gewalt, die mit den vier anerkannten Religionsgemeinschaften in Verbindung trat. Das System der vier anerkannten Religionsgemeinschaften kann daher verstanden werden als „un premier seuil de sécularisation ou peut-être de laïcisation“[75].

Hauptelement der tatsächlichen Umsetzung des neuen Systems ist das Konkordat, das am 15. Juli 1801 (26. Messidor des Jahres IX) von Papst Pius VII. und Napoléon unterzeichnet wurde. Dieses Konkordat, mit 17 Artikeln kurz und in der Formulierung zum Teil ambivalent gehalten, wurde durch die sogenannten „Articles organiques de la convention du 26 messidor an IX“ ergänzt. 77 Artikel für den Katholizismus und 44 Artikel für die protestantischen Kirchen legten fest, wie die Konkordatsartikel verstanden werden sollen. Das ganze Paket wurde am 2. April 1802 (18. Germinal des Jahres X) als staatlich gültiges Recht

---

74 Gemäss BAUBÉROT wurden ungefähr 3000 Priester umgebracht. BAUBÉROT, *Histoire de la laïcité,* p. 14. Gleichzeitig wurde die Idee des Kultes der Vernunft oder des „Etre suprême“ weiterentwickelt. Dahinter steht die Idee, dass der Staat eine Religion haben muss. „En fait, il s'agit d'une sacralisation du profane et pas de laïcisation du sacré.“, so BEDOUELLE/COSTA, *Les laïcités à la française*, p. 24.

75 MESSNER/PRÉLOT/WOEHRLING, *Traité,* p. 111.

angenommen[76]. Die Stellung des Judentums wurde erst am 17. März 1808 offiziell geregelt. Und es dauerte bis zum Gesetz vom 8. April 1831, bis auch die Rabbiner staatlich bezahlt wurden.

Das System der vier anerkannten Religionsgemeinschaften enthielt die Idee, dass Religion von sozialer Nützlichkeit sein kann. PORTALIS, Verfasser des Code Civil und „orateur du gouvernement" in Zusammenhang mit der Ausarbeitung des Konkordates von 1801, hielt es für unabdingbar, dass Recht grundsätzlich religionsneutral ist. Es muss aber von religiöser Moral gestützt sein, wenn es Durchsetzungskraft haben soll[77].

D. Zeitabschnitt der schrittweisen Trennung von Kirche und Staat

Die lange Zeitspanne vom Ende der Regierung Napoléons 1815 bis zum Gesetz über die Trennung von Kirche und Staat im Jahr 1905 ist zugleich die entscheidende Phase für die Entwicklung der laïcité. Fünf verschiedene Regierungsformen wechseln sich in dieser Zeit ab. Da sich in diesem Zeitabschnitt wesentliche Veränderungen ergeben, die für das Verständnis des heutigen Schulsystems zentral sind, wird im Folgenden der schulische Aspekt der geschichtlichen Entwicklung gewichtet.

Die Restaurationsregierung behielt die napoleonische Organisationsform des Unterrichts bei. Das bedeutete, dass die Schulen konfessionell waren, die Aufsicht über die Primarschule Geistliche innehatten. Der Konflikt zwischen liberalen und konservativen Kräften, der seit der Revolutionszeit schwelgte, blieb aber bestehen. Gegen Ende der Restaurationszeit forderten beide Lager aus unterschiedlichen Gründen die Einführung der Unterrichtsfreiheit.

Im Jahr 1833, zur Zeit der Juli-Monarchie, wurde die „liberté de l'enseignement" im Gesetz vom 28. Juni („loi Guizot") verankert. Damit war der Weg frei

---

76 Das Konkordat blieb bis ins 20. Jahrhundert hinein für die drei östlichen Departemente verbindliche Grundlage der Regelung von Kirche und Staat, auch unter der deutschen Besetzung. „Le droit des cultes français est maintenu par le gouvernement allemand." MESSNER/PRÉLOT/WOEHRLING, *Traité*, p. 125.

77 „Les lois ne règlent que certaines actions; la religion les embrasse toutes. Les lois n'arrêtent que le bras; la religion règle le coeur. Les lois ne sont relatives qu'au citoyen; la religion s'empare de l'homme." *Discours prononcé par le citoyen Portalis, orateur du gouvernement dans la séance du Corps Législatif du 15 germinal X, sur l'organisation des cultes*, in: *Almanach du clergé de France, pour l'année 1834, publié sur les documents du Ministère des cultes*, Première Année, Gauthier Frères et Cie, Paris, 1834, p. 427. Der Code Civil enthält übrigens keine explizite Erwähnung eines religiös neutralen Staatswesens, aber er führte die zivile Heirat ein. Damit wurde es für die Angehörigen aller anerkannten Religionsgemeinschaften möglich, eine rechtlich gültige Ehe zu schliessen.

für ein zweispuriges Unterrichtswesen. Gemäss diesem Gesetz konnte jeder, der die nötigen Titel vorwies, eine Primarschule eröffnen. Diese private Schule unterstand der Kontrolle der „comités communaux de surveillance" oder der „comités d'arrondissement". „Précisons que l'enseignement élémentaire n'est ni laïque, ni gratuit pour la totalité des élèves, ni obligatoire."[78] Diese Situation befriedigte weder Katholiken noch Republikaner.

Eine erste, wenn auch nicht dauerhafte Veränderung bot die II. Republik. Ziel war es, die Lücken des Gesetzes vom 28. Juni 1833 („loi Guizot") zu schliessen. Entsprechend enthielt die Verfassung vom 4. November 1848 die laïcité, die Unentgeltlichkeit sowie das Schulobligatorium und behielt die Unterrichtsfreiheit bei. 1850 dehnte das Gesetz vom 15. März („loi Falloux") die „liberté de l'enseignement" auf die Sekundarstufe aus.

Die II. Republik wurde 1852 vom Second Empire abgelöst. Dieses fand 1870 mit der Niederlage Napoléons III. gegen Preussen ein Ende. Napoléon III. musste die drei Departemente im Osten abtreten und dankte ab. Eine provisorische Regierung trat auf den Plan, die Commune von Paris entstand und politische Unruhen machten sich breit.

Zwar wird ab 1870 von der III. Republik gesprochen. Aber erst durch den Gesetzeszusatz vom 30. Januar 1875 („amendement Wallon") wurde die Staatsform Republik Realität[79]. Das napoleonische Konkordat von 1801 wurde gekündigt und eine antiklerikale Gesetzgebung setzte sich durch. Sämtliche Bereiche des öffentlichen Lebens wurden nun einer strikten Laizisierung unterzogen. Immerhin wurden mit dem Gesetz vom 12. Juli 1875 die bestehenden Schulgesetze vervollständigt, indem die Unterrichtsfreiheit auf das höhere Bildungswesen und damit auch die Universitäten ausgeweitet wurden. Als im Jahre 1879 schliesslich sämtliche Schlüsselstellen in der Regierung von Republikanern besetzt waren, brach ein offener Antiklerikalismus aus, der bis 1905 spürbar sein sollte.

Die genannte Laizisierung war insbesondere im Bereich der Schule einschneidend und wurde daher schrittweise umgesetzt[80]. Das Gesetz vom 16. Juli 1881

---

78 LÉON/ROCHE, *Histoire de l'enseignement,* p. 73.

79 Der Zusatz lautete wie folgt: „Le président de la Répulique est élu à la majorité des suffrages par le Sénat et la Chambre des députés réunis en Assemblée nationale. Il est nommé pour sept ans. Il est rééligible."

80 Wie Patrick CABANEL darstellt, sind immer wieder Zugeständnisse gemacht worden, damit sich die laïcité Schritt für Schritt durchsetzen kann. Vgl. CABANEL, *La laïcité scolaire face aux religions,* in: WILLAIME/MATHIEU, *Des maîtres et des dieux,* pp. 237 – 248.

brachte die Unentgeltlichkeit des Primarschulunterrichts für sämtliche Kinder[81]. Die Lehrkräfte wurden zunächst von den Gemeinden, ab 1886 vom Staat bezahlt. Mit dem Gesetz vom 28. März 1882 („loi Ferry“) wurden das Schulobligatorium sowie die laïcité der Unterrichtsprogramme in der öffentlichen Primarschule eingeführt[82]. Im Gegenzug wurde aber der religiösen Unterweisung Raum gegeben, indem ein Tag in der Woche zusätzlich zum Sonntag schulfrei war. Diese Zeit konnten die Eltern nutzen, um den Kindern religiösen Unterricht zukommen zu lassen[83]. Schliesslich wurde durch die „loi organique“ vom 30. Oktober 1886 festgelegt, dass das Unterrichtspersonal „laïque“ sein muss. Geistliche waren nicht mehr als Lehrkräfte an den öffentlichen Schulen zugelassen.

Die Beziehungen von Frankreich zum Vatikan wurden durch die oben genannten Ereignisse gespannt. Der Besuch des republikanischen Präsidenten Loubet bei König Victor Emmanuel III. von Italien im Jahre 1904 provozierte Proteste seitens des Vatikans, da Loubet nach Frankreich zurückkehrte, ohne den Papst besucht zu haben. In der Folge berief der neue Papst Pius X. zwei französische Bischöfe nach Rom, ohne die nötige Zustimmung des französischen Staates abzuwarten. Der französische Staat brach am 30. Juli 1904 die diplomatischen Beziehungen ab.

Im Jahr 1905 kam es zur Trennung von Kirche und Staat in Frankreich. Unter Aristide Briand wurde ein Gesetzesvorschlag unterbreitet, der eine liberale, aber dennoch republikanische Handschrift trug. Trotz aller antiklerikaler Tendenzen der Jahre 1899 – 1904 durfte es gemäss Aristide Briand's Ansicht kein antiklerikales Gesetz werden, damit der französische Staat nicht durch innere Kämpfe und Unruhen zerrissen würde. Der Gesetzesvorschlag mass der individuellen Religionsfreiheit mehr Bedeutung zu als der korporativen und zeichnete sich dadurch aus, dass er das Wort „laïcité“ in dieser heiklen politischen Situation nicht verwendete und eine sehr sachliche Regelung der güterrechtlichen Auseinandersetzung des ehemaligen Paares Kirche - Staat enthielt. Der Vorschlag wurde als Gesetz am 9. Dezember 1905 verabschiedet.

---

81 Der Unterricht an der Sekundarschule wird erst in den Jahren 1930 – 1933 unentgeltlich. LÉON/ROCHE, *Histoire de l'enseignement,* p. 90.

82 „Sans citer explicitement le terme de „laïcité“, les programmes sont de fait laïcisé d'une part par la suppression de l'instruction religieuse pour la remplacer par l'instruction morale et civique et d'autre part, par la fin de la surveillance des „ministres du culte“ sur l'école publique.“ ESTIVALÈZES, *L'enseignement religieux en France,* in: WILLAIME/MATHIEU, *Des maîtres et des dieux*, p. 224.

83 Die genannte Regelung belegt, dass die Politik jener Tage durchaus in den Worten Jules Ferrys zusammengefasst werden kann: „Elle est anticléricale, mais elle n'est pas irréligieuse.“ CABANEL, *La laïcité scolaire face aux religions,* in: WILLAIME/MATHIEU, *Des maîtres et des dieux,* p. 240.

Papst Pius X. verurteilte die Trennung in der Enzyklika „Vehementer nos“ vom 11. Februar 1906 und verlangte von den Katholiken, sich hinter das Episkopat zu stellen. Die katholische Kirche weigerte sich, die geforderten „associations cultuelles“ (Kultusvereinigungen) zwecks Finanzierung des Kultes zu gründen. Die protestantischen Kirchen und auch die jüdischen Gemeinden hingegen kamen der gesetzlich auferlegten Pflicht nach. Die katholische Kirche bewegte sich somit ausserhalb der rechtlichen Regelung.

Mit den Gesetzen vom 2. Januar 1907, vom 28. März 1907 und vom 3. April 1908 wurden die Spannungen zwischen katholischer Kirche und französischem Staat gemildert. Art. 5 des Gesetzes vom 2. Januar 1907 erklärt: „A défaut d'associations cultuelles, les édifices affectées à l'exercice du culte, ainsi que les meubles les garnissant, continueront..., à être laissés à la disposition des fidèles et des ministres du culte pour la pratique de leur religion (...).“ Faktisch übernahm damit der Staat die bestehenden katholischen Kirchen, und im Gesetz von 1908 wurde klargestellt, dass die politischen Gemeinden Reparaturarbeiten übernehmen können.

Die Erfahrungen des Ersten Weltkrieges führten zu einer Veränderung des Verhältnisses von katholischer Kirche und Staat. Die Republik erkannte, dass sie das Phänomen Religion aufgrund seiner Bedeutung für die Bürger berücksichtigen musste. Die katholische Kirche auf der anderen Seite änderte ihre Sichtweise auf die Republik und sah sie nicht mehr als per se gegen die Kirche gerichtet an. Einen wichtigen Beitrag zu dieser neuen Sichtweise leistete die seit 1906 konstante Rechtsprechung des Conseil d'Etat und der Cour de cassation, welche die innerkirchliche Organisation berücksichtigte[84].

1921 wurden die diplomatischen Beziehungen zum Vatikan wieder aufgenommen und 1924 wurden die so genannten „associations diocésaines“ gebildet.

Der zuletzt dargestellte Zeitabschnitt zwischen 1918 und 1924 wird zu Recht als „période charnière“ bezeichnet[85]. Er stellt die Wende von einem antiklerikalen Laizismus zur laïcité im heutigen Sinne dar. Die nachfolgende Entwicklung ist ohne das gegenseitige Bemühen um Gespräche und Entgegenkommen nicht denkbar.

E. Ab 1946: Die Zeit der konstitutionellen laïcité

Nach dem Zweiten Weltkrieg erklärte das Episkopat die „laïcité“ als grundsätzlich kompatibel mit der katholischen Religion und verurteilte lediglich jene

84 MESSNER/PRÉLOT/WOEHRLING, *Traité,* p. 120.

85 MESSNER/PRÉLOT/WOEHRLING, *Traité,* p. 120.

Form der laïcité, die gegen die Kirche und Religion im Allgemeinen gerichtet war. Laïcité verstanden als rein organisatorisches System, das dem Staat die Organisation der weltlichen Fragen zuweist und die Religionsfreiheit wahrt, schien durchaus kompatibel mit der katholischen Religion.

Die Verfassung von 1946 ist der „premier texte juridique dans lequel le terme de laïcité figure expressément“[86]. Damit wurde die laïcité zum Verfassungsprinzip.

3. Geltende rechtliche Grundlagen der laïcité

A. Die Verfassungen von 1946 und 1958

Obwohl den Gesetzen der III. Republik der Gedanke der Trennung von kirchlicher und staatlicher Sphäre zugrunde liegt, kommt der Begriff „laïque“ erst in der VI. Republik zu seinem ersten Auftritt in der Verfassung. In Art. 1 der Verfassung von 1946 hiess es: „La France est une République indivisible, **laïque** (eigene Hervorhebung), démocratique et sociale. Elle assure l'égalité devant la loi de tous les citoyens sans distinction d'origine, de race ou de religion. Elle respecte toutes les croyances.“ In der Verfassungspräambel von 1946 wird die laïcité hinsichtlich der Schule genannt: „L'organisation de l'enseignement public gratuit et laïque est un devoir de l'Etat.“

„La Constitution française du 4 octobre 1958 est quasiment silencieuse à propos des religions. Ce qu'elle en dit tient dans un mot, à savoir que la France est une République laïque“, schreibt Pierre-Henri PRÉLOT [87]. PRÉLOT nimmt damit einen Teil des Wortlautes von Art. 1 der Verfassung von 1946 auf, welcher unverändert übernommen worden ist und heute den Art. 1 der Verfassung vom 4. Oktober 1958 bildet.

Dagegen wird ausdrücklich auf die fortdauernde Gültigkeit der Universellen Erklärung der Menschenrechte vom 26. August 1789 verwiesen. Der Conseil d'Etat führt in seinem öffentlichen Bericht „Reflexions sur la laïcité“ aus, dass die Grundidee der laïcité zwar in dieser Erklärung nicht enthalten ist, dass sie aber den Verfassungsnormen der ersten französischen Verfassung vom 3. September 1791 implizit enthalten war[88].

---

86 BASDEVANT-GAUDEMET, *Quelques étapes de l'anticléricalisme*, p. 21.

87 PRÉLOT, *La religion dans les constitutions françaises,* in: AKGÖNÜL, *Laïcité en débat,* p. 79.

88 CONSEIL D'ETAT, *Rapport public*, p. 246.

Brigitte BASDEVANT-GAUDEMET betont die Bedeutung der verfassungsrechtlichen Grundlagen nebst dem Gesetz vom 9. Dezember 1905: „Sur la base de la loi de 1905 d'une part et de ces textes constitutionnels d'autre part s'est construite toute une doctrine de la laïcité en France (...).“[89]

B. Das Gesetz vom 9. Dezember 1905

Eine Schlüsselposition für das Verständnis der laïcité kommt dem Gesetz vom 9. Dezember 1905 zu[90]. Der Text dieses Gesetzes enthält zwei Beschreibungen des Inhalts der laïcité: Artikel 1 enthält den positiven Aspekt und unterstreicht die Bedeutung der Gewissensfreiheit, Artikel 2 hingegen umschreibt den negativen Aspekt der laïcité, das heisst das Prinzip der Nichtanerkennung von religiösen Gemeinschaften und das Verbot regelmässiger finanzieller Unterstützung.

In Artikel 1 wird der positive Aspekt der laïcité erwähnt: „La République assure la liberté de conscience. Elle garantit le libre exercice des cultes sous les seules restrictions édictées ci-après dans l'intérêt de l'ordre public.“ Der Staat garantiert das Recht, einer Weltanschauung nach Wahl anzugehören oder nicht. Ebenso garantiert er jeder Person ein Recht auf Ausübung dieser religiösen Weltanschauung.

Artikel 2 besteht aus drei Alinéas. Art. 2 al. 1 betrifft die Nichtanerkennung, Nichtfinanzierung und das Subventionsverbot religiöser Gemeinschaften durch die öffentliche Hand. „La République ne reconnaît, ne salarie ni ne subventionne aucun culte. En conséquence, à partir du 1er janvier qui suivra la promulgation de la présente loi, seront supprimées des budgets de l'Etat, des départements et des communes, toutes dépenses relatives à l'exercice des cultes.“ Nichtanerkennung („non-reconnaissance“) von religiösen Gemeinschaften bedeutet, dass das religiöse Angebot keine öffentliche Dienstleistung mehr ist und somit auch nicht vom Staat finanziert werden muss. Religion wird zur Privatsache[91]. Aus demselben Grund entfällt nun auch die Finanzierung der Priester und des religiösen Personals im Allgemeinen. Im Gegenzug mischt sich der Staat nicht mehr in die inneren Angelegenheiten einer Religionsgemeinschaft ein.

---

89 CONSEIL CONSTITUTIONNEL, BASDEVANT-GAUDEMET, Brigitte, *La jurisprudence constitutionnelle en matière de liberté confessionnelle et le régime juridique des cultes et de la liberté confessionnelle en France*, Paris, November 1998.

90 CONSEIL D'ETAT, *Rapport public*, p. 258. Dies, obwohl der Gesetzestext weder die laïcité definiert noch das Wort an sich enthält.

91 „ (...) le fait religieux (...) cesse d'être un fait public“ ROBERT/DUFFAR, *Droits de l'homme,* p. 630.

Hierbei müssen allerdings zwei Ausnahmen genannt werden. Erstens wurden im Gesetz vom 1. Juli 1901 die Kongregationen (Ordensgemeinschaften, deren Mitglieder einfache Gelübde ablegten) nur unter bestimmten Voraussetzungen mit juristischer Persönlichkeit ausgestattet. Eine Kongregation, die nicht durch ein Einzelgesetz legitimiert worden war, galt als widerrechtlich. Wer dieser Kongregation angehörte, machte sich bis 1942 des sogenannten „délit de congrégation" schuldig[92]. Zweitens wurde den Religionsgemeinschaften die Gründung von sogenannten „associations cultuelles" auferlegt, welche sich der Güterverwaltung widmen sollte.

Auch betreffend die Subventionierung von Religionsgemeinschaften ist festzuhalten, dass es sich nicht um ein generelles Verbot finanzieller Hilfe handelt. Verboten ist lediglich die Aufnahme eines Kultusbudgets in das Staatsbudget. Drei wesentliche Ausnahmen vom Subventionierungsverbot sind zu verzeichnen:

1. Gemeinnützige Dienstleistungen, die von religiösen Gemeinschaften erbracht werden, werden auch weiterhin finanziell unterstützt. Zu denken ist hier an Spitäler, an Kinderkrippen oder Altersheime.
2. Dieselbe Unterstützung gilt für Seelsorgeangebote in besonderen Situationen, die der Ausübung der Religionsfreiheit dient. Die Seelsorge an Gymnasien, in Spitälern oder der Armee sind Beispiele solcher staatlich finanzierter Dienstleistungen[93].
3. Letztlich werden eindeutig religiöse Dienstleistungen finanziell vergütet, wenn öffentliche Personen davon profitieren.

Subventionen können auch in indirekter Weise ausgerichtet werden. Dies ist etwa der Fall, wenn dem Priester der Mietzins für die Amtswohnung erlassen wird. Es handelt sich hierbei um eine erlaubte indirekte Subventionierung. Ein Priester, der sich um die Verwaltung der kulturellen Güter einer Gemeinde kümmert, kann ebenfalls dafür entlöhnt werden. Hier wird aber die Grenze des Erlaubten bereits geritzt: Es muss tatsächlich Bedarf an solcher Verwaltung bestehen – ansonsten wird der Kult finanziert. Dies wäre eine verbotene indirekte Subventionierung.

---

92 Durch das Gesetz vom 8. April 1942 verschwand dieses Delikt allerdings.

93 Art. 2 al. 3 des Gesetzes vom 9. Dezember 1905: „Pourront toutefois être inscrites auxdits budgets les dépenses relatives à des services d'aumônerie et destinées à assurer le libre exercice des cultes dans les établissements publics tels que lycées, collèges, écoles hospices, asiles et prisons." Faktisch wurde genanntes Alinéa bezüglich der Schulseelsorge nicht umgesetzt. Vgl. § 1 V.3.B, p. 71.

Das Gesetz vom 9. Dezember 1905 sah vor, dass die religiösen Gebäude (Kirchen etc.) nicht mehr durch staatliche Gelder finanziert werden[94] und durch die Kultusvereinigungen („associations cultuelles“) unterhalten würden. Mobilien und Immobilien (auch zugehörige Gebäudekomplexe wie etwa Presbyterien) gingen in den Besitz und in die Verwaltung dieser Gemeinschaften über. Während die protestantischen und jüdischen Gemeinden dieser gesetzlichen Auflage nachkamen, weigerte sich die katholische Kirche, die entsprechenden Kultusvereinigungen zu gründen[95].

Der Missstand wurde durch das Gesetz vom 2. Januar 1907 behoben. Während die zusätzlichen Gebäude wie etwa die Presbyterien gänzlich in den Besitz der Kultusvereinigung übergingen, blieben die Kirchengebäude Eigentum des Staates. Im Falle des Fehlens einer Kultusvereinigung stellte der Staat das betroffene Gebäude den Gläubigen zur unentgeltlichen Nutzung zur Verfügung. Diese Regelung ist aus mehreren Gründen bemerkenswert: Zum einen stellt sie eine finanzielle Ungleichbehandlung mit all jenen religiösen Gemeinschaften dar, welche die entsprechenden Kultusvereinigung gegründet hatten. Sie mussten für den Unterhalt der Kirchen selbst aufkommen. Zum anderen wurden die betroffenen Kirchen als öffentlicher Besitz angesehen, der während einiger Zeit der exklusiven privaten Nutzung einer Glaubensgemeinschaft übergeben wurde. Auch in dieser Hinsicht liegt eine Ungleichbehandlung der Religionsgemeinschaften vor. Die Sonderregelungen, die der römisch-katholischen Kirche zugute kamen, können nur durch die Tatsache, dass ein Grossteil der Franzosen Katholiken waren und somit trotz allem eine gewisse traditionelle Verpflichtung gegenüber dieser Religionsgemeinschaft bestand, erklärt werden.

4. Die laïcité als „principe fondamental reconnu par les lois de la République“

Die laïcité, dieses staatsrechtliche Konzept, das die religiöse Neutralität des Staates sowie die Religionsfreiheit der Bürgerinnen und Bürger garantiert, ist seit 2001 ein „principe fondamental reconnu par les lois de la République“. Im

---

94 Art. 2 al. 3 des Gesetzes von 1905: „Les établissements publics du culte sont supprimés, sous réserve des dispositons énoncées à l’article 3.“

95 „En nous plaçant à ce point de vue, lorsque vous légiférez ou menacez de légiferer et d’imposer à l’Eglise une certaine organisation des paroisses, en vertu de laquelle vous ferez passer, au nom de la puissance civile, l’administration du temporel des paroisses entre les mains des laïcs, vous commettez une empiétement sur la puissance spirituelle, vous vous ingérez dans un domaine qui n’est pas le vôtre et vous exposez purement et simplement à ce que l’autorité spirituelle interdise aux associations cultuelles de se constituer de cette manière.“ Abbé GAYRAUD, député du Finistère, 15 juin 1905, zitiert von POULAT, *Les diocésaines,* p. 35.

Entscheid vom 6. April 2001 betreffend das lokale Recht der Departemente Haut-Rhin, Bas-Rhin und Moselle hält der Conseil d'Etat fest: „si (...) les préambules des constitutions des 27 octobre 1946 et 4 octobre 1958 ont réaffirmé les principes fondamentaux reconnus par les lois de la République, *au nombre desquels figure le principe de laïcité,* cette réaffirmation n'a pas eu pour effet d'abroger implicitement les dispositions de ladite loi.“[96].

Der Conseil d'Etat geht damit davon aus, dass die genannten Rechtstexte die laïcité nicht neu festgelegt haben, sondern ein Prinzip aufgenommen haben, das schon lange vor der Kodifikation vorhanden war und dem Verständnis älterer Gesetze zugrunde liegt. Für die Gültigkeit des elsässischen Lokalrechts ist dieser Entscheid von grosser Bedeutung. Wenn nun also etwa die „loi Falloux“ vom 15. Mai 1850 vor dem Hintergrund einer grundsätzlichen Trennung von Kirchen und Staat verfasst wurde, so ist diese lokalrechtliche Regelung heute noch mit dem Grundprinzip der laïcité kompatibel und bleibt in Kraft.

III. Die Eckpunkte der laïcité: Staatliche Neutralität und Religionsfreiheit

1. Staatliche Neutralität

Das System der laïcité ist gekennzeichnet durch eine Abgrenzung von Zuständigkeiten von Staat und Kirche. Dabei kommt der staatlichen Neutralität in weltanschaulichen Fragen eine grosse Bedeutung zu. Sie ist nicht gleichzusetzen mit Ignoranz religiöser Phänomene und Organisationen. Daher ist es verständlich, dass der französische Staat grundsätzlich keine Religionsgemeinschaften anerkennt und finanziert, dass er sie aber kennt, um die Religionsfreiheit und Gewissensfreiheit des einzelnen Bürgers zu garantieren[97].

Diese Neutralität hat verschiedene Folgen. Der Staat und damit seine Angestellten haben sich in Ausübung ihrer Tätigkeit den Empfängern staatlicher Leistungen gegenüben neutral zu verhalten. In diesem Sinne ist die staatliche Neutralität das Gegenstück zur Gleichheit aller Menschen[98]. Der Conseil d'Etat hat in einem frühen Entscheid festgehalten, dass jeder Beamte sich um strikte Neutra-

96 Eigene Hervorhebung. CE, 6 avril 2001, Syndicat national des enseignements du second degré (SNES), *Rec.*, p. 171.

97 ROBERT/DUFFAR sprechen in diesem Zusammenhang von einer „toleranten Trennung von Kirche und Staat“. ROBERT/DUFFAR, *Droits de l'homme*, p. 625.

98 LEBRETON verwendet in Anlehnung an einen Entscheid des Conseil constitutionnel den Begriff „corollaire“. LEBRETON, *Libertés publiques,* p. 409.

lität zu bemühen hat[99]. In diesem Sinne stellt das Neutralitätsgebot eine Einschränkung der Meinungsfreiheit der Beamten dar. Dass Angestellte des Staates sich nicht nur gegenüber ihren Kunden, sondern auch dem Arbeitgeber, also dem Staat, gegenüber in der Ausübung ihrer Meinungsäusserungsfreiheit einzuschränken haben, wird durch die so genannte „obligation de réserve" festgehalten. Sie besagt, dass der Beamte sich in Äusserung von Kritik oder negativen Aussagen gegenüber dem Arbeitgeber zu mässigen hat mit dem Ziel, einen Vertrauensverlust in den Service public zu vermeiden[100].

Diese staatliche Neutralität ist insbesondere im Rahmen der öffentlichen Schule von grosser Bedeutung[101].

2. Die Religionsfreiheit (liberté religieuse)

A. Grundlegende Bemerkungen

Die Religionsfreiheit, so wie sie 1789 erwähnt wird, lässt sich nur verstehen, wenn sie vom Individuum her gesehen wird. Die „liberté religieuse"[102] setzt sich aus mehreren Aspekten zusammen. Sie umfasst materiell gesehen spezifische Aspekte der Gewissensfreiheit (liberté de conscience)[103], der Kommunikationsfreiheit (liberté de communication), der Vereinigungsfreiheit (liberté d'association)[104] und der Unterrichtsfreiheit (liberté de l' enseignement)[105]. Das Recht der Religionsgemeinschaften, sich selbst zu organisieren und religiöse Feste zu feiern, wird als „liberté des cultes" bezeichnet[106].

Zur Verwirklichung dieser Rechte haben religiöse Gruppierungen ein beschränktes Selbstorganisationsrecht. Im Gegensatz zu anderen Ländern aber

---

99 CE, 3 mai 1950, Mlle Jame, *Rec.* p. 247.

100 LEBRETON, *Libertés publiques,* p. 416.

101 Vgl. § 1 IV.3.H., p. 55.

102 Die Bezeichnung „liberté religieuse" wird von LEBRETON und COLLIARD verwendet. LEBRETON, *Libertés*, p. 421 und COLLIARD, *Libertés publiques*, 423. Da der individualrechtliche Aspekt, der durch diesen Begriff genannt wird, eine Nähe zur Gewissensfreiheit aufweist, verwenden einige Autoren auch den Begriff „liberté de conscience" für „liberté religieuse". Vgl. ROBERT/DUFFAR, *Droits de l'homme*, p. 633.

103 Vgl. § 1 III.2.D., p. 42.

104 Vgl. § 1 III.2.C., p. 38.

105 Vgl. § 1 V.2., p. 64.

106 Ebenfalls bekannt ist der Ausdruck „liberté du culte". Vgl. LEBRETON, *Libertés*, p. 421.

verleiht der Staat diesen religiösen Organisationen keinen gesonderten Status (etwa eine öffentlich-rechtliche Anerkennung). Grundrechtsträger können nur natürliche Personen sein.

B. Individualrechtlicher Gehalt der Religionsfreiheit

Bereits bei der Lektüre der rechtlichen Grundtexte fällt auf, dass nicht die kollektiven Rechte der Kirche oder Glaubensgemeinschaft, sondern diejenigen des Individuums im Vordergrund standen. Art. 10 DDHC enthält den negativen Aspekt: „Nul ne doit être inquiété pour ses opinions, même religieuses, pourvu que leur manifestation de trouble pas l'ordre public établi par la loi.“ Grundrechtsträger ist in erster Linie das Individuum. In dieselbe Richtung geht das 5. Alinéa der Verfassungspräambel vom 27. Oktober 1946: „(...) Nul ne peut être lésé, dans son travail ou son emloi, en raison de ses origines, de ses opinions ou de ses croyances.“ Die Religionsfreiheit ist damit als klassisches Abwehrrecht konzipiert. Aus der Formulierung des Artikels geht hervor, dass die so verstandene Religionsfreiheit eng mit der Meinungsfreiheit verknüpft ist[107].

In erster Linie schützt die Religionsfreiheit das Haben oder Nicht-Haben einer religiöscn Weltsicht[108] sowie die Äusserung derselben. Zugleich aber ist die Religionsfreiheit verbunden mit dem Recht, diese Überzeugung nach aussen sichtbar leben zu dürfen. Ohne die Ausübungsfreiheit bleibt die Religionsfreiheit leerer Buchstabe.

C. Organisationsfreiheit der Religionsgemeinschaften als Gehalt der „liberté d'association“

a) Grundsätzliche Bemerkungen

Religiöse Überzeugungen sind zumeist mit einer Gemeinschaft verbunden, die sich zu diesen Überzeugungen bekennt und nach ihnen lebt. Ein Staat muss somit, will er Religionsfreiheit tatsächlich gewähren, auch diese Form der Reli-

---

107 Vgl. ROBERT/DUFFAR, die in der Glaubensfreiheit (liberté de la foi) einen speziellen Aspekt der Meinungsfreiheit sehen. ROBERT/DUFFAR, *Droits de l'homme,* p. 624. Ebenso: LEBRETON, *Libertés publiques,* p. 421 sowie ROBERT, *La liberté de religion, de pensée et de croyance*, in: CABRILLAC et al., *Libertés et droits fondamentaux*, p. 395.

108 Interessanterweise erwähnen die konsultierten Standardwerke das Recht, die Religion oder Weltanschauung zu wechseln, nicht explizit. Anstelle vieler siehe LEBRETON, *Libertés publiques,* p. 412, wo lediglich vom Recht, die eigene Ansicht frei zu wählen, die Rede ist.

gionsfreiheit schützen. Die französische Republik anerkennt keine Religionsgemeinschaften an sich und verleiht ihnen folglich keinen gesonderten Status. Dennoch haben die Religionsgemeinschaften einen Platz im staatlichen Recht. Sie können sich privatrechtlich organisieren.

Der französische Staat kennt eine Art der korporativen Religionsfreiheit im Rahmen einer umfassenderen Kollektivfreiheit[109], der „liberté d'association". Die Vereinigungsfreiheit, wie sie übersetzt werden kann, wurde durch das Gesetz vom 1. Juli 1901[110] in Art. 1 genannt und 1971 vom Conseil constitutionnel als PFRLR definiert[111]. Der Conseil constitutionnel führt aus, „qu'en vertu de ce principe les associations se constituent librement et peuvent être rendues publiques sous la seule réserve du dépôt d'une déclaration préalable"[112].

Die Vereinigungsfreiheit beruht auf den allgemeinen Grundsätzen des französischen Vertrags- und Obligationenrechts[113]. Mit dem Recht, sich den eigenen Vorstellungen gemäss organisieren zu können, ist aus Sicht der Religionsgemeinschaften ein wichtiger Aspekt der Religionsfreiheit erfüllt.

Frankreich anerkennt durch Artikel 1 C. und Art. 3 C. keine Gruppenrechte[114]. Würde der Staat einer bestimmten Gruppe ein Sonderrecht gewähren, verstiesse

---

109 MESSNER/PRÉLOT/WOEHRLING benutzen den Begriff „liberté collective". MESSNER/PRÉLOT/WOEHRLING, *Traité,* p. 189.

110 *JO* vom 2. Juli 1901, p. 4025.

111 „Considérant qu'au nombre des principes fondamentaux reconnus par les lois de la République et solennellement réaffirmés par le préambule de la Constitution il y a lieu de ranger le principe de la liberté d'association. (...)", Cons. const., 16 juillet 1971, déc. n° 71-44 DC. Dieser Entscheid wurde als „l'une de ses plus fameux décision" gewürdigt. MESSNER/PRÉLOT/WOEHRLING, p. 408.

112 Cons. const., 16 juillet 1971, déc. n° 71-44 DC.

113 Art. 1 des Gesetzes vom 1. Juli 1901: „(...) Elle est régie, quant à sa validité, par les principes généraux du droit applicables aux contrats et obligations." „En réalité, ce que veut dire ce texte, c'est que le législateur appuie essentiellement la liberté politique d'association sur la liberté contractuelle, telle qu'elle est définie dans le Code civil, et fondée dans l'autonomie de la volonté (...)." Elie ALFANDARI, *La liberté d'association,* in: CABRILLAC et al., *Libertés et droits fondamentaux*, p. 457.

114 Cons. const., 19 novembre 2004, Traité établissant une Constitution pour l'Europe, déc. n° 2004-505 DC, Ziff. 16: „Considérant, en deuxième lieu, que, conformément au paragraphe 4 de l'article II-112 du traité, dans la mesure où la Charte reconnaît des droits fondamentaux tels qu'ils résultent des traditions constitutionnelles communes aux Etats membres, „ces droits doivent être interprétés en harmonie avec lesdites traditions" ; que sont dès lors respectés les articles 1er à 3 de la Constitution qui s'opposent à ce que soient reconnus des droits collectifs à quelque groupe que ce soit, défini par une communauté d'origine, de culture, de langue ou de croyance."

er zum einen gegen seine religiöse Neutralität. Zum anderen könnte das Zugeständnis von Gruppenrechten dazu führen, dass sich Gläubige auf die Grundsätze ihrer Glaubensgemeinschaft berufen könnten, um Bürgerpflichten nicht wahrzunehmen. Der Conseil constitutionnel hat diesbezüglich ein klares Zeichen gesetzt: Gemäss seiner Lesart enthält Art. 1 C. das Verbot, sich auf die religiöse Überzeugung zu stützen, um sich von allgemein obliegenden Bürgerpflichten zu befreien[115].

b) Gehalt in Bezug auf Religionsgemeinschaften

Eine französische Religionsgemeinschaft besteht juristisch gesehen aus mehreren Vereinigungen, die unterschiedlichen Zwecken dienen und daher auch durch unterschiedliche Gesetze bestimmt werden. Das zentrale Gesetz über die Vereinigungen vom 1. Juli 1901 findet über Art. 18 des Gesetzes vom 9. Dezember 1905 Anwendung auf religiöse Gemeinschaften und ermöglicht die Gründung sogenannter „associations cultuelles" (siehe unten). Gestützt auf das Gesetz vom 2. Januar 1907 ist es möglich, eine religiöse Vereinigung zu gründen, die dem allgemeinen Recht (und damit dem Gesetz vom 1. Juli 1901) untersteht und dennoch einem religiöse Zweck dient. Zumeist stehen Interessen wie karitative Tätigkeit, religiöser Unterricht etc.[116] im Zentrum. „La distinction entre les associations loi 1905 et loi 1901 à objet cultuel va revêtir une grande importance du fait du régime privilégié des premières."[117]

c) „Association cultuelles" und „associations diocésaines" im Besonderen

Eine besondere Stellung nehmen die sogenannten „associations cultuelles" ein. „'Personnes morales spéciales', les associations cultuelles, les associations diocésaines et les établissements publics du culte ne représentent pas en terme juri-

---

115 Cons. const., 19 novembre 2004, déc. n° 2004-505 DC. Unter Ziff. 18 ist in diesem Urteil zu lesen, „que, dans ces conditions, sont respectées les dispositions de l'article 'article 1er de la Constitution aux termes desquelles „la France est une République laïque", qui interdisent à quiconque de se prévaloir de ses croyances religieuses pour s'affranchir des règles communes régissant les relations entre collectivités publiques et particuliers."

116 Vgl. MESSNER/PRÉLOT/WOEHRLING, *Traité*, p. 758.

117 MESSNER/PRÉLOT/WOEHRLING, *Traité*, p. 764. Gemeint ist damit etwa die Möglichkeit der „associations cultuelles", Spenden und Legate zu erhalten, ohne das Erfordernis des öffentlichen Nutzens erfüllen zu müssen.

dique une Eglise ou une religion en tant que telle. Leur objet ou leur activité est plus étendu que le seul exercice du culte.“[118]

Die „associations cultuelles“ oder Kultusvereinigungen sind im Gesetz vom 9. Dezember 1905 definiert. Sie haben sich den Vorschriften ihrer Religionsgemeinschaften gemäss zu organisieren und sind für die finanzielle Organisation der Religionsausübung sowie den Gebäudeunterhalt zuständig. Die Rechtsform der Kultusvereinigung wurde mit der Absicht kreiert, dieser Vereinigung die kirchlichen Gebäude zu übergeben und deren Unterhalt durch die Kultusvereinigung sicherzustellen. Art. 18 des Gesetzes vom 9. Dezember bringt die Art. 5 – 9 des Gesetzes vom 1. Juli 1901 zur Anwendung[119].

Die katholische Kirche weigerte sich, die geforderten „associations cultuelles“ zu gründen, da diese Vereinigungen die Organisation des Kultes übernehmen sollten und sich damit indirekt nicht nur um die temporalia, sondern auch um die spiritualia der Gemeinschaft zu kümmern hatten. Katholischer Lesart gemäss ist die Kirche vor Ort nicht die Pfarrei, sondern die Diözese, und der für die Seelsorge zuständige Geistliche nicht der Pfarrer vor Ort, sondern der Bischof. Durch eine besondere Regelung wurde es von 1923 an möglich, jeder Diözese eine Kultusvereinigung beiseite zu stellen. Es sind die „associations diocésaines“. Sie unterstehen der Gesetzgebung von 1905 und 1901, stimmen aber mit dem hierarchischen Prinzip der katholischen Kirche überein. Und: „L’administration spirituelle du diocèse étant de la seule compétence de l’êveque, l’objet des diocésaines est donc, on le voit, d’ordre exclusivement patrimonial.“[120]

---

118 MESSNER/PRÉLOT/WOEHRLING, *Traité*, p. 758.

119 Die beiden relevanten Gesetze von 1901 und 1905 betreffend der „associations“ sind miteinander kombiniert: „L'application de la loi de 1901 se fait de deux manières, d'une part l'article 18 de la loi de 1905 rend applicable aux associations cultuelles les articles 5 à 9 de la loi de 1901, d'autre part la loi du 2 janvier 1907 permet la création d'association, de droit commun à objet cultuel.“ MESSNER/PRÉLOT/WOEHRLING, *Traité*, p. 763.

120 MESSNER/PRÉLOT/WOEHRLING, *Traité*, p. 779.

D. Die Gewissensfreiheit als Aspekt der Religionsfreiheit

a) Gewissensfreiheit und Religionsfreiheit

Die Gewissensfreiheit kann als Element der Religionsfreiheit verstanden werden[121]. Als Folge davon wird die Religionsfreiheit in Gewissensfreiheit und Kultusfreiheit unterteilt. Eine andere Möglichkeit ist es, die Gewissensfreiheit als eigenständige Freiheit zu verstehen, die nicht mit religiösen Überzeugungen in Zusammenhang steht[122]. In diesem Fall wird die Gewissensfreiheit extensiv interpretiert und umfasst nicht nur religiös bedingte Ansichten, sondern auch philosophische oder politisch begründete innere Überzeugungen.

Die EMRK nennt die Gewissensfreiheit in Zusammenhang mit der Glaubensfreiheit. Der Conseil constitutionnel[123] und der Conseil d'Etat[124] haben in ihren Entscheiden die Gewissensfreiheit in Zusammenhang mit rechtlichen Fragen erwähnt, die direkt oder indirekt mit religiösen Gemeinschaften zu tun haben. Es scheint daher plausibel, dass die „liberté de conscience" als PFRLR umso wichtiger ist, je stärker sie an die Kultusfreiheit und damit an religiöse Vorschriften geknüpft ist[125].

---

121 Vgl. ROBERT/DUFFAR, *Droits de l'homme,* p. 633. Die Autoren vereinen die „liberté de conscience" und die „liberté de culte" unter dem Begriff der „liberté de la foi". ROBERT/DUFFAR, *Droits de l'homme,* p. 630 ff.

122 Vgl. COLLIARD, *Libertés publiques,* p. 423. Der Autor unterscheidet die beiden Freiheiten zwar, weist aber auch auf ihre Komplementarität hin: „Elles sont complémentaires, car l'organisation des cultes est la manifestation la plus apparente, même si ce n'est pas la seule, des convictions reigieuses. Mais elles sont aussi antagonistes car si la liberté de conscience suppose l'abstention de l'Etat qui s'interdit d'intervenir dans les convictions de chacun, la seconde contraint l'Etat à mettre en place une véritable organisation juridique garantissant le libre exercice des cultes."

123 Cons. const., 23 novembre 1977, déc. n° 77-87 DC.

124 CE, 10e/ 7e sous-sect. réunies, 17 février 1992, Eglise de Scientologie de Paris, *Rec.*, p. 61.

125 Der Conseil d'Etat erwähnt die liberté de conscience bereits in seiner avis vom 27. November 1989 PFRLR: „Cette liberté, qui doit être regardée comme l'un des principes fondamentaux reconnus par les lois de la République, s'exerce dans le domaine de l'éducation, dans le cadre des textes législatifs qui définissent la mission du service public et les droits et obligations des élèves et leur familles dans les termes suivants: (…)." CE, avis, 27 novembre 1989, Le principe de laïcité et les signes d'appartenance à une communauté religieuse, Ziff. 1.

b) Gehalt

Grundsätzlich umfasst die Gewissensfreiheit das Recht, hinsichtlich politischer, philosophischer oder religiöser Fragen eine bestimmte Ansicht zu haben oder nicht zu haben. Der Staat hat diese Ansicht zu respektieren. Ein Mensch, der eine religiös geprägte Weltsicht hat, ist in der Regel einer bestimmten religiösen Gemeinschaft verbunden, die ein gemeinsames Glaubensgut vermittelt. Die darin enthaltenen religiösen Vorschriften und Vorstellungen der Lebensführung beziehen sich nicht nur auf das Diesseits, sondern haben einen Bezug zum Leben nach dem Tod. Insofern ist die religiöse Gewissensfreiheit stärker mit existenziellen Fragen verbunden als beispielsweise jene, die sich auf politische Ansichten stützt.

c) Rechtliche Grundlagen

Gemäss dem Urteil des Conseil constiutionnel vom 23. November 1977 sind Art. 10 DDHC sowie die Präambel der Verfassung von 1946 die rechtliche Grundlage der Gewissensfreiheit auf Verfassungsebene[126]. Art. 1 des Gesetzes vom 9. Dezember 1905 enthält in seinem ersten Satz die Garantie der Gewissensfreiheit auf Gesetzesebene: „La République assure la liberté de conscience.“

d) Die Gewissensfreiheit als „principe fondamental reconnu par les lois de la République“

Die Gewissensfreiheit ist ein „principe fondamental reconnu par les lois de la République“ (PFRLR). Der Conseil constitutionnel erkannte der Gewissensfreiheit diesen Rang in seinem Entscheid vom 23. November 1977 zu[127].

126 Cons. const., 23 novembre 1977, déc. n° 77-87 DC.

127 Cons. const., 23 novembre 1977, déc. n° 77-87 DC: „5. Considérant, d'autre part, qu'aux termes de l'article 10 de la Déclaration des Droits de l'Homme et du Citoyen de 1789 „Nul ne doit être inquiété pour ses opinions, même religieuses, pourvu que leur manifestation ne trouble pas l'ordre public établi par la loi“; que le Préambule de la Constitution de 1946 rappelle que „Nul ne peut être lésé dans son travail ou son emploi en raison de ses origines, de ses opinions ou de ses croyances“; que la liberté de conscience doit donc être regardée comme l'un des principes fondamentaux reconnus par les lois de la République; (...).“

E. Einschränkungen der Religionsfreiheit

Die Religionsfreiheit unterliegt den Einschränkungsmöglichkeiten der „libertés publiques“ im Allgemeinen. Es werden drei Formen der Einschränkungsmöglichkeiten genannt: repressiv, präventiv sowie das System der vorausgehenden Deklaration[128].

Das repressive Einschränkungssystem geht davon aus, dass alle Handlungen, die nicht gesetzlich verboten sind, erlaubt sind[129]. Es beachtet das Gebot der Rechtssicherheit, da Strafen auf gesetzlicher Grundlage beruhen und nur von Gerichten ausgesprochen werden können.

Das präventive System ist durch behördliches Eingreifen zum Schutz der öffentlichen Ordnung[130] gekennzeichnet. Es kennt zwei Unterkategorien: die vorausgehende Bewilligung und das Verbot. Bezüglich ersterer gilt, dass eine Person zur Ausübung eines bestimmten Grundrechts eine behördliche Bewilligung einholen muss. Diese wird unter Berücksichtigung der Umstände des Einzelfalls erteilt oder verweigert. Das Verbot dagegen wird von den zuständigen Behörden ausgesprochen, ohne dass die verantwortliche Person vorher ein Bewilligungsgesuch stellt. Das Verbot kann nur gestützt auf das Argument des ordre public erlassen werden, sein Erlass untersteht aber strikter gerichtlicher Kontrolle[131]. Es muss zudem das Erfordernis der Verhältnismässigkeit erfüllen und kann nur fur den konkreten Fall erlassen werden[132].

---

128 LEBRETON, *Libertés*, p. 176.

129 RIVERO drückt dies so aus: „(...) la liberté est la règle et la restricition l'exception.“ RIVERO, *Libertés publiques*, Tome 1, p. 176.

130 DUBOIS spricht von mindestens drei dialektischen Formen der öffentlichen Ordnung, wovon die dritte zitiert sei: „On en vient ainsi, sur un troisième plan, à penser l'ordre public comme une charnière non seulement entre Etat et société civile, mais aussi entre système normatif et vie sociale concrète (...).“ DUBOIS, *Préface,* in: Marie Caroline VINCENT-LEGOUX, *L'ordre public*, p. 8.

131 „Cette généralisation du pouvoir d'interdiction est moins dangereuse qu'elle le paraît au premier abord, car elle est compensée par un contrôle juridictionnel très rigoureux, qualifié par la doctrine de „contrôle maximum“.“ LEBRETON, *Libertés*, p. 181.

132 Als Beispiel vgl. CE, 19 mai 1933, Sieur Benjamin [René] et Syndicat d’Initiative de Nevers, *Rec.*, p. 541: „Considérant que, s'il incombe au maire, en vertu de l'article 97 de la loi du 5 avril 1884, de prendre les mesures qu'exige le maintien de l'ordre, il doit concilier l'exercice de ses pouvoirs avec le respect de la liberté de réunion garantie par les lois des 30 juin 1881 et 28 mars 1907; (...) Considérant qu'il résulte de l'instruction que l'éventualité de troubles, alléguée par le maire de Nevers, ne présentait pas un degré de gravité tel qu'il n'ait pu, sans interdire la conférence, maintenir l'ordre en édictant les mesures de police qu'il lui appartenait de prendre ; que, dès lors, sans qu'il y ait lieu de statuer sur le moyen tiré du détour-

Die dritte Einschränkungsform ist jene der vorhergehenden Deklaration. Hierbei informiert die Gruppierung oder Person, die eine Handlung vornehmen möchte, die zuständigen Behörden. Die vorausgehende Deklaration ist somit lediglich eine Information[133]. Sehen die Behörden die öffentliche Ordnung gefährdet, können sie die Handlung verbieten oder polizeilich schützen. Das System der vorausgehenden Deklaration ist etwa bei Nutzung des öffentlichen Grundes für Veranstaltungen anwendbar.

Diese allgemeinen Grundsätze finden in Bezug auf die Religionsfreiheit Anwendung. Als Beispiel für eine repressive Regelung ist Art. 433-21 des Code pénal (C. pén.) zu nennen, gemäss dem es verboten ist, die religiöse Heirat vor der zivilen Eheschliessung vorzunehmen[134]. Im Bereich der Schule ist es möglich, durch Dispensationen in Einzelfällen für religiöse Anlässe vom obligatorischen Unterricht befreit zu werden. Dabei handelt es sich um eine vorausgehende Autorisierung, die aus dem präventiven System kommt. Und schliesslich gilt, dass eine Gemeinschaft mit gemischter Zielsetzung (religiös und kulturell), die Rechtspersönlichkeit erlangen möchte, eine vorausgehende Deklaration benötigt[135].

Grundsätzlich gilt aber, dass sich der Gesetzgeber bemüht, die Religionsfreiheit durch eine harmonische Gesetzgebung zu verwirklichen. Ein Beispiel ist die Regelung, wonach die öffentliche Schule zwar obligatorisch und religiös neutral ist, die Schulwoche hingegen den Besuch von Religionsunterricht zulässt[136].

Die Anpassung der staatlichen Gesetzgebung zur Wahrung der Religionsfreiheit kennt aber drei klare Grenzen. Die erste Beschränkung besteht in den Grundrechten Dritter. Die zweite Beschränkung stellt die Garantie der öffentlichen Ordnung dar. Sie umfasst die öffentliche Ordnung an sich, die Sicherheit sowie die öffentliche Gesundheit und Hygiene. Und als dritte Einschränkungsmöglichkeit gilt der „intérêt général", der Gemeinnutzen oder mit anderen Worten das öffentliche Interesse. Ein solches liegt betreffend funktionierenden und für

---

nement de pouvoir, les requérants sont fondés à soutenir que les arrêtés attaqués sont entachés d'excès de pouvoir; (...)."

133 „La déclaration, envisagée en elle-même, a, on l'a vu, une seule fonction: l'information de l'autorité publique." RIVERO, *Libertés publiques*, p. 191.

134 Art. 433-21 C. pén.: „Tout ministre d'un culte qui procédera, de manière habituelle, aux cérémonies religieuses de mariage sans que ne lui ait été justifié l'acte de mariage préalablement reçu par les officiers de l'état civil sera puni de six mois d'emprisonnement et de 7500 euros d'amende."

135 Art. 5 des Gesetzes vom 1. Juli 1901: „Toute association qui voudra obtenir la capacité juridique prévue par l'article 6 devra être rendue publique par les soins de ses fondateurs."

136 Vgl. § 1 V.3., p. 68.

alle zugänglichen öffentlichen Dienstleistungen vor. Angestellte, die auf einem Amt tätig sind, müssen daher in Ausübung ihrer Tätigkeit Einschränkungen ihrer persönlichen Religionsfreiheit in Kauf nehmen und beispielsweise auf das Tragen religiöser Symbole verzichten.

Während im Falle von Verstössen gegen die Religionsfreiheit unter Privatpersonen die Cour de cassation angerufen werden kann, ist der Conseil d'Etat bei Beschwerden gegen behördliche Einschränkungen der Religionsfreiheit als höchstinstanzliches administratives Gericht anzurufen. Hat der Gesetzgeber ein Gesetz erlassen, das gegen eine verfassungsmässige Grundfreiheit verstösst, kann der Conseil constitutionnel angerufen werden. „En matière de libertés publiques comme dans les autres domaines, c'est, en France, et dans la plupart des systèmes juridiques, le juge qui est appelé à assurer le respect du droit, et à en censurer les violations: la sanction est donc principalement juridictionnelle.“[137]

F. Das Verhältnis der „liberté religieuse“ zu Art. 9 EMRK

Durch das Gesetz vom 31. Dezember 1973 autorisierte der französische Gesetzgeber die Ratifikation der EMRK sowie der Zusatzprotokolle 1, 3, 4 und 5[138]. Der Conseil d'Etat und gegebenenfalls auch die Cour de cassation haben die Rechtsprechung der Strassburger Organe zu beachten und ihre Entscheide umzusetzen[139].

In Zusammenhang mit den oben erwähnten Formen der Anpassung staatlicher Normen zur Wahrung der Glaubens- und Gewissensfreiheit sei an den Entscheid *Airey c./ Irland* erinnert, in dem der EGMR festhält: „(...) La Convention a pour but de protéger des droits non pas théoriques ou illusoires, mais concrets et effectifs.“[140] Indem Frankreich die EMRK ratifiziert hat, gilt dieser Grundsatz auch für seine nationale Rechtsetzung und Rechtsprechung. Damit sind

---

137 RIVERO, *Libertés publiques*, p. 209.

138 Loi n° 73-1227 vom 31. Dezember 1973, *JO* 3. Januar 1974.

139 EGMR, *Handyside c/ Vereinigtes Königreich*, 5493/72, 7. Dezember 1976, Ziff. 48: „La Cour relève que le mécanisme de sauvegarde instauré par la Convention revêt un caractère subsidiaire par rapport aux systèmes nationaux de garantie des droits de l'homme (arrêt du 23 juillet 1968 sur le fond de l'affaire „linguistique belge“, série A n° 6, p. 35, par. 10 in fine). La Convention confie en premier lieu à chacun des États contractants le soin d'assurer la jouissance des droits et libertés qu'elle consacre. Les institutions créées par elle y contribuent de leur côté, mais elles n'entrent en jeu que par la voie contentieuse et après épuisement des voies de recours internes (article 26).“

140 EGMR, *Airey c./ Irland*, 6289/73, 9. Oktober 1979, Ziff. 24.

auch die Einschränkungserfordernisse von Art. 9 Abs. 2 EMRK zu beachten. Die drei Voraussetzungen „gesetzliche Grundlage", „öffentliches Interesse" und „in einer demokratischen Gesellschaft notwendig" müssen kumulativ erfüllt sein, damit das Grundrecht eingeschränkt werden kann.

IV. Das Bildungswesen – „la première priorité nationale"[141]

1. Im Zentrum der Bemühungen um die Erziehung: Das Kindeswohl

„L'„avantage de l'enfant" était déjà, en 1804, dans l' art. 302 C. civ. (...). Mais, à notre époque, dans un droit de la famille qui est devenu pédocentrique, l'intérêt de l'enfant (mineur) fait figure de formule magique."[142] Heute ist der Begriff des Kindeswohls (intérêt de l'enfant) in verschiedenen Normen des Code civil (C. civ.) enthalten. Gemäss Art. 371-1 C. civ. etwa ist die Verwirklichung des Kindeswohls Ziel der Rechte und Pflichten, welche durch die Elternschaft begründet werden.

Das Kindeswohl ist in Art. 3 Abs. 1 der UN-Kinderrechtskonvention (KRK) explizit erwähnt. Wie weiter oben ausgeführt, war die Frage der direkten Anwendbarkeit der Konvention lange Zeit umstritten. Art. 3 KRK wurde vom Conseil d'Etat in den 1990er Jahren bereits zu den direkt anwendbaren Normen der Konvention gezählt[143]. Seit dem Urteil vom 18. Mai 2005 spricht auch die Cour de cassation Art. 3 Abs. 1 KRK direkte Anwendbarkeit zu[144].

Die Verwirklichung des Kindeswohls geschieht in erster Linie durch das nationale Recht. Daher kann auch Art. L. 111-1 al. 1 des Code de l'éducation (C. éduc.) als Norm gelesen werden, welche das Kindeswohl verwirklicht: „(...) Le service public de l'éducation est conçu et organisé en fonction des élèves et des étudiants. Il contribue à l'égalité des chances (...)."

---

141 Art. L. 111-1 C. éduc.: „L'éducation est la première priorité nationale. (...)."

142 CARBONNIER, *Droit civil,* p. 85.

143 CE, 22 septembre 1997, Mlle Cinar, *Rec.*, p. 319.

144 Cass. civ. 1ère , 18 mai 2005, n° 02-20613.

2. Das Recht auf Bildung (droit à l'éducation)

Da Frankreich das 1. Zusatzprotokoll zur EMRK (1. ZP EMRK) ratifiziert hat, gilt dessen Art. 2 Abs. 1 auch für Frankreich[145]. Im innerstaatlichen Recht sind Art. 6 DDHC[146] sowie die al. 3[147] und 13[148] der Präambel von 1946 die verfassungsrechtlichen Grundlagen der Normen im Code de l'éducation. Materiell setzt sich somit das Recht auf Bildung aus zwei Komponenten zusammen: Dem Recht auf Gleichbehandlung und gleichem Zugang zu Bildungsinstitutionen für alle sowie dem Recht auf Ausbildung an öffentlichen, unentgeltlichen und religiös neutralen Bildungsinstitutionen.

Der Code de l'éducation spricht vom „droit à l'éducation“[149], während in den verfassungsrechtlichen Texten das Wort „instruction“[150] vorzufinden ist. „Education“ umfasst die Erziehung und Bildung im Dienste der Entwicklung der Persönlichkeit, der eigenen Fähigkeiten und der Ausbildung in Hinblick auf die Ausübung eines Berufes[151]. „Instruction“ hingegen ist die Grundausbildung, wie sie der Staat in seinen Bildungsinstitutionen vorsieht. In diesem Sinne ist

145 Art. 2 1. ZP EMRK: „Niemandem darf das Recht auf Bildung verwehrt werden. Der Staat hat bei Ausübung der von ihm auf dem Gebiet der Erziehung und des Unterrichts übernommenen Aufgaben das Recht der Eltern zu achten, die Erziehung und den Unterricht entsprechend ihren eigenen religiösen und weltanschaulichen Überzeugungen sicherzustellen.“ Der EGMR hielt im belgischen Sprachenfall fest, dass das Recht aus Art. 2 1. ZP EMRK dem Einzelnen den Zugang zu den existierenden Schuleinrichtungen garantiert: „The first sentence of Article 2 of the Protocol (P1-2) consequently guarantees, in the first place, a right of access to educational institutions existing at a given time (...).“ EGMR, *Belgischer Sprachenstreit*, (mehrere Nummern), 23. Juli 1968, genaue Stelle: The Law, I.B. Interpretation of the Court, Ziff. 4.

146 „(...) Elle (la loi, e. E.) doit être la même pour tous soit qu'elle protège, soit qu'elle punisse. Tous les citoyens étant égaux à ses yeux, sont également admissibles à toutes lis dignités, places et emplois publics, selon leur capacité, et sans autre distinction que celle de leurs verus et de leurs talents.“

147 „La loi garantit à la femme, dans tous les domaines, des droits égaux à ceux de l'homme.“

148 „La nation garantit l'égal accès de l'enfant et de l'adulte à l'instruction, à la formation professionnelle et à la culture. L'organisation de l'enseignement public gratuit et laïque à tous les degrés est un devoir de l'Etat.“

149 Vgl. Art. L. 111-1 al. 5 C. éduc.: „Le droit à l'éducation est garntie à chacun (...).“

150 Vgl. Al. 13 der Präambel von 1946: „La Nation garantit l'égal accès de l'enfant et de l'adulte à l'instruction (...).“

151 Unter diesem Aspekt muss etwa Art. L. 111-2 al. 1 C. éduc. gelesen werden, welcher davon spricht, dass jedes Kind Anrecht auf eine schulische Bildung hat, welche die erzieherischen Handlungen der Familie vervollständigt und einen Teil zu seiner Erziehung („éducation“) beiträgt.

das Recht auf Bildung im Sinne des „droit à l'instruction" enger gefasst. Der Staat hat die Pflicht, das Recht auf Bildung zu garantieren: „(...) Le droit à l'instruction est conçu comme une créance de l'individu pesant sur la société, et non comme une liberté résistance."[152] DURAND-PRINBORGNE setzt in seinem Kommentar zum Code de l'éducation die beiden Begriffe „instruction" und „éducation" gleich[153]. Er interpretiert das französische Recht auf Bildung als in Übereinstimmung stehend mit dem Recht auf Bildung im internationalen Recht[154]. Anders sieht es DEBENE in seinem Kommentar zum Code de l'éducation: „Le „droit à l'éducation" est concrétisé par le devoir d'instruction qui impose le principe de scolarisation, assorti de quelques exceptions strictement contrôlées."[155]

Die Forderung, die das Recht auf Bildung dem Einzelnen dem Staat gegenüber erteilt, wird durch die Dienstleistung der öffentlichen Schule erfüllt und umfasst drei Aspekte[156]:

- „savoir": Die Schule muss den Erwerb von Wissen ermöglichen.
- „savoir faire": Die Vermittlung von Methoden, die lebenslanges Lernen fördern, stellt die zweite Forderung dar.
- „savoir être": Die dritte Forderung, welche die Schule zu erfüllen hat, ist jene nach Persönlichkeitsentfaltung des Einzelnen mit dem Ziel, dass der Einzelne sich in die Gesellschaft einbringen kann.

Grundrechtsträger ist gemäss Art. L. 111-1 al. 5 C. éduc. zwar jeder[157], primär ist aber das minderjährige Kind gemeint. So heisst es in Art. L. 111-2 al. 1 C. éduc.: „Tout enfant a droit à une formation scolaire qui, complétant l'action de sa famille, concourt à son éducation."

Das Grundrecht auf Bildung wird auf Gesetzesebene in Art. L. 111-1 al. 5 C. éduc. bestätigt und um den Zweck der Bildung erweitert: „Le droit à l'éducation est garanti à chacun afin de lui permettre de développer sa personnalité, d'élever

---

152 LEBRETON, *Libertés*, p. 440.

153 „Le texte pose le principe de la prise en charge par la nation d'un devoir d'éducation exprimé comme devoir d'instruction par l'alinéa 13 du Préambule de la Constitution de 1946." DURAND-PRINBORGNE, *Le Code de l'éducation*, p. 2, n° 0004.

154 „La notion de droit à l'éducation ou à l'instruction est conforme au droit international." DURAND-PRINBORGNE, *Le Code de l'éducation*, p. 2, Rz. 0005.

155 DEBENE, *Code de l'éducation commenté*, p. 69.

156 DEBENE, *Code de l'éducation commenté*, p. 22.

157 „Le droit à l'éducation est garanti à chacun (...)."

son niveau de formation initiale et continue, de s'insérer la vie sociale et professionnelle, d'exercer sa citoyenneté."

Der Staat selbst greift mit (finanzieller) Unterstützung in Fällen ein, wo dies nötig ist. Ziel ist die Erreichung der in Art. L. 111-1 al. 8 C. éduc. garantierten Allgemeinbildung.

3. Die Grundprinzipien des Erziehungs- und Bildungswesens

A. Vorbemerkung

Die „principes fondamentaux" des französischen Bildungswesens sind in erster Linie in den wichtigen Gesetzen zum Bildungswesen enthalten. Das liegt daran, dass die französische Rechtstradition den Gesetzen eine wichtigere Funktion zukommen liess als der Verfassung. Es wird hier darauf verzichtet, die wichtigen Gesetze aufzuzählen[158].

B. Verfassungsgarantien

Die Präambel der Verfassung von 1946 enthält im 13. Alinéa die staatlichen Garantien in Bezug auf das Bildungswesen fest: „(...) la Nation garantit l'égal accès de l'enfant et de l'adulte à l'instruction, à la formation et à la culture; l'organisation de l'enseignement public gratuit et laïque à tous les degrés est un devoir de l'Etat." Gleichheit hinsichtlich des Zugangs zu Bildungsinstitutionen, die Unentgeltlichkeit und die religiöse Neutralität sind die drei erwähnten Garantien.

Die Garantien „Grundsatz der Gleichbehandlung und Gleichstellung aller Schüler", „Unentgeltlichkeit der öffentlichen Schule" und „Geltung der laïcité an der öffentlichen Schule" werden weiter unten ausgeführt.

C. Garantien im Code de l'éducation

Bis im Jahr 2000 waren die anwendbaren Normen über verschiedene Gesetze und Reglemente verteilt. „Enfin une ordonnance du 15 juin 2000[159] regroupe „à droit constant" l'ensemble des dispositions relatives à l'enseignement, jusque-là

158 Eine komplette Aufzählung der historischen Gesetze ist zu finden auf der Webseite des französischen Bildungsministeriums: <http://www.education.gouv.fr/cid194/les-textes-fondateurs.html>, [Stand 20. Oktober 2011].

159 Ordonnance n° 2000-549 vom 15. Juni 2000.

éparses, en un „Code de l'éducation".“[160] Das so entstandene Gesetzeswerk hat den Vorteil, dass die einzelnen Normen thematisch gruppiert sind und so leichter in ihrer aktuell gültigen Form gefunden werden können. Zugleich aber haben sie ihren historischen Zusammenhang verloren. Da gemäss Art. 34 C. einzig der Gesetzgeber die Grundprinzipien des Bildungswesens festlegen kann, gilt: „A priori, toutes les dispositions contenues dans la partie législative du code constituent des principes fondamentaux (...).“[161]

Wie zentral das Bildungswesen tatsächlich ist, wird durch Art. L. 111-1 C. éduc. verdeutlicht. Er hält in al. 1 fest, dass Bildung höchste nationale Priorität hat, dass sie ein „service public“ für die Schülerinnen und Schüler darstellt und dass sie im Dienst der Chancengleichheit aller steht. Dass Bildung aber kein Selbstzweck ist, sondern durchaus politische Bedeutung hat, wird in al. 2 gesagt: „Outre la transmission des connaissances, la Nation fixe comme mission première à l'école de faire partager aux élèves les valeurs de la République.“

Art. L. 111-1 al. 3 C. éduc. garantiert allen Schülern das Recht auf Aneigung und Beherrschung der französischen Sprache.

Die Werte der Republik, welche nebst der Wissensvermittlung an der Schule prägend sein sollen (so Art. L. 111-1 al. 2 C. éduc.), werden gemäss Art. L. 111-1 al. 4 C. éduc. durch das in der Schule tätige Personal weitergegeben

Art. L. 111-1 al. 5 C. éduc. konkretisiert, welche Ziele das Recht auf Bildung garantieren soll: Persönlichkeitsentwicklung, Anhebung des bereits erlangten Aus- und Weiterbildungsniveaus, Eingliederung in das soziale und berufliche Leben sowie die Fähigkeit, seine Staatsbürgerschaft auszuüben. Der genannte Artikel wird durch Art. L. 111-2 al. 2 C. éduc. auf die schulische Bildung hin vervollständigt[162]. Art. L. 131-1-1 al. 1 C. éduc. enthält eine weitere, präzise Umschreibung dessen, was das Recht auf Bildung (hier in der Form des „droit à l'instruction“, da es sich bei diesem Artikel in systematischer Hinsicht um eine Norm handelt, die im Kapitel über das Schulobligatorium angesiedelt ist) enthält[163].

---

160 LEBRETON, *Libertés*, p. 439.

161 DEBÈNE, *Code le l'éducation commenté*, p. 18.

162 Art. L. 111-2 al. 2 C. éduc.: „La formation scolaire favorise l'épanouissement de l'enfant, lui permet d'acquérir une culture, le prépare à la vie professionnelle et à l'exercice de ses responsabilités d'homme et de citoyen. Elle constitue la base de l'éducation permanente. Les familles sont associées à l'accomplissementt de ces missions.“

163 Art. L. 131-1-1 al. 1 C. éduc.: „Le droit de l'enfant à l'instruction a pour objet de lui garantir, d'une part, l'acquisition des instruments fondamentaux du savoir, des connaissances de base, des éléments de la culture générale et, selon les choix, de la

Art. L. 111-1 al. 6 C. éduc. garantiert finanzielle Unterstützung durch den Staat für den Fall, dass die Ressourcen der Familien in sozialer oder finanzieller Hinsicht nicht ausreichen. Damit ist ein wichtiger Aspekt zur Wahrung der Chancengleichheit genannt. Auch Art. L. 111-1 al. 7 C. éduc. handelt von der Chancengleichheit aller Schüler, indem er Schülern aus sozial benachteiligten Zonen individuelle Unterstützung garantiert.

Art. L. 111-1 al. 8 C. éduc. schliesslich enthält die Garantie einer Allgemeinbildung sowie einer anerkannten Qualifikation für alle Jugendlichen.

D. Der Grundsatz der Gleichbehandlung und Gleichstellung aller Schüler

Bemühungen um die Gleichbehandlung und Gleichstellung aller Schüler wurde bereits in Art. L. 111-1 al. 6 und al. 7 C. éduc. erwähnt.

Art. L. 111-2 al. 3 C. éduc. konkretisiert diese Chancengleichheit: „Pour favoriser l'égalité des chances, des dispositions appropriées rendent possible l'accès de chacun, en fonction de ses aptitudes „et de ses besoins particuliers", aux différents types ou niveaux de la formation scolaire." Die Einschränkung „en fonction de ses aptitudes (...)" macht deutlich, dass mit Chancengleichheit der Zugang aller Kinder und Jugendlichen mit gleichen Fähigkeiten zu denselben Schuleinrichtungen und Niveaus garantiert wird. Eine Zulassung aller zu jeglichen Institutionen ist nicht garantiert. Damit gewährt das französische Recht relative, nicht absolute Gleichheit.

E. Zusammensetzung der Erziehungsgemeinschaft (communauté éducative)

Die Art. L. 111-3 C. éduc. und L. 111-4 C. éduc. definieren die so genannte „communauté éducative". Die Erziehungsgemeinschaft umfasst sämtliche Schüler einer Schule, alle Angestellten der Schule, die Eltern, die Gemeinde sowie alle institutionellen, sozialen und wirtschaftlichen Akteure, die mit der schulischen Erziehungsgemeinschaft in Beziehung stehen. Art. L. 111-4 C. éduc. ist ausschliesslich den Eltern gewidmet. Sie, beziehungsweise die Familie, sind bereits in Art. L. 111-2 al. 2 C. éduc erwähnt worden. Es wird Wert auf

formation professionnelle et technique et, d'autre part, l'éducation lui permettant de développer sa personnalité d'élever son niveau de formation initiale et continue, de s'insérer dans la vie sociale et professionnelle et d'exercer sa citoyenneté." Die Inhalte der „éducation" stimmen wortwörtlich mit der Garantie in Art. L. 111-1 al. 5 C. éduc. überein.

die Beteiligung und Integration der Eltern gelegt, dies wird aus den besagten Normen deutlich.

F. Schulobligatorium

Kinder und Jugendliche haben nicht nur das Recht auf Bildung. Gerade weil eine gute Grundbildung die Voraussetzung für ein selbstständiges und verantwortungsvolles Leben und Arbeiten im französischen Staat ist, hat der Staat ein lebhaftes Interesse daran, dass seine Bürger auch tatsächlich ausgebildet werden. „La démocratisation passe par l'obligation scolaire.“[164]

Art. L. 131-1 al. 1 C. éduc. hält das Schulobligatorium fest und konkretisiert den personellen Anwendungsbereich. Vom Schulobligatorium erfasst werden Kinder. Dies entspricht der Interpretation zum Recht auf Bildung, das sich in erster Linie auf Kinder und Jugendliche beziehen soll. Explizit nennt Art. L. 131-1 al. 1 C. éduc. Mädchen und Knaben als schulpflichtige Personen („enfants des deux sexes“). Die Nationalität wird ebenfalls explizit erwähnt und stellt damit keinen Hinderungsgrund dar („français ou étrangers“). Die Schulpflicht umfasst Kinder im Alter zwischen sechs und sechzehn Jahren. Wie Art. L. 131-1 al. 2 C. éduc. festhält, steht diese Altersbegrenzung Spezialnormen, welche in Einzelfällen eine längere Schulzeit vorschreiben, nicht entgegen.

Art. L. 131-4 C. éduc. nennt die Eltern oder andere gesetzliche Vertreter des Kindes als Verantwortliche für die Erfüllung der Schulpflicht. Art. L. 111-2 al. 4 C. éduc. garantiert zwar den Respekt der Persönlichkeit des Kindes und der Erziehungsarbeit der Eltern. Dennoch hat es der Conseil d'Etat für zulässig erklärt, dass die Kinder, die in eine öffentliche oder private Schule gehen, gewisse Impfungen nachweisen müssen[165].

In erster Linie gelten die Schulinstitutionen (Art. L. 131-1-1 al. 2 C. éduc.) als Erfüllungsorte der Schulpflicht. Die Eltern haben allerdings darüber hinaus eine beachtliche Wahlfreiheit bezüglich der Unterrichtsform. Art. L. 131-2 C. éduc. nennt insgesamt vier mögliche Arten:

---

[164] ROBERT/DUFFAR, *Droits de l'homme*, p. 675. Dies wird auch in Art.L. 111-1 al. 2 C. éduc. ausgedrückt: „Outre la transmission des connaissances, la Nation fixe comme mission première à l'école de faire partager aux élèves les valeurs de la République.“

[165] CE, 4e/ 1ère sous-sect. réunies, 10 janvier 1996, M. Huret, req. n° 153477.

- Unterrichtsbesuch an der öffentlichen Schule
- Unterrichtsbesuch an einer privaten Schule
- Heimunterricht durch die Eltern, einen Elternteil, oder eine andere Person ihrer Wahl
- Fernunterricht (ebenfalls ein service public) für den Fall, dass Kinder nicht in eine Schule gehen können.

Lange Zeit hatten die Eltern keine Wahl bezüglich des Erfüllungsortes in räumlicher Hinsicht. Durch die sogenannte „sectorisation“[166] hatten Eltern lediglich die Wahl zwischen verschiedenen Institutionen in einem bestimmten Umkreis ihres Wohnortes. Der Wohnsitz bestimmte die Zuteilung eines Kindes zum Einzugsgebiet bestimmter Schulen. Diese geographische Zuteilung wurde im Laufe der Zeit aufgelockert. Heute ist Art. L. 131 -5 C. éduc. für die Zuteilung der Kinder auf der Primarschulstufe massgebend[167]. Diesem Artikel gemäss haben die Eltern unter bestimmten Auflagen die Möglichkeit der Primarschulwahl.

Anders sieht es auf der Sekundarschulstufe aus. Die rechtliche Grundlage besteht in den Art. D. 211-10 C. éduc. und Art. D. 211-11 C. éduc. Der Wohnsitz der Eltern bestimmt die Zuteilung zur entsprechenden Sekundarschule oder zum Gymnasium[168]. Allerdings ist es nun möglich, dass Eltern ihre Kinder auch in anderen Schulen einschreiben können, wenn diese nach Einschreibung der ortsansässigen Jugendlichen noch freie Plätze haben und eine Autorisierung durch den zuständigen Inspecteur d'académie vorliegt[169].

---

166 VAN ZANTEN/OBIN, *La carte scolaire,* p. 3. Die Abhängigkeit des Einschulungsortes vom Wohnort hat Folgen: „(...) un nombre non négligeable de familles choisit son lieu de résidence sur la base de la réputation d'un établissement.“ Ibid., p. 4.

167 Art. L. 131-5 al. 4 C. éduc.: „Les familles domiciliées à proximité de deux ou plusieures écoles publiques ont la faculté de faire inscrire leurs enfants à l'une ou l'autre de ces écoles, qu'elle soit ou non sur le territoire de leur commune, à moins qu'elle ne compte déjà le nombre maximum d'élèves autorisé par voie réglementaire.“ Die Kostenaufteilung wird in den beiden Art. L. 212-7 C. éduc. und Art. L. 212-8 C. éduc. geregelt.

168 Art. D. 211-12 al. 1 C. éduc.: „Les collèges et lycées accueillent les élèves résidant dans leur zone de desserte.“

169 Art. D. 211-11 al. 3 C. éduc.: „Dans la limite des places restant disponibles après l'inscription des élèves résidant dans la zone normale de desserte d'un établissement, des élèves ne résidant pas dans cette zone peuvent y être inscrits sur l'autorisation de l'inspécteur d'académie, directeur des services départementaux de l'éducation nationale, dont relève cet établissement.“ Die Auswirkungen der „carte scolaire“ sowie der „séctorisation“ stellt Manfred RIST treffend dar: Es entsteht eine gesellschaftliche Spaltung, da es keinen gleichen Zugang zu den guten Schulen

G. *Die Unentgeltlichkeit der öffentlichen Schule*

Die Art. L. 132-1 C. éduc. und L. 132-2 C. éduc. enthalten die gesetzliche Konkretisierung der verfassungsmässigen Garantie auf Unentgeltlichkeit der öffentlichen Schule. Die Unentgeltlichkeit betrifft auch die Lehrmittel, welche die Schulen zur Verfügung stellen. Nicht davon erfasst werden die persönlichen Utensilien der Schüler, fakultative Angebote der Schule, die Teilnahme an beaufsichtigten Studienzeiten sowie die externe Verpflegung.

H. *Die laïcité im Rahmen der öffentlichen Schule*

a) Grundsätze

Die öffentliche Schule stellt eine Dienstleistung des französischen Staates dar. So heisst es in Art. L. 211-1 C. éduc.: „L'éducation est un service public national dont l'organisation et le fontionnement sont assurés par l'Etat". Damit sind die Rahmenbedingungen die selben wie sie für andere staatliche Dienstleistungen gelten: Als Teil des service public ist die öffentliche Schule religiös neutral, wie auch aus Art. 141-2 al. 1 C. éduc. abgeleitet werden kann[170].

Verglichen mit anderen Aspekten der öffentlichen Dienstleistungen aber besitzt die öffentliche Schule eine Besonderheit. Sie ist nicht ein staatlicher Dienst unter vielen, der das Grundprinzip der laïcité zu beachten hat. Vielmehr ist sie jene Dienstleistung, anhand derer sich die laïcité entwickelt hat: „L'enseignement public (est, e. E.) le berceau du concept de laïcité"[171]. Zu Recht wird

---

gibt. Der Kampf um die Plätze an den Wunsch-Schulen führt dazu, dass die guten Schulen immer besser werden, die Schulen mit schlechterem Ruf immer weiter zurückfallen. Da sich zugleich nur die vermögendere Gesellschaftsschicht die Wohnsitznahme im Einzugsbereich einer Schule mit gutem Ruf leisten kann, wird gute Bildung immer mehr zum Privileg der Vermögenden. Vgl. RIST, Manfred, Risse im Idealbild der Grande Nation, *NZZ* 231. Jhg. (2010) vom 9. Dezember 2010, p. 3.

170 Art. L. 141-2 al. 1 C. éduc.: „Suivant les principes définis dans la Constitution, l'Etat assure aux enfants et adolescents dans les établissements publics d'enseignement la possibilité de recevoir un enseignement conforme à leurs aptitudes dans un égal respect de toutes les croyances."

171 RIVERO, *La notion juridique de laïcité*, p. 137. Vgl. ebenfalls Brigitte BASDEVANT-GAUDEMET: „Le système français, c'est-à-dire l'absence de cours de religions à l'école publique, n'est pas le résultat de laïcité." BASDEVANT-GAUDEMET, *L'enseignement des religions en Europe, cadres institutionnels,* in: MENGES LE PAPE, (Hg.), *L'enseignement des religions*, p. 288. BASDEVANT-GAUDEMENT belegt in ihrem Artikel vielmehr, dass die Entwicklungen an der öffentlichen Schule der laïcité vorausgingen.

daher vom „sanctuaire laïque que constitue l'école publique“[172] gesprochen. Daran hat sich bis heute wenig geändert.

Im Rahmen der öffentlichen Schule gilt, dass der Staat gemäss Art. L. 141-2 al. 2 C. éduc. alle nötigen Anstrengungen unternimmt, damit die Religionsfreiheit sowie die Möglichkeit religiösen Unterrichts für die Schüler der öffentlichen Schulen nicht leerer Buchstabe bleibt. Allerdings hält Art. L. 141-4 C. éduc. fest, dass religiöser Unterricht ausserhalb der Schulzeiten (wörtlich: der Schulstunden) stattzufinden hat.

Konkrete Folgen dieser staatlichen Bemühungen in Zusammenhang mit der Religionsfreiheit sind die Garantie des schulfreien Tages auf der Primarschulstufe (Art. L. 141-3 C. éduc.) sowie die Möglichkeit der Schulseelsorge auf der Sekundarstufe (Art. R. 141-1 C. éduc. bis Art. R. 141-8 C. éduc.).

Obwohl die Schulseelsorge gemäss Art. 2 al. 2 des Gesetzes vom 9. Dezember 1905 Bestandteil des staatlichen Budgets sein könnte, ist sie dies nicht[173]. Art. R. 141-4 al. 1 C. éduc. hält fest, dass die Schulseelsorge grundsätzlich nur auf Gesuch der Eltern hin eingerichtet wird. Gemäss Art. R. 141-7 haben die interessierten Familien die Kosten zu übernehmen.

b) Neutralität der Rahmenbedingungen: Räume, Lehrpläne, Lehrmittel

Programme, Schulbücher und die Schulräumlichkeiten müssen an der öffentlichen Schule religiös neutral sein. Das bedeutet konkret, dass die Unterrichtsprogramme der Lehrpersonen keine Themen vorsehen dürfen, welche die Gewissensfreiheit der Schüler beeinträchtigen könnten. Dies ist bei mathematischen Fächern leichter als bei sprachwissenschaftlichen Fächern.

Der Conseil d'Etat hat in seinem Urteil vom 2. November 1992[174] die Notwendigkeit der Neutralität der Unterrichtsprogramme beiläufig erwähnt und im

---

[172] Gilles ARMAND, *Editorial*, in: *Quel avenir pour la laïcité cent ans après la loi de 1905 ?*, CRDF, n° 4, 2005, Presses universitaires de Caen. Umgangssprachlich wird auch von der „Heiligen Kuh“ gesprochen. In beiden Wendungen findet sich eine Anlehnung an Religion. Die Verwendung solcher Ausdrücke für die religionsneutrale Schule ist eigentlich erstaunlich.

[173] Art. 2 al. 2 des Gesetzes vom 9. Dezember 1905: „Pourront toutefois être inscirtes aux dits budgets les dépenses relatives à des exercices d'aumôneries et destinées à assurer le libre exercice des cultes dans les établissements publics tels que lycées, collèges, écoles, hospices, asiles et prisons.“

[174] CE, 4e/1ère sous-sect. réunies, 2 novembre 1992, Kherouaa et Mme Kachour et Balo et Mme Kizic, *Rec.*,p. 389.

Urteil vom 18. Oktober 2000[175] explizit genannt. Die Verpflichtung auf neutrale Unterrichtsprogramme kann dazu führen, dass gewisse Themen nicht in die Stoffplanung aufgenommen werden. Aber auch wenn ein „neutrales" Thema gewählt wird, ist die absolute religiöse Neutralität im Detail schwierig zu gewährleisten.

Was für die Programme gilt, gilt ebenso für die verwendeten Lehrmittel. Sie dürfen keine weltanschaulichen Tendenzen enthalten, sondern müssen eine neutrale, wissenschaftliche Darstellung der Themen gewährleisten. In einem Fach wie Biologie wäre daher eine Verwendung von Lehrmitteln, welche die Evolutionstheorie durch kreationistische Erklärungen ersetzen, undenkbar.

Auch die Schulräumlichkeiten müssen neutral sein. Das Aufhängen von Kruzifixen oder anderen religiösen Symbolen ist nicht erlaubt. Artikel 28 des Gesetzes vom 9. Dezember 1905 gilt als gesetzliche Grundlage: „Il est interdit à l'avenir d'élever ou d'apposer aucun signe ou emblème religieux sur les monuments publics ou en quelque emplacement public que ce soit." Das genannte Neutralitätserfordernis war lange Zeit ein Hinderungsgrund dafür, die Räumlichkeiten von konfessionellen Privatschulen für die staatlich durchgeführten Prüfungen zu verwenden. Durch das Urteil vom 4. Mai 2005[176] wurde der Hinderungsgrund als nichtig und die Benützung der Räumlichkeiten von konfessionellen Schulen als mit der laïcité kompatibel betrachtet.

c) Neutralität der Lehrpersonen

Zentral ist nebst den administrativen Auflagen bezüglich der Unterrichtsorganisation die Neutralität der Lehrpersonen. In Artikel 17 des Gesetzes vom 30. Oktober 1886 („loi Goblet") findet sich die erste Erwähnung dieses Grundsatzes: „Dans les écoles publiques de tout ordre l'enseignement est exclusivement confié à un personnel laïque." Art. L. 141-5 C. éduc. nimmt den genannten Artikel leicht verändert auf[177]. Kirchliches Personal darf nicht Teil des Lehrkörpers sein.

[175] CE, 8e/ 3e sous-sect. réunies, 18 octobre 2000, Association promouvoir et autres, *Rec.*, p. 425.

[176] TA Bordeaux, 4 mai 2005, Fédération syndicale unitaire – enseignement de Lot-et-Garonne c. recteur de l'académie de Bordeaux: organisation du baccalauréat, n° 0402516.

[177] Art. L. 141-5 C. éduc.: „Dans les établissements du premier degré publics, l'enseignement est exclusivement confié à un personnel laïque."

In ihrer Funktion als Angestellte eines religiös neutralen Staates müssen sich Lehrpersonen jeder proselytischen oder diffamierenden Äusserung enthalten[178]. Ihr Auftreten und Verhalten muss religiös neutral sein. Im Gegensatz zu den Schülern dürfen Lehrpersonen in Ausübung ihrer Funktion keine religiösen Symbole tragen[179]. In ihrem Privatleben und ausserhalb der Schulinsitution sind sie grundsätzlich frei, ihre religiösen Überzeugungen zu leben. Sie sind aber auch dann der „obligation de réserve" unterstellt, welche es ihnen verbietet, die religiösen Überzeugungen exzessiv zu leben[180].

Privatschulen hingegen dürfen Lehrpersonen anstellen, die sich nicht absolut neutral verhalten wollen, sondern ihr Leben nach denselben religiösen Grundsätzen ausrichten, welche die betroffene Privatschule verkörpert. Im Gegenteil konnte einer Lehrperson, die an einer Privatschule unterrichtete, die Anstellung gekündigt werden, wenn ihre religiöse Überzeugung eine Bedingung und ein wichtiger Bestandteil ihrer Anstellung war und sie sich im Folgenden nicht religionskonform verhält[181].

---

178 „Cette obligation de stricte neutralité prolonge au plan juridique le devoir de réserve auquel elle est rattachée." MESSNER/PRÉLOT/WOEHRLING, *Traité*, p. 1130. Die erwähnte „obligation de réserve" besteht im Verbot für Lehrpersonen „de manifester des convictions d'une manière si excessive que leur expression pourrait, par ses répercussions, porter atteinte à la neutralité du service où il exerce son activité professionnelle". MESSNER/PRÉLOT/WOEHRLING, *Traité*, p. 1132. Im Zusammenhang mit Lehrpersonen einer katholischen Privatschule wird von der „devoir de réserve" gesprochen. Es ist die Verpflichtung, keine Äusserung in der Öffentlichkeit zu machen, welche gegen den „caractère propre" der arbeitgebenden Schule gerichtet ist. „En définitive, il y aurait ici une entrave limitée à la liberté de conscience, fondée sur la finalité de certaines institutions." MESSNER/PRÉLOT/WOEHRLING, *Traité*, p. 412. Vgl. auch Cons. const., 23 novembre 1977, déc. 77-87 DC.

179 Der Conseil d'Etat führt aus: „Le fait pour un agent du service de l'enseignement public de manifester dans l'exercice de ses fonctions ses croyances religieuses, notamment en portant un singe destiné à marquer son appartenance à une religion, constitue un manquement à ses obligations." CE, avis, 3 mai 2000, Dlle Marteaux, *Rec.*, p. 165.

180 Insbesondere in ländlichen Gebieten ist die Wahrscheinlichkeit gross, dass die religiösen Aktivitäten einer Lehrkraft der öffentlichen und religionsneutralen Schule nicht verborgen bleiben. Allerdings exisitiert kaum Rechtsprechung, die sich mit einer Übertretung der „obligation de réserve" einer Lehrkraft in religiöser Hinsicht beschäftigt. Vgl. MESSNER/PRÉLOT/WOEHRLING, *Traité*, p. 1132.

181 Zentral ist diese Frage dann, wenn sich Lehrkräfte einer katholischen Privatschule vom Ehepartner trennen und wieder heiraten (Cass. ass. plénière, 19 mai 1978, Dame Roy c. assoc. Educ. Populaire Sainte Marthe, n° 76-41.211). „Cette jurisprudence considère que les convitictions religieuses de l'enseignant „avaient été prises en considération et que cet élément de l'accord des volontés, qui reste habi-

d) Die Position der Schülerschaft

Die Schüler sind durch das Schulobligatorium verpflichtet, eine Schule ihrer Wahl zu besuchen. Ihr Grundrecht auf Religionsfreiheit ist daher besonders gefährdet. Durch die Neutralität der Rahmenbedingungen, der Lehrmittel und der Lehrpersonen soll diesem Schutzbedürfnis Rechnung getragen werden.

Wider Erwarten ergeben sich aber auch Pflichten für die Schüler aus dem Neutralitätsgebot der staatlichen Schule. Die Schüler dürfen ihre Freiheiten nur in dem Rahmen ausleben, wie die Mitschüler nicht in ihrer eigenen Religionsfreiheit beeinträchtigt werden. Zudem dürfen religiöse Symbole weder den reibungslosen Unterricht noch die Teilnahme der betreffenden Schüler am Unterricht behindern. Die genannten Punkte lassen sich aus der Formulierung „manifester ostensiblement“ im Art. L. 141-6 C. éduc. ableiten[182]. Dieses Gesetz aus dem Jahr 2004 ist die Folge einer mediatisierten und heftigen Debatte um das islamische Kopftuch an der öffentlichen Schule. Die gefundene restriktive Lösung entspricht zwar den Erwartungen und Tendenzen, vor allem, wenn man sich die Rechtsprechung des EGMR im Falle Sahin vor Augen führt[183]. Ob sie aber tatsächlich eine tragbare Lösung darstellt, ist fragwürdig[184]. Zudem ist zu beachten, dass das Gesetz nur einen Teil der angebotenen Schulstufen und -formen betrifft: Nur die öffentlichen Schulen sind davon betroffen. Die privaten Schulen derselben Stufen, auch wenn sie unter einem „contrat d'association“ stehen, sind nicht betroffen[185]. Des Weiteren gilt, dass sich das Verbot lediglich an Schülerinnen und Schüler richtet[186].

---

tuellement en dehors des rapports de travail avait été incorporé volontairement dans le contrat dont il était devenu partie essentielle et déterminante“.“ BASDEVANT-GAUDEMET, *Le régime juridique de l'école privée*, p. 151, Fn. 10.

182 „Dans les écoles, les collèges et les lycées publics, le port de signes ou tenues par lesquels les élèves manifestent ostensiblement une appartenance religieuse est interdit. Le règlement intérieur rappelle que la mise en œuvre d'une procédure disciplinaire est précédée d'un dialogue avec l'élève.“

183 EGMR, *Leyla Sahin c./ Türkei*, 44774/98, 10. November 2005.

184 „Tout problème n'est pas résolu pour autant, car on peut douter de la compatibilité de ces exclusions avec l'article 9 de la Convention européenne de 1950, qui garantit „la liberté de manifester sa religion“ même „en public“.“ LEBRETON, *Libertés*, p. 449.

185 Für eine kritische Würdigung des Gesetzes n° 2004-228 vom 15. März 2004 siehe Alain GARAY, Laïcité, école et appartenance religieuse: pour un bilan exigeant de la loi n° 2004-228 du 15 mars 2004, *CRDF* 4 (2005), p. 33 – 48.

186 „La loi ne s'applique pas aux autres membres de la communauté educative.“ DEBÈNE, *Code de l'Education commenté*, p. 131.

Seit Ende der 1980er-Jahre stellt der so genannte „Schulabsentismus" ein zunehmendes Problem dar: Einige der Schüler, die eigentlich zu regelmässigem Unterrichtsbesuch verpflichtet sind, bleiben unentschuldigt dem Unterricht fern. Die Motive und Begründungen dafür sind unterschiedlich und reichen von Unlust bis zum Fernbleiben aufgrund religiöser Verpflichtungen. Stehen religiöse Gründe einem Unterrichtsbesuch entgegen, muss ein Gesuch eingereicht werden, dem Unterricht fernbleiben zu dürfen. Die zuständige Schulbehörde bewilligt einmalige Abwesenheiten, aber kein permanentes Fernbleiben. Weigern sich Schüler, aus religiösen Gründen an einer Unterrichtsaktivität teilzunehmen (Beispiel: Sportunterricht), so rechtfertigt dies den Ausschluss von der betroffenen Schule. Das Erziehungsministerium veröffentlicht jährlich eine Liste der religiösen Feiertage verschiedener Religionen. Dies vereinfacht die Arbeit der zuständigen Schulbehörde und verhindert bis zu einem gewissen Grad, dass Schülerinnen und Schüler Dispensationsgesuche für Feiertage einreichen, die nicht offiziell als solche anerkannt sind.

4. Erarbeitung der Lehrpläne für die öffentlichen Schulen in Frankreich

Die neuen Lehrpläne, die ab 1996 in Kraft traten, wurden in einer Umbruchszeit im Bildungsrecht erarbeitet. Daher wird zunächst auf die altrechtliche Regelung eingegangen, bevor die neuen Regelungen dargestellt werden.

A. Lehrplanerarbeitung gestützt auf das Gesetz vom 10. Juli 1989

Massgebend für die Entstehung von Lehrplänen waren Art. 5 und 6 des Gesetzes vom 10. Juli 1989, welche durch Art. 7 der Ordonnance 2000-549 vom 15. Juni 2000[187] abrogiert wurden. Art. 5 des Gesetzes vom 10. Juli 1989 nannte die Bedeutung der Lehrpläne[188], Art. 6 befasste sich mit der Ausarbeitung derselben[189]. Eine wichtige Rolle spielte dabei der „Conseil national des programmes"[190].

---

187 *JO* vom 22. Juni 2000.

188 Art. 5 des Gesetzes vom 10. Juli 1989: „Les programmes définissent, pour chaque cycle, les connaissances essentielles qui doivent être acquises au cours du cycle ainsi que les méthodes qui doivent être assimilées. Ils constituent le cadre national au sein duquel les enseignants organisent leurs enseignements en prenant en compte les rhytmes d'apprentissage de chaque élève."

189 Art. 6 des Gesetzes vom 10. Juli 1989: „Un conseil national des programmes donne des avis et adresse des propositions au ministre de l'éducation nationale sur la conception générale des enseignements, les grands objectifs à atteindre, l'adé-

Der „Conseil national des programmes" (CNP) war aus Vertretern verschiedener Disziplinen zusammengesetzt, umfasste ungefähr 20 Mitglieder und gab Empfehlungen für die neuen Lehrpläne ab. Diese wurden durch Spezialistinnen und Spezialisten der einzelnen Fächer weiterentwickelt und zunächst Vertretern der Lehrkräfte zur Konsultation vorgelegt. Anschliessend präsentierten die Arbeitsgruppen ihre Lehrpläne dem CNP sowie dem „Conseil supérieur de l'éducation". Der Erziehungsminister entschied über die Inkraftsetzung und liess sie entweder im *Journal officiell* veröffentlichen oder aber wies die Lehrpläne zur Überarbeitung zurück. Die Lehrpläne galten jeweils für minimal fünf Jahre[191].

B. Lehrplanerarbeitung nach der Gesetzesänderung durch die Ordonnance vom 15. Juni 2000

Art. L. 311-3 C. éduc. hält fest, dass die Lehrpläne die wesentlichen Lerninhalte enthalten sollen und den national verbindlichen Rahmen darstellen, innerhalb desselben die Lehrkräfte den Unterricht zu gestalten haben[192]. Der Lehrplan wird von Fachgruppen[193] erarbeitet und muss gemäss Art. L. 231-1 C. éduc. dem „Conseil supérieur de l'éducation" (CSE) vorgelegt werden[194]. Der Bil-

quation des programmes et des champs disciplinaires à ces objectifs et leur adaptation au développement des connaissances. Il est composé de personnalités qualifiées, nommées par le ministre de l'éducation nationale. Les avis et propositions du Conseil national des programmes sont rendus publics."

190 Der Conseil national des programmes (CNP) blieb zunächst in Art. L. 311-5 C. éduc. Bestandteil der Lehrplanerstellung. Durch das Gesetz n° 2005-380 vom 23. April 2005 wurde er aber abgeschafft. Vgl. Art. 15 des Gesetzes vom 23. April 2005: „L'article 311-5 du code de l'éducation est abrogé à compter de l'installation du Haut Conseil de l'éducation." Der „Haut conseil de l'éducation" übernahm einen Teil der Funktionen in Zusammenhang mit der Ausarbeitung der Lehrpläne.

191 Vgl. ESTIVALÈZES, *Les religions dans l'enseignement laïque,* p. 78.

192 Art. L. 311-3 C. éduc.: „Les programmes définissent, pour chaque cycle, les connaissances essentielles qui doivent être acquises au cours du cycle ainsi que les méthodes qui doivent être assimilées. Ils constituent le cadre national au sein duquel les enseignants organisent leurs enseignements en prenant en compte les rhytmes d'apprentissage de chaque élève." Dieser Artikel nimmt Art. 5 des Gesetzes n° 89-486 vom 10. Juli 1989 wortlautgetreu auf.

193 Vgl. die Erwähnung der Experten in der Darstellung des Lehrplanerarbeitungsprozesses auf der Internetseite des Bildungsministeriums für Lehrpersonen, <http://www.eduscol.education.fr/cid46462/elaboration-d-un-programme.html>, [Stand 20. Oktober 2011].

194 Art. L. 231-1 C. éduc.: „Le Conseil supérieur de l'éducation est obligatoirement consulté et peut donner son avis sur toutes les questions d'intérêt national concernant l'enseignement ou l'éducation quel que soit le département ministériel inté-

dungsminister kann zusätzlich den „Haut Conseil de l'éducation" (HCE) um eine Stellungnahme bitten[195]. Der Bildungsminister ist aber an die Empfehlungen der beiden Organe nicht gebunden[196]. Der Lehrplan wird nach Art. L. 311-2 C. éduc.[197] durch einen arrêt ministeriel[198] des Premier ministre oder des Bildungsministers erlassen[199].

Der „Conseil supérieur de l'éducation" (CSE) setzte sich gemäss Art. R. 231-2 C. éduc. für die vorliegend relevante Zeitspanne aus 97 Personen zusammen, welche mit dem Bildungsbereich zu tun hatten. Nebst den Vertretern der Lehrkräfte wurden auch jene der Eltern, Schüler, der verschiedenen Bildungsinstitutionen, der Schulgemeinden (collectivités territoriales) sowie der Arbeitnehmergewerkschaften berücksichtigt. Die Zusammensetzung des „Conseil supérieur de l'éducation" (CSE) wurde durch das Dekret vom 29. Juli 2009 neu fest-

---

ressé. Il donne des avis sur les objectifs et le fonctionnement du service public de l'éducation. Il est saisi pour avis du rapport d'évaluation mentionné à l'article L. 211-1." Gemäss Art. R. 231-1 C. éduc. n° 2 gehört es unter anderem zu den Aufgaben des CSE, ein Gutachten über die Lehrplanreglemente zu erlassen.

195 Art. L. 230-2 C. éduc.: „Le Haut conseil de l'éducation émet un avis et peut formuler des propositions à la demande du ministre chargé de l'éducation nationale sur les questions relatives à la pédagogie, aux programmes, aux modes d'évaluation des connaissances des élàves, à l'organisation et aux résultats du système éducatif et à la formation des enseignants. Ses avis et propositions sont rendus publics."

196 PEISER, *Droit administrative général*, p. 109.

197 Art. L. 311-2 C. éduc.: „L'organisation et le contenu des formations sont définis respectivement par des décrets et des arrêtés du ministre chargé de l'éducation. Des décrets précisent les principes de l'autonomie dont disposent les écoles, les collèges et les lycées dans le domaine pédagogique."

198 Die Lehrpläne stellen damit eine Ausnahme zur Regel dar, wonach im Bereich des Bildungswesens Regelungen, welche die Unterrichtsfreiheit, das Recht auf Bildung und die Organisationsmodalitäten betreffen, vom Gesetzgeber erlassen werden müssen (Art. 34 C.). Grund für diese Ausnahme ist, dass die Lehrpläne grundlegende Garantien des Bildungswesen, der Unterrichtsfreiheit oder dem Recht auf Bildung nicht berühren. „Pour cette raison, la compétence réglementaire a été reconnue dans les domaines suivants: (...) programmes scolaires." JURISCLASSEUR ADMINISTRATIF, Fasc. 106: domaines de la loi et du règlement, 16 juillet 2008, nr. 71. Siehe ebenfalls Cons. const., 31 janvier 2006, déc. n° 2006-203 DC.: „(...) considérant que le contenu des programmes scolaires ne relève ni des „principes fondamentaux ... de l'enseignement", que l'article 34 de la Constitution réserve au domaine de la loi, ni d'autre principe ou règle que la Constitution place dans ce domaine (...)." *JO*, 2. Februar 2006, p. 1747; *Rec.* p. 37.

199 GIL-ROSADO, *Les libertés de l'esprit de l'enfant dans les rapports familiaux*, p. 167 – 168.

gelegt[200]. Er setzt sich nun aus 90 Mitgliedern der verschiedenen Interessensgruppen zusammen.

Der „Haut Conseil de l'éducation" (HCE) besteht gemäss Art. L. 230-1 C. éduc. aus neun Mitgliedern, die für jeweils sechs Jahre im Amt sind. Art. D. 230-3 C. éduc. erwähnt, dass der HCE jede Person zu Fragen anhören kann, die in seinem Kompetenzbereich liegen[201]. Ihm ist ein Konsultativorgan zugeordnet, das „comité consultatif". Es besteht aus den Vertretern der Lehrerschaft, weiterer Angestellten der öffentlichen Schule, der Schüler sowie der komplementären Schulbildung. Seine Zusammensetzung muss jeweils vom Premierminister bestätigt werden[202].

Durch die Veröffentlichung der Lehrpläne im *Bulletin officiel de l'Education nationale* treten sie auf das dort genannte Datum hin in Kraft.

V. Religiöser Unterricht in Frankreich

1. Vorbemerkungen

Seit dem ausgehenden 19. Jahrhundert ist die öffentliche Schule Frankreichs religiös neutral. Damit diese Neutralität durchgesetzt werden konnte, wurden Möglichkeiten geschaffen, damit die Eltern ihre Kinder dennoch religiös erziehen konnten. So gab es freie Zeiten an den öffentlichen Primarschulen sowie das Angebot der Schulseelsorge an der öffentlichen Sekundarschule. Eine zentral Bedeutung in Zusammenhang mit religiöser Bildung kam aber der „liberté de l'enseignement", der Unterrichtsfreiheit, zu. Durch sie wurde es möglich, dass konfessionelle Privatschulen gegründet und geführt und damit auch von den Eltern gewählt werden konnten. Die französische Bevölkerung zeigte sich noch in den 1980er-Jahren sehr verbunden mit dem doppelspurigen Schulsystem. Die Unterrichtsfreiheit kann als Ausfluss oder Aspekt der Religionsfreiheit angesehen werden, indem sie eine Folge des garantierten Rechts auf Erziehung ist, das die Eltern innehaben.

Zunächst soll die Unterrichtsfreiheit dargestellt werden. Dann soll auf die Frage eingegangen werden, wie der religiöse Unterricht für Kinder organisiert ist, welche die öffentliche Schule besuchen. Und schliesslich wird erneut auf das

---

200 „Décret n° 2009-947 du 29 juillet 2009 relatif à la composition du Conseil supérieure de l'éducation". Das Décret veränderte Art. R. 231-2 C. éduc.

201 Art. D. 230-3 C. éduc.: „Le Haut Condseil de l'éducation peut entendre toute personne sur les questions qui relèvent de sa compétance. (…)."

202 Vgl. etwa: „Arrêté du 28 août 2006 portant nomination au comité consultatif auprès du Haut Conseil de l'éducation", *JO* vom 5. September 2006, p. 13196.

Privatschulsystem eingegangen und die heute gültige Regelung für religiösen Unterricht an den konfessionellen Privatschulen dargestellt.

2. Die Unterrichtsfreiheit (liberté de l'enseignement)

„Parmi toutes les libertés consacrées par le droit positif, celle de l'enseignement a une place à part. (…) D'une certaine manière, les libertés publiques se sont en partie construites à partir de la querelle sur l'enseignement, au point que cette liberté apparaît largement comme le résultat d'un compromis."[203] Jeder Mensch hat das Recht, eine ihm angemessene Bildung zu erhalten, die es ihm ermöglicht, in der Gesellschaft mitzuwirken und sein Leben zu führen. Dem Individualrecht auf Bildung (droit à l'éducation) wird in Frankreich im Rahmen der Unterrichtsfreiheit (liberté de l'enseignement[204]) Rechnung getragen. Die Unterrichtsfreiheit ist im Code de l'éducation in Art. L. 151-1 garantiert: „L'Etat proclame et respecte la liberté de l'enseignement et en garantit l'exercice aux établissements privés régulièrement ouverts."

Die Unterrichtsfreiheit lediglich als Ausfluss des Rechts auf Bildung zu definieren, kommt einer Verkürzung des Rechts dar. Die Garantie der Unterrichtsfreiheit war wesentlich für dic Entstehung der öffentlichen Schule. Das Recht, die eigenen Glaubensüberzeugung und die zugehörige religiöse Weltsicht an die eigenen Kinder und Jugendlichen weiterzugeben, ist ein zentrales Element der Religionsfreiheit. Mit der Unterrichtsfreiheit garantiert der Staat die Umsetzung der Religionsfreiheit im Bereich der Bildung.

---

203 COLLIARD, *Libertés publiques*, p. 399.

204 Im Code de l'éducation wird die genannte Freiheit als „liberté de l'enseignement" bezeichnet, weshalb dieser Begriff auch hier Verwendung findet.

A. Gehalt der Unterrichtsfreiheit

Die Unterrichtsfreiheit umfasst mehrere Aspekte:

- Die Freiheit der Eltern, eine Schule zu wählen
- Die Freiheit der Privatschule, staatliche Subventionen zu erhalten
- Die Freiheit, eine Schule zu gründen
- Die Freiheit der Unterrichtsgestaltung (für die Lehrkräfte)

a) Die Schulwahlfreiheit und die Gewährung staatlicher Subventionen

Die Eltern haben das Recht, ihre Kinder der eigenen Überzeugung gemäss unterrichten zu lassen. Damit sie dieses Recht ausüben können, muss der Staat ihnen eine reelle Wahlmöglichkeit bieten. Dies tut er in zweierlei Hinsicht. Zum einen lässt er eine Doppelstruktur von privaten und öffentlichen Schulen zu. Zum anderen subventioniert er unter bestimmten Bedingungen die genannten Privatschulen.

Aus der Sicht der Privatschulen bietet die Unterrichtsfreiheit vier Möglichkeiten:

- Sie verzichten auf jegliche staatliche Unterstützung und bleiben vollkommen frei.
- Sie wählen zunächst die oben stehende Variante und lassen sich bei finanziellen Problemen in die öffentliche Schule integrieren (Art. L. 442-4 C. éduc.).
- Handelt es sich um Primarschulen, können sie einen einfachen Vertrag (contrat simple) mit dem Staat eingehen (Art. L. 442-12 C. éduc.).
- Primarschulen und Sekundarschulen können mit dem Staat einen Gesellschaftsvertrag abschliessen (contrat d'association, Art. L. 442-5 C. éduc.).

Interessant sind vor allem die beiden letzteren Varianten, die seit der „loi Debré" vom 31. Dezember 1959 für Privatschulen wählbar sind. Es handelt sich um den *contrat simple* und den *contrat d'association*.

Die Eckdaten des *contrat simple* sind folgende: Der einfache Vertrag ist für die Dauer von mindestens drei, höchstens neun Jahren abschliessbar. Die Schule muss seit mindestens fünf Jahren existieren, eine bestimmte Schülerzahl haben und bestimmte Vorschriften betreffend Lehrkörper und Hygiene erfüllen. Der Vertrag kann nur einzelne oder auch alle Klassen betreffen. In den vertraglich subventionierten Klassen werden die Schüler auf die staatlichen Prüfungen vorbereitet. Die Lehrer dieser Klassen müssen dieselben Diplome besitzen wie ihre Berufskollegen an den öffentlichen Schulen. Sie werden vom Staat entlöhnt. Die staatliche Besoldung ist der grösste Vorteil des contrat simple[205]. Die Anstellung an sich sowie die Sozial- und Steuerabgaben hingegen sind Sache der jeweiligen Privatschule[206]. Im Gegenzug aber hat der Staat das Recht, Kontrollen durchzuführen. Der sogenannte „caractère propre“ der Schule wird vom einfachen Vertrag nicht berührt[207].

Seit 1980 ist es den privaten Sekundarschulen verboten, einen contrat simple abzuschliessen[208]. Nur noch Primarschulen können um den Abschluss eines einfachen Vertrages ersuchen.

Der *contrat d'association* hat umfassendere Auswirkungen. Abschlussbedingung ist gemäss Art. 4 der loi Debré von 1959, dass ein anerkanntes Bedürfnis der Gesellschaft vorhanden ist, das die vertragswillige Schule abdeckt. Der contrat d'association kann sowohl einzelne als auch alle Klassen erfassen. Die Klassen, die vom Vertrag erfasst sind, unterscheiden sich nicht mehr von jenen an öffentlichen Schulen. Die Lehrkräfte der betroffenen Klassen werden umfassend vom Staat entlöhnt und können – unter der Voraussetzung, dass sie die nötigen Titel besitzen – auf Verlangen in den Lehrkörper der öffentlichen Schule integriert werden. Im Unterschied zum contrat simple ist der Staat der Arbeitgeber und nicht die Privatschule. Der contrat d'association kennt keine Laufzeitbegrenzung. Beide Verträge, sowohl der contrat simple als auch der contrat d'association, können nur seitens des Staates gekündigt werden.

Die Bedeutung der Finanzfragen für Unterrichtsfreiheit darf nicht unterschätzt werden: Ohne die finanzielle Hilfe seitens des Staates bliebe diese Freiheit eine

205 ROBERT/DUFFAR, *Droits de l'homme*, p. 681.

206 BASDEVANT-GAUDMET, *Le régime juridique de l'école privée*, in: CONSORZIO, *Stati et confessioni,* p. 149.

207 Der garantierte „caractère propre“ einer Privatschule mit vertraglich abgestützter Finanzhilfe durch den Staat begrenzt sogar die staatliche Kontrolle der Privatschule. Weiterführend COLLIARD, *Libertés publiques,* pp. 417 – 418.

208 LEBRETON, *Libertés,* p. 455. „Sur les 14'000 établissements privés qui existaient en 1959, moins de 1'000 ont opté pour elle (la solution du contrat d'association, e. E.). Et si aujourd'hui, la quasi-totalité des établissements privés du secondair s'est ralliée au contrat d'association c'est parce qu'il leur est interdit depuis 1980 de choisir la solution du „contrat simple“.“ Der „contrat simple“ war zunächst als Übergangslösung zum „contrat d'association“ gedacht und greift weniger stark in die Privatschulfreiheit ein. „Les établissements primaires, qui conservent au contraire cette alternative, continuent quant à eux à opter en majorité pour le contrat simple.“

leere Formel[209]. „En 2003, l'enseignement privé regroupait environ 10'000 établissements, 130'000 enseignants, et un peu plus de 2 millions d'élèves de la maternelle à la terminale, soit 17 % de la population scolaire (14 % dans l'enseignement primaire et 20 % dans l'enseignement secondaire). 95 % des établissements privés sont catholiques."[210]

b) Freiheit der Schulgründung

Einzelpersonen haben grundsätzlich das Recht, eine eigene Schule zu eröffnen (Art. L. 151-3 al. 3 C. éduc.)[211]. Dem Staat kommt eine Kontrollfunktion zu. Er kontrolliert, ob der Schulgründer über die erforderlichen fachlichen Kompetenzen verfügt, und überwacht die Hygiene und Sauberkeit der Unterrichtsgebäude, die Wahrung ethischer Grundsätze sowie die Einhaltung verfassungsrechtlicher und gesetzlicher Normen.

c) Unterrichtsfreiheit für Lehrpersonen

Für die Lehrpersonen der öffentlichen Schulen und der staatlich unterstützten Privatschulen bedeutet die Unterrichtsfreiheit, dass sie das Recht haben, den Unterricht nach eigenem Gutdünken so zu gestalten, dass die wesentlichen Lehrinhalte erfolgreich aufgenommen werden. Um die Religionsfreiheit der Schüler zu wahren, müssen sie in der Themen-, Methoden- und Lehrmittelwahl weltanschaulich neutral bleiben.

B. Einschränkungen der Unterrichtsfreiheit

Die grösste Einschränkung der Unterrichtsfreiheit stellt das staatliche Monopol der Verleihung der akademischen Grade dar. Dieses Monopol hat Konsequenzen für die tatsächliche Wahlfreiheit von Schulform, Lehrplänen und Lehrmitteln an Privatschulen. Wenn die Privatschulabsolventen an staatlichen Prü-

---

209 ROBERT/DUFFAR kritisieren, dass es sich dennoch lediglich um eine „égalité de droit" handelt und sprechen von einer „inégalité de fait", da die finanzielle Unterstützung den Eltern zwar eine Wahl zwischen zwei Schultypen ermöglicht, dies aber zum Preis, dass die private Schule nur noch wenig von der öffentlichen Schule abweicht. Grund dafür ist das staatliche Monopol der Diplome. ROBERT/DUFFAR, *Droits de l'homme,* pp. 664 – 665.

210 Aus dem Artikel von F. NAUZE-FICHET, Que sait-on des différences entre public et privé?, *Education et formation* 69 (2004), zitiert in: COLLIARD, *Libertés,* p. 417.

211 „Les établissements privés sont fondés et entretenus par des particuliers ou des associations."

fungen erfolgreich teilnehmen wollen, müssen sie den Stoff beherrschen, der verlangt wird und auch die staatlich angebotenen Prüfungsmethoden kennen. Die Privatschulen haben somit kaum eine andere Wahl als die staatlichen Lehrpläne zu übernehmen oder sich ihnen stark anzupassen. „Que reste-t-il alors de ce „caractère libre“ qui fait l'originalité de l'enseignement libre?“[212]

An dieser Stelle wird die staatliche Hoheit im Bereich Bildung deutlich. Der Staat garantiert die Privatschulhoheit und investiert zugleich in ein unentgeltlich zugängliches öffentliches Schulsystem. Bildung darf in diesem Zusammenhang nicht als Selbstinteresse des Einzelnen, sondern muss im Hinblick auf seine Mitarbeit in der Gesellschaft gesehen werden.

C. *Die Unterrichtsfreiheit als „principe fondamental reconnu par les lois de la République“*

Der Conseil constitutionnel anerkannte die liberté d'enseignement in seinem Entscheid von 1977[213] als PFRLR[214]. Er stützt sich dabei auf Art. 91 des Gesetzes vom 31. März 1931[215] sowie auf die Präambel der Verfassung von 1946. Damit hat das Prinzip der Unterrichtsfreiheit Verfassungsrang.

Es ist an dieser Stelle zentral, zwischen der „liberté d'enseignement“ und der „liberté de l'instruction“ zu unterscheiden. Die „liberté d'enseignement“ als PFRLR umfasst lediglich die Privatschulfreiheit. Im Rahmen dieses Rechts sind das Recht auf Unterricht und die Glaubens- und Gewissensfreiheit zu beachten. Die „liberté de l'instruction“ oder das Recht auf Erziehung/Bildung hingegen ist das Recht des Einzelnen, eine Bildung zu erhalten.

3. Religiöser Unterricht und die öffentliche Schule

Eltern, die ihre Kinder an der öffentlichen Schule anmelden, haben die Möglichkeit, den Kindern eine religiöse Bildung ausserhalb des Stundenplanes zukommen zu lassen. Der französische Staat garantiert nicht nur den Zugang zur

212 ROBERT/DUFFAR, *Droits de l'homme*, p. 668.

213 Cons.const., déc. n° 77-87 DC du 23 novembre 1977.

214 „3. Considérant que ce principe qui a notamment été rappelé à l'article 91 de la loi de finances du 31 mars 1931, constitue l'un des principes fondamentaux reconnus par les lois de la République, réaffirmés par le Préambule de la Constitution de 1946 et auxquels la Constitution de 1958 a conféré valeur constitutionnelle.“ Cons. const., déc. n° 77-87 DC du 23 novembre 1977.

215 „Sous réserve du maintien de la liberté d'enseignement, qui est un des principes fondamentaux de la République (...)“ Art. 91 des Finanzgesetzes (loi des finances) vom 31. März 1931 (*JO* 1. April 1931, p. 3666).

Bildung im Allgemeinen, sondern auch den Zugang zur religiösen Bildung[216], und damit ein Recht, das ebenfalls zur Religionsfreiheit gehört. Schlüsseltext ist Art. 1 des Gesetzes vom 31. Dezember 1959 („loi Debré"): „L'Etat prend toutes dispositions utiles pour assurer aux élèves de l'enseignement public la liberté des cultes et de l'instruction religieuse." Diese Regelung wurde als Art. L. 141-2 in den Code de l'éducation übernommen.

Weder der Conseil d'Etat noch die Cour de cassation haben sich bisher mit der Definition von religiösem Unterricht beschäftigen müssen. Aus der Geschichte des religiösen Unterrichts lässt sich auf ein Verständnis von religiösem Unterricht als Katechese schliessen. In der Terminologie des EGMR wäre dies also „teaching in religion"[217]. Gemäss Marie-Philomène GIL-ROSADO hatte die neuere Unterscheidung von „teaching in religion" und „teaching about religion" Auswirkungen auf Frankreich: „Cette situation a amené la France à s'interroger sur l'opportunité d'introduire un enseignement du fait religieux dans l'enseignement public, face au développement d'une certaine 'inculture religieuse'."[218]

A. *Primarstufe: Der unterrichtsfreie Tag*

Auf der Primarstufe stellt die öffentliche Schule nebst dem Sonntag einen freien Tag zur Verfügung, an dem die religiöse Erziehung durch die entsprechende Religionsgemeinschaft wahrgenommen werden kann (Art. L. 141-3 C. éduc.)[219]. Art. 30 des Gesetzes vom 9. Dezember 1905 nannte die Pflicht, den Religionsunterricht ausserhalb der ordentlichen Schulzeit zu erteilen. Der genannte Artikel wurde aber durch die Ordonnance vom 15. Juni 2000 ersatzlos entfernt[220]. Schliesslich erklärt Art. L. 141-2 al. 2 C. éduc., dass der Staat die Pflicht hat, aktiv dafür zu sorgen, dass der Religionsunterricht besucht werden

216 Entgegen den allgemeinen Annahmen umfasst die so genannte „republikanische Tradition" nicht nur den Willen einer absoluten Trennung von Kirche und Staat, sondern auch die Sorge um eine angemessene Behandlung des religiösen Aspekts und religiöser Überzeugungen. PRÉLOT, *Definir juridiquement la laïcité*, in: GONZALES, *Laïcité*, p. 130.

217 EKMR, *Angeleni c./ Schweden*, 10491/83, DR 51 (1987), p. 41.

218 GIL-ROSADO, *Les libertés de l'esprit de l'enfant dans les rapports familiaux*, p. 171.

219 Art. L. 141-3 C. éduc. übernimmt Art. 2 des Gesetzes vom 28. März 1882 (loi Jules Ferry) auf: „Les écoles élémentaires publiques vaquent un jour par semaine en outre du dimanche, afin de permettre aux parents de faire donner, s'ils le désirent, à leurs enfants l'instructions relieuse, en dehors des édifices scolaires. L'enseignement religieux est facultatif dans les écoles privées."

220 Ordonnance 2000-549 2000-06-15, Art. 7, *JO* 22. Juni 2000.

kann[221]. Der freie Tag wurde zunächst auf den Donnerstag festgelegt und später auf den Mittwoch verschoben[222].

Es gab anfangs der 1980er-Jahren Bestrebungen, den freien Tag auf den Samstag zu legen. Eine solche Veränderung der Schulwoche hätte massive Folgen gehabt für den katholischen Religionsunterricht, der bereits in den 1970er-Jahren mit zunehmenden Abmeldezahlen zu kämpfen hatte. In einer ersten Runde erklärte der Erziehungsminister, dass der ganze Mittwoch freizuhalten sei[223]. Durch das Dekret vom 13. Mai 1985 kam die Diskussion erneut auf. Dieses Dekret ermöglichte es dem „Inspecteur de l'Académie" eines Departements, auf eine begrenzte Zeit hin den Stundenplan der Primarschule zu verändern. Dies führte zu Versuchen mit der ununterbrochenen Schulwoche (der so genannten „semaine continue") und dem freien Samstag. Dagegen wehrten sich die katholischen Bischöfe. Der Conseil d'Etat hielt in seinem Entscheid vom 27. Juli 1990 lediglich fest, dass der „Inspecteur de l'Académie" keine Kompetenz habe, entgegen der ministerielle Verordnung von 1972 (die den Mittwoch als freien Tag festlegte) zu entscheiden[224]. In Bezug auf den Platz des gesetzlich festgelegten freien Tages hingegen entschied der Conseil d'Etat nichts. Die staatlichen und kirchlichen Verantwortlichen haben sich daraufhin auf einen Kompromiss geeinigt, der im Dekret vom 22. April 1991[225] festgehalten und im ministeriellen Schreiben vom 24. April 1991[226] konkretisiert wird. Das Dekret enthält die Regelung, dass der Inspektor wohl Veränderungen der Schulwoche vornehmen kann, dass er dies aber unter Beachtung des Rechts auf Religionsunterricht und nur auf eine begrenzte Dauer von drei Jahren tun kann. Das ministerielle Schreiben konkretisiert, dass Veränderungen der Schulwoche nur

---

221 Vormals Art. 1 des Gesetzes vom 31. Dezember 1959 („loi Debré"): „Suivant les principes définis dans la Constitution, l'Etat assure aux enfants et adolescents dans les établissements publics d'enseignement la possibilité de recevoir un enseignement conforme à leurs aptitudes dans un égal respect de toutes les croyances (…). Il prend toutes les dispositions utiles pour assurer aux élèves de l'enseignement public la liberté des cultes et de l'instruction religieuse." Gemäss MESSNER/PRÉLOT/WOEHRLING, *Traité*, „l'article (…) a pu être considéré comme une consécration solennelle en tant que „liberté publique constitutionnellement garantie" du principe de liberté de l'instruction religieuse posé par la loi de 1882". MESSNER/PRÉLOT/WOEHRLING, *Traité*, p. 1143.

222 Arrêté du ministre de l'Education nationale, 12. Mai 1972.

223 Circulaire n° 79-166, 23. Mai 1979.

224 CE, 4e/1ère sous-sect. réunies, 27 juillet 1990, Association pour une nouvelle organisation du temps scolaire et ministre de l' Education nationale, de la jeunesse et des sports, *Rec.*, p. 229.

225 Dekret vom 22. April 1991, *JO* 24. April 1991, p. 5408.

226 Circulaire d'application n° 91-099 vom 24. April 1991.

nach Absprache mit den Verantwortlichen der Sportvereine und kulturellen Anbietern sowie mit den religiösen Autoritäten vorgenommen werden können.

Seit 1991 gab es Bestrebungen, eine Schulwoche von vier Tagen auf der Primarstufe festzulegen[227]. Die insgesamt zwölf Schultage, welche im Vergleich zur bisherigen Lösung nicht stattfinden, werden durch eine Kürzung der Ferientage kompensiert. Im Jahr 2005 war die Rede davon, dass die veränderte Schulwoche nicht generell eingeführt werden soll. Es lag in der Kompetenz der lokalen Schulbehörden, Eltern und Lehrkräfte, die Schulwoche entsprechend festzulegen[228]. Auf das Schuljahr 2008/09 hin wurde der Samstagmorgen schulfrei. Damit ist faktisch eine Vier-Tage-Woche eingeführt worden.

B. Sekundarstufe: Die Schulseelsorge

Die Schulseelsorge sollte ursprünglich die religiöse Erziehung und Seelsorge der Jugendlichen auf der Sekundarstufe sicherstellen, die in einem Internat untergebracht waren. Sie gehört zu jenen religiösen Einrichtungen, die auch nach 1905 öffentliche Dienstleistungen geblieben sind. Art. 2 des Gesetzes vom 9. Dezember 1905 benennt die Seelsorge als Ausnahme von der generellen Nichtfinanzierungsregel[229]. Alle Formen der staatlich finanzierten Seelsorge dienen dem Ziel, die Religionsfreiheit von Menschen in besonderen Situationen (Militär, Gefängnis, Spital und Schulinternat) zu garantieren. Die Schulseelsorge wurde aber von Anfang an nicht mit den anderen Seelsorgeeinrichtungen gleichgesetzt. Ein Grund dafür ist, dass sie zwei Schwerpunkte hat: Sie garantiert die Religionsfreiheit in Internaten, gewährleistet aber zugleich die religiöse Bildung. Letzteres wird aufgrund der laïcité nicht vom Staat finanziert[230]. Ein anderer Grund waren Diskussionen über das Staatsbudget nach Inkrafttreten des Gesetzes vom 9. Dezember 1905. Der damalige Erziehungsminister und die Finanzkommission vereinbarten, dass jene Schulseelsorgeeinrichtungen, die vor 1908 errichtet wurden, staatlich finanziert würden und dass die jeweiligen Schulseelsorger auch eine Alterspension erhielten. Eine vakante Schulseelsorgeeinrichtung aber sollte nicht mehr durch einen staatlich finanzierten Seel-

227 MESSNER/PRÉLOT/WOEHRLING, *Traité*, pp. 1147 – 1148.

228 DURAND-PRINBORGNE, *Laïcité dans le service public de l'éducation*, p. 26.

229 „(...) Pourront toutefois être inscrites auxdits budget les dépenses relatives à des services d'aumônerie et destinés à assurer le libre exercice des cultes dans les établissements publics tels que les lycées, collèges, écoles, hospices, asiles et prisons." Art. 2 al. 2 des Gesetzes vom 9. Dezember 1905.

230 Bereits die Formulierung von Art. 2 al. 2 des Gesetzes enthält eine gewisse Unschärfe. Es heisst hier: „pourront toutefois être inscrites" und nicht „seront toutefois à inscrire".

sorger, sondern durch einen Geistlichen, der von den Eltern der Schüler bezahlt wird, besetzt werden. Der Schulseelsorger war damit kein „besonderer Staatsangestellter" mehr, sondern wurde den Pfarreiseelsorgern und Priestern gleichgestellt[231]. Heute ist die finanzielle Trägerschaft der Schulseelsorge verschiedenen Gremien überlassen[232].

Die Schulseelsorge war für die Verantwortlichen der katholischen Kirche keine geeignete Institution zur religiösen Bildung der Jugendlichen. Papst Pius XI., der sich gegen die Laizisierung des Schulsystems wehrte, schrieb den katholischen Eltern vor, ihre Kinder in katholische Privatschulen zu schicken[233]. Die Personen, die sich als Schulseelsorger an einer öffentlichen Schule anstellen liessen, waren dementsprechend von der kirchlichen Hierarchie nicht gerne gesehen. Das Verhältnis von Schulseelsorge und Kirche verbesserte sich erst durch die Konzilserklärung „Gravissimum educationis monumentum" vom 28. Oktober 1965, mit der die katholische Kirche nicht nur die öffentliche und weltanschaulich neutrale Schule anerkennt, sondern auch einen Platz an dieser Schule beansprucht. Der Status des Schulseelsorgers ändert sich damit aus Sicht der Kirche grundlegend.

Die Schulseelsorge wurde im Wesentlichen durch Art. 1 al. 1 und 3 des Gesetzes vom 31. Dezember 1959 („loi Debré")[234], durch das Dekret n° 60-391 vom 22. April 1960[235] sowie durch die Circulaire n° 88-112 vom 22. April 1988 genauer definiert. Diese späte Definition ist erstaunlich, stammt das Schulseelsorgesystem an sich doch aus der Gründungszeit der Gymnasien (lycées), die zu Beginn des 19. Jahrhunderts entstanden. Heute gelten die Art. L. 141-2 al. 2 C. éduc. sowie Art. R. 141-1 bis Art. R. 141-8 C. éduc. als gesetzliche Grundlagen der Schulseelsorge.

Der Staat kann nicht von sich aus einen Schulseelsorgedienst anbieten, da er sonst nicht mehr religiös neutral wäre. Es sind die Eltern, welche die Initiative

---

231 SWERRY, *Aumôneries,* p. 69.

232 Wie die Forschungsergebninsse von Anne FORNEROD belegen, existiert in der Realität eine grosse Bandbreite von Finanzierungsformen (Finanzierung durch die Diözese selbst, durch die Pfarreien, die politischen Gemeinden, durch die Eltern...). FORNEROD, Anne, *L'aumônerie de l'enseignement public secondaire: état des lieux et pratiques administratives,* in: FORNEROD, Anne, (Hg.), *Assistance spirituelle dans les services publics,* PUS, Strasbourg, 2012 (provisorisches Publikationsjahr).

233 PIUS XI., Divini illius magistri, DH 3685 – 3698.

234 Art. L. 141-2 al. 2 C. éduc.

235 Aus diesem Dekret wurden die Artikel 1 – 9 im Dekret n° 2004-701 vom 31. Juli 2004 zusammengefasst. Letzteres wiederum wurde unter den Artikel R. 141-1 bis 141-8 in den Code de l'Education integriert.

ergreifen und diesen Dienst einfordern müssen. Hat die Schule ein Internat, so *muss* die Schulleitung auf Begehren der Eltern hin die entsprechenden Schritte unternehmen und einen Schulseelsorgedienst einrichten[236]. Der Unterricht findet dann in den Räumlichkeiten der Schule statt (Art. R. 141-2 C. éduc. und Art. R. 141-3 C. éduc.). Hat die Sekundarschule aber kein Internat, so *kann* der Rektor auf Gesuch der Eltern hin einen Schulseelsorgedienst einrichten lassen (Art. R. 141-4 al.1 C. éduc.). Es gibt – im Gegensatz zu den Internaten – keine Verpflichtung, das Gesuch der Eltern positiv zu beantworten.

C. Aktuelle Herausforderungen für das bestehende System

Die gesellschaftliche Entwicklung, dass immer weniger Leute sich der institutionellen Religiosität verpflichtet fühlen, hinterlässt sichtbare Spuren im französischen System des konfessionellen Religionsunterrichts. Betroffen ist in erster Linie die katholische Kirche, auf die das System zugeschnitten war. Die protestantischen Kirchen und die jüdischen Gemeinden hatten sich aufgrund ihrer Minderheitensituation schon seit jeher selbst organisiert und waren nie in gleichem Masse auf die staatlichen Regelungen angewiesen wie die katholische Kirche.

Besonders problematisch erweist sich die Situation auf der Primarschulebene. Zum einen konkurriert die Katechese mehr und mehr mit anderen Freizeitangeboten. In Zusammenhang mit der Diskussion um die Neuverortung des schulfreien Tages wehrten sich die Vertreter der katholischen Kirche unter anderem aus diesem Grund gegen eine Verlegung des schulfreien Tages auf den Samstag. Das Bedürfnis nach religiöser Unterweisung ist so klein geworden, dass lediglich eine gute Positionierung derselben innerhalb der Schulwoche eine noch tragbare Teilnehmerzahl garantieren könnte. Zudem kann man auch kritisch anmerken, dass der effektive inhaltliche Nutzen des konfessionellen Religionsunterrichts gemäss Untersuchungen teilweise klein ist[237]. Die Tatsache, dass sich immer weniger Franzosen als praktizierende Katholikinnen und Katholiken bezeichnen, führt dazu, dass es letztlich eine Minderheit ist, für die der schulfreie Tag aufrecht erhalten wird.

Anders sieht die Situation der Schulseelsorge aus. Ihre Teilnehmerzahlen variieren von Ort zu Ort beachtlich, aber ihre Existenzberechtigung an sich ist nicht

---

236 CE, sect., 28 janvier 1955, Association professionnelle des aumôniers de l'enseignement public, *Rec.*, p. 51.

237 Mireille ESTIVALÈZES weist darauf hin, dass Veränderungen des tatsächlichen Inhalts der Katechese dazu geführt haben, dass die Schüler trotz Besuchs des Religionsunterrichts ein sehr schwaches Wissensniveau in Bibelkunde aufweisen. ESTIVALÈZES, *Religions dans l'enseignement*, p. 30.

umstritten. Im Gegensatz zur Katechese auf der Primarschule, die einen freien Tag in der Schulwoche zugewiesen erhielt, ist die Schulseelsorge eine sehr diskrete Form der religiösen Bildung. Die Inhalte der schulseelsorglichen Angebote wurden den Bedürfnissen der Jugendlichen angepasst und umfassen nach der Sakramentenvorbereitung (Firmung) in der 5. und 6. Klasse lebenskundliche Themen. Je älter das Zielpublikum ist, desto eher werden projektbezogene Aktivitäten, Ausflüge und Abendveranstaltungen angeboten. Der Erfolg der Schulseelsorge hängt von Faktoren ab, die nicht von gesetzlichen Regeln vorgegeben wird. Es sind die persönlichen Einstellungen und Qualitäten der Seelsorgeverantwortlichen, die der Schulseelsorge ihr Profil und ihre Bedeutung vor Ort geben, ebenso wie die Persönlichkeiten, die im Schulteam und im administrativen Rat der Schule Verantwortung tragen.

Seitens der jüdischen oder auch der islamischen Gemeinschaft sind bisher kaum Forderungen für eine entsprechende Schulseelsorge gestellt worden. Beiden Religionsgemeinschaften stünde die Möglichkeit einer speziellen Schulseelsorge offen. Kinder und Jugendliche, die aus streng religiösen Familien kommen, werden aber eher in privaten Schulen untergebracht[238].

4. Religiöser Unterricht an Privatschulen

Private Schulen, die einen „contrat d'association" mit dem Staat geschlossen haben, unterstehen den Normen von Art. L. 442-1 C. éduc. und Art. L. 442-5 C. éduc. Art. L. 442-1 C. éduc. enthält die Verpflichtung, die Gewissensfreiheit zu wahren und alle Kinder ohne Unterscheidung der Glaubensgesinnung zum Unterricht zuzulassen[239]. Und Art. L. 442-5 C. éduc. erklärt die Lehrpläne und Regeln der öffentlichen Schule zu verpflichtenden Inhalten der Klassen, die vom „contrat d'association“ erfasst werden[240]. Für diese Regelung aber gilt, dass sie den so genannten „caractère propre“ der Schuleinrichtungen nicht angreifen soll.

238 Vgl. FORNEROD, Anne, *L'aumônerie de l'enseignement public secondaire: état des lieux et pratiques administratives,* in: FORNEROD, Anne, (Hg.), *Assistance spirituelle dans les services publics,* PUS, Strasbourg, 2012 (provisorisches Publikationsjahr).

239 „(...) L'établissement, tout en conservant son caractère propre, doit donner cet enseignement dans le respect total de la liberté de conscience. Tous les enfants sans distinction d'origine, d'opinion ou de croyances, y ont accès.“ Art. L. 442-1 C. éduc. Der Artikel nimmt eine Bestimmung der „loi Debré“ auf (L. n° 59-1557 vom 31. Dezember 1959, Art. 1 al. 4).

240 „(...) Dans les classes faisant l'objet du contrat, l'enseignement est dispensé selon les règles et programmes de l'enseignement public.“ Art. L. 442-5 C. éduc.

Die meisten Privatschulen[241] sind katholische Schulen. „(...) ce qui constitue le coeur de la notion de caractère propre d'une école, c'est le fait qu'elle est confessionelle“[242]. Als Folge ihres religiösen Ursprungs gibt es an den Privatschulen auch Religionsunterricht[243]. Er ist aber gemäss Art. L. 141-3 C. éduc. freiwillig[244].

VI. Exkurs: Religion, Staat und Schule in den drei Departementen Haut-Rhin, Bas-Rhin und Moselle

Die wechselvolle Geschichte der drei östlichen Departemente Frankreichs hat zu einer eigenen rechtlichen Ordnung des Verhältnisses von Religionsgemeinschaften und Staat geführt. Diese führt wiederum dazu, dass sich die Fragen um religionskundliche Bildung in den Departementen Haut-Rhin, Bas-Rhin und Moselle anders stellen als sie dies in Bezug auf den Grossteil Frankreichs tun. Es kann in diesem Exkurs lediglich darum gehen, die Geschichte sowie die rechtlichen Regelungen zu skizzieren. Eine vertiefte Beschäftigung mit dem „droit local“ ist im Rahmen dieser Arbeit nicht möglich.

Nach einer kurzen Bemerkung zu den Eigenheiten des Lokalrechts der drei Departemente wird auf die geschichtliche Entwicklung des heutigen Verhältnisses von Religionen und Staat eingegangen. Anschliessend werden die schulrechtlichen Aspekte aufgenommen. Zuletzt werden die heutigen Herausforderungen thematisiert.

1. Eigenheiten des lokalen Rechts (droit local)

Unter dem Begriff „droit local“ ist eine grosse Anzahl von Rechtstexten zu verstehen, die vor 1871 durch den französischen, zwischen 1871 und 1918 durch den deutschen Gesetzgeber erlassen wurden und im Gebiet der drei Departemente Haut-Rhin, Bas-Rhin und Moselle heute noch Geltung haben. Die Normen sind auf unterschiedlicher Stufe angesiedelt. Gesetze sind in der Regel

241 97 % der privaten Primarschulen und 97 % der privaten Sekundarschulen. MESSNER/PRÉLOT/WOEHRLING, *Traité,* p. 1193, Fn. 16.

242 MESSNER/PRÉLOT/WOEHRLING, *Traité,* p. 1201.

243 PEISER, Gustave, „Ecole publique, Ecole privée et Laïcité en France“, in: Cemoti, n° 19 – Laïcité(s) en France et en Turquie, <http://cemoti.revues.org/document 1699.html>, eingesehen am 18. Juni 2010.

244 Art. L. 141-3 C. éduc.: „L'enseignement religieux est facultatif dans les écoles privées.“

älteren Datums, ihre Modifikationen erfolgen auf Reglementsstufe[245]. Die Herausforderung für den Juristen und den interessierten Laien besteht nun darin, dass diese Rechtstexte nicht in Gesetzbüchern zu finden sind, wie sie etwa im Grossteil Frankreichs bekannt sind. Als Beispiel sei das Schulrecht genannt, das für den Grossteil Frankreichs im Code de l'Education enthalten ist. Das Schulrecht der drei östlichen Departemente ist hingegen in einzelnen Rechtstexten enthalten, die nicht vereinheitlicht sind[246].

Eine weitere Besonderheit ist, dass die alten Gesetze aus der Zeit der deutschen Annexion nicht im Journal Officiel (*JO*) veröffentlicht sind, wie dies für französische Gesetze Pflicht ist. Ihrer Gültigkeit tut dies aber keinen Abbruch[247].

2. Geschichtliche Entwicklung des Verhältnisses von Religionen und Staat

Die geschichtliche Entwicklung der rechtlichen Beziehung von Religionen und Staat weist vier grosse Etappen auf: die deutsche Annexion von 1871, die Rückkehr zu Frankreich 1918, die Besetzung der Departemente von 1940 und schliesslich die erneute Rückkehr der Gebiete zu Frankreich im Jahr 1945.

Durch den Friedensvertrag von Frankfurt vom 10. Mai 1871 gingen die drei Departemente an das Deutsche Reich, wobei das Gebiet um Belfort bei Frankreich verblieb[248]. In einem ersten Schritt wurden die französischen Gesetze bezüglich staatskirchenrechtlicher Aspekte gesamthaft übernommen, eine Anpassung an deutsches Recht sollte später erfolgen. Das damals herrschende System war jenes der vier anerkannten Religionsgemeinschaften, welches durch das Konkordat von 1801 und die dazugehörigen „articles organiques" entstan-

245 Modifikationen werden auf Reglementsstufe vorgenommen, „afin d'éviter un débat à l'Assemblée nationale et au Sénat". MESSNER/PRÉLOT/WOEHRLING, *Traité,* p. 141.

246 So hält der Conseil d'Etat im Entscheid vom 6. Juni 2001 zu Art. L. 481-1 C. éduc. fest: „(...) que ces dispositions, bien qu'insérées dans le livre IV de ce code (...) impliquent, en raison de la généralité de leurs termes, qu'est maintenu en vigueur l'ensemble des dispositions particulières régissant l'enseignement dans les départements concernés et que n'y sont pas rendues applicables de dispositions d'application générale qui n'y avaient pas été antérieurement introduits." CE, 6 juin 2001, archevêque de Strasbourg et autres, *Rec.*, p. 255.

247 „Considérant, d'autre part, qu'en vertu de la législation spéciale aux départements d'Alsace et de Moselle, maintenue en vigueur sans qu'il soit nécessaire de la publier au Journal officiel de la République française (...)." CE, 6 avril 2001, Syndicat national des enseignements du second degré (SNES), *Rec.*, p. 171.

248 MESSNER/PRÉLOT/WOEHRLING, *Traité,* p. 126.

den war[249]. Es war zunächst unklar, ob das Konkordat, das ursprünglich zwischen Frankreich und dem Vatikan geschlossen wurde, in Kraft bleiben würde. Diese Unsicherheit wurde im Februar 1872 beseitigt: Das napoléonische Konkordat wurde als in Kraft verbleibend bestätigt. Eine Veränderung ergab sich hingegen für das Schulwesen, welches vor der Annexion noch keine Laizisierung erfahren hatte. Durch ein lokales Gesetz vom 12. Februar 1873 wurde es unter staatliche Kontrolle und Leitung gestellt. Der konfessionelle Religionsunterricht wurde aber aufrecht erhalten. Die Primarschulen blieben – gestützt auf die „loi Falloux" – konfessionell oder interkonfessionell und boten obligatorisch Religionsunterricht an. Auf der Sekundarstufe wurde der Religionsunterricht beibehalten, allerdings ohne klare rechtliche Grundlage. Erst das Reglement vom 20. Juni 1883 nannte den Religionsunterricht an erster Stelle des Fächerkatalogs und bestätigte damit sein Obligatorium.

Nach dem Ende des Ersten Weltkrieges wurden aus dem Reichsland Elsass-Lothringen wieder die drei vorherigen Departemente. Durch das Dekret vom 6. Dezember 1918 sowie das Gesetz vom 17. Oktober 1919 wurde den drei Departementen die provisorische Aufrechterhaltung der bisherigen Gesetze zugesichert. Das Gesetz vom 1. Juni 1924 bestätigte die definitive Aufrechterhaltung des staatskirchenrechtlichen Systems sowie des lokalen Schulrechts. Die Bevölkerung der wieder angeschlossenen Departemente zeigte sich dem lokalen Recht sehr verbunden. Beweis dafür war die heftige Reaktion auf eine Ankündigung vom 17. Juni 1924, wonach das allgemeine Recht Frankreichs eingeführt werden sollte[250]. Das Projekt wurde in der Folge fallen gelassen, das eigene Recht der drei Departemente blieb bestehen.

Die deutsche Besetzung der drei Departemente von 1940 führte zu Veränderungen[251]. So wurden das Konkordat von 1801 sowie das Abkommen bezüglich der katholischen theologischen Fakultät einseitig aufgehoben. Auch die weiteren Texte, welche die Stellung der anerkannten Religionen im anektierten Gebiet regelten, wurden durch die Ordonnance vom 28. Oktober 1940 ausser Kraft gesetzt. Die jüdischen Gemeinden wurden ganz aufgelöst, die drei anerkannten Kirchen mussten sich gestützt auf die Ordonnance vom 2. August 1940 selbst finanzieren. Die Besatzer führten eine Art Kirchensteuer ein, wie sie im Deutschen Reich bekannt war. Bezüglich der Schule kam es zum Verbot der Privatschulen, da die einzig zulässigen Schulen nun die öffentlichen Schulen waren. Diese waren zwar nicht mehr konfessionell, der Religionsunterricht wurde aber beibehalten.

---

249 Vgl. § 1 II.2.C., p. 27.

250 MESSNER/PRÉLOT/WOEHRLING, *Traité*, p. 138.

251 Es handelte sich um eine De-facto-Besetzung durch das Dritte Reich ohne internationale Anerkennung derselben. MESSNER/PRÉLOT/WOEHRLING, *Traité*, p. 138.

Nach dem Zweiten Weltkrieg gingen die Gebiet Haut-Rhin, Bas-Rhin und Moselle wieder an Frankreich zurück. Die Ordonnance vom 15. September 1945 garantierte, dass das vor 1940 gültige Recht wieder eingeführt würde. Eine Einführung des allgemeinen französischen Rechts aber scheiterte erneut am Widerstand der Bevölkerung.

Die Frage, ob das System der vier anerkannten Religionsgemeinschaften mit der laïcité vereinbar sei, wurde vom Conseil d'Etat in seinem Entscheid vom 6. April 2001[252] positiv beantwortet. Indem der Conseil d'Etat das Grundprinzip der laïcité zum PFRLR erhob, konnte er darlegen, dass dieses Prinzip bereits den Gesetzen zugrunde lag, die vor der Annexion des Elsass durch das Deutsche Reich erlassen worden waren. Damit ist das lokale Recht, und insbesondere das staatskirchenrechtliche System, mit dem Grundprinzip der laïcité vereinbar und kann bestehen bleiben[253].

3. Grundzüge des Schulsystems in Bezug auf Religion

Wie oben dargestellt, bestimmt das System der vier anerkannten Religionsgemeinschaften[254], das im Wesentlichen auf dem konkordatären Recht[255] sowie dem „Décret impérial“ vom 17. März 1808 betreffend die jüdische Religionsgemeinschaft beruht, das Verhältnis zwischen Staat und Religionsgemeinschaften. Dieses Verhältnis hatte sich im Schulbereich in Form von konfessionellen oder interkonfessionellen Schulen und obligatorischem Religionsunterricht niedergeschlagen. Die Rechtstexte, die das Schulwesen und insbesondere den Religionsunterricht in der Zeit nach dem Konkordatsabschluss regelten, sind als Bestand-

252 CE, 6. April 2001, Syndicat national des enseignements du second degré (SNES), *Rec.*, p. 171: „que si, postérieurement à la loi précitée du 1er juin 1924 les préambules des constitutions des 27 octobre 1946 et 4 octobre 1958 ont réaffirmé les principes fondamentaux reconnus par les lois de la République, au nombre desquels figure le principe de laïcité (...).“

253 WOEHRLING spricht von der „laïcité à l'alsacienne“. WOEHRLING, *Synthèse des travaux*, in: MESSNER/VIERLING, *L'enseigement religieux à l'école publique*, p. 135.

254 Dieser allgemein verwendete Begriff der „anerkannten Religionsgemeinschaften“ ist gemäss WOEHRLING unpräzise. Es handelt sich vielmehr um religiöse Aktivitäten, die für vier Religionsgemeinschaften geregelt und damit anerkannt sind. Der Staat finanziert deren Ausführung. WOEHRLING, Le statut public des cultes reconnus en Alsace-Moselle et le principe consitutionnel de la neutralité de l'Etat, *RDC 54* (2004), p. 223.

255 Konkordat vom 15. Juli 1801 und die „Articles organiques de la convention du 26 messidor an IX“ (Articles organiques vom 15. Juli 1801). Diese beiden Texte betreffen die katholische sowie die protestantischen Kirchen und sind am 2. April 1802 (18. Germinal des Jahres 10) als staatliches Recht promulgiert worden.

teile des „droit local“ auch heute noch teilweise in Kraft. Der neue Code de l’éducation ist auf die Gebiete Haut-Rhin, Bas-Rhin und Moselle nicht anwendbar[256].

A. *Regelungen betreffend die Primarschulen*

a) Konfessionelle Schulen und die Position der Lehrkräfte

Gesetzliche Grundlage für das Schulsystem auf der Primarschule in Bezug auf Religion ist das Gesetz vom 15. Mai 1850 („loi Falloux“). Die Absicht des historischen Gesetzgebers war, dass die vier anerkannten Religionsgemeinschaften konfessionelle Primarschulen[257] führten und dass in diesen die religiöse Erziehung zentral sein sollte[258]. Damit ist nicht lediglich der Religionsunterricht gemeint. Vielmehr sollen die jeweiligen Schulen die Religion im Alltag leben und so die Schüler erziehen. Die Beibehaltung der Regelung unter der deutschen Besatzung erfolgte durch die Ordonnance vom 16. November 1887[259].

Voraussetzung für diese ganzheitliche Art der religiösen Erziehung ist, dass nicht nur die Schulleitung und die Schülerinnen und Schüler, sondern vor allem auch die Lehrpersonen der jeweiligen Konfession angehören. Auf einen frei werdenden Posten an einer Primarschule konnte sich daher lange Zeit nur eine Lehrperson bewerben, die derselben Konfession angehört. Dazu ist es nötig, dass ihre Konfession bekannt ist. Zu Beginn der 1980er-Jahre wehrten sich einige Primarlehrer, ihre religiöse Zugehörigkeit bekanntzugeben. Sie stützten sich dabei auf ihr Recht, dass ihr Personaldossier keine Vermerke über ihre religiöse Meinung enthalten darf[260]. In der Folge wurde die „konfessionelle

---

256 Art. L. 481-1 (10) C. éduc.: „Les dispositions particulières régissant l’enseignement applicables dans les départements du Bas-Rhin, du Haut-Rhin et de la Moselle y deumerent en vigueur.“

257 Art. 36 des Gesetzes 15. März 1850 („loi Falloux“): „(...) Dans les communes où les différents cultes reconnus sont professés publiquement, des écoles séparées sont établies pour les enfants appartenant à chacun de ces cultes (...).“

258 Art. 23 des Gesetzes 15. März 1850 („loi Falloux“) nennt die moralische und religiöse Erziehung im Rahmen der Primarschule an erster Stelle.

259 Diese Ordonannce fügte den Artikel 10 a) ein: „Dans toutes les écoles, l'enseignement et l'éducation doivent tendre à développer la religion, la moralité et le respect des pouvoirs établis et des loi.“ Die Regelung zeugt von einem Zugang zu Religion, der mehr von Nützlichkeitsüberlegungen geprägt war. Religion sollte der Integration des Elsass in das Deutsche Reich dienen. Vgl. MESSNER/PRÉLOT/WOEHRLING, *Traité,* p. 1163.

260 Art. 13 der Ordonnance n° 59-244 vom 4. Februar 1959; Art. 6 des Gesetzes n°83-634 vom 13. Juli 1983 sowie Art. 31 des Gesetzes n° 78-17 vom 6. Januar 1978.

Etikettierung"[261] abgeschafft. Dies wurde begünstigt vom Grundsatz, dass der Religionsunterricht freiwillig von der Lehrkraft erteilt werden soll, unabhängig davon, ob ihre Konfession mit derjenigen der Klasse übereinstimmt oder nicht[262]. Die Folge davon ist ein System von Fachlehrpersonen und kirchlichem Personal, die den Unterricht erteilen. Im Vergleich zu anderen Lehrkräften sind die Fachlehrpersonen für Religion[263] aber deutlich schlechter gestellt. In der Regel haben sie keine feste Anstellung, sondern sind durch erneuerbare Verträge an einer Schule angestellt (professeurs contractuels). Das Gesetz vom 16. Dezember 1996 („loi Perben") ermöglichte es, eine Prüfung zur Erlangung des „certificat d'aptitude au professorat de l'enseignement du second degré" (CAPES) für die vertraglich angestellte Lehrkräfte in den Fächern „katholischer Religionsunterricht" und „protestantischer Religionsunterricht" auszuschreiben. Die Durchführung der Prüfung für dieses besondere CAPES im Jahr 2001 wird aber als einmalige Sache gewertet[264].

Das Gesetz vom 15. März 1850 („loi Falloux") sah noch nicht vor, dass der Schulbesuch obligatorisch ist. Erst die Ordonnance vom 18. April 1871 erhob die Unterrichtsteilnahme zur Pflicht. Von diesem Moment an war auch der Religionsunterricht obligatorisch. Grundsätzlich umfasste der Religionsunterricht auf der Primarstufe eine Wochenstunde, in den drei letzten Jahren je nach Entscheidung des „Directeur de l'académie" zwei Stunden[265]. Den Unterricht sollte

---

261 Vgl. MESSNER/PRÉLOT/WOEHRLING, *Traité,* p. 1165, wo von „étiquetage confessionnel" die Rede ist.

262 Art. 2 des Dekrets n° 74-763 vom 3. September 1974: „L'enseignement religieux est assuré normalement par les personnels enseignants du premier degré qui se déclarent prêts à le donner ou, à défaut, par les ministres des cultes ou par des personnes qualifiées proposées par les autorités religieuses agréées par le recteur de l'académie."

263 Die französische Bezeichnung dafür ist „maître auxiliaire", eine Gruppierung, die sehr heterogen ist. Vgl. MESSNER/PRÉLOT/WOEHRLING, *Traité,* p. 1177.

264 MESSNER spricht von einem „caractère temporaire". MESSNER/PRÉLOT/WOEHRLING, *Traité,* p. 1178.

265 Art. 1 des Dekrets vom 3. September 1974 (modifiziert durch das Dekret n° 91-517 vom 3. Juni 1991 und das Dekret n° 2005-673 vom 16. Juni 2005): „La durée hebdomadaire de la scolarité des élèves dans les écoles élémentaires des départements du Haut-Rhin, du Bas-Rhin et de la Moselle est fixée à 26 heures et comprend obligatoirement une heure d'enseignement religieux. Pour les trois dernières années de l'école élémentaire, l'horaire peut être porté par décision du recteur de l'académie à 27 heures comprenant deux heures d'enseignement religieux, lorsque seront remplies les conditions nécessaires en ce qui concerne les effectifs et les enseignants."

die jeweilige Primarlehrkraft erteilen[266], von der erwartet wurde, dass sie die Grundlagen ihrer Konfession kennt, bejaht und vermitteln kann. Das Dekret vom 10. Oktober 1936 sah in Art. 6 vor, dass die Eltern ein Kind vom Religionsunterricht dispensieren lassen konnten, wenn es anstelle davon ein (wie es im Dekret heisst) „complément d'enseignement moral" besuchte. Durch Art. 4 des Dekrets vom 3. September 1974 wurde diese Regelung bestätigt.

b) Interkonfessionelle Schulen

Das Gesetz vom 15. März 1850 („loi Falloux") sah bereits eine Regelung vor für den Fall, dass eine Religion in der Minderheit war und somit eine eigene Schule nicht gerechtfertigt war[267]. Diese Problematik war vor allem in den ländlichen Gegenden bekannt. Daher setzte sich dort die Lösung der interkonfessionellen Schulen durch. In diesen Schulen gibt es entweder protestantische und katholische Klassen nebeneinander oder gemischtkonfessionelle, so genannte interkonfessionelle Klassen. Nur der Religionsunterricht fand in letzterem Fall getrennt statt. Eine konfessionelle Schule konnte beantragen, interkonfessionell zu werden. In der Realität wurden an vielen konfessionellen Schulen mit der Zeit Kinder anderer Religionszugehörigkeit angenommen, ohne dass ein entsprechendes Gesuch eingereicht worden wäre.

Interkonfessionelle Schule sind dem Willen des historischen Gesetzgebers nach keine neutralen Schulen, sondern bleiben religiös geprägt. Die Situation hat sich heute aber insofern verändert, als die religiöse Prägung kein Charakteristikum der Schulen im Elsass mehr ist. „Ce qui caractérise l'école interconfessionelle aujourd'hui, c'est avant tout l'enseignement religieux assuré dans les classes dans le cadre du programme scolaire officiel et, parfois, par des maîtres de l'enseignement public."[268]

B. Regelung betreffend die Sekundarstufe

Während die Primarschulen zu Beginn des 19. Jahrhunderts konfessionell geführt wurden und auch den unteren Bevölkerungsschichten zugänglich waren,

---

266 Art. 2 des Dekrets vom 3. September 1974 (modifiziert durch das Dekret n° 91-517 vom 3. Juni 1991 und das Dekret n° 2005-673 vom 16. Juni 2005).

267 Art. 15 des Gesetzes 15. März 1850 („loi Falloux"): „le conseil académique, (...) détermine les cas où les communes peuvent, à raison des circonstances, et provisoirement, établir ou conserver des écoles primaires dans lesquelles seront admis des enfants de l'un et de l'autre sexe, ou des enfants appartenant aux différents cultes reconnus (...)."

268 MESSNER/PRÉLOT/WOEHRLING, *Traité*, p. 1165.

galten für die Sekundarstufe andere Richtlinien. Der Staat führte für die männlichen Eliteangehörigen sogenannte „lycées“, Gymnasien, ein, welchen jeweils ein Schulseelsorger zugeteilt wurde[269]. Diese Seelsorger waren staatlich angestellt und sowohl für die Katechese als auch die Gottesdienstfeiern zuständig. Der Religionsunterricht an den grundsätzlich interkonfessionellen Gymnasien war verpflichtend, wurde aber erst durch ein Reglement vom 20. Juni 1883 zum obligatorischen Bestandteil des Unterrichts. Obwohl der Religionsunterricht bereits in diesem Reglement als regelmässige und obligatorische Veranstaltung genannt wurde, gilt als rechtliche Grundlage die Ordonnance vom 16. November 1887, welche in die Ordonnance vom 10. Juli 1873 den Artikel 10 a) einfügt[270].

Die Besonderheit des konfessionellen Religionsunterrichts auf der Sekundarstufe und dem Gymnasium besteht darin, dass von Anfang an eine Dispensationsmöglichkeit existierte[271]. Die Abmeldung musste begründet sein und wurde meist dann gewährt, wenn eine andere Form des religiösen Unterrichts (etwa der Unterricht zur Sakramentenvorbereitung) garantiert war.

Heute ist dieses Erfordernis nicht mehr gegeben. Gemäss dem Vorgehen, wie es 1972 festgelegt wurde, werden die Eltern darauf hingewiesen, dass der Religionsunterricht obligatorisch ist, dass sie aber ihre Kinder vom Unterricht dispensieren lassen können[272].

---

269 Arrêté vom 10. Dezember 1802, zitiert in MESSNER, *Présentation: Les defis de l'enseignement religieux,* in: MESSNER/VIERLING (dir.), *L'enseignement religieux à l'école publique,* p. 12.

270 MESSNER/PRÉLOT/WOEHRLING, *Traité,* p. 1173. Der Conseil d'Etat hält in seinem Urteil vom 6. April 2001 ebenfalls die genannten Ordonnances – jene vom 10. Juli 1873 sowie jene vom 16. November 1887 – als direkteste Rechtsquellen für die religiöse Bildung an der Schule fest: „Considérant, d'autre part, qu'en vertu de la législation spéciale aux départements d'Alsace et de Moselle, maintenue en vigueur sans qu'il soit nécessaire de la publier au Journal officiel de la République française, par les lois du 17 octobre 1919 et du 1er juin 1924 et l'ordonnance du 15 septembre 1944, et, notamment de l'article 10 A de l'ordonnance du 10 juillet 1873 modifiée par l'ordonnance du 16 novembre 1887 d'assurer un enseignement religieux dans toutes les écoles de ces départements et, en particulier, dans les établissements publics d'enseignement du second degré, constitue une règle de valeur législative s'imposant au pouvoir réglementaire (...).“ CE, 6. April 2001, Syndicat national des enseignements du second degré (SNES), *Rec.*, p. 171.

271 Reglement vom 20. Juni 1883.

272 MESSNER/PRÉLOT/WOEHRLING, *Traité,* p. 1174. „On retiendra pour conclure sur ce point que le Conseil d'Etat semble avoir regardé ce droit de dispense comme constituant und condition nécessaire à la compatibilité de la loi locale avec la Convention européenne des droits de l'homme.“ MESSNER/PRÉLOT/WOEHRLING, *Traité,* p. 1175.

4. Heutige Herausforderungen

„Actuellement", schreibt Francis MESSNER, „l'enseignement religieux en Alsace-Moselle traverse une crise profonde (...)."[273]

Aufgrund der veränderten gesellschaftlichen Situation ist es fragwürdig, inwiefern das System der vier anerkannten Religionsgemeinschaften und das damit verbundene Unterrichtsangebot an den Schulen noch gerechtfertigt werden kann. Müssten nicht weitere Gemeinschaften das Recht erhalten, Religionsunterricht an den öffentlichen Schulen anzubieten? Welche Argumente – abgesehen vom Traditionsargument – stützen das bestehende System? „(...) Le droit local des cultes paraît aujourd'hui moins contestable au regard du principe de neutralité qu'au principe d'égalité", meint Jean-Marie WOEHRLING zu Recht[274].

Doch selbst wenn man die Frage einer Erweiterung der Zahl der anerkannten Religionsgemeinschaft beiseite lässt, sind Herausforderungen erkennbar: Zwar wird dem Prinzip der laïcité im bestehenden System weitgehend Rechnung getragen. Die Lehrpersonen sind keine Geistlichen, haben ihre Religiosität nicht zu deklarieren und die Lehrpläne und Prüfungsvorschriften entsprechen dem Recht des übrigen Frankreichs und sind damit zwangsläufig religiös neutral. Der obligatorische Religionsunterricht ist mit einer Dispensationsmöglichkeit versehen – damit wird auch Art. 9 EMRK beachtet, wonach niemand gezwungen werden darf, religiösem Unterricht zu folgen. Die Religionsfreiheit, ein Pfeiler der laïcité, bleibt somit gewahrt. Die Lehrkräfte aber, die den Religionsunterricht erteilen, sind Staatsangestellte, wenn auch oft nur auf der Basis von Verträgen mit der Laufzeit von einem Jahr. Diese Tatsache ist mit dem Prinzip staatlicher Neutralität in religiösen Angelegenheiten sowie der Trennung von religiösem und staatlichem Bereich schwer vereinbar.

Es gibt zwei Möglichkeiten, wie dieser Umstand mit dem Grundprinzip der laïcité in Einklang gebracht werden könnte.

Zum einen könnte man mit viel gutem Willen im Religionsunterricht ein Angebot sehen, das jenem der Schulseelsorge gleichgestellt ist. Dann müsste aber auch die Frage gestellt werden, weshalb die Lehrkräfte in den drei Departementen Haut-Rhin, Bas-Rhin und Moselle staatlich bezahlt sind, die Schulseelsorger im restlichen Frankreich aber, trotz expliziter Erwähnung im Gesetz vom 9. Dezember 1905, keine Staatsangestellten sind.

---

273 MESSNER, *Présentation: Les defis de l'enseignement religieux,* in: MESSNER/VIERLING (dir.), *L'enseignement religieux à l'école publique,* p. 16.

274 WOEHRLING, Le statut public des cultes reconnus en Alsace-Moselle et le principe consitutionnel de la neutralité de l'Etat, *RDC 54* (2004), p. 256.

Zum anderen könnte man vom tatsächlichen Inhalt des Faches ausgehen, das in den wenigsten Fällen noch rein konfessioneller Unterricht ist. Hat es rein religionskundlichen Charakter, so kann das Fach als ein Modell religionskundlichen Unterrichts, wie er auch in Zusammenhang mit dem restlichen Gebiet Frankreichs zur Diskussion stand (gesondertes, neues Schulfach, das Religion thematisiert), gelten. Dann aber müsste man die Frage stellen, weshalb der CAPES lediglich einmal durchgeführt wurde und die Fachlehrkräfte für Religion trotz universitärer Bildung ihren Kolleginnen und Kollegen anderer Fächer nicht gleichgestellt sind.

Diese offenen Fragen können im Rahmen dieser Arbeit lediglich gestellt, nicht aber beantwortet werden. Sie zeigen die grossen Herausforderungen, die auf das System des lokalen Rechts des Elsasses zukommen.

§ 2 Religion, Staat und Schule in der Schweiz und im Kanton Zürich

I. Grundlegende Bemerkungen zum schweizerischen Verfassungsrecht

Die schweizerische Rechtsordnung ist von verschiedenen Punkten geprägt, welche für die vorliegende Frage von Bedeutung sind. Drei Punkte werden im Folgenden kurz thematisiert: die Bundesverfassung von 1999, das Verhältnis von Bundesrecht und kantonalem Recht sowie das Verhältnis von nationalem Recht und Völkerrecht im Allgemeinen und in Bezug auf die für das vorliegende Thema relevanten Staatsverträge.

1. Die Bundesverfassung von 1999

Die schweizerische Bundesverfassung von 1999 kennt einen Grundrechtskatalog im ersten Teil der Verfassung. Dieser stellt eine Nachführung der Grundrechtsbestimmungen der Bundesverfassung von 1874 sowie der seither entwickelten Gerichtspraxis dar[275]. Die bisherige Praxis des Bundesgerichts bleibt in der Folge von Bedeutung, entwickelt sich aber weiter. Dies gilt insbesondere in rechtlichen Fragen, die mit Religion zu tun haben.

2. Das Verhältnis von Bundesrecht und kantonalem Recht

Normen, welche das Verhältnis von Staat und Religionen sowie das Bildungswesen betreffen, sind sowohl auf Bundesebene als auch auf kantonaler Ebene anzutreffen. Es stellt sich die Frage, in welchem Verhältnis Bundesrecht und kantonales Recht stehen.

Grundsätzlich gilt gemäss Art. 49 Abs. 1 BV, dass Bundesrecht über kantonalem Recht steht[276]. Im Konfliktfall gilt somit, dass die bundesrechtliche Norm der kantonalrechtlichen Norm vorgeht. Dennoch haben die Kantone die Möglichkeit, eigenes Recht zu setzen, dass nicht mit jenem anderer Kantone identisch zu sein hat.

---

[275] Die Verfassungsrevision als ganze wird ebenfalls als Nachführung bezeichnet. Botschaft über eine neue Bundesverfassung vom 20. November 1996, *BBl* 149 (1997), p. 29; RHINOW, *Bundesverfassung*, p. 11.

[276] RUCH, *St. Galler Kommentar zur Bundesverfassung,* Art. 49, Rz. 3. Ebenso: HÄFELIN/HALLER/KELLER, *Bundesstaatsrecht,* Rz. 1173.

Zum einen kann die Bundesverfassung eine Kompetenzdelegation an die Kantone vorsehen. Die Kantone können die betroffene Materie selbst regeln. Aufgrund einer derartigen Kompetenzregelung fallen sowohl das Schulwesen als auch die Gestaltung des Verhältnisses von Religionsgemeinschaften und Staat in den Regelungsbereich der Kantone. Die Kantone können in anderen Bereichen auch ohne eine derartige Komptenzdelegation legiferieren, wenn der betroffene Bereich durch Bundesrecht nicht abschliessend geregelt ist. Bedingung für die Gültigkeit der so entstehenden kantonalen Normen ist, dass sie „nicht gegen den Sinn und Geist des Bundesrechts verstossen und dessen Zweck nicht beeinträchtigen oder vereiteln."[277]

In Bezug auf die Grundrechte bedeutet dies beispielsweise, dass die Kantone in ihren Verfassungen umfassendere Grundrechte garantieren können[278] (wie dies etwa im Kanton Zürich hinsichtlich der Privatschulfreiheit der Fall ist). Diese dürfen aber nicht im Widerspruch zu den bundesrechtlich garantierten Grundrechten stehen.

3. Internationale Verträge und nationales Recht

A. Im Allgemeinen

Internationale Verträge werden in der Schweiz nach ihrer Ratifizierung unmittelbar anwendbar und bedürfen keiner Umsetzung in nationales Recht. Die Schweiz gehört somit wie Frankreich[279] zu den Ländern mit monistischer Tradition[280]. Völkerrechtliche Verträge sind von der Bundesversammlung zu genehmigen und unterstehen je nach Vertragsart dem fakultativen (Art. 141 Abs. 1 lit. d BV) oder dem obligatorischen Staatsvertragsreferendum (Art. 140 Abs. 1 lit. b BV).

Der Rang von völkerrechtlichen Verträgen in der Normenhierarchie des schweizerischen Rechtssystems ist umstritten[281]. Art. 5 Abs. 4 BV nennt den Grundsatz, wonach Bund und Kantone das Völkerrecht zu beachten haben. Die Norm ist so zu verstehen, dass Völkerrecht grundsätzlich dem Landesrecht vor-

277 BGE 123 I 313, pp. 316 – 317, E. 2b.

278 HÄFELIN/HALLER/KELLER, *Bundesstaatsrecht,* p. 71, Rz. 233.

279 Vgl. § 7 II.1.A., p. 214.

280 vgl. MICHEL, *L'imprégnation du droit étatique,* in: THÜRER/AUBERT/MÜLLER, (Hg.), *Verfassungsrecht der Schweiz,* Rz. 15.

281 HÄFELIN/HALLER/KELLER, *Bundesstaatsrecht,* Rz. 1917.

geht, wobei Ausnahmen möglich sind[282]. Art. 5 Abs. 4 BV ist keine Kollisionsnorm im eigentlichen Sinne, vielmehr wird in der Botschaft über die neue Bundesverfassung darauf hingewiesen, dass die Anwendung des „Grundsatz der völkerrechtskonformen Auslegung“[283] Konflikte vermeiden soll. Auch Art. 190 BV hält lediglich fest: „Bundesgesetze und Völkerrecht sind für das Bundesgericht und die anderen rechtsanwendenden Behörden massgebend.“[284] Damit klärt die Verfassung das Verhältnis von Völkerrecht zu innerstaatlichem Recht nicht[285]. In der Lehre besteht weitgehende Einigkeit darüber, dass „Staatsverträge mindestens auf der Stufe der Bundesgesetze stehen“[286]. Das Bundesgericht vertritt die Haltung, dass dem Völkerrecht im Konfliktfall eine Vorrangstellung zukommt[287].

Eine Sonderstellung nimmt die Europäische Menschenrechtskonvention (EMRK) ein. Gemäss Bundesgericht steht sie über Bundesgesetzen[288]. Durch

---

282 BAUMANN, Die Umsetzung völkerrechtswidriger Initiativen, *ZBl* 111 (2010), pp. 259 – 260. Vgl. Botschaft über die neue Bundesverfassung vom 20. November 1996, *BBl* 149 (1997), p. 134, wonach „völkerrechtliche Normen engegenstehenden landesrechtlichen Normen prinzipiell vorgehen“. Ebenso HANGARTNER, *St. Galler Kommentar zur Bundesverfassung,* Art. 5, Rz. 49, wonach Art. 5 Abs. 4 BV „nicht als „eigentliche“ (d.h. strikte) Kollisionsnorm angesehen“ wird, „obwohl gleichzeitig der Vorrang des Völkerrechts bekräftigt wurde“.

283 Botschaft über die neue Bundesverfassung vom 20. November 1996, *BBl* 149 (1997), p. 135.

284 Art. 190 BV gilt als „Massgeblichkeitsgebot“. HANGARTNER, *St. Galler Kommentar zur Bundesverfassung,* Art. 190, Rz. 6. Das Problem des Verhältnisses von Völkerrecht und Gesetzesrecht im Falle einer echten Kollision „stellt sich gleichartig mit oder ohne Beizug von Art. 190, wie ein Blick auf analoge Diskussionen in Staaten ohne Massgeblichkeitsregel zeigt“. HANGARTNER, *St. Galler Kommentar zur Bundesverfassung,* Art. 190, Rz. 29.

285 Auch Art. 27 des Wiener Übereinkommens über das Recht der Verträge vom 23. Mai 1969 (WVK), für die Schweiz in Kraft seit dem 6. Juni 1990, klärt die Frage eines möglichen Vorrangs des Völkerrechts nicht: „Eine Vertragspartei kann sich nicht auf ihr innerstaatliches Recht berufen, um die Nichterfüllung eines Vertrags zu rechtfertigen. (...)“ Der Artikel bestimmt lediglich, dass sich ein Staat nicht auf innerstaatliches Recht berufen kann, um die Nichterfüllung eines internationalen Vertrages zu begründen

286 HÄFELIN/HALLER/KELLER, *Bundesstaatsrecht*, Rz. 1917.

287 BGE 122 II 485, p. 487, E. 3a: „(...) le principe de la primauté du droit international sur le droit interne découle de la nature même de la règle internationale, hiérarchiquement supérieure à toute règle interne, de sorte que l'argument tiré de la lex posterior est inapplicable.“

288 BGE 125 II 417, p. 425, E. 4d: „Diese völkerrechtlichen Prinzipien sind in der schweizerischen Rechtsordnung unmittelbar anwendbar und binden nicht nur den Gesetzgeber, sondern sämtliche Staatsorgane. Daraus ergibt sich, dass im Konfliktfall das Völkerrecht dem Landesrecht prinzipiell vorgeht. Dies hat zur Folge, dass

ihre Ratifizierung im November 1974 hat eine Einzelperson nun die Möglichkeit, im Falle einer Verletzung der EMRK direkt an den Europäischen Gerichtshof für Menschenrechte (EGMR) zu gelangen. Voraussetzung ist – nebst der Bedingung, dass das verletzte Grundrecht von der Konvention erfasst werden muss – dass der innerstaatliche Instanzenzug hinsichtlich sämtlicher Klageelemente erschöpft wurde[289].

B. Relevante Staatsverträge für das vorliegende Thema

Der hier behandelte Modellvergleich betrifft im Wesentlichen bildungsrechtliche und religionsrechtliche Fragen.

In Bezug auf die religionsrechtlichen Fragen ist Art. 9 EMRK sowie Art. 18 des Paktes über die bürgerlichen und politischen Rechte vom 16. Dezember 1966 (UNO-Pakt II) anwendbar. Auf Art. 18 UNO-Pakt II wird nicht eingegangen. Sein Schutzbereich ist identisch mit jenem von Art. 9 EMRK. Im Gegensatz zur EMRK fehlt dem UNO-Pakt II aber die Durchsetzbarkeit auf dem Rechtsweg.

In bildungsrechtlichen Fragen wäre auch Art. 13 UNO-Pakt I zu beachten, welcher in Abs. 3 und Abs. 4 den Eltern die freie Schulwahl garantiert. Auf diesen Artikel wird ebenfalls nicht vertieft eingegangen, da er in der vorliegenden Frage eine untergeordnete Rolle spielt und auch dem UNO-Pakt I die Durchsetzbarkeit fehlt.

Art. 2 des 1. Zusatzprotokolls zur EMRK vom 20. März 1952 enthält im ersten Satz ein allgemeines Recht auf Bildung. Im zweiten Satz wird das Recht der Eltern garantiert, ihre Kinder in Übereinstimmung mit den eigenen religiösen und weltanschaulichen Überzeugungen zu erziehen[290]. Trotz seines Inhalts wird

---

eine völkerrechtswidrige Norm des Landesrechts im Einzelfall nicht angewendet werden kann. Diese Konfliktregelung drängt sich umso mehr auf, wenn sich der Vorrang aus einer völkerrechtlichen Norm ableitet, die dem Schutz der Menschenrechte dient."

289 Zur Autorität des EGMR führen HÄFELIN/HALLER/KELLER an: „Obwohl der EGMR keine nationalen Gesetze oder Urteile aufheben darf, sondern nur Konventionsverletzungen feststellen und Entschädigungen zusprechen kann, ist seine Funktion im Hinblick auf die grosse autoritative Wirkung seiner Urteile durchaus mit derjenigen eines Verfassungsgerichts vergleichbar." HÄFELIN/HALLER/KELLER, *Bundesstaatsrecht,* Rz. 240.

290 Art. 2 1. ZP EMRK: „Abs. 1 Das Recht auf Bildung darf niemandem verwehrt werden. Abs. 2 Der Staat hat bei der Ausübung der von ihm auf dem Gebiete der Erziehung und des Unterrichts übernommenen Aufgaben das Recht der Eltern zu achten, die Erziehung und den Unterricht entsprechend ihre eigenen religiösen und weltanschaulichen Überzeugungen sicherzustellen."

der genannte Artikel hier nicht weiter vertieft, da die Schweiz das 1. Zusatzprotokoll bis heute nicht ratifiziert[291] hat.

Berücksichtigt wird hingegen im weiteren Verlauf die UN-Kinderrechtskonvention (KRK), welcher die Schweiz beigetreten ist. Sie ist in der Schweiz seit dem 26. März 1997 in Kraft. Orientierungspunkt und Massstab sämtlicher Bemühungen in Zusammenhang mit Kindern ist das Kindeswohl (Art. 3 Abs. 1 KRK), welches auch im schweizerischen Recht verankert ist[292]. Auf die weiteren, für den Bereich der Bildung relevanten Artikel wird in vorliegender Arbeit nicht eingegangen, da die kinderrechtsspezifischen Aspekte religionskundlichen Unterrichts einer eigenen Untersuchung bedürften[293].

II. Bundesrechtliche Ebene

1. Die Glaubens- und Gewissensfreiheit nach Art. 15 BV

A. Begriffliche Klärungen

Art. 15 BV trägt den Titel „Glaubens- und Gewissensfreiheit". Liest man den gesamten Artikel, wird deutlich, dass vier Teilfreiheiten geschützt werden: die Glaubensfreiheit, die Gewissensfreiheit, die Religionsfreiheit sowie die Weltanschauungsfreiheit. Der Inhalt von Art. 15 BV wird teilweise unter dem Begriff „Religionsfreiheit" zusammengefasst[294]. Diese Begriffswahl ist eine Reduktion des weiten Schutzbereichs auf einen Teilaspekt. Hier vertretener Ansicht nach wird lediglich der Begriff „Glaubens- und Gewissensfreiheit" dem weiten Schutzbereich gerecht und findet daher in der weiteren Arbeit Verwendung.

Die **Glaubensfreiheit** betrifft das „Haben" oder „Nicht-Haben" einer religiösen oder weltanschaulichen Überzeugung. „Als Glaube ist grundrechtlich jede Be-

291 WINTSCH, *Flüchtlingskinder und Bildung*, p. 85.

292 Vgl. § 2 II.3.B., p. 114.

293 Zur Umsetzung der KRK im Bereich des Bildungswesens siehe: FRÜH, Beatrice, *Die UNO-Kinderrechtskonvention, Ihre Umsetzung im schweizerischen Schulrecht, insbesondere im Kanton Aargau*, Dike, Zürich, 2007. Art. 14 KRK, welcher die Glaubens-, Gewissens- und Religionsfreiheit enthält, wird in jenem Werk allerdings nicht gesondert thematisiert, sondern lediglich in Zusammenhang mit den „traditionellen Grundrechten" erwähnt. FRÜH, *Kinderrechtskonvention,* p. 38.

294 Vgl. CAVELTI/KLEY, *St. Galler Kommentar zur Bundesverfassung*, Art. 15, Rz. 6. Anderer Ansicht: HÄFELIN/HALLER/KELLER, *Bundesstaatsrecht,* Rz. 403.

ziehung des Menschen zu letztverbindlichen Gehalten geschützt."[295] Der Begriff „Glaube" weist darauf hin, dass es sich nicht um eine wissenschaftlich fundierte und objektive Meinung, sondern um eine persönliche Haltung handelt.

Die **Gewissensfreiheit** betrifft die moralische Überzeugung, die jeder Mensch in seinem Innersten hat. Gewissensentscheidungen werden von den einzelnen Personen als bindend und zutiefst persönlichkeitsverbunden angesehen. Diese Entscheidungen werden von Art. 15 BV ebenfalls geschützt. Es ist allerdings umstritten, ob die Gewissensfreiheit einen eigenständigen Schutzbereich hat oder ob sie lediglich Teil hat am allgemeinen Schutzbereich von Art. 15 BV[296].

Die Begriffe **„Religionsfreiheit"** und **„Weltanschauungsfreiheit"** betreffen den Inhalt dessen, auf das sich der Glaube bezieht und das Gewissen sich stützt, das Glaubensobjekt sozusagen. „Religion" meint dabei eine transzendenzbezogene Deutung der Welt und ihrer Vorgänge. In diesem Sinne könnte auch der Atheismus als Religion bezeichnet werden, da er sich negativ auf ein Referenzsystem mit Transzendenzbezug bezieht. „Weltanschauung" hingegen bezieht sich auf ein Deutungssystem, das nur weltimmanente Phänomene berücksichtigt. Die Existenz oder Nicht-Existenz transzendenter Wirklichkeit ist dabei nicht relevant[297].

Das Bundesgericht versuchte, religiöse Überzeugung in neutraler Art und Weise zu definieren[298]. Es ging und geht davon aus, dass jede Vorstellung des Menschen über seine Beziehung zu Göttlichem oder Transzendentem geschützt ist, wenn sie eine weltanschauliche Bedeutung hat, das heisst, wenn sie zur Bewältigung lebensalltäglicher Herausforderungen wesentlich beiträgt. Diese Definition lässt sich auch auf weltanschauliche Überzeugungen anwenden.

Zu kritisieren sind Darstellungen, die unter dem Begriff „Weltanschauung" Religion und säkulare Weltanschauung zusammenfassen[299]. Zutreffender unterscheiden einige Vertreter der Lehre zwischen dem Begriff „Religion" (der das

---

295 MÜLLER/SCHEFER, *Grundrechte*, p. 254.

296 Konkret stellt sich etwa die Frage, ob nur religiöse oder auch säkulare Gewissensgründe von Art. 15 BV erfasst sind. Weiterführend zur Gewissensfreiheit siehe HILTI, Martin, *Die Gewissensfreiheit in der Schweiz*, Dike Verlag, Zürich, 2008.

297 So definiert der „Kommentar zur Verfassung des Deutschen Reiches vom 11. August 1919" im Jahre 1921 Weltanschaung als „die Lehre welche das Weltganze universell zu begreifen und die Stellung des Menschen in der Welt zu erkennen und zu bewerten sucht". MERTESDORF, *Weltanschauungsgemeinschaften,* p. 96.

298 BGE 119 Ia 178 , p. 183 E. 4b.

299 So etwa: WINZELER, *Die weltanschauliche Neutralität des Staates*, in: PAHUD DE MORTANGES, *Religiöse Neutralität*, p. 4: „In diesem offenen Begriff der Weltanschauung haben philosophische und religiöse Letztverbindlichkeiten gut nebeneinander Platz (auch der kämpferische Laizismus französischer Prägung)."

religiöse Bekenntnis umschreibt, „das sich auf das Verhältnis des Menschen zum Göttlichen, zum Transzendenten" bezieht) und dem Begriff „Weltanschauung" (der „das Verhältnis des Menschen zur Welt ohne Transzendenzbezug darstellt.")[300]. „Weltanschauung" ist ein eigener Begriff[301] und ist daher nicht ohne Weiteres zum Oberbegriff entwickelbar.

B. Entstehungsgeschichte

Die Glaubens- und Gewissensfreiheit ist eines der ältesten Grundrechte in der Schweiz. Zur Zeit der Helvetischen Verfassung von 1789 fand sie zum ersten Mal Eingang in den Verfassungstext. Die Glaubens- und Gewissensfreiheit der Helvetischen Verfassung beruhte auf „individualrechtlichen Postulaten"[302], die dem Gedankengut der Aufklärung angehörten. Doch weder die genannte Verfassung noch die im Sinn der Aufklärung interpretierte Glaubens- und Gewissensfreiheit konnten sich durchsetzen.

Entscheidend für die erneute Einfügung einer religionsrechtlichen Regelung in die Verfassung war der so genannte Sonderbundskrieg von 1847[303]. Er führte dazu, dass die Glaubens- und Gewissensfreiheit 1848 Eingang in die Verfassung fand. Das Anliegen hinter dieser Einführung war aber die Wahrung – oder besser Wiederherstellung – des konfessionellen Friedens, nicht die menschenrechtliche Idee der individuellen Glaubens- und Gewissensfreiheit.

Der Kulturkampf, der 1870 in Anschluss an das Erste Vatikanische Konzil entbrannte, führte zu einer Neuausrichtung und einem umfassenderen Verständnis der Glaubens- und Gewissensfreiheit. Die Bundesverfassung von 1874 trug der Entwicklung Rechnung: Der individualrechtliche Aspekt der Glaubens- und Gewissensfreiheit war in Art. 49 aBV enthalten, die so genannte Kultusfreiheit in Art. 50 aBV. Die religiöse Neutralität der öffentlichen Schule wurde in Art.

300 So etwa KLEY, *Wie neutral ist die Rechtsprechung des Schweizerischen Bundesgerichts?,* in: PAHUD DE MORTANGES, *Religiöse Neutralität*, p. 72. MÜLLER/SCHEFER führen aus, dass Weltanschauungen „mehr durch eine nicht zu hinterfragenden Überzeugung betreffend die existentielle Aufgabe des Menschen auf dieser Welt gekennzeichnet; eine Haltung, die zwar auch als absolut erlebt werden kann, aber nicht mit überirdischen Kräften in Beziehung steht". MÜLLER/SCHEFER, *Grundrechte*, pp. 257 – 258.

301 HÄFELIN/HALLER/KELLER erklären den Begriff als „noch wenig geklärt". HÄFELIN/HALLER/KELLER, *Bundesstaatsrecht,* Rz. 406. Für eine vertiefte Auseinandersetzung mit dem Begriff Weltanschauung im deutschen Verfassungsrecht vgl. MERTESDORF, *Weltanschauungsgemeinschaften*, pp. 86 – 254.

302 MÜLLER/SCHEFER, *Grundrechte*, p. 251.

303 SCHMITHÜSEN, *Religionsfreiheit und Glaubenserfahrung,* pp. 13 – 14.

27 Abs. 3 aBV festgehalten, die kantonale Kompetenz hinsichtlich der Verhältnisgestaltung zwischen Staat und Religionsgemeinschaften in Art. 72 aBV.

In der Bundesverfassung von 1999 ist die Glaubens- und Gewissensfreiheit in Art. 15 enthalten. Art. 72 BV enthält die Kompetenzdelegation für die Gestaltung des Verhältnisses der Kantone zu den auf ihrem Gebiet ansässigen Religionsgemeinschaften.

C. *Positiver und negativer Gehalt der Glaubens- und Gewissensfreiheit*

Die Glaubens- und Gewissensfreiheit enthält einen negativen sowie einen positiven Aspekt.

Der negative Aspekt ergibt sich aus dem Abwehrcharakter[304] des Rechtes auf Glaubens- und Gewissensfreiheit. Dahinter verbirgt sich das traditionelle Grundrechtsverständnis, gemäss dem Grundrechte in erster Linie Abwehrrechte gegenüber staatlichem Eingriff in das jeweilige geschützte Gut darstellen. Die primäre Funktion des Rechts auf Glaubens- und Gewissensfreiheit ist demzufolge die Abwehrfunktion[305]. Niemand darf zu einer religiösen Handlung gezwungen werden.

Der positive Aspekt meint das „Dürfen" einer Handlung. Der Staat verleiht dem einzelnen Menschen das Recht, seinem Glauben gemäss zu leben. Unter Umständen führt dieser Aspekt der Glaubens- und Gewissensfreiheit zu Leistungspflichten seitens des Staates. Will er eine Religionsübung tatsächlich garantieren, muss er für die Umsetzbarkeit dieser Garantie besorgt sein. Das kann bedeuten, dass der Staat die Rahmenbedingungen schaffen muss, damit eine Person ihren Glauben leben kann.

D. *Individualrechtlicher Aspekt*

Art. 15 BV legt den Akzent auf den individualrechtlichen Aspekt der Glaubens- und Gewissensfreiheit. In dieser Form, als subjektives Individualrecht, ist die

304 KARLEN nennt dies die „negatorische oder defensive Funktion des Grundrechtes": KARLEN, *Religionsfreiheit,* p. 173. HAFNER spricht von „negativer Glaubensfreiheit". HAFNER, *Glaubens- und Gewissensfreiheit,* in: THÜRER/AUBERT/MÜLLER, (Hg.), *Verfassungsrecht,* Rz. 6.

305 KARLEN, *Religionsfreiheit*, p. 173.

Glaubens- und Gewissensfreiheit unmittelbar anwendbar und bedarf keiner weiteren gesetzlichen Konkretisierung[306].

Systematisch betrachtet ist in Absatz 1 lediglich die Garantie der Glaubens- und Gewissensfreiheit festgehalten[307]. Der Inhalt des Grundrechts ergibt sich aus den drei weiteren Absätzen: Absatz 2 definiert, was die staatliche Gewährleistung von Absatz 1 umfasst[308], Absatz 3 beschreibt die positive[309], Absatz 4 die negative Glaubens- und Gewissensfreiheit[310].

a) Haben und Nichthaben einer religiösen oder weltanschaulichen Überzeugung

Art. 15 Abs. 2 BV enthält die Konkretisierung der Garantie von Art. 15 Abs. 1 BV: „Jede Person hat das Recht, ihre Religion und ihre weltanschauliche Überzeugung frei zu wählen (...).“ Die Norm schützt das „forum internum“ einer Person, ihren inneren Bereich des freien Denkens und Entscheidens und damit ihre selbstverantwortete Entscheidung in Glaubensfragen[311]. Dieser Bereich des Menschen ist staatlichem Zugriff absolut entzogen[312] und nicht einschränkbar. Der absolute Schutz beinhaltet auch den Schutz einer Position, die sich von der Auseinandersetzung mit Glaubensfragen distanziert und bewusst keine Entscheidung treffen will.

b) Freiheit des öffentlichen Bekennens und Ausübungsfreiheit

Die Schutzbereichsdefinition von Art. 15 Abs. 2 BV geht aber über den Schutz des „forum internum“ hinaus und gewährt auch Handlungen in der Öffentlich-

---

306 HÄFELIN/HALLER/KELLER erwähnen zusätzlich den qualifizierten Rechtsschutz, welcher der Einzelne durch die individualrechtliche Ausgestaltung der Grundrechte im Allgemeinen geniesst. HÄFELIN/HALLER/KELLER, *Bundesstaatsrecht*, Rz. 220.

307 Art. 15 Abs. 1 BV: „Die Glaubens- und Gewissensfreiheit ist gewährleistet.“

308 Art. 15 Abs. 2 BV: „Jede Person hat das Recht, ihre Religion und ihre weltanschauliche Überzeugung frei zu wählen und allein oder in Gemeinschaft mit anderen zu bekennen.“

309 Art. 15 Abs. 3 BV: „Jede Person hat das Recht, einer Religionsgemeinschaft beizutreten oder anzugehören und religiösem Unterricht zu folgen.“

310 Art. 15 Abs. 4 BV: „Niemand darf gezwungen werden, einer Religionsgemeinschaft beizutreten oder anzugehören, eine religiöse Handlung vorzunehmen oder religiösem Unterricht zu folgen.“

311 HÄFELIN/HALLER/KELLER, *Bundesstaatsrecht*, Rz. 403.

312 Siehe etwa MAHON, *Art. 15,* in: AUBERT/MAHON, *Petit Commentaire*, Rz. 11.

keit Schutz: „Jede Person hat das Recht, ihre Religion und ihre weltanschauliche Überzeugung frei zu wählen und allein oder in Gemeinschaft mit anderen zu bekennen.“ Es ist grundrechtlich geschützt, der eigenen Überzeugung gemäss zu leben und diese der Öffentlichkeit bekanntzumachen. Damit ist die vormals in Art. 50 aBV geregelte Kultusfreiheit in den neuen Artikel über die Glaubens- und Gewissensfreiheit einbezogen worden.

Geschützt sind aber nur jene Handlungen, die unzweifelhaft mit der Glaubensüberzeugung verbunden sind. Der Schutz umfasst nicht nur die traditionellen Bekenntnisse und Religionsgemeinschaften, sondern auch Überzeugungen von Sekten[313].

Die Art des Bekennens in der Öffentlichkeit kann verschiedenartige Gestalt haben. Zum einen ist an sprachliches Bekennen zu denken. Das Verbreiten der eigenen Glaubensansichten ist grundsätzlich nicht widerrechtlich[314], kann aber eingeschränkt werden.

Zum anderen ist auch die Ebene der nonverbalen Kommunikation geschützt. Der einzelne Mensch hat das Recht, seinen Glauben durch die Einhaltung von Kleidungs- und Nahrungsvorschriften sowie durch das Begehen religiöser Feiertage zu bekennen. Geschützt ist auch die Vornahme religiöser Kulthandlungen. Gottesdienste, religiöse Zeremonien wie Taufe, Hochzeit oder Beerdigung sind zulässig, sofern sie nicht grundlegende Menschenrechte wie die Menschenwürde verletzen. Da glaubensbedingte Handlungen in der Öffentlichkeit sowohl die öffentliche Ordnung als auch Grundrechte Dritter betreffen können, sind sie einschränkbar.

---

313 Dabei stellt sich die Frage, wann eine derartige Weltanschauung persönlichkeitsgefährdend wird und daher nicht mehr ohne Weiteres toleriert werden kann. So führt Martin Philipp WYSS in seinem Aufsatz aus, dass sich ein staatlicher Eingriff in die Glaubens- und Gewissensfreiheit in diesem Zusammenhang vor allem dann rechtfertigt, „wenn straff organisierte Bekehrungsprogramme die Willensbildung und Glaubensfindung Dritter unmittelbar beeinträchtigen“. WYSS, Glaubens- und Religionsfreiheit zwischen Integration und Isolation, *ZBl* 95 (1994), p. 402 – 403. Diesem Aspekt der Glaubens- und Gewissensfreiheit wird aber nicht weiter nachgegangen.

314 BGE 97 I 116, pp. 120 – 121, E. 3: „Die Glaubens- und Gewissensfreiheit umfasst neben dem Recht des einzelnen, in seiner religiösen Überzeugung keinen Zwang zu erleiden, auch das Recht, Glaubensansichten zu äussern und religiöse Lehren und Überzeugungen zu verbreiten.“ Siehe auch BGE 125 I 369, p. 378, E. 5b), wonach die Religionsfreiheit auch die Äusserung der eigenen Glaubensauffassung schützt. Auch der EGMR führt im Fall *Kokkinakis c./ Griechenland* aus, dass Art. 9 EMRK grundsätzlich das Recht enthalte „to try to convince one's neighbour, for example through „teaching“, failing which, moreover, „freedom to change (one's) religion or belief“, enshrined in Article 9 (art. 9), would be likely to remain a dead letter.“ EGMR, *Kokkinakis c./ Griechenland*, 14307/88, 25. Mai 1993, Ziff. 3.1.

Die Diskussionen um die Glaubens- und Gewissensfreiheit betreffen zumeist Aspekte der einschränkbaren Kultusfreiheit. Ein vieldiskutiertes Thema ist die religiöse Bekleidung, insbesondere von Lehrpersonen[315] oder die Frage um die Teilnahme von Schülerinnen und Schülern am obligatorischen Schwimmunterricht[316]. Umstritten sind auch Fragen bezüglich religiöser Bauten[317].

c) Beitritt und Austritt

In Art. 15 Abs. 3 BV wird das Recht jeder Person auf Beitritt zu einer Religionsgemeinschaft gewährt. Art. 15 Abs. 4 BV enthält das Verbot, eine Person zur Zugehörigkeit zu einer Glaubensgemeinschaft zu zwingen.

Gemäss schweizerischem Verfassungsrecht ist das Austrittsrecht aus einer Religionsgemeinschaft garantiert[318]. Dennoch dürfen die öffentlich-rechtlich anerkannten Kirchgemeinden formelle Anforderungen an die Austrittserklärung stellen[319]. Die Mehrheit der Lehre verurteilt richtigerweise diese Form der Privilegierung von öffentlich-rechtlich anerkannten Religionsgemeinschaften[320]. Gemäss neuerer Rechtsprechung ist auch der so genannte „partielle Kirchenaustritt“ aus der römisch-katholischen Kirche zulässig[321].

---

315 Vgl. BGE 123 I 296, wo es um die Frage ging, ob eine Primarschullehrerin das islamische Kopftuch in Ausübung ihrer beruflichen Tätigkeit tragen darf.

316 Nachdem das Bundesgericht 1993 im Entscheid 119 Ia 178 die Unterrichtsdispensation noch guthiess, hat es 2008 die Praxis geändert. Vgl. BGE 135 I 79.

317 Problematisch erweist sich in diesem Zusammenhang der neue Art. 72 Abs. 3 BV, welcher den Bau von Minaretten verbietet. Vgl. GRIFFEL, Alain, Vom Umgang mit verfassungswidrigen Initiativen, *NZZ* 230. Jhg. (2009) vom 9. Dezember 2009, p. 13.

318 BGE 104 Ia 79, p. 84, E. 3: „Die Garantie der Glaubens- und Gewissensfreiheit in Art. 49 BV hat unter anderem zur selbstverständlichen Folge, dass der Austritt aus einer Landeskirche oder irgendeiner Religionsgemeinschaft jederzeit möglich sein muss und nicht durch schikanöse Vorschriften erschwert oder unnötig verzögert werden darf.“ Ebenso: BGE 134 I 75, p. 77, E. 4.2.

319 Obwohl die Willenserklärung des Austrittswilligen sofortige Wirkung zeigen sollte, hat das Bundesgericht das Erfordernis einer zweiten, beglaubigten Austrittserklärung nach Ablauf von mindestens 30 Tagen für zulässig erklärt, wenn der Austritt rückwirkend auf den Zeitpunkt der ersten Erklärung wirksam wird. Vgl. beispielswiese BGE 104 Ia 79, p. 84, E. 3a sowie BGE 134 I 75, p. 77, E. 4.3. Vgl. die Kritik bei SAHLFELD, *Aspekte der Religionsfreiheit,* p. 143.

320 HÄFELIN/HALLER/KELLER, *Bundesstaatsrecht,* Rz. 414.

321 Vgl. BGE 134 I 75. Gegen diese nun bestehende Möglichkeit hatte sich ein Teil der Lehre bereits früh ausgesprochen. Siehe LORETAN, *Die Konzilserklärung über die Religionsfreiheit*, in: SCHWEIZERISCHES PASTORALSOIOLOGISCHES INSITUT, (Hg.), *Jenseits der Kirchen,* pp. 126 – 127.

E. *Objektivrechtlicher Aspekt: Staatliche Neutralität in religiösen Fragen*

a) Religiöse Neutralität im Allgemeinen

Dem Grundrecht auf Glaubens- und Gewissensfreiheit kommt auch die Funktion einer objektivrechtlichen Norm zu, die das Handeln des Staates charakterisiert[322]. „Es ist eine fundamentale Erkenntnis europäischen Staatsdenkens, dass „Glaubenssachen“ nicht zu den Staatsaufgaben gehören (...).“[323] Die staatliche Neutralität in religiösen Fragen ist das „juristische Instrument zur Sicherstellung von Toleranz, religiöser Freiheit und der Integration von Menschen unterschiedlichen Glaubens“[324]. In gewissem Sinne ist sie der Schlüssel und die Bedingung zur Umsetzung der individuellen Glaubens- und Gewissensfreiheit.

Die religiöse Neutralität hat zwei Aspekte. Zum einen bedeutet sie, dass der Staat sich der Identifikation mit einer Glaubensgemeinschaft enthalten muss[325] und dass er die Glaubens- und Gewissensfreiheit der einzelnen Person respektieren und schützen muss. Dieser Aspekt ist Ausfluss des negativen Gehalts der Glaubens- und Gewissensfreiheit von Art. 15 Abs. 4 BV in Verbindung mit Art. 35 Abs. 1 BV. Letzterer Artikel enthält die Verpflichtung des Staates auf die Verwirklichung der Grundrechte in Rechtsordnung und staatlichem Handeln[326]. Zum anderen bedeutet die religiöse Neutralität auch, dass der Staat zu Leistungen verpflichtet werden kann, damit einzelne Personen ihre Glaubens- und Gewissensfreiheit ausüben können. Der Staat hat etwa die Pflicht, den Personen in Sonderstatusverhältnissen (Gefängnis, Armee, Schule) die Ausübung der Glaubens- und Gewissensfreiheit innerhalb der Schranken, die sich durch das öffent-

---

322 Zur Glaubens- und Gewissensfreiheit als staatskirchenrechtliche Grundsatznorm siehe auch FRIEDERICH, *Einführung in das schweizerische Staatskirchenrecht,* in: LORETAN, (Hg.), *Kirche-Staat im Umbruch,* pp. 25 – 26.

323 WYSS, *Öffentliche Interessen*, p. 320.

324 KÄLIN/KIENER, *Grundrechte*, p. 265.

325 Für das Modell, das hinter einem derartigen Verständnis von Trennung von Kirche und Staat verstanden werden kann, existiert die Bezeichnung „kooperatives Entflechtungsmodell“. LORETAN, *Brauchen die Kirchen den Staat noch?* in: RIES/KIRCHSCHLÄGER, *Glauben und Denken nach Vatikanum II,* p. 177. Zur Modelldiskussion im Allgemeinen siehe LORETAN, *Brauchen die Kirchen den Staat noch?* in: RIES/KIRCHSCHLÄGER, *Glauben und Denken nach Vatikanum II*, pp. 150 – 178.

326 CAVELTI/KLEY, *St. Galler Kommentar zur Bundesverfassung*, Art. 15, Rz. 17. Der Worlaut von Art. 35 Abs. 1 BV: „Die Grundrechte müssen in der ganzen Rechtsordnung zur Geltung kommen.“

liche Interesse an den genannten Institutionen ergeben, zu gewährleisten[327]. In diesem Sinne ist sie Ausfluss des positiven Aspekts der Glaubens- und Gewissensfreiheit.

„Der pluralistische Staat grenzt die pluralistische Situation seiner Gesellschaft nicht aus und ignoriert sie nicht; er entscheidet sich zu ihr und verwaltet sie."[328] Dieser Satz bringt zum Ausdruck, was religiöse Neutralität meint. Dem Staat kommt die Funktion eines Verwalters zu[329]: Er ermöglicht den Staatsangehörigen die freie Wahl zwischen verschiedenen Weltanschauungen und Glaubenswahrheiten, indem er letztere kennt und in das Staatsgefüge integriert. Vor diesem Hintergrund beinhaltet die religiöse Neutralität des Staates die Trennung von Religionsgemeinschaften und Staat unter gleichzeitiger Zuweisung von Zuständigkeitsbereichen.

Die Bundesverfassung kennt kein generelles Neutralitätsgebot[330]. Was staatliche Neutralität ist und wo ihre Grenzen sind, lässt sich nur im Einzelfall beurteilen. Die öffentlich-rechtliche Anerkennung der Landeskirchen wird in der Literatur als Grenze der staatlichen Neutralität gewertet[331]. Es ist unter dem

---

327 Vgl. BGE 129 I 74 mit Verweis auf BGE 113 Ia 304 in Bezug auf den Strafvollzug: „Durch die weitgehenden Abschliessung des Häftlings von der Aussenwelt kann der Strafvollzug Beschränkungen der Glaubens- und Gewissensfreiheit und namentlich der Kultusfreiheit mit sich bringen. Solche Beschränkungen muss eine sachgerechte Anstaltsordnung in engen Schranken halten. Sie muss Mittel und Wege finden, um die Ausübung des Glaubenslebens möglichst gut zu gewährleisten, ohne den Strafvollzug übermässig zu belasten." BGE 129 I 74, p. 77, E. 4.2. Ebenso: KARLEN, *Religionsfreiheit*, p. 179.

328 SCHLAICH, *Radikale Trennung und Pluralismus,* in: MIKAT, (Hg.), *Kirche und Staat in der neueren Entwicklung*, p. 442.

329 Vgl. FRIEDERICH, *Kirchen und Glaubensgemeinschaften im pluralistischen Staat,* p. 337 ff. LORETAN verweist auf die deutsche Grundrechtsdiskussion, die vom „pluralistischen Modell" spricht (LORETAN, *Theologie in der Universität von morgen,* in: LORETAN, (Hg.), *Theologische Fakultäten an europäischen Universitäten: rechtliche Situation und theologische Perspektiven* p. 99). Die staatliche Grundhaltung, welche sich aus dem Postulat der „positiven Grundrechtsförderung" (LORETAN, *Theologie in der Universität von morgen,* in: LORETAN, (Hg.), *Theologische Fakultäten an europäischen Universitäten: rechtliche Situation und theologische Perspektiven*, p. 102) ergibt, ist folgende: „Förderung der Kirchen ohne Identifikation mit dem von einer Religionsgemeinschaft vorgetragenen Wahrheitsanspruch". LORETAN, *Theologie an der Universität von morgen*, in: LORETAN, (Hg.), *Theologische Fakultäten an europäischen Universitäten: rechtliche Situation und theologische Perspektiven*, p. 103.

330 Anders etwa im deutschen Grundgesetz, wo die religiöse Neutralität ein Grundprinzip mit Verfassungsrang darstellt. FRIEDERICH, *Kirchen und Glaubensgemeinschaften im pluralistischen Staat*, p. 320.

331 MÜLLER/SCHEFER, *Grundrechte*, p. 271 mit weiteren Literaturhinweisen.

Aspekt des Rechtsgleichheitsgebotes kritisch zu bewerten, dass diese Anerkennung bisher kaum für weitere Religionen geöffnet wurde, bzw. dass ein Gesuch um öffentlich-rechtliche Anerkennung nicht grundsätzlich allen Religionsgemeinschaften offensteht, die bestimmte Bedingungen erfüllen[332].

b) In Bezug auf die öffentliche Schule

In der öffentlichen Schule ist diese „attitude de neutralité“[333], die religionsneutrale Haltung des Staates, unabdingbare Voraussetzung für eine wirksame Realisierung der Glaubens- und Gewissensfreiheit auf der einen und für die Durchsetzung des Schulobligatoriums auf der anderen Seite. Die religiöse Neutralität der öffentlichen Schule war in Art. 27 Abs. 3 aBV explizit enthalten[334]. Dieser Absatz findet in Art. 15 BV keine wörtliche Entsprechung. Im Sinne des Nachführungskonzeptes der neuen Bundesverfassung ist seine Bedeutung aber in Art. 15 Abs. 4 BV enthalten.

Durch das Schulobligatorium ist jeder Heranwachsende gehalten, eine bestimmte Zeit seines Lebens in der Schule zu verbringen. Der Staat kann dieses Obligatorium nur dann durchsetzen, wenn er die Glaubens- und Gewissensfreiheit der Erziehungsberechtigten respektiert. Gemäss Art. 303 Abs. 1 und Abs. 3 ZGB sind es die Eltern[335] oder die vormundschaftlichen Erziehungsberechtigten, die das Recht haben, die anvertrauten Kinder bis zu deren 16. Lebensjahr den eigenen religiösen und weltanschaulichen Grundsätzen gemäss zu erziehen[336]. Insofern können Kinder und Jugendliche ihr eigenes Grundrecht nur durch ihre Eltern oder die für sie zuständigen Personen ausüben.

Religiöse Neutralität bezieht sich auf verschiedene Aspekte[337]. So darf sich die öffentliche Schule im kantonalen Schulgesetz auf „christliche Grundlagen“ verpflichten, wenn damit auf das christlich-humanistische Erbe der Kultur hingewiesen werden soll[338]. Die Leitung namentlich des Primarschulunterrichts

---

332 So auch SCHMITHÜSEN, *Religionsfreiheit und Glaubenserfahrung*, p. 29.

333 MAHON, *Art. 15,* in: AUBERT/MAHON, *Petit Commentaire*, Rz. 14.

334 Art. 27 Abs. 3 aBV: „Die öffentlichen Schulen sollen von den Angehörigen aller Bekenntnisse ohne Beeinträchtigung ihrer Glaubens- und Gewissensfreiheit besucht werden können.“

335 Art. 303 Abs. 1 ZGB: „Über die religiöse Erziehung verfügen die Eltern.“

336 Art. 303 Abs. 3 ZGB: „Hat ein Kind das 16. Altersjahr zurückgelegt, so entscheidet es selbständig über sein religöses Bekenntnis.“

337 Detaillierter in KARLEN, *Religionsfreiheit*, p. 387 ff.

338 PLOTKE, *Schulrecht,* p. 193.

hingegen[339] muss religiös neutral sein. Dadurch sollte die Einflussnahme von Kirchen und Religionsgemeinschaften auf das öffentliche Schulwesen vermieden werden.

Die Lernumgebung und die Lerninhalte sind religiös neutral zu gestalten. Die Lernumgebung (meist das Klassenzimmer) ist ein Bestandteil des Unterrichts. In BGE 116 Ia 252 wird das Anbringen von Kruzifixen in Primarschulen als Verstoss gegen die religiöse Neutralität des Staates bezeichnet, da das Symbol „Kreuz“ nebst der kulturgeschichtlichen auch eine konfessionell-religiöse Bedeutung hat[340]. Der EGMR hat in dieser Frage eine bemerkenswerte Praxisänderung vorgenommen, deren Folgen zum Zeitpunkt der Abgabe vorliegender Arbeit noch nicht klar sind. Im Urteil *Lautsi c./ Italien* vom 3. November 2009 hatte er noch dieselbe Haltung eingenommen wie das Bundesgericht im zitierten Fall[341]: Das Aufhängen von Kreuzen in staatlichen Räumen verstösst gegen die staatliche Neutralität in religiösen Fragen. Die Klägerin zog das Urteil an die Grosse Kammer weiter und erwirkte ein Praxisänderung des Gerichts: Ob ein religiöses Symbol in der öffentlichen Schule Platz finden darf, fällt in die so genannte „margin of appreciation“ der Unterzeichnerstaaten der EMRK[342].

Das Neutralitätsgebot muss in der konkreten Unterrichtsgestaltung zur Anwendung kommen. Am Beispiel der traditionellen Weihnachtslieder soll dies aufgezeigt werden: Obwohl sie mit einer bestimmten Religion verbunden sind, dürfen sie im Unterricht gesungen werden, wenn die Lieder einen bescheidenen Raum einnehmen und kein bekenntnishaftes Verhalten damit verbunden ist[343].

339 Primarschulkinder sind entwicklungspsychologischen Erkenntnissen gemäss leichter durch bestimmte religiöse Haltungen beeinflussbar. Ihr Schutzbedürfnis ist deshalb erhöht. KARLEN, *Religionsfreiheit*, p. 389.

340 SCHEFER schlägt vor, dass das Kruzifix aufgehängt werden könne, wenn daneben „Symbole der andern Religionsgemeinschaften der Schülerschaft gleichberechtigt“ angebracht würden und wenn „den atheistischen oder agnostischen Schülern entsprechende Äusserungsmöglichkeiten“ geboten würden. SCHEFER, *Kerngehalte*, p. 501.

341 EGMR, *Lautsi c./ Italien*, 30814/06, 3. November 2009, Ziff. 5.1.

342 „The Court concludes in the present case that the decision whether crucifixes should be present in State-school classrooms is, in principle, a matter falling within the margin of appreciation of the respondent State.“ EGMR, *Lautsi c./ Italien*, 30814/06, 18. März 2011, § 70. Ein Kruzifix, so der EGMR weiter, habe nicht denselben Einfluss auf Schüler wie didaktische Mittel oder die Teilnahme an religiösen Aktivitäten. Ibid., § 72. Der EGMR behält damit die grundsätzliche Aussage bei, wonach ein Kreuz viele Bedeutungen hat, wobei die religiöse Bedeutung dominiert und führt aus, dass die Frage nach dem Symbolgehalt im vorliegenden Fall nicht von Bedeutung ist. Ibid., § 66.

343 PLOTKE, *Schulrecht*, p. 204.

Spätestens seit der Praxisänderung des Bundesgerichts zur Dispensation muslimischer Kinder vom schulischen Schwimmunterricht[344] gilt, dass es „keinen unbedingten Dispensationsanspruch“[345] von obligatorischen Unterrichtsfächern gestützt auf die Glaubens- und Gewissensfreiheit geben kann.

Und nicht zuletzt sind die Lehrpersonen gehalten, die religiöse Neutralität des Staates quasi zu verkörpern[346], indem sie sich in Ausübung ihrer beruflichen Tätigkeiten religiös neutral verhalten und kleiden[347]. Der Bundesgerichtsentscheid, der einer Lehrerin muslimischen Glaubens das Tragen des Kopftuches im Unterricht verbietet, ist von der Lehre allerdings kritisiert worden[348].

Im Rahmen der Schule treffen die verschiedensten Glaubensansichten aufeinander. Auch wenn die Rahmenbedingungen religiös neutral gestaltet sind und die Lehrkräfte sich um weltanschaulich neutralen Unterricht bemühen, so ist die Glaubens- und Gewissensfreiheit dennoch schwierig zu garantieren. Grund dafür ist die individuelle Ausgestaltung des Glaubens. Deshalb geht das Bundesgericht davon aus, dass Toleranz die wirkungsvollste Möglichkeit ist, die Glaubens- und Gewissensfreiheit zu garantieren. Die Formulierung des Toleranzgebotes in Hinblick auf die Gewährung der Glaubens- und Gewissensfreiheit ist in drei oftmals erwähnten Bundesgerichtsentscheiden[349] nahezu identisch: „Die Glaubens- und Gewissensfreiheit ist eine geistige Freiheit und muss in der Schule vor allem durch Toleranz gewährleistet werden.“[350]

---

344 BGE 135 I 79.

345 TAPPENBECK/PAHUD DE MORTANGES, *Religionsfreiheit und religiöse Neutralität in der Schule*, in: PAHUD DE MORTANGES, *Religiöse Neutralität*, p. 124.

346 Eine grundsätzliche Neutralität der Lehrerschaft kann gefordert werden – es ist aber unvermeidbar, dass die weltanschauliche Haltung der Lehrperson die Schüler erreicht, HAFNER/LORETAN/SCHWANK, *Gesamtschweizerische Rahmenbedingungen des Religionsunterrichts,* in: KOHLER-SPIEGEL/LORETAN, *Religionsunterricht*, p. 67.

347 BGE 123 I 296, p. 310, E. 4b: „En fait, l'enseignant est détenteur d'une part de l'autorité scolaire et représente l'Etat, auquel son comportement doit être imputé. Il est donc spécialement important qu'il exerce ses fonctions, c'est-à-dire transmette des connaissances et développe des aptitudes, en restant confessionnellement neutre.“

348 Vgl. SCHEFER in MÜLLER/SCHEFER, *Grundrechte*, p. 276, wonach das Gericht zu wenig würdigt, „dass es sich hier um einen persönlichen Ausdruck einer Glaubensüberzeugung handelt, mit der sich nur die lehrende Person, nicht aber die Schule identifiziert“.

349 BGE 114 Ia 129; BGE 117 Ia 311; BGE 119 Ia 178.

350 BGE 114 Ia 129, p. 134, E. 3a.

F. *Personeller Schutzbereich*

a) Natürliche Personen

Als Individualrecht schützt das Grundrecht auf Glaubens- und Gewissensfreiheit in erster Linie natürliche Personen. Grundrechtsträger sind dabei alle natürlichen Personen, unabhängig von ihrem Alter. Das bedeutet, dass auch Kinder Träger der Glaubens- und Gewissensfreiheit sind. Sie üben dieses Recht aber durch ihre Erziehungsberechtigten aus. Die Kinder sollen selbst mit zunehmender Reife im Rahmen ihrer Fähigkeiten bezüglich ihrer Wünsche, zum Beispiel in Bezug auf Teilnahme am konfessionellen Religionsunterricht, angehört werden (Art. 301 Abs. 2 Satz 2 ZGB)[351].

b) Juristische Personen

Grundsätzlich können sich juristische Personen nicht auf die Glaubens- und Gewissensfreiheit berufen[352]. Diese allgemeine Regel findet aber unterschiedliche Anwendung. Es müssen drei Kategorien von juristischen Personen unterschieden werden: die juristischen Personen des Privatrechts ohne religiöse Zielsetzung, die juristischen Personen des Privatrechts mit religiöser Zielsetzung sowie die juristischen Personen des öffentlichen Rechts mit religiöser Zielsetzung.

In den meisten Kantonen sind die evangelisch-reformierten und die römisch-katholischen Kirchgemeinden als juristische Personen des öffentlichen Rechts anerkannt. Öffentlich-rechtliche Körperschaften werden als „mitgliedschaftlich verfasste, auf dem öffentlichen Recht beruhende und mit Hoheitsgewalt ausgestaltete Verwaltungsträger" definiert[353]. Kirchgemeinden stellen eine Mischform aus Gebiets- und Personalkörperschaft dar[354] und sind analog zu anderen

---

351 Es ergibt sich zudem aus der Maxime des Kindeswohls, dass die Meinung des Kindes zumindest angehört wird. HEGNAUER, *Kindesrecht*, p. 193.

352 BGE 102 Ia 468, p. 470, E. 2a: „Das Bundesgericht hat in ständiger Rechtsprechung seit 1878 entschieden, dass sich juristische Personen nicht auf Art. 49 Abs. 6 BV berufen könnten, da diese Bestimmung ein Ausfluss der in Art. 49 Abs. 1 BV gewährleisteten Glaubens- und Gewissensfreiheit sei, also eines Freiheitsrechtes, das seiner Natur nach nur natürlichen Personen zustehe."

353 HÄFELIN/MÜLLER/UHLMANN, *Verwaltungsrecht,* Rz. 1288.

354 HÄFELIN/MÜLLER/UHLMANN, *Verwaltungsrecht,* Rz. 1295 ff. RICHNER/FREI/KAUFMANN/MEUTER erwähnen dagegen ausdrücklich, dass die Kirchgemeinden zu den Gebietskörperschaften gezählt werden. RICHNER/FREI/KAUFMANN/MEUTER, *Handkommentar DBG*, Rz. 15.

juristischen Personen des öffentlichen Rechts – etwa den politischen Gemeinden – mit hoheitlicher Gewalt versehen und mit der Erfüllung öffentlicher Aufgaben betraut[355]. Unter der Voraussetzung einer „ausdrücklichen gesetzlichen Grundlage in einem formellen Rechtssatz“[356] können die öffentlich-rechtlich anerkannten Kirchgemeinden von Personen, die auf ihrem Wohn- oder Geschäftssitz haben, Abgaben erheben[357]. Von der Besteuerung durch eine Kirchgemeinde ausgenommen sind natürliche Personen, die nicht der entsprechenden Konfession angehören. Das Besteuerungsverbot für Nichtangehörige einer Religionsgemeinschaft, Inhalt von Art. 49 Abs. 6 aBV, kann aus Art. 15 Abs. 1 BV und Art. 15 Abs. 4 BV abgeleitet werden[358].

Ebenfalls ausgeschlossen von der Besteuerung durch die öffentlich-rechtlich anerkannten Kirchen sind juristische Personen des Privatrechts, welche selbst religiöse Zwecke verfolgen[359]. Sie können sich auf die Glaubens- und Gewissensfreiheit berufen[360]. Der Grundsatz, dass eine juristische Person mit religiöser Ausrichtung nicht durch die öffentlich-rechtlich anerkannten Gemeinschaften besteuert werden kann, ist in Art. 56 lit. c) und h) des Bundesgesetzes über die direkte Bundessteuer (DBG)[361] enthalten. Art. 23 Abs. 1 lit. c) und g)

---

355 BSK ZGB I - HUGUENIN, Art. 59, Rz. 7.

356 BSK ZGB I - HUGUENIN, Art. 59, Rz. 7.

357 Vgl. BSK ZGB I - HUGUENIN, Art. 59, Rz. 7, wo von der Erhebung von „Abgaben“ gesprochen wird.

358 HÄFELIN/HALLER/KELLER, *Bundesstaatsrecht*, Rz. 417.

359 BGE 102 Ia 468, p. 477, E. 4: „Juristische Personen, die selber religiöse oder kirchliche Zwecke verfolgen, können nicht verpflichtet werden, an andere Religionsgemeinschaften Kultus- oder Kirchensteuern zu entrichten.“ Vgl. ebenfalls BGE 126 I 122, p. 131, E. 5d. Der Auslegung von Art. 56 lit. h) durch RICHNER/FREI/KAUFMANN/MEUTER gemäss sind nur juristische Personen, welche die gemeinschaftliche Pflege und Verbreitung eines religiösen Glaubens, nicht aber einer Weltanschauung bezwecken, steuerbefreit. RICHNER/FREI/KAUFMANN/MEUTER, *Handkommentar DBG*, p. 707, Rz. 83 ff.

360 BGE 118 Ia 46, p. 52, E. 3b: „Diese Grundrechte (Art. 49 und 50 aBV, e. E.) können von natürlichen und ausnahmsweise auch von juristischen Personen angerufen werden, wenn sie nach ihren Statuten, wie dies bei den beiden Beschwerdeführern der Fall ist, ein religiöses oder kirchliches Ziel verfolgen.“ Die in diesem Entscheid als Kläger und Beklagter auftretenden juristischen Personen sind privatrechtlich organisiert. Aus dieser Tatsache wird abgeleitet, dass sich lediglich juristische Personen des Privatrechts auf die Glaubens- und Gewissensfreiheit berufen können. Vgl. AUER/MALINVERNI/HOTTELIER, *Droit constitutionnel,* p. 220. Vgl. ebenfalls BGE 95 I 350.

361 Art. 56 lit. c) DBG: „Von der Steuerpflicht befreit sind die Gemeinden, die Kirchgemeinden und die anderen Gebietskörperschaften der Kantone sowie ihre Anstalten.“, Art. 56 lit. g) DBG: „juristische Personen, die öffentliche oder gemeinnützige Zwecke verfolgen, für den Gewinn, der ausschliesslich und unwiderruflich die-

des Bundesgesetzes über die Harmonisierung der direkten Steuern der Kantone und Gemeinden (StHG) enthält dieselben Grundsätze in nahezu identischer Formulierung.

Juristische Personen des Privatrechts ohne religiöse Zielsetzung sind nicht Trägerinnen der Glaubens- und Gewissensfreiheit. Sie können daher aufgrund ihrer Geschäftssitznahme auf dem Gebiet einer oder mehrerer Kirchgemeinden von denselben besteuert werden. Dieses Steuerrecht ist nicht unwesentlich für die Finanzierung der jeweiligen Kirche[362]. Trotz vielfacher Kritik seitens der Lehre hält das Bundesgericht in ständiger Rechtsprechung am Besteuerungsgrundsatz fest[363].

Die Unterscheidung der Grundrechtsträgerschaft auf der Grundlage der rechtlichen Organisationsform wird zu Recht kritisiert. „Enfin, l'on ne voit pas comment justifier au regard du principe d'égalité le fait que les Eglises traditionnelles ne puissent, dans la plupart des cantons, invoquer en justice la liberté qu'elles mettent en oeuvre pour une partie significative de la population, alors que n'importe quelle secte, aussi marginale et excentrique soit-elle, peut porter le voile de la liberté religieuse pour couvrir des activités qui n'ont rien de spirituel."[364]

c) Umstritten: korporative Glaubens- und Gewissensfreiheit

Grundrechtsträger ist die natürliche Person als Einzelne oder in Gemeinschaft mit anderen, des weiteren die juristische Person des Privatrechts mit religiöser Zielrichtung[365]. Es wäre nun denkbar, die Grundrechtsträgerschaft auf die juristischen Personen des öffentlichen Rechts mit religiöser Zielsetzung auszu-

---

sen Zwecken gewidmet ist. (...)" sowie Art. 56 lit. h) DBG: „juristische Personen, die gesamtschweizerisch Kultuszwecke verfolgen, für den Gewinn, der ausschliesslich und unwiderruflich diesen Zwecken gewidmet ist." Bundesgesetz über die direkte Bundessteuer (DBG) vom 14. Dezember 1990. Vgl. auch Art. 23 lit. c), g) und h) des Bundesgesetzes vom 14. Dezember 1990 über die Harmonisierung der direkten Steuern der Kantone und Gemeinden (StHG).

362 AUER/MALINVERNI/HOTTELIER, *Droit constitutionnel,* Rz. 463.

363 Argumentierte das Bundesgericht in BGE 102 Ia 468 noch mit der Entstehungsgeschichte von Art. 49 Abs. 6 aBV, so erklärt es diese Argumentation in BGE 126 I 122, p. 130 E. 5d als nicht mehr von entscheidender Bedeutung und führt aus, „dass sich die Ansichten bezüglich des Verhältnisses zwischen Kirche und Staat in den letzten Jahren (weiter) gewandelt haben". Dennoch sieht das Bundesgericht „keinen Anlass, die nunmehr weit über 100 Jahre alte Praxis des Bundesgerichts zur Kirchensteuer juristischer Personen zu ändern". BGE 126 I 122, p. 132, E. 5e.

364 AUER/MALINVERNI/HOTTELIER, *Droit constitutionnel,* Rz. 466.

365 Vgl. WINZELER, *Religionsverfassungsrecht*, p. 39.

weiten. Dieser Aspekt der Glaubens- und Gewissensfreiheit, die so genannte korporative Glaubens- und Gewissensfreiheit, wird aber kontrovers diskutiert.

Die korporative Glaubens- und Gewissensfreiheit wird in der Bundesverfassung nicht explizit erwähnt. Unter diesem Begriff wird das Recht einer Religionsgemeinschaft verstanden, ihre inneren Angelegenheiten den eigenen Vorstellungen gemäss zu organisieren[366]. Die Abgrenzung zwischen inneren und äusseren Angelegenheiten ist mitunter schwierig. So kann etwa die Organisationsform – eine äussere Angelegenheit – in der Wahrnehmung der jeweiligen Religionsgemeinschaft eine innere Angelegenheit sein[367]. Im Falle der öffentlich-rechtlich anerkannten Kirchen bestimmt das kantonale Recht die äusseren Angelegenheiten. Juristische Personen des öffentlichen Rechts mit religiöser Zwecksetzung müssen sich einen bestimmten Grad an Einmischung des Staates in ihre Angelegenheiten gefallen lassen. Insbesondere müssen sie „ein Minimum an innerkirchlicher Demokratie und Grundrechtsschutz gewährleisten"[368]. Dieses Erfordernis müssen die privatrechtlich organisierten Religionsgemeinschaften nicht erfüllen.

Ob die Existenz der korporativen Glaubens- und Gewissensfreiheit im schweizerischen Verfassungsrecht bejaht oder verneint wird, ist in vorliegender Arbeit vertretener Ansicht nach abhängig von der Beantwortung der Frage, ob die Selbstorganisationsfreiheit auch als partielle Freiheit anerkannt wird oder ob sie umfassend gewährleistet sein muss, wie dies dem Anspruch eines Grundrechtes entsprechen würde[369]. Geht man davon aus, dass eine – wenn auch schwierig zu bewerkstelligende – Unterscheidung zwischen inneren und äusseren Angelegenheiten einer Religionsgemeinschaft vornehmbar ist[370], kann die Existenz einer zumindest partiellen korporativen Glaubens- und Gewissensfreiheit bejaht

---

366 CAVELTI/KLEY, *St. Galler Kommentar zur Bundesverfassung,* Art. 15, Rz. 28. Dieselbe innere Freiheit wird auch juristischen Personen des Privatrechts mit religiöser Ausrichtung zugestanden. CAVELTI/KLEY, *St. Galler Kommentar zur Bundesverfassung,* Art. 15, Rz. 27.

367 Dies ist etwa in Bezug auf die römisch-katholische Kirche der Fall. Die demokratische Organisationsform, die der Staat verlangt, kann die kanonisch verfasste Kirche nicht leisten, da ihre hierarchische Organisation ein Bestandteil der Lehre ist. Aus diesem Grundproblem entstand die Doppelstruktur von Kirchgemeinde und Pfarrei.

368 MÜLLER/SCHEFER, *Grundrechte,* p. 282.

369 Vgl. WINZELER, *Religionsverfassungsrecht,* p. 40.

370 Es besteht weder ein Konsens darüber, wie diese Unterscheidung in der Praxis vorgenommen werden sollte, noch darüber, welches Kriterium zur Grenzziehung beigezogen werden sollte. Die römisch-katholische Kirche fasst den Bereich der inneren Angelegenheiten weiter als die evangelisch-reformierte Kirche. FRIEDERICH, *Kirchen und Glaubensgemeinschaften,* pp. 375 – 376.

werden[371]. So kann die römisch-katholische Kirche tatsächlich ihre inneren Angelegenheiten dem kanonischen Recht entsprechend regeln. Geht man aber davon aus, dass die korporative Glaubens- und Gewissensfreiheit sämtliche Angelegenheiten einer Religionsgemeinschaft erfassen müsste, so muss die Existenz dieser Freiheit verneint werden. Um das Beispiel der römisch-katholischen Kirche aufzunehmen: Der Staat anerkennt ihre kanonische Organisationsform nicht, sondern verpflichtet die römisch-katholische Kirche zur Konstruktion einer Doppelstruktur von kanonisch-rechtlich verfasster Pfarrei und staatsrechtlich verfasster Kirchgemeinde. Letztere erhält die öffentlich-rechtliche Anerkennung. Insofern wäre die korporative Glaubens- und Gewissensfreiheit nur partiell gewährt, hätte also nur für die privatrechtlich organisierten Religionsgemeinschaften Geltung[372]. Wie Pascal MAHON es aber richtig ausdrückt, scheint die Frage in der Lehre nach wie vor nicht geklärt[373].

G. *Der Kerngehalt der Glaubens- und Gewissensfreiheit*

Artikel 15 Abs. 4 BV formuliert den Kerngehalt der Glaubens- und Gewissensfreiheit: „Niemand darf gezwungen werden, einer Religionsgemeinschaft beizutreten oder anzugehören, eine religiöse Handlung vorzunehmen oder religiösem Unterricht zu folgen.“ Kerngehalt des Grundrechtes auf Glaubens- und Gewissensfreiheit ist das absolute Verbot staatlichen Zwanges bezüglich der Zugehörigkeit zu einer Religionsgemeinschaft, der Vornahme einer religiösen Handlung oder des Religionsunterrichts an der öffentlichen Schule[374]. Sinn des Kerngehaltsschutzes ist es, das „forum internum“, den privaten Bereich der Glaubensüberzeugung, vor staatlichen Übergriffen zu bewahren. Positiv formuliert umfasst der Kerngehalt somit die Freiheit zu glauben oder nicht zu glauben sowie den gewählten Glauben zu ändern[375].

---

371 Vgl. CAVELTI/KLEY, *Art. 15,* in: EHRENZELLER/MASTRONARDI/SCHWEIZER/VALLENDER, *Kommentar Bundesverfassung,* p. 359: „Religionsgemeinschaften mit öffentlich-rechtlichem Status sind als Grundrechtsträger bezüglich ihren inneren, geistlichen Angelegenheiten zu betrachten.“

372 MAHON, *Art. 15,* in: AUBERT/MAHON, *Petit Commentaire*, Rz. 4.

373 MAHON, *Art. 15,* in: AUBERT/MAHON, *Petit Commentaire*, Rz. 4, Fn. 11: „A vrai dire, la question ne paraît pas claire en doctrine, où la jurisprudence est interprétée différemment: la majorité des auteurs soutient cepandant que les personnes morales de droit public sont titulaires de la liberté des cultes (...).“ Es ist nicht einsichtig, weshalb der genannte Autor an dieser Textstelle keine Unterscheidung zwischen juristischen Personen des öffentlichen Rechts mit und ohne religiösem Zweck vorgenommen hat.

374 Art. 49 Abs. 2 aBV.

375 CAVELTI/KLEY, *St. Galler Kommentar zur Bundesverfassung,* Art. 15, Rz. 32.

H. *Einschränkungen der Glaubens- und Gewissensfreiheit*

Das Grundrecht auf Glaubens- und Gewissensfreiheit ist nicht Teil des zwingenden Völkerrechts[376]. Damit gilt die Glaubens- und Gewissensfreiheit nicht absolut, sondern ist unter Beachtung von bestimmten Bedingungen einschränkbar.

Damit eine vorgenommene Einschränkung der Glaubens- und Gewissensfreiheit rechtmässig ist, müssen die Einschränkungsvorausstzungen von Art. 36 BV kumulativ erfüllt werden.

Das erste Erfordernis (Art. 36 Abs. 1 BV) ist die gesetzliche Grundlage, die nur in Fällen „ernster, unmittelbarer und nicht anders abwendbarer Gefahr" nicht zwingend vorhanden sein muss. Ansonsten gilt, dass ein Gesetz im formellen Sinne nötig ist[377]. Beispiele gesetzlicher Grundlagen sind das Verbot der religiösen vor der standesamtlichen Trauung (Art. 97 Abs. 3 ZGB), die Strafbarkeit der öffentlichen Störung von Kultushandlungen und der Beschimpfung anderer aufgrund deren Glauben (Art. 261 StGB) sowie das Verbot der öffentlichen Diskriminierung einer Person oder Personengruppe aufgrund ihrer Religionszugehörigkeit (vgl. Art. 261bis StGB).

Die Einschränkung des Grundrechtes Einzelner muss im öffentlichen Interesse liegen oder zum Schutz von Grundrechten Dritter vorgenommen werden[378] (Art. 36 Abs. 2 BV) Es sind sowohl Interessen polizeilicher als auch nicht-polizeilicher Natur denkbar[379]. Das öffentliche Interesse kann nicht allgemein festgelegt werden, vielmehr ist es im konkreten Fall zu bestimmen.

---

376 Ius cogens ist in Art. 53 Satz 2 WVK folgendermassen definiert: „Im Sinne dieses Übereinkommens ist eine zwingende Norm des allgemeinen Völkerrechts eine Norm, die von der internationalen Staatengemeinschaft in ihrer Gesamtheit angenommen und anerkannt wird als Norm, von der nicht abgewichen werden darf und die nur durch eine spätere Norm des allgemeinen Völkerrechts derselben Rechtsnatur geändert werden kann." Anne PETERS führt dazu aus, dass „nur wenige, besonders wichtige Normen" diesen Charakter haben. PETERS, *Völkerrecht,* p. 126.

377 Präziser wäre es, eine Aufteilung des Erfordernisses in die zwei Teilforderungen „Erfordernis eines Rechtssatzes" und „Erfordernis der Gesetzesform" (so HÄFELIN/HALLER, *Bundesstaatsrecht,* 2001, Rz. 307) vorzunehmen.

378 CAVELTI/KLEY, *St. Galler Kommentar zur Bundesverfassung,* Art. 15, Rz. 30. Weiterführend zur Thematik des öffentlichen Interessens siehe Martin Philipp WYSS, *Öffentliche Interessen – Interessen der Öffentlichkeit?* Stämpfli, Bern, 2001.

379 HÄFELIN/HALLER, *Bundesstaatsrecht,* 2001, Rz. 315. Polizeiliche Interessen stehen aber im Vordergrund. HAFNER, *Glaubens- und Gewissensfreiheit,* in: THÜRER/AUBERT/MÜLLER, (Hg.), *Verfassungsrecht,* Rz. 26.

Der Aspekt der Wahrung der Verhältnismässigkeit (Art. 36 Abs. 3 BV) hat zum Ziel, eine vollkommene Unterdrückung des einzuschränkenden Freiheitsrechtes zu verhindern. Dabei müssen die drei Elemente Eignung, Erforderlichkeit und Verhältnismässigkeit im engeren Sinne kumulativ erfüllt werden[380].

Der Kerngehalt eines Grundrechtes muss unangetastet bleiben (Art. 36 Abs. 4 BV)[381]. Er ist die „absolute Schranke jeder Grundrechtsbeeinträchtigung“[382].

I. Das Verhältnis von Art. 15 BV und Art. 36 BV zu Art. 9 EMRK

Durch die Ratifizierung ist die EMRK Bestandteil der schweizerischen Rechtsordnung geworden[383]. Sie ist direkt anwendbar[384] und ist mit einem Individualbeschwerderecht versehen[385]. Art. 15 BV und Art. 9 Abs. 1 EMRK entfalten einen sehr ähnlichen Schutzbereich[386].

Art. 9 Abs. 2 EMRK und Art. 36 Abs. 1 – 4 BV unterscheiden sich bezüglich der Aufzählung von Einschränkungserfordernissen. Die Erfordernisse „gesetzliche Grundlage“ und „öffentliches Interesse“ werden in beiden Normen genannt. Art. 9 Abs. 2 EMRK verbindet das Erfordernis der gesetzlichen Grundlage mit jenem der „Notwendigkeit in einer demokratischen Gesellschaft“ und konkretisiert so den Rahmen der nachfolgenden Polizeigüter: „öffentliche Sicherheit“, „öffentliche Ordnung“, „Gesundheit“ und „Moral“. Auch der Schutz von Grundrechten Dritter wird als Einschränkungsgrund genannt. Ein gewisses Mass an Toleranz, Pluralismus und Offenheit ist gefordert, wenn auch nicht grenzenloses Tolerieren. „Ist unter einer demokratischen Gesellschaft ein Kompromiss zwischen kollektivem Minimalkonsens und maximaler Individualverwirklichung zu verstehen, dann sind hohe Anforderungen an die Prüfung der

---

380 Siehe detailliert dazu HÄFELIN/HALLER, *Bundesstaatsrecht,* 2001, Rz. 320 ff.

381 SCHEFER spricht davon, dass Art. 36 Abs. 4 BV mit dieser Formulierung die „inhaltlichen und dogmatischen Unschärfen des Kerngehaltsschutzes“ übernimmt. SCHEFER, *Kerngehalte*, p. 62.

382 SCHEFER, *Kerngehalte*, p. 21.

383 Vgl. § 2 I.3.B., p. 88.

384 HÄFELIN/HALLER/KELLER, *Bundesstaatsrecht,* Rz. 235.

385 VILLIGER, *EMRK und UNO-Menschenrechtspakte,* in: THÜRER/AUBERT/MÜLLER, (Hg.), *Verfassungsrecht der Schweiz*, Rz. 5. Der Einzelne hat die Möglichkeit, nach Erschöpfung des innerstaatlichen Rechtsweges an den EGMR zu gelangen. HÄFELIN/HALLER/KELLER, *Bundesstaatsrecht,* Rz. 237.

386 Vgl. etwa SAHLFELD, der die Religionsdefinition des Bundesgerichts (BGE 119 Ia 178, p. 183 E.) zitiert: „Art. 49 Abs. 1 BV **und** (eigene Hervorhebung) Art. 9 Ziff. 1 EMRK garantieren die religiöse Bezeugung des einzelnen Menschen als selbstverantwortlichen Bereich, (...).“ SAHLFELD, *Aspekte der Religionsfreiheit*, p. 105.

Notwendigkeit eines Eingriffs bzw. an den Nachweis der dringenden gesellschaftlichen Notwendigkeit zu stellen."[387]

Art. 36 BV geht demgegenüber weiter, indem er auch die Wahrung der Verhältnismässigkeit und den Schutz des Kerngehaltes als Einschränkungsvoraussetzungen nennt.

2. Das Verhältnis von Religionsgemeinschaften und Staat im Bundesverfassungsrecht

A. Verfassungsrechtliche Grundlage für das Verhältnis von Religionsgemeinschaften und Staat: Art. 72 BV

a) Vorbemerkungen

Bereits aus Art. 3 BV ergibt sich, dass die Kantone souverän sind, „soweit ihre Souveränität nicht durch die Bundesverfassung beschränkt ist"[388]. Einschränkungen der kantonalen Souveränität sind somit in der Bundesverfassung festzuhalten[389], kantonale Kompetenzen dagegen werden nur ausnahmsweise in der Bundesverfassung erwähnt. Der für den vorliegenden Themenbereich relevante Verfassungsartikel, Art. 72 BV, stellt ein Beispiel für diese Ausnahme dar. Er trägt den Titel „Kirche und Staat". Diese Artikelbezeichnung wird hier bewusst nicht verwendet. Art. 72 BV ist heute auf eine Vielzahl von religiösen Gruppierungen anwendbar, was durch die Bezeichnung „Religionsgemeinschaften" verdeutlicht werden soll. Auf die Behandlung von Art. 72 Abs. 3 BV (Minarettverbot) wird verzichtet, da er für die hier behandelte Thematik nur am Rande von Bedeutung ist[390].

---

387 WYSS, Glaubens- und Religionsfreiheit zwischen Integration und Isolation, *ZBl* 95 (1994), p. 404.

388 Art. 3 BV: „Die Kantone sind souverän, soweit ihre Souveränität nicht durch die Bundesverfassung beschränkt ist; sie üben alle Rechte aus, die nicht dem Bund übertragen sind."

389 SCHWEIZER spricht vom „Verfassungsvorbehalt". SCHWEIZER, *St. Galler Kommentar zur Bundesverfassung*, Art. 3 BV, Rz. 10.

390 Zur Frage dieses neuen Verfassungsartikels siehe HANGARTNER, Yvo, Religionsfreiheit, Ein Überblick aus Anlass des neuen Art. 72 Abs. 3 BV (Verbot des Baus von Minaretten), *AJP/PJA* 19 (2010), pp. 441 – 451.

b) Kompetenzdelegation (Art. 72 Abs. 1 BV)

Art. 72 Abs. 1 BV hat rein deklaratorische Bedeutung[391] und hält fest, dass die Kantone für die Regelung des Verhältnisses von Kirche und Staat auf ihrem Gebiet zuständig sind. Die explizite Nennung der kantonalen Zuständigkeit hat eine klärende Funktion.

Die Kantone sind frei, wie sie die Verhältnisse zu den Religionsgemeinschaften gestalten[392]. So können sie den traditionell auf ihrem Gebiet vorhandenen Religionsgemeinschaften die Anerkennung als juristische Personen des öffentlichen Rechts verleihen[393]. In den meisten Kantonen sind historisch bedingt die römisch-katholische und die evangelisch-reformierte Landeskirche öffentlich-rechtlich anerkannt[394].

Durch die öffentlich-rechtliche Anerkennung unterstreicht der Staat die kulturelle und gesellschaftliche Bedeutung einer Religionsgemeinschaft und verleiht ihr einen öffentlich-rechtlichen Status[395]. In diesem Vorgang an sich besteht keine Diskriminierung gegenüber nicht-anerkannten Religionsgemeinschaften. Angesichts der gesellschaftlichen Veränderungen wäre es aber längerfristig diskriminierend, dieses Institut den bestehenden und öffentlich-rechtlich anerkannten Kirchen vorzubehalten. Eine solche Differenzierung zwischen christlichen Kirchen und anderen Religionsgemeinschaften müsste „sich auf Gründe stützen können, die als sachlich und vernünftig anerkannt werden können“[396], was in einer mehr und mehr multireligiösen Gemeinschaft schwierig wäre[397].

---

391 CAVELTI/KLEY, *St. Galler Kommentar zur Bundesverfassung*, Art. 72, Rz. 3.

392 Daraus ergibt sich, dass – wie LORETAN es ausdrückt – „kein einheitliches Zuordnungsmodell für das Verhältnis zwischen Religion und Staat“ vorhanden ist. LORETAN, *Religionen im Kontext der Menschenrechte*, p. 125.

393 Vgl. § 2 II.2.B., p. 110.

394 Einige Kantone erkennen auch die christkatholische Kirche als öffentlich-rechtliche Institution an (etwa der Kanton Zürich), und auch die jeweilige jüdische Gemeinschaft ist in bestimmten Kantonen anerkannt (etwa im Kanton Basel-Stadt).

395 PAHUD DE MORTANGES, *Zur Anerkennung und Gleichbehandlung von Religionsgemeinschaften*, in: FRIEDERICH/CAMPICHE/PAHUD DE MORTANGES/WINZELER, (Hg.), *Bundesstaat und Religionsgemeinschaften*, p. 53.

396 PAHUD DE MORTANGES, *Zur Anerkennung und Gleichbehandlung von Religionsgemeinschaften*, in: FRIEDERICH/CAMPICHE/PAHUD DE MORTANGES/WINZELER, (Hg.), *Bundesstaat und Religionsgemeinschaften*, p. 60. Weiterführend zur öffentlich-rechtlichen Anerkennung: Cla Reto FAMOS, *Die öffentlichrechtliche Anerkennung von Religionsgemeinschaften im Lichte des Rechtsgleichheitsprinzips*, Universitätsverlag Freiburg Schweiz, Freiburg 1999.

397 Vgl. CAVELTI/KLEY, *St. Galler Kommentar zur Bundesverfassung*, Art. 72, Rz. 13.

c) Wahrung des religiösen Friedens (Art. 72 Abs. 2 BV)

Art. 72 Abs. 2 BV erteilt Bund und Kantonen „im Rahmen ihrer Zuständigkeit" die Kompetenz, Massnahmen zur Wahrung des religiösen Friedens zu ergreifen. Grundsätzlich sind die Kantone dafür zuständig, die Beziehungen zu den Religionsgemeinschaften so zu gestalten, dass der religiöse Friede gewahrt bleibt. Im Falle von religiösen Unruhen hätten sie auch die Kompetenz, geeignete Massnahmen zu ergreifen. Dem Bund käme eine subsidiäre Rolle zu: Sollte die kantonale Massnahme nicht greifen oder sollte der religiöse Konflikt suprakantonale Dimensionen annehmen, kann er eingreifen[398]. In diesem Sinne ist Art. 72 Abs. 2 BV lex specialis zu Art. 57 BV[399].

B. Mögliche Organisationsformen von Religionsgemeinschaften im schweizerischen Recht

Eine religiöse Gemeinschaft, die sich in die Rechtsordnung integrieren und als Gemeinschaft wahrgenommen werden will, muss sich als juristische Person[400] konstituieren. Einer juristischen Person kommen alle Rechte zu, die nicht an das Personsein im natürlichen, physischen Sinne geknüpft sind. „Im Unterschied zu den natürlichen Personen sind juristische Personen aber reine Zweckschöpfungen. In ihrem Zweck liegt auch der einzige Grund für die Personifikation."[401] Da Religionsgemeinschaften in der Regel einen ideellen Zweck haben, wählen sie die Rechtsform des Vereins. Im Folgenden wird daher zunächst auf die privatrechtliche Vereinsform eingegangen. Besondere Formen juristischer Personen sind die öffentlich-rechtlich anerkannten Religionsgemeinschaften. Ihnen ist ein weiterer Abschnitt gewidmet.

a) Variante 1: Konstituierung als Verein nach Art. 60 ff. ZGB

Aufgrund ihrer ideellen Zielsetzung sowie ihrer Personenabhängigkeit kann sich eine Religionsgemeinschaft als juristische Person des Privatrechts, und insbesondere als Verein, konstituieren.

---

398 MAHON, *Art. 72,* in: AUBERT/MAHON, (Hg.), *Petit commentaire*, Rz. 9.

399 Vgl. insbesondere Art. 57 Abs. 2 BV: „Sie (Bund und Kantone, e. E.) koordinieren ihre Anstrengungen im Bereich der inneren Sicherheit."

400 RÜEGG spricht vom „Rechtskleid", das sich religiöse Vereine geben können. RÜEGG, *Die privatrechtlich organisiserten Religionsgemeinschaften*, p. 386.

401 BSK ZGB I - HUEGUENIN, Vorbemerkungen zu Art. 52 – 59, Rz. 3.

Sobald der Wille, als Verein zu bestehen, erkennbar ist und die Statuten in schriftlicher Form vorliegen, gilt ein Verein als entstanden und hat Rechtspersönlichkeit[402]. Er erlangt damit Rechtsfähigkeit. Handlungsfähig ist er, wenn die Organe bestellt sind.

Das Schweizerische Zivilgesetzbuch ermöglicht die freie Körperschaftsbildung: „Diese Freiheitlichkeit wird im Vereinsrecht Vereinsautonomie genannt und ist nichts anderes als die privatrechtliche Seite der verfassungsrechtlich garantierten Vereinigungsfreiheit bzw. der Religionsfreiheit.“[403] Die Vereinsautonomie ist für religiöse Vereine von besonderer Wichtigkeit. Zum einen ermöglicht sie die tatsächliche Umsetzung der Glaubens- und Gewissensfreiheit[404] in ihrer korporativen Ausprägung. Zum anderen aber ist die Vereinsautonomie Voraussetzung dafür, dass sich auch Religionsgemeinschaften, die erst seit jüngerer Zeit in der Schweiz anzutreffen sind und eigene Organisationsformen kennen, die Möglichkeit haben, sich ein „Rechtskleid“[405] zu geben und so in die staatliche Ordnung integriert zu werden. Damit können sie zu Ansprechpartnern des Staates werden, wenn es um Fragen aus dem religiös-weltanschaulichen Bereich geht.

Eine privatrechtlich organisierte Religionsgemeinschaft hat allerdings im Innern ein gewisses Mass an demokratischen Regeln zu beachten. So ist gemäss Art.

402 HÜRLIMANN-KAUP/SCHMID, *Einleitungsartikel des ZGB und Personenrecht*, pp. 303 – 304. Ist der Wille, als Verein zu bestehen, nicht in schriftlichen Statuten niedergelegt, so ist die betroffene Personenvereinigung lediglich eine einfache Gesellschaft nach Art. 530 OR. Siehe BSK OR II-HANDSCHIN, Art. 530, Rz. 13; ebenso BSK OR II-HANDSCHIN, Art. 530, Rz. 19 – 20 bezüglich der Folgen. Zur Bedeutung der Statuten als qualifizierte Voraussetzung für die Enststehung eines Vereines siehe BK-FELLMANN/MÜLLER, Art. 530, Rz. 32. Nach Art. 62 ZGB hat das Fehlen weiterer Voraussetzungen, die in Art. 60 ZGB genannt werden, ebenfalls die Rechsfolge der Gleichstellung mit der einfachen Gesellschaft. Vgl. BSK ZGB I-HEINI/SCHERRER, Art. 62, Rz. 1. Für religiöse Personenvereinigungen, welche sich bewusst für die Form als einfache Gesellschaft entscheiden oder aufgrund eines Rechtsmangels im Rahmen der Vereinsgründung einer einfachen Gesellschaft gleichgestellt werden, ist insbesondere von Bedeutung, dass ihnen keine eigene Rechtspersönlichkeit zukommt. Zur fehlenden Rechtspersönlichkeit siehe BSK OR II-HANDSCHIN, Art. 530, Rz. 6 sowie BSK OR II-PESTALOZZI/HETTICH, Art. 543.

403 RÜEGG, *Die privatrechtlich organisierten Religionsgemeinschaften,* p. 385.

404 Im Gegensatz zu den säkularen Vereinen, die sich auf Art. 23 BV berufen, beruht die Vereinsautonomie religiöser Vereine auf Art. 15 BV als verfassungsmässiger Grundlage. In diesem Sinne ist Art. 15 BV lex specialis gegenüber der allgemeinen Vereinigungsfreiheit. CAVELTI/KLEY, *St. Galler Kommentar zur Bundesverfassung*, Art. 15, Rz. 23.

405 RÜEGG, *Die privatrechtliche organisierten Religionsgemeinschaften*, p. 386.

64 Abs. 1 ZGB die Mitgliederversammlung das oberste Organ des Vereins. Sie fasst die Beschlüsse (Art. 66 Abs. 1 ZGB) und in ihrem Rahmen gilt das gleiche Stimmrecht aller Mitglieder (Art. 67 Abs. 1 ZGB).

b) Variante 2: Konstituierung als juristische Person des öffentlichen Rechts (Art. 59 Abs. 2 ZGB)

Der Titel dieses Abschnittes ist insofern irreführend, als dass sich eine juristische Person des öffentlichen Rechts nicht selbst als solche konstituieren kann. Sie entsteht durch staatliche Erklärung in einem Gesetz[406] sowie durch das Einverständnis der zukünftigen juristischen Person des öffentlichen Rechts selbst und damit durch Konsens der beiden „Parteien“. Die gesetzliche Grundlage ist für die Entstehung einer juristischen Person des öffentlichen Rechts in gleichem Masse konstitutiv wie die schriftlich verfassten Statuten im Falle der privatrechtlichen juristischen Person.

Durch die öffentlich-rechtliche Anerkennung einer Kirche entsteht eine Gebietskörperschaft, „allerdings mit starken personalen (nämlich konfessionell definierten) Elementen in der Mitgliedschaftsstruktur“[407]. Die entstehende Gebietskörperschaft muss „von der Kirche der betreffenden Konfession als kirchlich wie auch vom Recht des betreffenden Kantons als öffentlich-rechtlich“[408] anerkannt werden. Anwendbares Recht für die öffentlich-rechtlich anerkannten juristischen Personen ist das kantonale Recht. Die öffentlich-rechtlich anerkannte Kirche hat die Kompetenz zu hoheitlichem Handeln: „Die juristische Person des öffentlichen Rechts ist Trägerin öffentlicher Gewalt, übt also öffent-

---

406 Das Bundesgericht führt in einem einschlägigen Entscheid aus, dass „die Übertragung hoheitlicher Befugnisse auf einen ausserhalb des Staatswesen stehend Rechtsträger (...) immer einer formellen gesetzlichen Grundlage bedarf“. BGE 104 Ia 440, p. 446, E. 4.

407 FAMOS, *Öffentlichrechtliche Anerkennung*, p. 42.

408 HAUSHEER/AEBI-MÜLLER, *Personenrecht*, p. 303. Dieser Umstand ist insbesondere bezüglich der römisch-katholischen Kirche von Bedeutung. Kantonales öffentliches Recht gilt auch, wenn die anerkannten Organisationsformen „vom öffentlichen Recht für kirchliche Aufgaben geschaffen und anerkannt worden sind, von der Kirche selber aber nur als staatliche juristische Personen betrachtet werden“. HAUSHEER/AEBI-MÜLLER, *Personenrecht*, p. 303. Vgl. auch TUOR/SCHNYDER/SCHMID/RUMO-JUNGO, *Das Schweizerische Zivilgesetzbuch,* § 14, Rz. 6. Religiöse Vereine und Stiftungen, „die im Dienst einer Kirche stehen, die aber nicht dem grundlegenden Aufbau und der Organisation dieser Glaubensgemeinschaft dienen“ unterstehen dem Bundesprivatrecht. TUOR/SCHNYDER/SCHMID/RUMO-JUNGO, *Das Schweizerische Zivilgesetzbuch,* § 14, Rz. 9.

lich-rechtliche (eben: hoheitliche) Befugnisse aus."[409] Dieses Faktum hat Auswirkungen für die Erhebung von Kirchensteuern, wie unter dem Kapitel über die Glaubens- und Gewissensgemeinschaft dargestellt wurde.

Geht man von der Definition aus, dass eine juristische Person des öffentlichen Rechts Hoheitsbefugnisse hat und auf Dauer Aufgaben des Staates übernimmt, ist aufgrund der religionsgeschichtlichen Entwicklung der Schweiz nachvollziehbar, weshalb die traditionellen Bekenntnisse in den meisten Kantonen öffentlich-rechtlich anerkannt wurden. Ob diese öffentlich-rechtliche Anerkennung angesichts der veränderten Gesellschaftszusammensetzung in Bezug auf die religiöse Zugehörigkeit noch angemessen ist, ist fraglich.

3. Bildung auf bundesverfassungsrechtlicher und interkantonaler Ebene

A. Vorbemerkungen

Eine ausreichende Grundbildung ist die Voraussetzung für die aktive Teilnahme am gesellschaftlichen Leben in einem demokratischen Staat. Der Staat selbst wiederum ist darauf angewiesen, durch gebildete Menschen in seiner Organisationsform bestätigt und gestaltet zu werden. Vor dem Hintergrund dieser wechselseitigen Beziehung zwischen individualrechtlichen Ansprüchen und staatlichen Interessen ist die Gestaltung und systematische Einordnung der Verfassungsartikel zum Thema „Bildung" zu verstehen. Der individualrechtliche Anspruch, der in Art. 19 BV zum Ausdruck kommt, ist in der Bundesverfassung unter dem 2. Titel im 1. Kapitel „Grundrechte" enthalten. Die staatlichen Interessen werden zum einen dadurch verdeutlicht, dass Art. 41 Abs. 1 lit. f BV verschiedene Formen der Bildung als Sozialziele festhält, und zum anderen

---

409 HÜRLIMANN-KAUP/SCHMID, *Einleitungsartikel des ZGB und Personenrecht,* p. 283. Vgl. ebenfalls HAUSHEER/AEBI-MÜLLER, *Personenrecht,* p. 300; TUOR/SCHNYDER/SCHMID/RUMO-JUNGO, *Das Schweizerische Zivilgesetzbuch,* § 14, Rz. 4. RIEMER verweist darauf, dass juristische Personen des öffentlichen Rechts dann errichtet werden können, „wenn die öffentlich-rechtlichen Gebietskörperschaften (...) von sich – im Sinne einer Dezentralisation – getrennte, eigene Rechtssubjekte (...) mit der Erfüllung öffentlicher Aufgaben betrauen wollen, wobei dies grundsätzlich mit der Übertragung hoheitlicher Gewalt verbunden ist". BK ZGB-RIEMER, Systematischer Teil und Kommentar zu Art. 52 – 59 ZGB, Rz. 58.

dadurch, dass in den Art. 61a – 68 BV[410] die Zuständigkeiten von Bund, Kantonen und Gemeinden im Bildungswesen auf Verfassungsebene geregelt werden.

B. Im Zentrum: Das Kindeswohl (Art. 11 BV)

Kinder und Jugendliche sind die Empfänger der staatlichen Dienstleistung „Bildungsangebot". Sie und ihr Wohl stehen im Mittelpunkt aller Bemühungen. Art. 11 BV nimmt dies in Abs. 1 auf: „Kinder und Jugendliche haben Anspruch auf besonderen Schutz ihrer Unversehrtheit und auf Förderung ihrer Entwicklung." „Mit Art. 11 Abs. 1 BV verfolgte der Verfassungsgeber unter anderem den Zweck, die in der UNO-Kinderrechtskonvention verbrieften Rechte in allgemeiner Form im Grundrechtsteil zu verankern und diese damit auch durch die Bundesverfassung zu garantieren"[411]. Im Verfassungsentwurf des Bundesrates war dieser Artikel noch nicht enthalten[412]. Er gehört zu den „umstrittensten Bestimmungen der neuen Verfassung"[413] und zu den „materiellen Neuerungen"[414] der Bundesverfassung.

Die umstrittenen Punkte bezüglich Art. 11 BV reichen von der Kritik an der Schaffung einer neuen Kategorie von Grundrechtsträgern, der Justiziabilität der Norm bis hin zur Frage der gesetzlichen Umsetzung des Artikels. Unbestritten ist, dass Art. 11 BV die verfassungsrechtliche Grundlage für die Maxime des Kindeswohls darstellt[415]. Auf gesetzlicher Ebene bestehen bereits zahlreiche

---

410 Art. 61a – 68 BV stellen die so genannte Bildungsverfassung, und damit eine inhaltlich übereinstimmende Teilverfassung, dar. Erklärend dazu EHRENZELLER/SAHLFELD, *St. Galler Kommentar zur Bundesverfassung,* Vorbemerkungen zur Bildungsverfassung, Rz. 1.

411 BGE 126 II 377, p. 391, E. 5d.

412 REUSSER/LÜSCHER, *St. Galler Kommentar zur Bundesverfassung*, Art. 11, Rz. 2. RHINOW weist darauf hin, dass es Bemühungen aus dem Kreis der Jugendverbände waren, die zur Einfügung dieses Artikels führten. RHINOW, *Bundesverfassung,* p. 109. Ebenso: MAHON, *Art. 11,* in: AUBERT/MAHON, (Hg.), Rz. 2, der von einer „souci d'entendre les revendications des associations de jeunesse" spricht.

413 REUSSER/LÜSCHER, *St. Galler Kommentar zur Bundesverfassung,* Art. 11, Rz. 2.

414 KIENER/KÄLIN, *Grundrechte,* p. 379. Anders: REUSSER/LÜSCHER, *St. Galler Kommentar zur Bundesverfassung,* Art. 11, Rz. 1: „In den Erläuterungen des BJ zur neuen Verfassung vom 18. Dezember 1998 wurde Art. 11 aber bei den materiellen Neuerungen nicht erwähnt, vielmehr in die Kategorie der bisher ungeschriebenen Verfassungsrechte und der völkerrechtlichen Verpflichtungen eingeordnet."

415 WYTTENBACH, *Grund- und Menschenrechtskonflikte,* p. 306. Vgl. BGE 129 III 250 p. 255, E. 3.4.2: „Mit Inkrafttreten der neuen Bundesverfassung, gemäss deren Art. 11 Abs. 1 Kinder und Jugendliche Anspruch auf besonderen Schutz ihrer Unversehrtheit und auf Förderung ihrer Entwicklun haben, erhielt das Kindeswohl

Regelungen, welche dem „besonderen Schutz ihrer Unversehrtheit" gemäss Art. 11 Abs. 1 BV Rechnung tragen. Zu denken ist etwa an die Regelung zur Zuteilung des elterlichen Sorgerechts im Rahmen eines Ehescheidungsverfahrens[416] oder an die Umschreibung der elterlichen Schutzpflichten im Rahmen des zivilrechtlichen Kindesrechts[417].

SCHEFER bezeichnet Art. 11 BV als vielschichtige Norm. Ihre Garantien sind direkt anspruchsbegründend, „soweit sie justiziabel erscheinen"[418]. Die Frage der Justiziabilität mit dem Pauschalargument der begrifflichen Unschärfe verneinend zu beantworten, kommt einer Abwertung der Norm gleich. Vielmehr muss unterschieden werden: Der besondere Schutz auf Unversehrtheit ist „justiziabel, aber in der Regel in Verbindung mit anderen relevanten Garantien anzuwenden"[419]. Anders sieht es bezüglich des Förderungsanspruchs aus. Er ist programmatischer Natur und gemäss Rechtsprechung des Bundesgerichts nicht direkt einklagbar[420].

Wie WYTTENBACH ausführt, ist durch den Verfassungsrang des Kindeswohls die direkte Anwendbarkeit von Art. 3 KRK implizit bejaht[421]. Das bedeutet auch, dass die Rechtsprechung zum Kindeswohl gemäss der Kinderrechtskonvention (KRK) für die Auslegung des Begriffs im schweizerischen Kontext zu beachten ist. Der Rückgriff auf die genannte Rechtsprechung ist umso wichtiger, als dass sich das Bundesgericht bisher nur wenig mit der neuen Norm befasst hat[422].

Art. 41 lit. f BV und Art. 41 lit. g BV unterstreichen die Forderung der Entwicklungsförderung im Rahmen der Sozialziele. Nach bundesgerichtlicher Rechtsprechung hat der Gesetzgeber die Pflicht, beim Erlass neuer Rechtssätze

Verfassungsrang." Vgl. auch REUSSER/LÜSCHER, *St. Galler Kommentar zur Bundesverfassung*, Art. 11, Rz. 14.

416 Art. 133 Abs. 2 ZGB: „Für die Zuteilung der elterlichen Sorge und die Regelung des persönlichen Verkehrs sind alle für das Kindeswohl wichtigen Umstände massgebend (...)". Das Wohl des Kindes „hat Vorrang vor Elterninteressen". BSK ZGB I-BREITSCHMID, Art. 133, Rz. 6.

417 Art. 301 Abs. 1 ZGB, der „im Sinne eines Programmsatzes den Inhalt der elterlichen Sorge" regelt. BSK ZGB I-SCHWENZER, Art. 301, Rz. 1.

418 MÜLLER/SCHEFER, *Grundrechte*, p. 807.

419 KIENER/KÄLIN, *Grundrechte*, p. 383.

420 BGE 126 II 377, p. 391, E. 5d.

421 WYTTENBACH, *Grund- und Menschenrechtskonflikte,* p. 306.

422 KIENER/KÄLIN, *Grundrechte*, p. 380.

auf die Interessen der Kinder und Jugendlichen besonders Rücksicht zu nehmen[423].

Das Kindeswohl betrifft verschiedene Bereiche[424] und kann nicht abstrakt festgelegt werden. Vielmehr muss im konkreten Einzelfall entschieden werden, welche Massnahmen die Wahrung des Kindeswohls fordert. Adressaten sind der Bund, die Kantone und Gemeinden[425].

Bezüglich der elementaren Bedürfnisse eines Kindes ist das Kindeswohl einfacher festzustellen als hinsichtlich der Frage der optimalen Entfaltung seiner Fähigkeiten. Letztere Frage aber ist für alle Angelegenheiten in Zusammenhang mit der Ausbildung von Kindern und Jugendlichen relevant. Die Verwirklichung des Kindeswohls ist in diesem Zusammenhang Ziel und Grenze staatlichen und privaten Handelns. So ist es erforderlich, Kindern mit physischen oder psychischen Beeinträchtigungen eine Sonderschulung zukommen zu lassen oder hochbegabte Kinder angemessen zu fördern. Art. 67 Abs. 1 BV hält ausdrücklich fest: „Bund und Kantone tragen bei der Erfüllung ihrer Aufgaben den besonderen Förderungs- und Schutzbedürfnissen von Kindern und Jugendlichen Rechnung."

C. Der Anspruch auf Grundschulbildung nach Art. 19 BV

Art. 19 BV garantiert den ausreichenden und unentgeltlichen Grundschulunterricht. Der Artikel steht in der Nachfolge des Art. 27 Abs. 2 aBV und stellt den grundrechtlichen Rahmen für Art. 62 BV dar. Zugleich ist er die individualrechtliche Umsetzung von Art. 41 Abs. 1 lit. f : „Bund und Kantone setzen sich in Ergänzung zu persönlicher Verantwortung und privater Initiative dafür ein, dass: (...) f. Kinder und Jugendliche sowie Personen im erwerbsfähigen Alter sich nach ihren Fähigkeiten bilden, aus- und weiterbilden können"[426].

---

423 BGE 126 II 377, p. 391, E. 5.

424 Vgl. HEGNAUER, *Kindesrecht*, pp. 193 – 194.

425 WYTTENBACH hält richtig fest, dass Art. 11 Abs. 1 BV „elterliches Verhalten lediglich indirekt" reguliert und dass der Artikel damit keine direkte Drittwirkung entfaltet. WYTTENBACH, *Grund- und Menschenrechtskonflikte*, p. 292.

426 BIGLER-EGGENBERGER geht davon aus, dass die Bestimmung „ein im Einzelfall durchsetzbares, justiziables Recht auf Bildung" enthält. BIGLER-EGGENBERGER, *St. Galler Kommentar zur Bundesverfassung*, Art. 41, Rz. 67. Angesichts der Terminologie ist es aber fraglich, ob ein Sozialziel tatsächlich anspruchsbegründend ist. Ebenso: KIENER/KÄLIN, *Grundrechte*, p. 387.

Da mit Art. 19 BV nur der Grundschulunterricht gemeint ist, kann kein allgemeines Recht auf Bildung aus diesem Verfassungsartikel abgeleitet werden[427]. Das Recht auf Bildung ergibt sich erst durch die Kombination von Art. 19 BV mit Art. 11 BV. Art. 19 BV gehört zu den sozialen Grundrechten und gewährt dem Einzelnen einen Anspruch auf staatliche Leistung im Bereich der Bildung[428]. Damit leistet Art. 19 BV einen Beitrag zur Wahrung der Chancengleichheit[429]. Die Chancengleichheit ist ein grundsätzliches Anliegen der Bemühungen im Bildungswesen. Jedes Kind und jeder Jugendliche hat Anspruch auf eine Grundbildung, die ihm einen gleichberechtigten Zugang zu weiterführenden Schulen und Berufsausbildung ermöglicht, unabhängig von Geschlecht, Nationalität, Religion oder finanziellen Verhältnissen[430].

Träger des Grundrechts auf Grundschulunterricht sind Kinder und Jugendliche beiderlei Geschlechts unabhängig ihrer Nationalität und bis zu ihrem 18. Altersjahr[431]. Erwachsene Personen können sich nicht auf das Grundrecht von Art. 19 BV berufen.

Art. 19 BV gewährt das Recht auf ausreichenden Grundschulunterricht. Ziel des Grundschulunterrichts ist es, den Kindern und Jugendlichen eine Bildung zu vermitteln, die sie zur aktiven Teilnahme am Leben in der Gesellschaft und zur selbstverantwortlichen Lebensgestaltung befähigt. Der Inhalt des Grundschulunterrichts orientiert sich am „allgemeinen Standard“[432]. Man könnte von ei-

---

427 Der Grundschulunterricht umfasst nicht die berufliche Ausbildung. KÄGI-DIENER, *St. Galler Kommentar zur Bundesverfassung*, Art. 19, Rz. 4. Ebenso KIENER/KÄLIN, *Grundrechte*, p. 389. Daher kann nicht von einem Recht auf Bildung im Allgemeinen gesprochen werden.

428 „Art. 19 BV verleiht einen Anspruch auf eine grundlegende Ausbildung, die primär der Chancengleichheit dient.“ HÄFELIN/HALLER/KELLER, *Bundesstaatsrecht*, Rz. 925c.

429 Dazu gehört insbesondere die Gewährleistung der Unentgeltlichkeit des Unterrichts. Diese Unentgeltlichkeit wird als „kleines Sozialrecht“ bezeichnet. Siehe dazu RHINOW, *Bundesverfassung*, p. 341. Ebenso: BIGLER-EGGENBERGER, *St. Galler Kommentar zur Bundesverfassung*, Art. 41, Rz. 67. MÜLLER/SCHEFER heben die grosse Bedeutung der schulischen Grundbildung für die Entwicklung eines Menschen hervor. MÜLLER/SCHEFER, *Grundrechte*, p. 783.

430 KIENER/KÄLIN, *Grundrechte*, p. 387. Siehe weiterführend zur Chancengleichheit: HÖRDEGEN, Stephan, *Chancengleichheit und Schulverfassung, Unter Berücksichtigung sozial-liberaler Gerechtigkeitstheorien und der niederländischen Bildungsverfassung*, Schulthess, Zürich, 2005.

431 Art. 14 ZGB: „Mündig ist, wer das 18. Lebensjahr vollendet hat.“ Nach Vollendung des 18. Lebensjahres gelten die betroffenen Personen nicht mehr als Kinder oder Jugendliche.

432 MÜLLER/SCHEFER sprechen vom „üblicherweise erforderlichen Bildungsangebot“ und weisen zugleich darauf hin, dass die unter- und überdurchschnittlichen Schü-

nem Grundstock an Wissen und Fähigkeiten sprechen, der sich der gesellschaftlichen Entwicklung und ihren Herausforderungen anpasst und sich daneben auch an den Bedürfnissen der Schüler orientiert. Der garantierte Grundschulunterricht soll im Klassenverband und am Aufenthaltsort des Schülers stattfinden. Ein wesentliches Element, besonders zur Wahrung der Chancengleichheit, ist die garantierte Unentgeltlichkeit des Unterrichts.

Der individualrechtliche Anspruch aus Art. 19 BV ist justiziabel. Als soziales Grundrecht kann Art. 19 BV nicht nach Art. 36 BV eingeschränkt werden. Dennoch existieren zwei Anspruchsbegrenzungen: Erstens begrenzt die Leistungsfähigkeit des Staates den grundrechtlichen Anspruch. Diese Grenze muss jeweils von Gesetzgeber und Richter konkretisiert werden und ist nicht abstrakt feststellbar[433]. Zweitens kann das Recht auf Grundschulunterricht des einen Schülers zugunsten der Wahrung desselben Rechts eines anderen Schülers eingeschränkt werden[434].

D. Die Bildungsverfassung der Schweizerischen Bundesverfassung

Der Begriff „Bildungsverfassung" meint eine „Gesamtschau der Verfassungsbestimmungen zur Bildung"[435] und umfasst nebst den Artikeln 61a – 68 BV die

ler Förderung gestützt auf die Garantie eines „ausreichenden" Grundschulunterrichts einfordern können. MÜLLER/SCHEFER, *Grundrechte*, p. 787.

433 BGE 129 I 12, p. 20, E. 6.3.: „Ihre Grenze, die auch bei der Konkretisierung durch den Richter zu beachten ist, finden die verfassungsrechtlich gewährleisteten Minimalansprüche namentlich in der Leistungsfähigkeit des Staates."

434 Zu denken ist etwa an die zeitlich begrenzte Dispensation eines Schülers, weil er den Unterricht stört. Siehe dazu auch BGE 129 I 12, p. 23, E. 8.4: „Die Ausübung des Anspruches auf einen den individuellen Fähigkeiten entsprechenden Grundschulunterricht durch einen Schüler wird insoweit durch den entsprechenden Anspruch der anderen Schüler begrenzt." Regula KÄGI-DIENER behandelt das so genannte „Time-out" vertiefter. KÄGI-DIENER, *St. Galler Kommentar zur Bundesverfassung*, Art. 19, Rz. 25. Nicht zuzustimmen ist KIENER/KÄLIN, die den Schulausschluss in begründeten Fällen kritisieren: „Schwierigen Jugendlichen ist nicht mit Schulausschluss, sondern geeigneten sozialpädagogischen Massnahmen zu begegnen." KIENER/KÄLIN, *Grundrechte,* p. 393. Hier vertretener Ansicht nach ist der Ausschluss sicherlich die *ultima ratio*, aber durchaus ein Mittel, um den geordneten Unterricht und das friedliche Zusammenleben der Schulgemeinschaft zu gewährleisten.

435 EHRENZELLER/SAHLFELD, *St. Galler Kommentar zur Bundesverfassung,* Vorbemerkungen zur Bildungsverfassung, Rz. 1. Die so genannte Bildungsverfassung ist neueren Datums (Volksabstimmung vom 21. Mai 2006) und wird von AMBÜHL positiv gewürdigt: „Überhaupt ist mit der Bildungsverfassung wohl insgesamt ein Erfolg versprechender, pragmatischer Weg begangen worden, die erforderlichen Anpassungen am Bildungssystem Schweiz zu leisten, ohne dabei die Vorzüge der

Sozialziele, die in Art. 41 Abs. 1 lit. f) und Art. 41 Abs. 1 lit. g) BV enthalten sind, sowie die grundrechtlichen Ansprüche aus den Artikeln 8, 11, 15, 19 und 20 BV. EHRENZELLER/SAHLFELD postulieren, dass die einschlägigen Artikel des UNO-Paktes I oder der KRK ebenfalls Teil der Bildungsverfassung sein sollen[436].

a) Der Bildungsraum Schweiz als Rahmen (Art. 61a BV)

Die Artikel 61a – 68 BV beginnen mit dem Rahmenartikel 61a BV. Er legt die Grundzüge des Bildungsraumes Schweiz fest. Aufbauend auf der grundrechtlichen Garantie von Art. 19 BV erwähnt er nicht mehr die Grundschulbildung, sondern garantiert wesentliche Merkmale des Bildungsraumes Schweiz[437]: Koordination zwischen Bund und Kantonen, hohe Qualität und Durchlässigkeit.

Art. 61a BV ist eine Programmnorm, aus der sich keine individuellen Ansprüche ableiten lassen und präsentiert den angestrebten Mittelweg zwischen einer kantonal unterschiedlichen und einer gänzlich vereinheitlichten Bildungslandschaft. Dies wird aus der Formulierung der drei Absätze ersichtlich, welche den Akzent auf die unterschiedlichen Zuständigkeiten und den Weg der Koordination legt.

Die Ziel- und Programmnorm von Art. 61a Abs. 1 BV[438] macht deutlich, dass „Bund und Kantone" für die Gestaltung des Bildungsraumes sorgen. Sie tun dies „gemeinsam" und „im Rahmen ihrer Zuständigkeiten". Die kantonale Kompetenz umfasst grundsätzlich die Grundschulbildung, der Bund ist im Bereich der Tertiärbildung zuständig. Art. 61a Abs. 2 BV führt aus, dass die Bemühungen um den Bildungsraum Schweiz zu koordinieren sind. Der Bildungsraum Schweiz soll einheitlich gestaltet sein, damit die beiden weiteren Ziele, die hohe Qualität und die Durchlässigkeit, erreicht werden können.

---

dezentralen Anlage preiszugeben." AMBÜHL, *HarmoS: demokratisch legitimiert, subsidiär, zielführend*, in: AUER, *Herausforderung HarmoS*, p. 47.

436 EHRENZELLER/SAHLFELD, *St. Galler Kommentar zur Bundesverfassung*, Vorbemerkungen zur Bildungsverfassung, Rz. 3. Dies ist irreführend. Präziser wäre es, von der „Bildungsverfassung im weiteren Sinne" zu sprechen und sie von der „Bildungsverfassung im engeren Sinne" abzugrenzen, die nur national gesetztes Recht enthält.

437 Der Begriff ist dem europäischen Kontext entnommen: „Der europäische Bildungsraum soll allen Bürgern Europas ungehinderte grenzübergreifende Mobilität (…) erlauben." EHRENZELLER/SAHLFELD, *St. Galler Kommentar zur Bundesverfassung*, Art. 61a, Rz. 5.

438 Art. 61a Abs. 1 BV: „Bund und Kantone sorgen gemeinsam im Rahmen ihrer Zuständigkeiten für eine hohe Qualität und Durchlässigkeit des Bildungsraumes Schweiz."

Die Durchlässigkeit ist umfassend zu verstehen. Gemäss HÖRDEGEN ist vom Verfassungsgeber vor allem die interkantonale und internationale Mobilität bedacht worden[439]. Wie er ausführt, besteht eine enge Verbindung zwischen der Durchlässigkeit des Bildungssystems und der Chancengleichheit.

Das Ziel „hohe Qualität“ ist mehrdeutig. Ein qualitativ hochstehendes Bildungssystem kann sich dadurch kennzeichnen, dass es möglichst allen Kindern und Jugendlichen möglichst alle Optionen offenhält und somit eine hohe Anzahl von Schulabgängern aufweist, die etwa einen Maturitätsausweis (allgemeinbildender oder berufsbildender Art) erlangen. Es ist aber auch möglich, dass unter einem qualitativ hochstehenden Bildungssystem Exzellenz der Einzelleistungen und ein damit verbundenes selektives Förderprogramm verstanden wird. Welches Verständnis von Qualität hinter der Qualitätsforderung von Art. 61a BV steht, ist auch aus den Materialien nicht ersichtlich[440].

b) Kompetenzen im Bildungswesen (Art. 62 BV)

Nachdem Art. 61a BV die Bildungsfragen als gemeinsame Aufgabe von Bund und Kantonen festgelegt hat, regelt Art. 62 BV die Zuständigkeiten von Bund und Kantonen. Nach der ausdrücklichen Bestätigung der kantonalen Kompetenz für das Schulwesen in Abs. 1, der Leistungsumschreibung in Abs. 2 und der Regelung über die Sonderschulung in Abs. 3 kommen in Abs. 4 Minimalstandards und die subsidiäre Bundeskompetenz zur Regelung derselben im Falle des Misslingens des konkordatären Weges zum Ausdruck. Abs. 5 weist dem Bund die Kompetenz zu, den Schuljahresbeginn zu regeln, und Abs. 6 nennt explizit die Mitwirkung der Kantone in Bezug auf Bundeserlasse, die sie betreffen[441].

439 HÖRDEGEN, Grundziele und -werte der „neuen“ Bildungsverfassung, *ZBl* 108 (2007), Nr. 3, p. 130. Ausdrücklich erwähnt wird dies in Art. 2 des HarmoS-Konkordates: „Sie (die Vereinbarungskantone, e. E.) sind bestrebt, die schulischen Hindernisse für eine nationale und internationale Mobilität der Bevölkerung zu beseitigen.“

440 Vgl. HÖRDEGEN, Grundziele und -werte der „neuen“ Bildungsverfassung“, *ZBl* 108 (2007), Nr. 3, pp. 132 – 135.

441 Die Darstellung der Absätze 3, 4, 5 und 6 erfolgt summarisch und in starker Anlehnung an den Kommentar des Artikel 62 BV von EHRENZELLER/SCHOTT, *St. Galler Kommentar zur Bundesverfassung*, Art. 62, Rz. 36 – 71. Mit Ausnahme von Absatz 4 sind die genannten Absätze für die vorliegende Arbeit von geringer Bedeutung.

aa) *Die kantonale Kompetenz für das Schulwesen (Art. 62 Abs. 1 BV)*

Der Begriff der Schule in der Schulgesetzgebung umfasst alle Institutionen, die der Schulgesetzgebung unterworfen sind und eine umfassende Ausbildung anbieten. Lehrende und Lernende müssen an einer Schule anwesend sein; der Unterricht erfolgt in Lerngruppen.

Der Unterricht in verschiedenen Fachbereichen der Schule soll die elterliche Erziehungsarbeit ergänzen. Das hat zur Folge, dass nicht nur Wissen, sondern auch Wertvorstellungen vermittelt werden sollen. Ziel ist das Erlangen einer ausreichenden Grundbildung[442]. Erziehung im Unterricht soll integrativ wirken, die Sozialkompetenz der Kinder fördern und es ermöglichen, dass Kinder und Jugendliche andere Lebensverhältnisse und Kulturen kennen lernen.

Die öffentliche Schule ist Bestandteil der öffentlichen Verwaltung und wird von staatlichen Organen gestaltet, betrieben und finanziert. Schulen gehören zu den öffentlich-rechtlichen, nicht-autonomen und unselbständigen Anstalten[443]. Als Teil der Verwaltung unterliegen ihre Handlungen den Grundsätzen der Verwaltungstätigkeit[444].

bb) *Die Grundsätze der Schulorganisation (Art. 62 Abs. 2 BV)*

Die in Art. 62 Abs. 2 BV enthaltenen Grundsätze über die Grundschule sind als Minimalstandards zu betrachten, die unter anderem die grundlegende Kohärenz der verschiedenen kantonalen Bildungssysteme sichern sollen[445]. Der genannte Minimalstandard soll eine gewisse Qualitätssicherung gewährleisten und hat grosse Bedeutung für Chancengleichheit im Bildungswesen.

Unter „Grundschulunterricht" wird der Elementarunterricht der Kinder und Jugendlichen verstanden. Er umfasst die Primarschule sowie die verschiedenen Ausgestaltungen der Sekundarstufe I. Drei organisatorische Grundsätze kenn-

---

442 Gemäss PLOTKE existieren sechs Zielbereiche der Bildung: ein intellektueller, ein ästhetischer, ein ethischer, ein religiöser, ein sozialpolitischer und ein physischer Zielbereich. Siehe auch PLOTKE, *Schulrecht*, p. 5.

443 PLOTKE, *Schulrecht*, pp. 66 – 67. Eine öffentlich-rechtliche Anstalt ist die Organisationsform, um den Bürgern in geeigneter Weise Leistungen zu erbringen.

444 Die fünf Grundsätze sind: der Grundsatz der Gesetzmässigkeit, der Grundsatz der Rechtsgleichheit, der Grundsatz des öffentlichen Interesses, der Grundsatz der Verhältnismässigkeit sowie der Grundsatz von Treu und Glauben. HÄFELIN/MÜLLER/UHLMANN, *Verwaltungsrecht*, Rz. 363.

445 Das Kriterium, an dem die Erfüllung der Mindestanforderungen gemessen wird, ist, ob der Übertritt an eine Berufsschule nach Abschluss der obligatorischen Schulzeit möglich ist. PLOTKE, *Schulrecht*, p. 167.

zeichnen ihn: Er ist ausreichend und allgemein zugänglich, er ist obligatorisch und er ist unentgeltlich.

(i) Ausreichender und allgemein zugänglicher Grundschulunterreicht (Satz 1)

Das Erfordernis der Allgemeinzugänglichkeit soll es jedem Kind möglich machen, den Grundschulunterricht zu besuchen. Die öffentliche Schule muss folglich religiös neutral ausgestaltet sein, damit sie von Kindern und Jugendlichen mit unterschiedlicher religiöser Prägung besucht werden kann.

Die Formulierung „ausreichender Grundschulunterricht" garantiert einen Unterricht, der für die selbstverantwortliche Lebensführung ausreicht. „Ausreichend" bezieht sich auf ein durchschnittlich von anschliessenden Schulen oder Ausbildungsstätten gefordertes Bildungsniveau. Das Adjektiv „ausreichend" weist aber auch auf die individuelle Komponente hin: Ein Kind soll seinen Fähigkeiten gemäss „ausreichend" gebildet werden. Ein allgemeiner Anspruch auf Zugang zu einer bestimmten Institution der Sekundarstufe II (etwa einer allgemeinbildenden Maturitätsschule) kann daraus aber nicht abgeleitet werden.

Aus der Formulierung von Art. 62 Abs. 2 BV ist aus rechtlicher Sicht kein staatliches Schulmonopol ableitbar[446]. Vielerorts kann aber von einem faktischen Monopol gesprochen werden[447]. Obwohl Art. 13 Abs. 3 und 4 UNO-Pakt-I den Eltern die freie Schulwahl garantiert, ist die so genannte „Lehrfreiheit"[448], wie sie etwa in Frankreich deutlich zum Tragen kommt, in der Bundesverfassung nicht explizit erwähnt[449]. Der von KIENER/KÄLIN verwendete Begriff der „Privatschulfreiheit" ist daher im Kontext des Bundesverfassungsrechts ungewöhnlich[450].

---

446 Dem Text nach stehen Schulen entweder unter „staatlicher Leitung oder Aufsicht". Vgl. EHRENZELLER/SCHOTT, *St. Galler Kommentar zur Bundesverfassung*, Art. 62, Rz. 29 – 31.

447 Detaillierter: HAFNER/LORETAN/SCHWANK, *Gesamtschweizerische Rahmenbedingungen des Religionsunterrichts,* in: KOHLER-SPIEGEL/LORETAN, *Religionsunterricht*, pp. 64 – 65.

448 MÜLLER/SCHEFER, *Grundrechte*, p. 794.

449 Die Kantone sind allerdings frei, die Privatschulfreiheit in ihren Verfassungen zu gewähren. Für den Kanton Zürich siehe § 2 III.3.A.b).

450 KIENER/KÄLIN, *Grundrechte*, p. 391.

(ii) *Schulobligatorium (Satz 2)*

Die Schulpflicht zum Erwerb der Elementarausbildung umfasst elf Jahre, wenn die Vorschule dazugezählt wird[451]. Pflichtig sind dabei Schweizer und Ausländer in gleicher Weise. Zur Bestimmung des Erfüllungsortes der Schulpflicht hingegen ist der tatsächliche Aufenthaltsort des Kindes massgebend: Grundsätzlich ist die Schule am Aufenthaltsort zu besuchen[452]. Die Verantwortung für die Erfüllung der Schulpflicht haben jene Personen, denen die Sorge für das Kind obliegt[453].

(iii) *Unentgeltlichkeit (Satz 3)*

Die Unentgeltlichkeit ist das Korrelat zum Schulobligatorium. Ursprünglich bezog sich die Unentgeltlichkeit lediglich auf den Unterricht, umfasst aber unterdessen auch die Lehrbücher und – zumindest vielerorts auf der Primarstufe – das Schulmaterial[454]. Verneint wurde bislang die Unentgeltlichkeit der Lehrmittel in Klassen der Mittelschulen, die noch in die obligatorische Schulzeit fallen. Die Transportkosten sind verfassungsrechtlich von der Unentgeltlichkeit ebenfalls nicht erfasst[455].

cc) *Sonderschulung behinderter Kinder und Jugendlicher (Art. 62 Abs. 3 BV)*

In Art. 62 Abs. 3 BV wird die Sonderschulung behinderter Kinder und Jugendlicher als Aufgabe der Kantone festgehalten. Durch diese Garantie entsteht ein individueller Anspruch des einzelnen Kindes auf Sonderschulung[456]. Der In-

---

451 Art. 6 HarmoS-Konkordat. EHRENZELLER/SCHOTT, *St. Galler Kommentar zur Bundesverfassung*, Art. 62, Rz. 15.

452 PLOTKE, *Schulrecht,* p. 177.

453 PLOTKE, *Schulrecht*, p. 172.

454 MÜLLER/SCHEFER, *Grundrechte*, p. 792. Zu Recht weisen die Autoren auf die Veränderung gegenüber bisheriger Lehre hin. Ihr gemäss war lediglich der unentgeltliche Schulbesuch garantiert. Siehe etwa JAAG, Rechtsfragen der Volksschule, *ZBl* 98 (1997), p. 543.

455 BGE 133 I 156, p. 165, E. 3.6.3: „Zu berücksichtigen ist vorliegend, dass bei der Frage der Vergütung von Transportkosten nicht der eigentliche Kernbereich der Unentgeltlichkeit des Unterrichts betroffen ist." Dem Urteil zufolge sind die Kantone frei, die Unentgeltlichkeit der Schule auf die Untergymnasien auszuweiten.

456 Dieser Anspruch ist unmittelbar durchsetzbar. EHRENZELLER/SCHOTT, *St. Galler Kommentar zur Bundesverfassung*, Art. 62, Rz. 40. Die in Art. 62 Abs. 3 garantierte ausreichende Sonderschulung ist in Zusammenhang mit Art. 8 Abs. 2 BV

tegration behinderter Kinder und Jugendlicher in die Regelklassen ist dabei der Vorrang vor der Einschulung in einer Sonderschule zu geben (vgl. Art. 20 Abs. 2 BehiG)[457]. Als besonders wichtig wird in Art. 20 Abs. 3 BehiG die Vermittlung geeigneter Kommunikationstechniken erachtet[458].

dd) Koordinationspflicht und subsidiäre Bundeskompetenz im Schulwesen (Art. 62 Abs. 4 BV)

Art. 62 Abs. 4 BV verweist auf die Dringlichkeit der interkantonalen Koordination in Bezug auf grundlegende Daten. Das Schuleintrittsalter, die Schulpflicht, die Dauer und die Ziele der Bildungsstufen und deren Übergänge sowie die Anerkennung von Abschlüssen müssen auf dem Koordinationsweg harmonisiert werden[459]. Hauptinstrument dieser Harmonisierung[460] ist die Interkantonale Vereinbarung über die Harmonisierung der obligatorischen Schule (HarmoS-Konkordat) vom 14. Juni 2007[461].

Kommt die angestrebte Harmonisierung nicht zustande, erteilt Art. 62 Abs. 4 BV subsidiär dem Bund die Kompetenz zur Regelung der Eckpunkte einer harmonisierten Bildungslandschaft Schweiz. Damit belässt der Gesetzgeber die grundsätzliche Kompetenz im Bereich des Grundschulunterrichts den Kanntonen, weist aber bereits in der Verfassung den Weg, sollte die interkantonale Zusammenarbeit keinen Erfolg haben.

(Verbot der Diskriminierung aufgrund von einer „körperlichen, geistigen oder psychischen Behinderung") zu sehen. Art. 20 des Behindertengleichstellungsgesetz (BehiG) setzt den Gesetzgebungsauftrag von Art. 8 Abs. 4 BV im Bereich der obligatorischen Schule um. HÄFELIN/HALLER/KELLER, *Bundesstaatsrecht,* Rz. 795 – 796.

457 EHRENZELLER/SCHOTT, *St. Galler Kommentar zur Bundesverfassung*, Art. 62, Rz. 36.

458 Art. 20 Abs. 3 BehiG: „Insbesondere sorgen sie dafür, dass wahrnehmungs- oder artikulationsbehinderte Kinder und Jugendliche und ihnen besonders nahe stehenden Personen eine auf die Behinderung abgestimmte Kommunikationstechnik erlernen können."

459 EHRENZELLER/SCHOTT, *St. Galler Kommentar zur Bundesverfassung*, Art. 62, Rz. 54.

460 Wie EHRENZELLER richtigerweise betont, handelt es sich um Harmonisierung und nicht um Vereinheitlichung. EHRENZELLER, *HarmoS im Lichte der Bildungsverfassung*, in: AUER, *Herausforderung HarmoS,* p. 23.

461 Vgl. § 2 II.3.D.c), p. 125.

ee) Beginn des Schuljahres (Art. 62 Abs. 5 BV)

Obwohl Art. 62 Abs. 5 BV den Bund zur Festlegung des Schuljahresbeginns verpflichtet, besteht kein entsprechendes Gesetz. Derzeit ist kein Handlungsbedarf vorhanden, da der Herbstschulbeginn unbestritten ist[462]. Wird eine engere Umschreibung des Schuljahresbeginns nötig, kann das entsprechende Gesetz gestützt auf Art. 62 Abs. 5 BV erlassen werden.

ff) Mitwirkung der Kantone (Art. 62 Abs. 6 BV)

Obwohl die Mitwirkung der Kantone in Bereichen, die sie betreffen, unumstritten ist, wird sie in Art. 62 Abs. 6 BV erneut ausdrücklich erwähnt. Dadurch tritt die Subsidiarität der Bundeskompetenz von Art. 62 Abs. 4 BV noch deutlicher hervor[463].

c) Harmonisierung der Bildungslandschaft Schweiz durch das HarmoS-Konkordat

Am 1. August 2009 ist die „Interkantonale Vereinbarung über die Harmonisierung der obligatorischen Schule (HarmoS-Konkordat) vom 14. Juni 2007“ für die Mitgliedskantone – darunter der Kanton Zürich – in Kraft getreten. Das Konkordat regelt zum einen die in Art. 62 Abs. 4 BV festgehaltenen Minimalgehalte der Harmonisierung. Zum anderen enthält es weitergehende Bestimmungen. Die beigetretenen Kantone (die Vereinbarungskantone) haben gemäss Art. 12 HarmoS-Konkordat eine Frist von sechs Jahren zur Umsetzung der Vereinbarung einzuhalten.

Die Artikel 1 und 2 HarmoS-Konkordat nehmen die verfassungsrechtlichen Anliegen auf und nennen die Entwicklung von Qualität und Durchlässigkeit sowie die Beseitigung der nationalen und internationalen Mobilitätshindernisse explizit. Dabei wird dem Subsidiaritätsprinzip Rechnung getragen (Art. 2 Abs. 1 HarmoS-Konkordat).

Die Ziele der Grundbildung werden in Art. 3 HarmoS-Konkordat konkretisiert. Es geht zunächst um den Erwerb von „grundlegenden Kenntnissen und Kompetenzen“. Das bedeutet insbesondere, dass die Schüler die Fähigkeit erwerben, sich lebenslang Wissen anzueignen. Daneben ist auch die Entwicklung einer

---

462 EHRENZELLER/SCHOTT, *St. Galler Kommentar zur Bundesverfassung*, Art. 62, Rz. 69.

463 EHRENZELLER/SCHOTT, *St. Galler Kommentar zur Bundesverfassung*, Art. 62, Rz. 70 – 71.

„kulturellen Identität" wichtig (Art. 3 Abs. 1 HarmoS-Konkordat). Diese Bestimmung nimmt Art. 29 Abs. 1 lit. c KRK auf[464] . Art. 3 Abs. 2 Hamos-Konkordat nennt den Zugang aller Schüler zu Schulinstitutionen der Sekundarstufe II (im Sinne von Art. 61a Abs. 3 BV sowohl zu berufsbildenden als auch gemeinbildenden Institutionen) als Ziel. Die Aufzählung der fünf Bildungsbereiche („Sprachen", „Mathematik und Naturwissenschaften", „Sozial- und Geisteswissenschaft", „Musik, Kunst und Gestaltung" sowie „Bewegung und Gesundheit") ist nicht abschliessend. Die Kantone sind frei, weitere Bereiche zu harmonisieren.

Eintrittsalter und Dauer der Schulpflicht werden in den Art. 5 und 6 HarmoS-Konkordat genannt. Art. 5 Abs. 1 HarmoS-Konkordat erklärt Kinder ab dem vollendeten vierten Altersjahr (Stichtag 31. Juli) als schulpflichtig. „Einschulung" muss verstanden werden als Eingewöhnung in die schulischen Arbeitsstrukturen. Dabei wird der Reife des einzelnen Kindes Rechnung getragen. Die Dauer der Schulstufen wird in Art. 6 Abs. 1 und 2 HarmoS-Konkordat genannt: acht Jahre für die Primarstufe inklusive Vorschule, drei Jahre für die Sekundarstufe I. Die Evaluation und Qualitätssicherung wird durch Bildungsstandards, weitere Evaluationsinstrumente, Portfolios und Bildungsmonitoring vorgenommen (Art. 7 – 10 des HarmoS-Konkordats).

464 „States Parties agree that the education of the child shall be directed to: (...) (c) The development of respect for the child's parents, his or her own cultural identity (...)". DETRIK unterlässt es aber, in ihrem Kommentar zur Kinderrechtskonvention eine Begriffsdefinition von „kultureller Identität" wiederzugeben. DETRIK, *A Commentary on the United Nations Convention on the Rights of the Child*, p. 513. Aus dem Kommentar der EDK zur genannten Bestimmung geht nicht hervor, was „kulturelle Identität" umfasst. SCHWEIZERISCHE KONFERENZ DER KANTONALEN ERZIEHUNGSDIREKTOREN (EDK), *Interkantonale Vereinbarung vom 14. Juni 2007 über die Harmonisierung der obligatorischen Schule (HarmoS-Konkordat), Kommentar zu den einzelnen Bestimmungen*, p. 3. UHLE definiert die kulturelle Identität als die „Gesamtheit der kulturell geprägten Werte samt der daraus resultierenden Weltsichten und Denkweisen sowie der ebenfalls kulturell geprägten Verhaltens- und Lebensweisen, die das Eigenbild einer Kulturgemeinschaft – namentlich einer Nation – dadurch bestimmen, dass sie nach innen als Gemeinsamkeiten, nach aussen (zumindest partiell) als Unterschiede zu anderen Kulturgemeinschaften bzw. Nationen wahrgenommen werden." UHLE, *Freiheitlicher Verfassungsstaat und kulturelle Identität*, p. 15.

E. *Religiöser Unterricht und öffentliche Schule*

a) Religiöser Unterricht im Allgemeinen

Der religiöse Unterricht wird sowohl in positiver wie auch negativer Perspektive in Art. 15 BV ausdrücklich genannt: Jede Person darf religiösen Unterricht besuchen, niemand aber darf gezwungen werden, an religiösem Unterricht teilzunehmen[465].

Die relative konfessionelle Neutralität[466] des Staates ermöglicht es den öffentlich-rechtlich anerkannten Kirchen in vielen Kantonen, konfessionellen Religionsunterricht an den öffentlichen Schulen zu erteilen[467]. Dieser Unterricht ist als Freifach zu konzipieren und mit einem An- oder Abmeldeverfahren zu versehen. Indem der Staat religiösen Unterricht an der öffentlichen Schule anbieten lässt, gewährleistet er den positiven Aspekt der Glaubens- und Gewissensfreiheit. Er schafft die Voraussetzungen dafür, dass ein Schüler ein religiöses Bildungsangebot wahrnehmen kann.

Das schweizerische System des religiösen Unterrichts an der Schule ging ursprünglich davon aus, dass alle Schüler einer der öffentlich-rechtlich anerkannten Religionsgemeinschaften angehören. Wie weiter hinten dargelegt wird[468], hat sich die Anzahl Religionen, die an einer Schule vertreten sind, wie auch die Zahl der konfessionslosen Schüler vergrössert. Vor diesem Hintergrund sind neue Wege im Bereich religiöser Bildung gefragt. Die Rolle, die dem Staat dabei zukommt, ist von der Definition von „religiösem Unterricht" abhängig.

---

465 Schon Art. 49 Abs. 2 aBV erwähnte das Zwangsverbot hinsichtlich religiösen Unterrichts explizit: „Niemand darf zur Teilnahme an einer Religionsgenossenschaft oder an einem religiösen Unterricht oder zur Vornahme einer religiösen Handlung gezwungen, oder wegen Glaubensansichten mit Strafen irgendwelcher Art belegt werden."

466 ROUILLER, Le principe de la neutralité confessionnelle relative, *AJP/PJA* 12 (2003), p. 949.

467 Die Regelung von Art. 27 Abs. 3 aBV garantierte die religiöse Neutralität der Schule explizit. HÄFELIN/HALLER schrieben: „Fakultativer Religionsunterricht bedeutet keinen Verstoss gegen diese Vorschrift." HÄFELIN/HALLER, *Bundsstaatsrecht, 1998*, Rz. 1240.

468 Vgl. § 4 II.1., p. 169.

b) Der Begriff „Religiöser Unterricht“ gemäss dem Schweizerischen Bundesgericht

Das Bundesgericht geht in langjähriger Praxis[469] von einem weiten Begriff des religiösen Unterrichts aus. Religiöser Unterricht ist jeder Unterricht, der die Beziehung des Menschen zum Göttlichen, zum Transzendenten betrifft[470]: „Richtigerweise wird unter religiösem Unterricht der Unterricht verstanden, der die Beziehungen des Menschen zum Göttlichen betrifft. Auch ein nichtkonfessioneller oder interkonfessioneller Unterricht auf diesem Gebiet stellt einen religiösen Unterricht dar.“[471] Damit ist religiöser Unterricht in den Worten von PLOTKE ein Unterricht, der „über die gemeinschaftlichen ethischen Werte hinaus metaphysische Gegenstände zum Inhalt hat, das Verhältnis des Menschen und seine Pflichten zu Gott erörtert, Kulthandlungen erklärt und einübt“[472]. Der Inhalt des Unterrichts, nicht der Konfessionsbezug ist entscheidend[473].

Ausgehend von der oben genannten Definition des religiösen Unterrichts werden verschiedene Arten desselben in der Schweiz unterschieden[474]:

---

469 Das Bundesgericht befasste sich 1897 zum ersten Mal mit der Frage, ob der Unterricht in Biblischer Geschichte religiöser Unterricht ist. Siehe BGE 23 I 1361 (Traxl).

470 HÄFELIN, *Art. 49,* in: AUBERT et al., (Hg.), *Kommentar zur Bundesverfassung der Schweizerischen Eidgenossenschaft vom 29. Mai 1874,* Rz. 60. Vgl. auch FLEINER/GIACOMETTI: „Religionsunterricht im Sinne dieser Verfassungsvorschrift ist dabei jeder Unterricht, der die Beziehung der Menschen zu Gott betrifft, mag er konfessionell oder konfessionslos ausgestaltet sein.“ FLEINER/GIACOMETTI, *Bundesstaatsrecht,* p. 322.

471 Entscheid des Bundesgerichts vom 19. Januar 1993, 2P.307/1991 in *ZBl* 94 (1993), p. 220. Siehe weiter auch: HAFNER/LORETAN/SCHWANK, *Gesamtschweizerische Rahmenbedingungen des Religionsunterrichts,* in: KOHLER-SPIEGEL/LORETAN, *Religionsunterricht,* p. 69; KRAUS, *Schweizerisches Staatskirchenrecht,* p. 349; PLOTKE, *Schulrecht*, pp. 199/200.

472 PLOTKE, *Schulrecht*, p. 200.

473 Im einschlägigen Entscheid zum Unterricht in Biblischer Geschichte untersuchte das Bundesgericht den konkreten Unterricht „unter Zugrundelegung des vom Departement vorgelegten experimentellen Leitfadens für die Lehrerschaft“. Entscheid des Bundesgerichts vom 19. Januar 1993, 2P.307/1991, E. 2b) in *ZBl* 94 (1993), p. 220. PLOTKE fügt als Begründung für diese Einordnung von Biblischer Geschichte in den Bereich des religiösen Unterrichts an: „Die Bibel enthält die Botschaft vom göttlichen Heilshandeln und lässt sich nicht wie ein Märchen erzählen.“ PLOTKE, *Schulrecht,* p. 200.

474 Für detailliertere Angaben siehe HAFNER/LORETAN/SCHWANK, *Gesamtschweizerische Rahmenbedingungen des Religionsunterrichts,* in: KOHLER-SPIEGEL/LORETAN, *Religionsunterricht*, p. 69 – 72.

1. Konfessioneller Religionsunterricht: Der konfessionelle Religionsunterricht ist die traditionelle Form, die auch Katechese genannt wird. Er wird von Vertreterinnen und Vertretern der jeweiligen Religionsgemeinschaft unterrichtet. Ziel des Unterrichts ist die Vermittlung von Glaubensinhalt der jeweiligen Konfession sowie die Sozialisierung der Schülerinnen und Schüler in ihrer Religionsgemeinschaft.

2. Konfessionell neutraler Religionsunterricht: Diese Form des Religionsunterrichts soll der Pluralität der Anschauungen und Meinungen der Schüler Rechnung tragen. Die Behandlung der einzelnen Religionen und Konfessionen erfolgt in einer Art, die keine Parteinahme für eine bestimmte Konfession darstellt. Konfessionell-kooperativer Unterricht (im Kanton Zürich KoKoRu genannt) ist ein Beispiel für diesen Unterricht. Lehrpersonen sind zumeist Vertreter der Glaubensgemeinschaften, welche gemäss öffentlichem Recht an den Schulen Religionsunterricht erteilen dürfen oder – im Kanton Zürich – Lehrpersonen mit entsprechender Zusatzausbildung.

Geht man von der bundesgerichtlichen Definition religiösen Unterrichts aus, wonach auch ein konfessionsloser Unterricht religiöser Unterricht ist, so ist auch ein konfessionsneutrales Unterrichtsfach wie „Religion und Kultur" religiöser Unterricht. Das Bundesgericht liefert im selben Urteil aber auch einen Ansatzpunkt für ein anderes Verständnis. Das Bundesgericht argumentiert, es handle sich beim konkret beurteilten Fach Biblische Geschichte „offensichtlich nicht um einen Unterricht lediglich kulturellen Inhalts, sondern um einen religiösen Unterricht im Sinne von Art. 49 Abs. 2 BV"[475]. *E contrario* würde ein Fach mit gleicher Bezeichnung, aber klar erkennbarem „kulturellen Inhalt" keinen religiösen Unterricht darstellen.

Von letzterem geht ein Teil der Lehre aus, wenn Fächer wie „Religionskunde", „Ethik" oder „Lebenskunde" nicht als Formen religiösen Unterrichts verstanden werden[476]. Solcher Unterricht unterscheidet sich kaum von anderen geisteswissenschaftlichen Fächern und kann als „säkulares Unterrichtsfach"[477] für obligatorisch erklärt werden.

Die Problematik besteht darin, dass sich das Bundesgericht seit 1993 nicht mehr zur Frage der Definition des religiösen Unterrichts geäussert hat. Die weite

---

475 Entscheid des Bundesgerichts vom 19. Januar 1993, 2P.307/1991 in *ZBl* 94 (1993), p. 221.

476 Anstelle vieler: HAFNER/LORETAN/SCHWANK, *Gesamtschweizerische Rahmenbedingungen des Religionsunterrichts,* in: KOHLER-SPIEGEL/LORETAN, *Religionsunterricht*, p. 73.

477 HAFNER/LORETAN/SCHWANK, *Gesamtschweizerische Rahmenbedingungen des Religionsunterrichts,* in: KOHLER-SPIEGEL/LORETAN, *Religionsunterricht*, p. 73.

Begriffsdefinition sowie das Fehlen von durch die bundesgerichtliche Rechtsprechung definierten Kriterien eines religiös neutralen Unterrichts[478] sind eine Herausforderung für neue, religionskundliche Fächer. Es ist daher nachvollziehbar, dass die im Kanton Zürich zuständige Behörde auf die Definition des religiösen Unterrichts durch den EGMR zurückgreift[479].

c) Der Begriff „religiöser Unterricht" gemäss dem Europäischen Gerichtshof für Menschenrechte

Bei der Auslegung von Art. 9 EMRK nehmen der EGMR und seine Organe eine enge Begriffsbestimmung des religiösen Unterrichts vor. Die Strassburger Organe unterscheiden zwischen „teaching in religion" und „teaching about religion"[480]. Nur die erstgenannte Form stellt religiösen Unterricht dar und fällt in den Schutzbereich von Art. 9 EMRK.

aa) Teaching in religion

Unter dem Begriff „teaching in religion" ist das Einüben und Praktizieren von spezifischen, konfessionellen Glaubenshandlungen zu verstehen. „Teaching in religion" betrifft damit jene Form von religiösem Unterricht, die durch das Zwangsverbot von Art. 9 EMRK erfasst wird. Das Ziel eines Unterrichts, der unter „teaching in religion" fällt, ist die „Beheimatung" eines Kindes oder Jugendlichen in einer bestimmten Konfession oder Religion. In dieser Form ergänzt der religiöse Unterricht die religiöse Erziehung durch die Eltern.

Die öffentliche Schule selbst darf keinen Unterricht dieser Art anbieten. Der Staat als Träger der öffentlichen Schule hat sich religiös neutral zu verhalten und muss sich jeder Handlung, welche die Glaubens- und Gewissensfreiheit eines Schülers und seiner Eltern verletzt, enthalten[481]. Die bisherige Zürcher

---

478 Das Bundesgericht spricht im einschlägigen Urteil von 1993 lediglich von einem Unterricht „kulturellen Inhalts", ohne diese Form des Unterrichts zu konkretisieren. Entscheid des Bundesgerichts vom 19. Januar 1993, 2P. 307/1991, E. 2b), *ZBl* 94 (1993), p. 221.

479 Beschluss des Bildungsrates vom 4. Dezember 2006: „Der Unterricht in Religion und Kultur ist kein religiöser Unterricht." *Schulblatt ZH* 122 (2007), p. 61.

480 „As regards the contents of the instruction in religious knowledge the Gouvernment have submitted that the teaching in the subject religious knowledge aims at being a teaching about religion, not in religion." EKMR, *Angeleni c./ Schweden*, 10491/83, DR 51 (1987), p. 49.

481 Wenn der Staat allerdings einer Religion im Rahmen des Lehrplanes eines religionskundlichen Faches mehr Platz einräumt als einer anderen, so verletzt er damit das Neutralitätsgebot nicht und verstösst auch nicht gegen das Indoktrinie-

Praxis, wonach der Staat den öffentlich-rechtlich anerkannten Religionsgemeinschaften Raum und Zeit für ihren Unterricht einräumt, steht insofern nicht im Widerspruch zur EMRK, als dass der Staat selbst nicht Träger des Unterrichts war.

bb) Teaching about religion

Religionskundlicher Unterricht gehört in die Kategorie des „teaching about religion". Die einzelnen Religionen werden entweder systematisch oder thematisch behandelt und dabei möglichst objektiv und wertungsfrei behandelt. „Religion" erscheint hier als ein Unterrichtsfach wie jedes andere auch: Vermittelt werden Wissensinhalte, nicht Haltungen. Durch einen solchen Unterricht wird die Glaubens- und Gewissensfreiheit des einzelnen Schülers nicht verletzt[482].

Der EGMR führt diese Rechtsprechung in neueren Urteilen nicht nur weiter, sondern vertieft sie. Im Urteil vom 29. Juni 2007 *Folgerø und andere c./ Norwegen*[483] hatte das Gericht über die Konventionskompatibilität des obligatorischen Religionsunterrichtes „KRL"[484] sowie die mögliche partielle Dispensation zu befinden. Der EGMR geht dabei davon aus, dass ein Unterricht, der Informationen über Religionen „de manière objective, critique et pluraliste"[485] vermittelt, die religiöse Orientierung der Eltern und ihr Erziehungsrecht respektiert. Im Fall des norwegischen Faches „KRL" hat der Gerichtshof die Erfüllung dieser Auflage verneint und insbesondere auch die lediglich partielle und mit Auflagen versehene Dispensation als Verletzung der Elternrechte klassifiziert.

Im Oktober 2007 verwies der EGMR im Urteil *Zengin c./ Türkei*[486] auf dieselben Grundsätze[487]. Am 6. Oktober 2009 schliesslich hatten die Strassburger

rungsverbot. Vgl. GARLICKI/JANKOWSKA-GILBERG, *Religiöse Aspekte,* in: EHRENZELLER et al., *Religionsfreiheit im Verfassungsstaaat,* pp. 128-129.

482 „In principle, teaching which provides information only cannot be regarded as being in conflict with the Convention or its Protocols." EKMR, *Angeleni c./ Schweden*, 10491/83, DR 51 (1987), p. 49.

483 EGMR, *Folgerø und andere c./ Norwegen*, 15472/02, 29. Juni 2007.

484 Die Abkürzung bedeutet „kristendomskunnskap med religions- og livssynsorientering". Sie wurde im Urteil mit „le christianisme, la religion et la philosophie" übersetzt und im weiteren Textverlauf als „le cours de KRL" bezeichnet. EGMR, *Folgerø und andere c./ Norwegen*, 15472/02, 29. Juni 2007, § 16, p. 5. GARLICKI/JANKOWSKA-GILBERG übersetzen das Fach mit „Christentum, Religion und Philosophie". GARLICKI/JANKOWSKA-GILBERG, *Religiöse Aspekte,* in: EHRENZELLER et al., *Religionsfreiheit im Verfassungsstaaat*, p. 127.

485 EGMR, *Folgerø und andere c./ Norwegen*, 15472/02, 29. Juni 2007, § 84 h), p. 42.

486 EGMR, *Zengin c./ Türkei,* 1448/04, 9. Oktober 2007.

Organe im Fall *Appel-Irrgang und andere c./ Deutschland*[488] einen Rechtsstreit zu entscheiden, der den obligatorischen Ethik- und Religionsunterricht in Berlin betraf[489]. Gemäss diesem Urteil darf der weltanschaulich neutrale Staat obligatorischen Religionskundeunterricht anbieten[490]. Die Bedingung ist, dass der Grundsatz des „teaching about religion" aus den Lehrplänen ersichtlich ist[491].

d) Religionskundliche Bildung im HarmoS-Konkordat

Gemäss der „Interkantonalen Vereinbarung über die Harmonisierung der obligatorischen Schule (HarmoS-Konkordat) vom 14. Juni 2007" stellt die Erlangung von Kompetenz im Umgang mit religiösen Fragen keines der „übergeordnete[n] Ziele der obligatorischen Schule"[492] dar. KÄGI-DIENER bedauert dies zu Recht: „In der modernen Gesellschaft prallen sodann unterschiedliche Auffassungen über die Säkularisierung des Alltags aufeinander. Im Hinblick auf einen ausreichenden Inhalt des Unterrichts erscheint es deshalb sinnvoll, die Schülerinnen und Schüler in religiöse Praktiken einzuführen und sie einen verständ-

[487] „(...) la Cour doit déterminer en première lieu si le contenu de cette matière est diffusé de manière objective, critique et pluraliste en vue de s'assurer qu'il est compatible avec les principes qui se dégagent de la jurisprudence concernant la deuxième phrase de l'article 2 du Protocole n° 1. En deuxième lieu, elle examinera la question de savoir si des moyens appropriés sont instaurés dans le système éducatif turc aux fins d'assurer le respect des convictions des parents." EGMR, *Zengin c./ Türkei,* 1448/04, 9. Oktober 2007, § 57, p. 17.

[488] EGMR, *Appel-Irrgang und andere c./ Deutschland*, 45216/07, 20. Oktober 2009.

[489] Der Titel der Pressemeldung in der Neuen Zürcher Zeitung „Der Staat darf das Fach Religion an öffentlichen Schulen gestalten" ist insofern irreführend, als dass es sich um Ethik- und Religionsunterricht handelt. SATTLER, Karl-Otto, Der Staat darf das Fach Religion an öffentlichen Schulen gestalten, Der Strassburger Menschenrechtsgerichtshof greift in einen Berliner Streit ein, *NZZ* 230. Jhg. (2009) vom 1. September 2009, p. 7.

[490] „(...) le choix des autorités scolaires berlinoises d'opter pour un cours d'éthique neutre qui donne la place aux différentes croyances et convictions ne saurait en soi soulever un problème au regard de la Convention." EGMR, *Appel-Irrgang und andere c./ Deutschland*, 45216/07, 20. Oktober 2009, p. 13.

[491] „Elle (la Cour, e. E.) souligne en particulier que la définition et l'aménagement du programme des études relèvent en principe de la compétence des Etats contractants qui doivent cependant veiller à ce que les informations ou connaissances figurant au programme scolaire soient diffusées de manière objective, critique et pluraliste, permettant aux élèves de développer un sens critique à l'égard du fait religieux dans une atmosphère sereine, préservée de tout prosélytisme intempestif." EGMR, *Appel-Irrgang und andere c./ Deutschland*, 45216/07, 20. Oktober 2009, p. 11.

[492] Titel II des HarmoS-Konkordates, p. 2.

nisvollen Umgang damit zu lehren. (...) Das HarmoS-Konkordat hat dies nicht als Ziel aufgenommen."[493] Das Konkordat enthält aber Artikel und Absätze, welche die Integration von religionskundlicher Bildung ermöglichen:

- Ziel der Entwicklung einer kulturellen Identität (Art. 3 Abs. 1 HarmoS-Konkordat)[494]: Kultur ist selten gänzlich von religiösen oder zumindest religionsbedingten Elementen zu trennen. Wenn es ein Ziel ist, dass Kinder und Jugendliche im Rahmen der obligatorischen Schulbildung eine „kulturelle Identität" entwickeln können, bedingt dies, dass religionskundliche Aspekte dieser identitätsspendenden Kultur erklärt werden.
- Kenntnis der grundlegenden Zusammenhänge des sozialen und politischen Umfelds (Art. 3 Abs. 2 lit. c) HarmoS-Konkordat)[495]: Geht man von einer heterogenen Gesellschaftszusammensetzung aus, so bedeutet „Kenntnis der Zusammenhänge des sozialen und politischen Umfeldes" hier vertretener Ansicht nach zugleich „Kenntnis der verschiedenen Religionen und Weltanschauungen". Da die Aufzählung von Art. 3 Abs. 2 HarmoS-Konkordat nicht abschliessend ist, könnte unter dem Punkt „Sozial- und Geisteswissenschaften" durchaus auch ein religionskundliches Bildungsangebot integriert werden.

Die Art. 3 und 4 HarmoS-Konkordat sind unter dem Titel „Übergeordnete Ziele der obligatorischen Schule" zu finden. Sie lassen den Kantonen Gestaltungsraum, wie sie die genannten Ziele erreichen wollen. Unter Umständen kann damit das verfassungsrechtliche Ziel der „Durchlässigkeit" des Bildungsraumes Schweiz im Bereich der Religionskunde nicht erreicht werden. Insbesondere der Ortswechsel von einem Kanton mit integrierter Religionskunde in einen Kanton mit gesonderter Religionskunde stellt für die betroffenen Schülerinnen und Schüler eine Herausforderung dar. Es ist daher wünschenswert, dass bezüglich der Form religionskundlichen Unterrichts ein eidgenössischer Konsens gefunden wird.

---

493 KÄGI-DIENER, *St. Galler Kommentar zur Bundesverfassung*, Art. 19, Rz. 42.

494 Art. 3 Abs. 1 HarmoS-Konkordat: „In der obligatorischen Schule erwerben und entwickeln alle Schülerinnen und Schüler grundlegende Kenntnisse und Kompetenzen sowie kulturelle Identität (...)."

495 Art. 3 Abs. Abs. 2 lit. c) HarmoS-Konkordat: „*Sozial- und Geisteswissenschaften:* eine Grundbildung, welche dazu befähigt, die grundlegenden Zusammenhänge des sozialen und politischen Umfeldes sowie von Mensch und Umwelt zu kennen und zu verstehen."

F. *Religiöser Unterricht und Privatschulen*

Aus Art. 62 Abs. 2 BV ist ableitbar, dass der Staat kein Schulmonopol hat, sondern lediglich für ausreichenden Grundschulunterricht zu sorgen hat. Art. 15 der Zürcher Kantonsverfassung (KV ZH) sieht die Schulfreiheit vor, wodurch auch private „Schulen mit religiöser Ausrichtung und konfessionelle Schulen“[496], die „besonderen Wert auf eine religiös-konfessionelle Glaubenshaltung und Erziehung“ legen, existieren können. Unter die Schulfreiheit fällt auch das Angebot von Religions- und Lebenskundeunterricht an Privatschulen.

Die in der Kantonsverfassung des Kantons Zürich garantierte Schulfreiheit ist gemäss BIAGGINI[497] unter anderem auch Teil der Glaubens- und Gewissensfreiheit.

III. Kantonalrechtliche Ebene: Der Kanton Zürich

1. Art. 10 KV ZH als Verweisnorm auf die Grundrechte der Bundesverfassung

Die Zürcher Kantonsverfassung enthält einen beschränkten eigenen Grundrechtskatalog, der unter dem Titel „Grundrechte“ zu finden ist und die Artikel 9 bis 18 KV ZH umfasst. In diesem Katalog sind neun Grundrechte sowie eine Gewährleistungsgarantie enthalten.

Art. 10 Abs. 1 KV ZH garantiert die Gewährleistung der „Menschenrechte und Grundrechte (...) gemäss der Bundesverfassung, den für die Schweiz verbindlichen internationalen Abkommen und der Kantonsverfassung“. Dieser Gewährleistung ergibt sich bereits aus Art. 5 Abs. 4 BV[498] sowie Art. 49 Abs. 1 BV[499], sie wird aber durch die besondere Erwähnung in Art. 10 KV ZH betont[500].

Durch Art. 10 Abs. 2 KV ZH werden die bundesverfassungsrechtlichen „Bestimmungen über die Verwirklichung und die Einschränkung der Grundrechte“[501] in das kantonale Recht „hineingenommen“[502]. Es gelten im Kanton

[496] RÜSSLI, *Rechtsstellung und Bedeutung der Privatschulen*, in: GÄCHTER/JAAG (Hg.), *Das neue Zürcher Volksschulrecht*, p. 37.

[497] BIAGGINI, *Kommentar zur Zürcher Kantonsverfassung*, Art. 15, Rz. 4.

[498] Art. 5 Abs. 4 BV: „Bund und Kantone beachten das Völkerrecht.“

[499] Art. 49 Abs. 1 BV: „Bundesrecht geht engegenstehendem kantonalem Recht vor.“

[500] BIAGGINI spricht davon, dass „die Bedeutung des Passus (...) mehr auf der symbolischen Ebene“ liegt. BIAGGINI, *Kommentar zur Zürcher Kantonsverfassung*, Art. 10, Rz. 6.

[501] Art. 10 Abs. 2 KV ZH.

Zürich somit weder bezüglich der Gestaltung der Rechtsordnung[503] noch der Einschränkung von Grundrechten[504] zur Bundesverfassung abweichende Grundsätze.

2. Das Verhältnis von Religionsgemeinschaften und Staat im Kanton Zürich

A. Historische Entwicklung

Die Reformationsbewegung unter Zwingli führte zu einer engen Verflechtung der evangelisch-reformierten Kirche mit dem Staat Zürich[505]. Die Verbindung zwischen diesen beiden Institutionen[506] kam einer Form des Staatskirchentums gleich. Diese enge Partnerschaft wurde die folgenden Jahrhunderte hinweg durch die so genannten historischen Rechtstitel aufrechterhalten[507] und auch durch die Besteuerung juristischer Personen unterstützt. Das Zeitalter der Säkularisierung ging nicht spurlos an Zürich vorbei. Im 19. Jahrhundert wurde die

502 Gemäss BIAGGINI ist Art. 10 Abs. 2 KV ZH nicht so zu verstehen, dass Art. 35 und 36 BV nun direkte Anwendung finden. „Vielmehr bewirkt Art. 10 Abs. 2, dass die rechtlichen Gehalte der beiden Bestimmungen (...) in die kantonale Rechtsordnung „hereingeholt" und gewissermassen „als kantonales Ersatzrecht" angewendet werden." BIAGGINI, *Kommentar zur Zürcher Kantonsverfassung*, Art. 10, Rz. 14.

503 Gemäss Art. 35 Abs. 1 BV müssen die Grundreche „in der ganzen Rechtsordnung zur Geltung kommen".

504 Die Schranken der Grundrechte sind in Art. 36 BV enthalten. Vgl. § 2 II.1.H., p. 106.

505 Für weitere Angaben siehe KRAUS, *Schweizerisches Staatskirchenrecht,* pp. 154 – 171. FRIEDERICH sieht in der „ausgesprochenen Staatsnähe" ein Merkmal traditionell reformierter Kantone, ebenso in der „Unterscheidung „innerer" und „äusserer" Angelegenheiten und – vor allem in den Kantonen Bern, Zürich und Waadt – die weitgehende Organisation kirchlicher Belange durch staatliches Gesetz". FRIEDERICH, *Einführung in das schweizerische Staatskirchenrecht,* in: LORETAN, (Hg.), *Kirche - Staat im Umbruch*, p. 27.

506 Dies wurde in § 1 des Gesetzes über die evangelisch-reformierte Landeskirche vom 7. Juli 1963 noch festgehalten: „Die evangelisch-reformierte Landeskirche besteht auf Grund des Evangeliums und der von Huldrych Zwingli begonnenen und gemäss den Beschlüssen des zürcherischen Rates durchgeführten Reformation."

507 Wie WINZELER darlegt, werden noch heute ein Grossteil der evangelisch-reformierten und wenige römisch-katholische Pfarrstellen vom Staat finanziert. Ausführlich zu den historischen Rechtstiteln: WINZELER, *Religionsverfassungsrecht*, pp. 108 – 111.

evangelisch-reformierte Kirche als Landeskirche anerkannt, was zugleich den Abschied vom herrschenden Staatskirchentum bedeutete.

Die Veränderung der Bevölkerungszusammensetzung durch Zuwanderung nach dem Zweiten Weltkrieg führte zu einer Neugestaltung der Verhältnisse. 1963 wurden Art. 64 aKV ZH[508] revidiert und zugleich die „Kirchengesetze von 1963"[509] erlassen. Damit wurden die römisch-katholische und die christkatholische Kirche öffentlich-rechtlich anerkannt und grundsätzlich mit denselben Rechten und Pflichten versehen wie die evangelisch-reformierte Landeskirche[510]. Die Anerkennung der römisch-katholischen und der christkatholischen Kirche stellte einen weiteren Schritt in Richtung einer Entflechtung von Kirche und Staat dar.

Die kurze Darstellung der geschichtlichen Entwicklung zeigt, dass die Idee der „Entflechtung" von Kirche und Staat nicht neu ist[511]. Die Neuerungen durch die Kantonsverfassung von 2005 müssen auf diesem Hintergrund gesehen werden.

B. Die Zürcher Kantonsverfassung von 2005

Die Neuregelung des Verhältnisses von Religionsgemeinschaften und Staat in der Kantonsverfassung ist vor dem Hintergrund einer abgelehnten Trennungsinitiative im Jahr 1995[512] sowie eines ersten Neuregelungsversuches des Verhältnisses auf Gesetzesebene im Jahr 2003[513] zu sehen. Die Gesetzesvorlagen von 2003 sahen insbesondere hinsichtlich anderer Religionsgemeinschaften eine merkliche Neuregelung vor. Es ging darum, den Status der öffentlich-

---

508 Art. 64 aKV ZH: „(...) Die evangelisch-reformierte Landeskirche und ihre Kirchgemeinden, eingeschlossen die französischen Kirchgemeinschaften, die römisch-katholische Körperschaft und ihre Kirchgemeinden sowie die christ-katholische Kirchgemeinde Zürich sind staatlich anerkannte Personen des öffentlichen Rechts."

509 JAAG, *Staats- und Verwaltungsrecht des Kantons Zürich,* Rz. 1305.

510 Die historischen Rechtstitel allerdings, die es dem Kanton erlauben, die Pfarrer der evangelisch-reformierten Kirche zu bezahlen, galten für die anderen Kirchen nicht. Grund dafür ist das Kirchengesetz von 1831: „Die kirchlichen Pfrundgüter wurden verstaatlicht, und der Staat übernahm die mit diesen Gütern verbundene Verpflichtung zur Besoldung der Pfarrer." JAAG, *Staats- und Verwaltungsrecht des Kantons Zürich,* Rz. 1304.

511 Vgl. detailliert: RUTZ-IMHOF, *Zum Verhältnis von Kirche und Staat im Kanton Zürich,* in: LORETAN, (Hg.), *Kirche - Staat im Umbruch,* pp. 50 – 61.

512 Vgl. GROTEFELD, *Zur Debatte über die Zürcher Trennungsinitiative,* in LORETAN, *Kirche - Staat im Umbruch,* pp. 62 – 67.

513 Vgl. JAAG, Neuordnung des Verhältnisses zwischen Kirchen und Staat im Kanton Zürich, *SJZ* 99 (2003), pp. 549 – 558.

rechtlichen Anerkennung unter Vorbehalt der Erfüllung gewisser Bedingungen für neue Religionsgemeinschaften zugänglich zu machen.

Nach dem negativen Entscheid der Bevölkerung an der Urne[514] wurde die ausstehende verfassungsrechtliche Grundlage für eine gesetzliche Regelung der öffentlich-rechtlichen Anerkennung nicht geschaffen. Stattdessen erwähnt Art. 131 KV ZH neu zwei jüdische Gemeinden und verleiht ihnen eine abgeschwächte Form der öffentlichen Anerkennung. Das Gemeindegesetz in der Fassung vom 7. Juli 2010 hält für christliche und jüdische Gemeinden einen Weg der Anerkennung offen, welcher nicht explizit in der Verfassung erwähnt ist[515].

a) Art. 130 KV ZH: Kirchliche Körperschaften

Die öffentlich-rechtliche Anerkennung erhalten die evangelisch-reformierte Landeskirche und ihre Kirchgemeinden (Art. 130 Abs. 1 lit. a KV ZH), die römisch-katholische Körperschaft und ihre Kirchgemeinden (Art. 130 Abs. 1 lit. b KV ZH) sowie die christkatholische Kirchgemeinde (Art. 130 Abs. 1 lit. c KV ZH). Art. 130 Abs. 2 KV ZH beschreibt den Inhalt dessen, was die in Absatz 1 anerkannten kirchlichen Körperschaften[516] im Rahmen des kantonalen Rechts autonom regeln können. Art. 130 Abs. 3 KV ZH enthält eine Auflistung der Gegenstände, die das Kirchengesetz zu regeln hat. Diese Liste ist abschliessend[517]. Art. 130 Abs. 3 lit. b KV ZH nennt das Steuerprivileg, erwähnt aber die Kategorien von steuerpflichtigen Personen nicht. Erst aus § 25 Kirchengesetz (KiG) wird deutlich, dass sowohl die natürlichen Personen, die der entsprechenden Konfession angehören, als auch die juristischen Personen auf dem Gebiet der entsprechenden Kirchgemeinde und im Rahmen der steuerrechtlichen Regelungen steuerpflichtig sind. Art. 130 Abs. 3 lit. c KV ZH hält fest, dass die zu erbringenden staatlichen Leistungen ebenfalls im entsprechenden Gesetz festzuhalten sind. Es handelt sich dabei um die finanzielle Unterstützung kirchlicher Tätigkeiten mit gemeinnützigem Ziel. Kultushandlungen dürfen nicht staatlich subventioniert werden. Die negative Zweckbindung, die Art. 130

[514] RIBI, Alle drei Kirchenvorlagen deutlich verworfen, in: *NZZ* 224. Jhg. (2003) vom 1. Dezember 2003, p. 33.

[515] Vgl. § 2 III.2.C.b)cc), p. 140.

[516] Der Verfassungsgeber anerkennt nicht die Kirchen an sich, sondern ihre nach demokratischen Grundsätzen organisierten Strukturen. RÖHL, *Kommentar zur Zürcher Kantonsverfassung*, Art. 130, Rz. 7.

[517] RÖHL, *Kommentar zur Zürcher Kantonsverfassung*, Art. 130, Rz. 19.

Abs. 4 KV ZH nennt, ist auf diesen Punkt hin zu verstehen[518]. Als Folge der öffentlich-rechtlichen Anerkennung hat der Kanton die Oberaufsicht über die kirchlichen Körperschaften (Art. 130 Abs. 5 KV ZH).

b) Art. 131 KV ZH: Weitere Religionsgemeinschaften

Unter dem Vermerk „Weitere Religionsgemeinschaften" in der Randnote zu Art. 131 KV ZH ist die Anerkennung der Israelitischen Cultusgemeinde und der Jüdischen Liberalen Gemeinde zu finden. Nach dem negativen Abstimmungsergebnis über die Anerkennung weiterer Religionsgemeinschaften im Jahr 2003 wurde davon abgesehen, die öffentlich-rechtliche Anerkennung für weitere Religionsgemeinschaften zu öffnen. Dass hingegen die Anerkennung der jüdischen Gemeinden grundsätzlich möglich sein sollte, war im Verfassungsrat unbestritten[519].

Die Anerkennung hat in erster Linie hohen symbolischen Wert und drückt die Wertschätzung des kulturellen Beitrags der jüdischen Tradition im Kanton Zürich aus. Hoheitliche Befugnisse wie etwa das Steuerprivileg sind aus dieser Anerkennung nicht ableitbar, die beiden Gemeinden behalten ihre privatrechtliche Organisationsform. Die Wirkungen der Anerkennung sind auf der Gesetzesstufe geregelt. Für das vorliegende Thema besonders interessant ist der Umstand, dass § 11 des Gesetzes betreffend die jüdischen Gemeinden (GjG) das Recht auf unentgeltliche Nutzung von öffentlichen Schulräumen für den konfessionellen Unterricht vorsieht[520].

C. Umsetzung der Verfassungsnormen auf Gesetzesstufe

a) Gesetzliche Regelungen vor 2007: Evangelisches Kirchengesetz (EKG) und Katholisches Kirchengesetz (KKG)

Während der Hauptphase der Diskussion um eine Neugestaltung des religionskundlichen Bildungsangebotes im Kanton Zürich regelten das Evangelische Kirchengesetz (EKG) und das Katholische Kirchengesetz (KKG) sowie – bezüglich Steuerfragen – das Steuergesetz (StG) die Beziehungen zwischen den Kirchen und dem Staat.

---

518 „Es (das Gesetz, e. E.) kann vorsehen, dass ein Teil der Steuererträge einer negativen Zweckbindung unterstellt wird."

519 RÖHL, *Kommentar zur Zürcher Kantonsverfassung*, Art. 131, Rz. 3.

520 RÖHL, *Kommentar zur Zürcher Kantonsverfassung*, Art. 131, Rz. 9.

Durch die öffentlich-rechtliche Anerkennung wurden die anerkannten Kirchgemeinden zu autonomen Gebietskörperschaften (vgl. Art. 64 aKV ZH). Sie unterstanden der Aufsicht des Staates (§ 4 EKG sowie §§ 2 – 3 KKG). Die öffentlich-rechtlich anerkannten Kirchgemeinden hatten das Recht, von ihren Mitgliedern sowie von juristischen Personen Steuern zu erheben (§§ 201 – 204 StG).

b) Gesetzliche Regelungen nach 2007

aa) Das Kirchengesetz (KiG)

Das Kirchengesetz vom 9. Juli 2007 (KiG) führt die Wirkungen der öffentlich-rechtlichen Anerkennung aus. In § 4 Abs. 1 KiG wird grundsätzlich festgehalten, dass der Staat Zürich und die drei öffentlich-rechtlich anerkannten Kirchen partnerschaftlich zusammenarbeiten. Dennoch hat der Staat die Oberaufsicht über die kantonalen kirchlichen Körperschaften. § 14 KiG garantiert den Anspruch auf unentgeltliche Nutzung von Räumlichkeiten an den öffentlichen Schulen für religiösen Unterricht. Der Anspruch auf seelsorgerische Tätigkeit in öffentlichen Einrichtungen ist in § 16 KiG festgehalten. Der Kanton bewilligt einen Rahmenkredit über sechs Jahre und entscheidet jährlich über den jeweiligen Kostenbeitrag (§ 20 Abs. 1 KiG). Die Kirchgemeinden erheben nach Massgabe des kantonalen Steuerrechts (§ 201 – 204 StG) die Kirchensteuern (§ 25 KiG). Kirchensteuerentscheide können vor staatlichen Instanzen weitergezogen werden (§ 204 Abs. 2 StG).

bb) Das Gesetz über die jüdischen Gemeinden (GjG)

Die anerkannten jüdischen Gemeinden haben gemäss dem „Gesetz über die anerkannten jüdischen Gemeinden“ (GjG) vom 9. Juli 2007[521] das Recht, aus den Steuerregistern des Kantons Angaben zur Feststellung des jeweiligen Mitgliederbeitrages zu erhalten (§ 7 Abs. 5 GjG). Es steht ihnen auch ein Anspruch auf staatliche Kostenbeiträge zu (§ 8 Abs. 1 GjG). Ihre Geistlichen haben das Recht auf Zulassung zu seelsorgerischer Tätigkeit in Einrichtungen des Kantons wie etwa Spitälern (§ 10 GjG). Die jüdischen Gemeinden haben auch Anspruch auf unentgeltliche Nutzung der Räume der öffentlichen Schule für ihren religiösen Unterricht (§ 11 GjG). Und nicht zuletzt gewährt das Gesetz ihnen ebenfalls Anspruch auf einen ihren Bedürfnissen entsprechenden Friedhof (§ 12 Abs. 1 GjG).

---

521 In Kraft seit 1. Januar 2008.

cc) *Das Zürcher Gemeindegesetz vom 6. Juni 1926 (GG)*

Das Zürcher Gemeindegesetz (GG) sieht in § 39a die Möglichkeit vor, dass weitere christliche und jüdische Gemeinschaften die Möglichkeit haben, eine „kleine Anerkennung“[522] zu erhalten. Die Voraussetzungen dafür sind, dass sie:

- „entweder im Kanton mehr als 3000 Mitglieder zählen und in der Schweiz während mehr als 30 Jahren im Einklang mit der Rechtsordnung gewirkt haben oder ein traditionelles europäisches Bekenntnis verkörpern;“ (§ 39a Abs. 2 Ziff. 1 GG)
- „die Rechtsordnung beachten;“ (§ 39a Abs. 2 Ziff. 2 GG)
- „ihre Strukturen in demokratischen Formen beschlossen haben und befolgen.“ (§ 39a Abs. 2 Ziff. 3 GG)

Staatliche Leistungen und Privilegien, wie sie als Folge der öffentlich-rechtlichen Anerkennung in Anspruch genommen werden können, sind gemäss Gemeindegesetz an die Einhaltung gewisser Regeln innerhalb der Religionsgemeinschaft gebunden. Das Gemeindegesetz ist damit ein Mittel, um etwa den Grundrechten innerhalb der Religionsgemeinschaften Geltung zu verschaffen, die an der „kleinen Anerkennung“ interessiert sind[523].

Die in § 39a Abs. 2 GG genannte Anerkennung steht allerdings nur christlichen und jüdischen Gemeinden offen. In Übereinstimmung mit WINZELER ist diese Einschränkung als nach Art. 15 und 8 Abs. 2 BV „unhaltbar“[524] zu qualifizieren.

---

522 WINZELER, *Religionsverfassungsrecht,* p. 107.

523 Vgl. dazu LORETAN, *Religionen im Kontext der Menschenrechte,* pp. 17 – 26. Nebst dem hier vorliegenden Kontext der öffentlich-rechtlichen Anerkennung ist auch an das Engagement von Religionsgemeinschaften für die Grund- und Menschenrechte zu denken: „Die Frage drängt sich auf, wie Organisationen, die die Grund- und Menschenrechte von andern einfordern, diese in den eigenen Reihen umsetzen. Es ist eine Frage der Glaubwürdigkeit. Was Religionsgemeinschaften von Staaten und internationalen Organisationen fordern, das sollen sie selbst umsetzen.“ LORETAN, *Religionen im Kontext der Menschenrechte*, p. 19.

524 WINZELER, *Religionsverfassungsrecht,* p. 107.

3. Das Bildungswesen im Kanton Zürich

A. Bildungsnormen in der Kantonsverfassung

a) Art. 14 KV ZH: Recht auf Bildung

In Art. 14 der Kantonsverfassung garantiert der Zürcher Verfassungsgeber das Recht auf Bildung. Im Gegensatz zu Art. 19 BV meint Art. 14 Abs. 1 KV ZH ein allgemeines Recht auf Bildung[525]. Dem Verfassungsgeber ging es darum, die bundesverfassungsrechtlichen Garantien aus Art. 19 BV auszuweiten[526].

Die genannte Ausweitung der Garantien aus Art. 19 BV betrifft insbesondere den Aspekt „Unentgeltlichkeit": Nicht nur die Grundschulbildung, sondern auch die Maturitäts- und Berufsschulbildung sollen unentgeltlich werden[527]. Gemäss der Garantie der Unentgeltlichkeit in der Bundesverfassung ist lediglich der ausreichende Grundschulunterricht von Kosten für die Eltern befreit. Allerdings betrifft die Unentgeltlichkeit im überobligatorischen Bereich nicht die Schulmittel[528].

Art. 14 Abs. 2 KV ZH garantiert den gleichberechtigten Zugang aller Schüler zu den Bildungseinrichtungen und richtet sich damit gegen jede Form von Diskriminierung.

Wie BIAGGINI ausführt, lässt sich „die Tragweite der kantonsverfassungsrechtlichen Gewährleistung des Rechts auf Bildung nicht eindeutig beantworten"[529]; er meint aber, dass „die Bedeutung von Art. 14 KV ZH (...) vorab im nachobligatorischen Bereich"[530] liegt. Der Grund für die Unklarheit der Tragweite ist, dass dieses Grundrecht erst seit 1. Januar 2011 direkt angerufen werden kann und entsprechend noch keine Gerichtspraxis vorliegt.

---

525 Art. 14 Abs. 1 KV ZH: „Das Recht auf Bildung ist gewährleistet."

526 BIAGGINI, *Kommentar zur Zürcher Kantonsverfassung*, Art. 14, Rz. 3.

527 BIAGGINI, *Kommentar zur Zürcher Kantonsverfassung*, Art. 14, Rz. 3.

528 BIAGGINI, *Kommentar zur Zürcher Kantonsverfassung*, Art. 14, Rz. 20.

529 BIAGGINI, *Kommentar zur Zürcher Kantonsverfassung*, Art. 14, Rz. 17.

530 BIAGGINI, *Kommentar zur Zürcher Kantonsverfassung*, Art. 15, Rz. 18.

b) Art. 15 KV ZH: Die Privatschulfreiheit

Art. 15 KV ZH gewährt das Recht auf „Gründung, Organisation und Besuch privater Bildungsstättten“[531]. Aus Art. 62 Abs. 2 BV kann abgeleitet werden, dass der Staat lediglich die ausreichende Grundschulbildung garantiert und dass der Grundschulunterricht unter staatlicher Leitung oder Aufsicht steht. „Obgleich die Bundesverfassung keine ausdrückliche Bestimmung über die Schulfreiheit enthält, sind das Gründen, Organisieren und Betreiben sowie der Besuch privater Bildungsstätten unbestrittenermassen grundrechtlich geschützt.“[532]

Privatschulen, die dieselben Aufgaben erfüllen wie die öffentlichen Schulen, unterstehen gemäss Art. 117 Abs. 1 KV ZH staatlicher Aufsicht[533]. Während private Gymnasien, die Schüler auf die Maturitätsprüfung gemäss Maturitätsanerkennungsreglement (MAR)[534] vorbereiten, Subventionen des Staates erhalten können[535], sieht die Kantonsverfassung keine derartigen Subventionen für Privatschulen der Primar- und Sekundarstufe vor. Eine Ausnahme bilden Schulen mit ausländischem Schulprogramm[536].

Da bereits die Bundesverfassung die Privatschulfreiheit garantiert und sie lediglich durch das Erfordernis staatlicher Aufsicht einschränkt, wird deutlich, dass Art. 15 KV ZH „vor allem eine klarstellende Funktion“[537] zukommt. Die Schulfreiheit ist einschränkbar: Die Einschränkungserfordernisse aus Art. 36 BV kommen in Verbindung mit Art. 10 Abs. 2 KV ZH zur Anwendung.

---

531 Art. 15 KV ZH: „Das Recht auf Gründung, Organisation und Besuch privater Bildungsstätten ist gewährleistet.“

532 BIAGGINI, *Kommentar zur Zürcher Kantonsverfassung*, Art. 15, Rz. 4.

533 Art. 117 Abs. 1 KV ZH: „Privatschulen, welche die gleichen Aufgaben wie die öffentliche Volksschule erfüllen, sind bewilligungspflichtig und unterstehen staatlicher Aufsicht.“

534 Reglement der EDK vom 16. Januar 1996 über die Anerkennung von gymnasialen Maturitätsausweisen.

535 § 37 Abs. 1 MSG: „Der Kanton kann an nichtstaatliche Mittelschulen mit schweizerisch anerkannten Abschlüssen für Schülerinnen und Schüler mit Wohnsitz im Kanton Zürich pauschale Subventionen bis höchsten zu einem Drittel der Kosten für Schülerinnen und Schüler an staatlichen Schulen ausrichten.“

536 § 72 VSG: „Der Regierungsrat kann an die Schulen gemäss § 68 Abs. 2, sofern deren Bestand für den Kanton einen besonderen Nutzen bietet, Beiträge bis zur Hälfte der anrechenbaren Kosten für den Neu- und Umbau von Gebäuden ausrichten. Er kann die Ausrichtung der Beiträge mit Auflagen verbinden.“ § 68 Abs. 2 VSG: „Die Direktion kann Privatschulen, die den Lehrplan nur teilweise erfüllen, bewilligen, wenn dort vorwiegend in einer Fremdsprache unterrichtet wird.“

537 BIAGGINI, *Kommentar zur Zürcher Kantonsverfassung*, Art. 15, Rz. 6.

B. *Vorbemerkungen zu Bildungsgesetz, Volksschulgesetz und Lehrpersonengesetz*

Das Bildungswesen des Kantons Zürich hat sich in den vergangenen Jahren stark gewandelt. Das Unterrichtsgesetz von 1859 wurde erst im Jahr 2002 durch ein neues Bildungsgesetz (BiG) abgelöst. Das Volksschulgesetz (VSG) aus dem Jahr 2005 ersetzte jenes, das seit 1899 in Kraft war und ist „das Produkt eines jahrelange politischen Prozesses“[538].

Für die hier untersuchten Fragen zum religionskundlichen Fach „Religion und Kultur“ hingegen hat sich keine grundlegende Veränderung ergeben. Dies liegt daran, dass die Festlegung der beiden betroffenen Steuerungselemente – Stundentafel und Lehrplan – sowohl unter dem alten als auch dem neuen Volksschulgesetz vom Bildungsrat durch Beschluss festgelegt werden und nicht im Volksschulgesetz oder der Volksschulverordnung enthalten sind. An dieser Regelung hat sich durch die neue Schulgesetzgebung nichts verändert.

Verändert haben sich die Kompetenzen der für die Lehrpläne zuständigen Behörde, worauf aber hier nicht eingegangen wird, da sie für die vorliegende Frage nicht relevant ist. Die damit verbundene Umbenennung der Behörde von „Erziehungsrat“ zu „Bildungsrat“ durch das Bildungsgesetz ist die einzige wahrnehmbare Veränderung[539].

a) Das Bildungsgesetz des Kantons Zürich (BiG)

Das Bildungsgesetz (BiG) enthält Regelungen über das Bildungswesen im Allgemeinen. Ziel des Bildungswesens soll es sein, dem Menschen eine Bildung zu vermitteln, die ihn sowohl in seiner individuellen als auch sozialen Entwicklung unterstützt und damit die Grundlage legt „für die berufliche Tätigkeit sowie das Zusammenleben in Gesellschaft und Demokratie“, wie es in § 2 Abs. 1 BiG heisst. Gemäss § 4 BiG sind die staatlichen Schulen politisch und konfessionell neutral.

§ 8 Abs. 1 BiG hält die dreistufige Gliederung des Bildungswesens fest: die Volksschulstufe, die Sekundarstufe II sowie die Tertiärstufe. In § 8 Abs. 2 BiG

---

538 WENDELSPIESS, *Organisation der Schulbehörden*, in: GÄCHTER/JAAG (Hg.), *Das neue Zürcher Volksschulrecht*, p. 21.

539 Vgl. zum Erziehungsrat WENDELSPIESS, *Organisation der Schulbehörden*, in: GÄCHTER/JAAG (Hg.), *Das neue Zürcher Volksschulrecht*, p. 25; zum Bildungsrat WENDELSPIESS, *Organisation der Schulbehörden*, in: GÄCHTER/ JAAG (Hg.), *Das neue Zürcher Volksschulrecht*, p. 32. Zum Bildungsrat siehe auch JAAG, *Staats- und Verwaltungsrecht des Kantons Zürich*, Rz. 4013 ff.

wird die Volksschulstufe konkretisiert. Sie besteht aus der Grundstufe, der Primarstufe und der Sekundarstufe I (§ 8 Abs. 2 Satz 1 BiG). § 8 Abs. 2 Satz 2 BiG enthält den Hinweis auf eine kantonale Besonderheit: „Die Sekundarstufe I umfasst die letzten drei Jahre der obligatorischen Schulpflicht, die in der Volksschule oder in den Mittelschulen erfüllt werden." Der Kanton Zürich kennt so genannte Langzeitgymnasien. Diese Mittelschulen ermöglichen es ihren Schülern, bereits die letzten drei Jahre der obligatorischen Schulzeit an der Maturitätsschule zu absolvieren. Die Langzeitgymnasien gehören nicht zur Volksschule, sondern sind Teil der Mittelschulen und dementsprechend auch mit eieigenen Stundentafeln versehen. Von den Veränderungen hinsichtlich religionskundlicher Bildung waren die Langzeitgymnasien bis Ende 2010 nicht betroffen. Ihre Regelung religiöser Bildung wird daher kurz dargestellt[540], aber nicht weiter behandelt.

Eine wichtige Rolle in Bildungsfragen kommt dem Bildungsrat des Kantons Zürich zu. Gemäss § 21 Abs. 1 BiG fördert er das Bildungswesen und koordiniert zwischen den Bildungsbereichen. § 21 Abs. 2 BiG hält seine Zuständigkeit für Stellungnahmen hinsichtlich wesentlicher bildungspolitischer Fragen fest.

b) Das Volksschulgesetz des Kantons Zürich (VSG)

Nach der Festlegung des Geltungsbereiches regelt das Volksschulgesetz (VSG) unter § 2 die „Bildungs- und Erziehungsaufgaben", wie es in den Marginalien heisst.

§ 2 Abs. 1 VSG nennt die „christlichen, humanistischen und demokratischen Wertvorstellungen" als Orientierungspunkte für das Verhalten, zu dem Bildung an der Volksschule erziehen soll. Der Kanton garantiert die Glaubens- und Gewissensfreiheit, die Rücksichtnahme auf Minderheiten sowie die Gleichbehandlung von Mädchen und Knaben. In § 2 Abs. 4 VSG ist das Ziel der ganzheitlichen Bildung zu finden: „Sie (die Volksschule, e. E.) fördert die Achtung vor Mitmenschen und Umwelt und strebt die ganzheitliche Entwicklung der Kinder zu selbstständigen und geminschaftsfähigen Menschen an."

In § 3 VSG wird die Schulpflicht geregelt. § 3 Abs. 1 VSG hält fest, dass alle Kinder mit Aufenthalt im Kanton das Recht haben, die öffentliche Schule zu besuchen. Die Schulpflicht dauert gemäss § 3 Abs. 2 VSG elf Jahre (oder bis zum Abschluss der Volksschule) und beginnt für Kinder mit vollendetem 4. Altersjahr vor dem 30. April auf Beginn des nächsten Schuljahres (§ 3 Abs. 2 VSG). Schüler, welche das 16. Altersjahr vollendet haben, werden gemäss § 3 Abs. 3 VSG aus der Schulpflicht entlassen.

---

540 Vgl. § 2 III.4.B., p. 150.

Unter dem Titel „Stellung der Schülerinnen und Schüler sowie der Eltern" hält das Volksschulgesetz die Rechte und Pflichten der genannten Personengruppen fest. In § 50 Abs. 1 VSG wird der Schulbetrieb als am Wohl der Schüler ausgerichtet bezeichnet[541]. Damit ist in diesem Paragraphen die Umsetzung der Garantie des Kindeswohls auf kantonaler gesetzlicher Stufe enthalten. Im Gegenzug haben die Schüler sich aktiv am Schulbetrieb zu beteiligen und ihre Pflichten zu erfüllen (§ 50 Abs. 2 VSG). Die Schülerschaft soll gemäss § 50 Abs. 3 VSG die Möglichkeit zur Mitsprache in schulischen Angelegenheiten haben.

§ 54 Abs. 1 VSG hält die grundsätzliche Zusammenarbeit zwischen Schulbehörden, Lehrpersonen und Eltern fest: „Schulbehörden, Lehrpersonen und Eltern arbeiten im Rahmen ihrer Verantwortlichkeit zusammen."

In § 62 Abs. 1 lit. b. Ziff. 3 VSG garantiert die finanzielle Unterstützung des Kantons für die Besoldung der Primarlehrkräfte, die „Religion und Kultur" erteilen: „Der Kanton leistet den Gemeinden nach ihrer finanziellen Leistungsfähigkeit Kostenanteile entsprechend den für die Lehrerbesoldung geltenden Beitragssätzen für eine Jahreslektion je Klasse der 4. bis 6. Primarschule für das Fach Religion und Kultur zu 1/28 der Stufe 1 des Lohns der Primarlehrpersonen."[542]

c) Das Lehrpersonalgesetz des Kantons Zürich (LPG)

Das Lehrpersonalgesetz, welches am 10. Mai 1999 in Kraft trat, regelt die Rechte und Plichten der Lehrpersonen. Nebst den Bedingungen für Anstellung und Besoldung verweist das Gesetz in § 18 auf die Berufspflichten der Lehrpersonen. § 18 Abs. 1 LPG hält fest, dass die Lehrpersonen die Schüler im Sinne des Volksschulgesetzes und nach den Grundsätzen, die im Lehrplan und im Schulprogramm festgelegt sind, erzieht und dabei die Persönlichkeit des Kindes achtet.

Jede Lehrperson, welche diesem Gesetz untersteht, ist Angestellte des Staates und muss den Erfordernissen der religiösen Neutralität genügen. Die Pflicht zur religiös neutralen Haltung ist hier vertretener Ansicht nach in der Pflicht zur Achtung der Persönlichkeit des Kindes enthalten.

Ebenfalls zum Berufsauftrag gehört die Zusammenarbeit mit verschiedenen Akteuren, die in Zusammenhang mit der Schule von Bedeutung sind. So enthält

---

541 § 50 Abs. 1 VSG: „Der Schulbetrieb orientiert sich am Wohl der Schülerinnen und Schüler."

542 Zur Entstehungsgeschichte dieser Norm, die auf den 16. August 2008 in Kraft trat, siehe § 5 II.3.

§ 18 Abs. 3 LPG die Vorschrift, dass eine Lehrperson mit den anderen Lehrpersonen, den Eltern, der Schulleitung, den Behörden und weiteren Personen im Umfeld der Schule zusammen arbeiten soll. Diese Regelung findet in § 54 Abs. 1 VSG seine Entsprechung.

C. *Erarbeitung des Lehrplanes für die Volksschule im Kanton Zürich*

Das Bildungsgesetz (BiG) sowie das Volksschulgesetz (VSG) enthalten die notwendige Gesetzesdelegation, damit Fragen von geringerer Tragweite mittels einer unselbständigen Rechtsverordnung durch die zuständige Behörde geregelt werden können[543]. Im Bereich der Zürcher Volksschulen kommt dem Bildungsrat die Kompetenz zu, den Lehrplan zu erlassen (§ 21 Abs. 1 VSG)[544].

Der Lehrplan ist ein zentrales Mittel zur Unterrichtssteuerung. Er enthält die verbindliche Regelung der Stufenziele und die grundlegenden Inhalte des Unterrichts (§ 21 Abs. 1 VSG), die Lektionentafel (§ 21 Abs. 2 VSG), das Sprachenkonzept (§ 21 Abs. 3 VSG) und er bezeichnet die obligatorischen Fächer und den fakultativen Unterricht (§ 21 Abs. 4 VSG).

Für das hier untersuchte Fach „Religion und Kultur" kommt hinzu, dass es sich nicht lediglich um einen neuen Lehrplan handelte, sondern um ein neues Fach. Die Schaffung eines neuen Faches gilt als Rechtsetzungsvorhaben von besonderer Tragweite, da es wesentliche finanzielle und gesellschaftliche Auswirkungen hat (§ 3 Rechtsetzungsverordnung (RSVO)). Aus diesem Grund ist auch die Erarbeitung eines Konzeptes durch die zuständige Verwaltungsstelle nötig[545]. Der Bildungsrat hat dabei die Möglichkeit, Vertreter interessierter Gruppierungen und/oder Experten beizuziehen[546].

543 § 20 ff. BiG.

544 Der Bildungsrat ist zusammen mit dem zuständigen Regierungsratsmitglied für das Bildungswesen verantwortlich. Die kollegiale Leitung der Bildungsdirektion stellt eine Ausnahme zur allgemeinen Regel dar, wonach ein Regierungsrat alleine die Leitung einer Direktion innehat. JAAG, *Staats- und Verwaltungsrecht des Kantons Zürich*, Rz. 1409. Zusammen mit dem zuständigen Regierungsrat leitet der Bildungsrat auch das Vorverfahren der Rechtssetzung im Bildungswesen. Vgl. Art. 67 KV ZH: „Der Regierungsrat leitet in der Regel das Vorverfahren der Rechtsetzung. (...)". Vgl. ebenso § 5 Abs. 1 OG RR: „Der Regierungsrat leitet das Vorverfahren der Verfassungs- und Gesetzgebung. (...)."

545 JAAG, *Staats- und Verwaltungsrecht des Kantons Zürich*, Rz. 606.

546 Vgl. JAAG, *Staats- und Verwaltungsrecht des Kantons Zürich,* Rz. 607. Gestützt auf diese Freiheit konnte der Bildungsrat die Kommission „Religion und Kultur" ein-

In einem weiteren Schritt hat er die Möglichkeit, ein Vernehmlassungsverfahren auch dort durchzuführen, „wenn Körperschaften, Behörden, Verbände oder andere Organisationen in ihren Interessen wesentlich betroffen sind (...)“[547]. Die Ergebnisse der Vernehmlassung werden evaluiert und in den Beschlussvorschlag eingearbeitet.

4. Religiöser Unterricht an den öffentlichen Schulen des Kantons Zürich

Die religiöse Bildung gilt in der Schweiz als „res mixta“[548], als Angelegenheit von öffentlich-rechtlich anerkannten Religionsgemeinschaften und dem jeweiligen Kanton auf staatlicher Seite.

A. Im Bereich der Volksschule

a) Bildungsrechtliche Regelungen

Der Kanton Zürich war bis ins 20. Jahrhundert hinein ein überwiegend reformierter Kanton. In der Folge wurde an den öffentlichen Schulen evangelisch-reformierter Unterricht als reguläres Schulfach angeboten.

Mit der öffentlich-rechtlichen Anerkennung der römisch-katholischen Kirche im Jahr 1963 veränderte sich diese Monopolstellung. Auf der Primarstufe kam es zur Neukonzipierung des Faches „Biblische Geschichte und Sittenlehre“ (BS). Durch Beschluss des damaligen Erziehungsrates[549] vom 16. Juli 1974 wurde dieses Fach in die Fächer „Biblische Geschichte“ und „Lebenskunde“ überführt[550]. In Zusammenhang mit der Erstellung des neuen Lehrplans für die

setzen und hatte auch die Freiheit, diese später teilweise in die Form „Kontaktgruppe Religion“ zu überführen.

[547] Vgl. JAAG, *Staats- und Verwaltungsrecht des Kantons Zürich,* Rz. 608. Von dieser Möglichkeit hat der Bildungsrat in Zusammenhang mit der Entwicklung von „Religion und Kultur“ Gebrauch gemacht.

[548] HAFNER/LORETAN/SCHWANK, *Gesamtschweizerische Rahmenbedingungen des Religionsunterrichts,* in: KOHLER-SPIEGEL/LORETAN, *Religionsunterricht,* p. 55; KARLEN, *Religionsfreiheit,* p. 399.

[549] Gemäss § 23 des Volksschulgesetzes von 1899 bestimmte der Erziehungsrat „die Unterrichtsgegenstände der Primarschule“.

[550] „Der Erziehungsrat stimmte dem von der Lehrerschaft und Kirchen befürworteten Grundsatz zu, dass an der Primarschule ein *gemeinsamer,* konfessionell neutraler biblischer Unterricht erteilt werde. Die gleichzeitige Ansetzung des konfessionellen Unterrichts und des Biblischen Unterrichts in der Primarschule ist unzulässig.“

Volksschule entschied der Erziehungsrat per 4. August 1987, dass „Biblische Geschichte" auf der Primarstufe ein obligatorisches, interkonfessionelles Fach mit Abmeldemöglichkeit sein soll, das aber nicht Bestandteil des Pflichtpensums der Primarlehrer ist[551]. Durch Sparmassnahmen der Zürcher Regierung sollte das Fach „Biblische Geschichte" zum Freifach werden[552]. Nach langen politischen Diskussionen[553] soll „Religion und Kultur" gemäss Beschluss des Bildungsrates vom 29. Juni 2007 auf der Primarschule von Schuljahr 2011/2012 an als obligatorisches Unterrichtsfach angeboten werden[554].

Der Religionsunterricht auf der Oberstufe war ein obligatorisches Fach, das von einem von der Schulpflege bestimmten Pfarrer der zürcherischen Landeskirche (d.h. der evangelisch-reformierten Kirche) oder einem besonders ausgebildeten Lehrer erteilt wurde. 1976 kam es zur Bildung einer interkonfessionellen Kommission, welche die Entwicklung des neuen religiösen Unterrichts vorantreiben sollte. Der damalige Erziehungsrat hielt im Beschluss vom 4. August 1987 fest, dass der Religionsunterricht an der Oberstufe generell ein konfessionell-kooperativer Unterricht zu sein hat, konfessionell getrennter Religionsunterricht aber als Zwischenlösung zugelassen ist[555]. Am 26. März 1991 beschloss der Erziehungsrat nach Konsultation der öffentlich-rechtlich anerkannten Kirchen[556] Richtlinien für den konfessionell-kooperativen Unterricht[557] (KoKoRu) und erliess am 29. Oktober 1991 den entsprechenden Lehrplan[558].

Beschluss des Erziehungsrates vom 16. Juli 1974, Biblische Geschichte und Sittenlehre an der 1. – 6. Primarklasse 1975/76, *Schulblatt ZH* 89 (1974), p. 909, Ziff. 1.

551 Beschluss des Erziehungsrates vom 4. August 1987, Unterricht in Biblischer Geschichte / Religionsunterricht. Stellung im neuen Lehrplan der Volksschule, *Schulblatt ZH* 102 (1987), p. 722, Ziff. VII.

552 Beschluss des Bildungsrates des Kantons Zürich vom 14. Juli 2003, *Schulblatt ZH* 118 (2003), p. 585, Ziff. II.

553 Zur Entstehungsgeschichte des Faches vgl. § 5 II.3., p. 199.

554 Beschluss des Bildungsrates des Kantons Zürich vom 19. Juni 2007, *Schulblatt ZH* 122 (2007), p. 65, Ziff. I.

555 Beschluss des Erziehungsrates vom 4. August 1987, Unterricht in Biblischer Geschichte / Religionsunterricht. Stellung im neuen Lehrplan der Volksschule, *Schulblatt ZH* 102 (1987), p. 720.

556 Beschluss des Erziehungsrates vom 29. Oktober 1991, *Schulblatt ZH* 107 (1992), p. 12.

557 Beschluss des Erziehungsrates vom 26. März 1991, Richtlinien für den Religionsunterricht an der Oberstufe der Zürcher Volksschule, *Schulblatt ZH* 109 (1991), pp. 519 – 522.

558 Beschluss des Erziehungsrates vom 29. Oktober 1991, *Schulblatt ZH* 107 (1992), pp. 12 – 14. Als Hilfe für die Lehrkräfte des neuen Faches „KoKoRu" gab die Erziehungsdirektion des Kantons Zürich 1993 zudem das „Lexikon der wichtigsten

Durch Beschluss des Erziehungsrates vom 12. April 1994 wurden diese Richtlinien leicht überarbeitet[559].

Die Veränderungen der Bevölkerungszusammensetzung sowie die Schwierigkeiten bei der Umsetzung des Faches veranlassten den Bildungsrat zu einer Anpassung des religionspädagogischen Konzeptes. Er hielt am 15. August 2000 in einem bildungsrätlichen Beschluss fest, dass der konfessionell-kooperative Unterricht auf der Oberstufe durch das Fach „Religion und Kultur" ersetzt werden sollte. Auf Schuljahr 2011/2012 wird „Religion und Kultur" als obligatorisches Fach an den Sekundarschulen des Kantons Zürich angeboten[560].

b) Staatskirchenrechtliche Regelungen

aa) Gesetzliche Regelungen vor 2007

Historisch bedingt war der schulische Religionsunterricht immer auch zugleich der für die evangelisch-reformierte Kirche gültige konfessionelle Unterricht. Auf der Primarschulstufe findet seit 1989 ein konfessioneller Unterricht im 3. Schuljahr statt[561]. Für die Oberstufe galten sowohl die Teilnahme am angebotenen schulischen Religionsunterricht als auch der Besuch der Projekthalbtage

---

Begriffe und Stichwörter" heraus, in welchem Antworten zu eventuellen Fragen alphabetisch aufgelistet waren. KONTAKTGRUPPE DER ERZIEHUNGSDIREKTION, DER EVANGELISCH-REFORMIERTEN LANDESKIRCHE UND DER RÖMISCH-KATHOLISCHEN KIRCHE, (Hg.), *Konfessionell-kooperativer Religionsunterricht an der Oberstufe der Volksschule von A bis Z, Lexikon der wichtigsten Begriffe und Stichwörter (KoKoRu-Lexikon),* Erziehungsdirektion des Kantons Zürich, 1. Ausgabe, Zürich, 1993.

559 Beschluss des Erziehungsrates vom 12. April 1994, Richtlinien für den kirchlichen Religionsunterricht an der Oberstufe der Zürcher Volksschule und die Dispensation von Schülerinnen und Schüler für kirchliche Unterrichtsprojekte. Änderung, *Schulblatt ZH* 109 (1994), Die Änderungen betrafen insbesondere die Dispensation von Schülern für die Projekthalbtage. Insgesamt konnten Dispensationen für höchsten fünf Halbtage im Laufe der drei Oberstufenjahre beantragt werden. Für Schüler, die nicht an den Projekthalbtagen teilnahmen, musste Unterricht stattfinden. Ibid., p. 557, Ziff. I. c).

560 Für die dazwischenliegende Entwicklung vgl. § 5 II.2.B.a), p. 193.

561 §§ 7 – 13 der Verordnung über den landeskirchlichen Unterricht (Landeskirchliche Unterrichtsverordnung - LUV) in der Fassung vom 4. April 1990. In § 9 ist die Möglichkeit erwähnt, schulische Räume für den Unterricht zu benutzen: „Der Unterricht findet in kirchlichen oder schulischen Räumen innerhalb der üblichen Unterrichtszeit, möglichst im Anschluss an Schulstunden statt (...)." Vgl. BELLIGER/GLUR-SCHÜPFER/SPTZER, *Staatlicher und kirchlicher Religionsunterricht,* p. 51.

sowie der Besuch des konfessionellen Unterrichts im 8. Schuljahr als verbindlich[562]. Analoges gilt für die römisch-katholische Kirche. Sie bietet allerdings auf der Primarschulstufe im 1. Schuljahr so genannten „Heimgruppenunterricht" (HGU) an, der ausserschulisch stattfindet[563].

bb) Gesetzliche Regelungen nach 2007

Gemäss § 14 KiG haben die Kirchgemeinden gegenüber den politischen Gemeinden „Anspruch auf die unentgeltliche Benutzung von öffentlichen Schulräumen für den kirchlichen Jugendunterricht". Das Recht auf unentgeltliche Benutzung der Schulräume für religiösen Unterricht wird in § 11 GjG auf die beiden anerkannten jüdischen Gemeinden ausgeweitet.

B. Im Bereich der Kantonsschulen

Die Kantonsschulen in Zürich und Winterthur entstanden zwischen 1830 und 1840[564]. Der Religionsunterricht wurde von ordinierten reformierten Geistlichen erteilt und umfasste das 7., 8. und 9. Schuljahr.

Mit der öffentlich-rechtlichen Anerkennung der römisch-katholischen Kirche im Jahr 1963 veränderte sich diese Situation. Bis 1995 erteilten nun reformierte und katholische Lehrkräfte Religionsunterricht in konfessionell getrennten Klassen. „Erst im Schuljahr 1995/96 führte der Erziehungsrat des Kantons Zürich ein neues Konzept für den Religionsunterricht an den Mittelschulen ein, das die Verantwortung für den Religionsunterricht durch die Schule festhält, die evangelisch-reformierten und die katholischen Lehrkräfte gleichstellt und den konfessionell-kooperativen Religionsunterricht ermöglicht."[565]

---

562 § 15 LUV: „Wer die Oberstufe der Volksschule besucht, hat den von der Schule angebotenen Religionsunterricht im 7. und 8. Schuljahr, die von der Kirche verantworteten Projekttage und die kirchlichen Unterrichtsangebote im 8. Schuljahr zu besuchen." Gemäss BELLIGER/GLUR-SCHÜPFER/SPTZER waren die konfessionellen Formen mit Ausnahme des Unterrichts im 8. Schuljahr ausserschulisch angesiedelt. BELLIGER/GLUR-SCHÜPFER/SPTZER, *Staatlicher und kirchlicher Religionsunterricht,* p. 69.

563 Vgl. BELLIGER/GLUR-SCHÜPFER/SPTZER, *Staatlicher und kirchlicher Religionsunterricht,* p. 51.

564 Der vorliegende Abschnitt orientiert sich inhaltlich am *„Konzept Ökumenische Mittelschularbeit im Kanton Zürich"* von Oktober 2001 (ergänzt im Juni 2002).

565 KATHOLISCHE MITTELSCHULSEELSORGE, EVANGELISCH-REFORMIERTE LANDESKIRCHE, *Konzept Ökumenische Mittelschularbeit,* p. 2.

Die katholische Kirche entwickelte bereits 1974 Strukturen für ein Seelsorgeangebot an den Mittelschulen. Die Grundidee war, die Kantonsschüler in einer entscheidenden Entwicklungsphase durch ausserschulische Angebote zu begleiten und sie in ihrer Persönlichkeitsentwicklung zu unterstützen. Von 1989 an arbeitete auch die evangelisch-reformierte Kirche an diesem Angebot mit. 1992 wurde das Mittelschulpfarramt Freudenberg/Enge errichtet und zu Beginn des Jahres 2000 wurde in Winterthur das Projekt eines reformierten Pfarramtes in Angriff genommen. Im Herbst 2000 wurde das ökumenische Mittelschulfoyer Urdorf eröffnet.

Die Arbeit der Mittelschulseelsorge umfasst bis heute den Religionsunterricht, ausserschulische Seelsorgeangebote (in den so genannten Foyers, Räumlichkeiten, die solche Angebote beherbergen) sowie schulische Seelsorgearbeit (Angebote im Rahmen der Schule, aktive Mitgestaltung der Schulkultur an einer Kantonsschule durch die Mittelschulseelsorgenden)[566]. Der Religionsunterricht umfasst zwei Wochenstunden in der 7. und 8. Klasse und 0.5 Wochenstunden in der 9. Klasse. Er wird als Freifachkurs in den Räumlichkeiten der Schule geführt. Der Religionsunterricht ist für die evangelisch-reformierten Kantonsschüler obligatorisch, sofern sie die Konfirmation anstreben. Den katholischen Schülern wird der Besuch durch die katholische Kirche empfohlen. Der Religionsunterricht wird durch den Staat, die Seelsorgearbeit durch die Kirchen finanziert. Diese Finanzierungsaufteilung wahrt die Glaubens- und Gewissensfreiheit konfessionsloser Schülerinnen und Schüler, die das Freifachangebot wahrnehmen wollen.

Die oben beschriebene Form des Religionsunterrichts betrifft lediglich die Langzeitgymnasien, welche die letzten drei Jahre der obligatorischen Schulzeit umfassen. Die Kurzzeitgymnasien schliessen an die obligatorische Schulzeit an und werden von Schülern besucht, welche die Matura anstreben. Im Rahmen des Ergänzungsfachangebotes ist auch das Fach „Religionslehre" wählbar[567]. Es ist zudem möglich, die Maturitätsarbeit im Fachbereich Religion zu schreiben.

Die Langzeitgymnasien sind von den in dieser Arbeit thematisierten Bestrebungen rund um „Religion und Kultur" im Zeitpunkt des Arbeitsabschlusses nicht betroffen.

---

566 Für detaillierte Angaben aus der Praxis der Mittelschulseelsorge siehe ZEHNDER, *Religionsunterricht und Schulseelsorge an der Kantonsschule Wiedikon Zürich*, in: KOHLER-SPIEGEL/LORETAN, *Religionsunterricht*, pp. 223 – 230.

567 Art. 9 Abs. 4 lit. h) MAR.

§ 3 Zusammenfassung Teil I

I. Religion, Staat und Schule in Frankreich

1. Das französische Rechtssystem ist traditionellerweise durch eine grosse Bedeutung der Gesetze und eine geringere der Verfassungsnormen geprägt. Dies veränderte sich durch die wachsende Bedeutung der Rechtsprechung zur EMRK sowie der zunehmenden rechtsvergleichenden Forschung. Die Verfassungsnormen erhalten mehr und mehr eine über ihre ursprünglich lediglich rahmenorganisatorische Bedeutung hinausgehende eigene Stellung. Grund- und Menschenrechte sind in verschiedenen, ursprünglich eigenständigen Normwerken zu finden. Die heute gültige Verfassung nennt neben ihr selbst drei weitere Rechtsquellen menschenrechtlicher Normen: die Menschenrechtserklärung von 1789, die Präambel der Verfassung von 1946 sowie die Umweltcharta von 2004. Nebst diesen kodifizierten Rechtsquellen kennt das französische Recht die Kategorie der „principes fondamentaux reconnus par les lois de la République" (PFRLR). Ein PFRLR wird in der Regel vom Conseil constitutionnel als solches definiert und nimmt eine Grundfreiheit aus der Zeit der III. Republik auf. Voraussetzung für seine Definition ist, dass sein Inhalt einem Gesetz entnommen ist und von grundlegender Bedeutung ist sowie dass dieser Inhalt bis zum Ende der III. Republik ununterbrochen Anwendung gefunden hat. Frankreich kennt das monistische System in Bezug auf die Integration völkerrechtlicher Verträge. Die Republik ist Unterzeichnerstaat der EMRK, der UN-Kinderrechtskonvention sowie Mitglied der EU und damit Vertragspartei der entsprechenden Verträge.
2. Zentraler Begriff in Zusammenhang mit der Religionsfreiheit, dem Verhältnis von Staat und Religionsgemeinschaften sowie Fragen der staatlichen Neutralität in religiösen Fragen ist in Frankreich die laïcité. Nach bewegter Entstehungsgeschichte beruht das System der laïcité heute auf den Verfassungen von 1946 und 1958 sowie dem Gesetz vom 9. Dezember 1905. Seit 2001 ist die laïcité ein PFRLR, was für die fortdauernde Geltung des lokalen Rechts der drei östlichen Departemente Haut-Rhin, Bas-Rhin und Moselle in Bezug auf den in dieser Arbeit interessierenden Bereich von zentraler Bedeutung ist. Inhaltliche Eckpunkte der laïcité sind nebst der Trennung von religiösen und staatlichen Institutionen die Religionsfreiheit inklusive der aus ihr abgeleiteten Aspekte sowie die staatliche Neutralität in religiösen Angelegenheiten. Letzteres ist in Bezug auf das Verhältnis zu den Religionsgemeinschaften im Gesetz vom 9. Dezember 1905 geregelt, findet seinen Niederschlag aber auch im Neutralitätsgebot, das für sämtliche Staatsangestellte (in Ausübung ihrer Tätigkeit) gegenüber den Benutzern einer staatli-

chen Dienstleistung gilt. Insbesondere gilt das Neutralitätsgebot im Rahmen der öffentlichen Schule. Die Religionsfreiheit ist in erster Linie individualrechtlich zu verstehen. Der einzelne Grundrechtsträger hat dabei das Recht, eine Religion seiner Wahl anzunehmen oder nicht anzunehmen, einer Religionsgemeinschaft anzugehören oder nicht anzugehören. Die Religionsgemeinschaften selbst werden von der Vereinigungsfreiheit (liberté d'association) erfasst. Ebenfalls eine eigenständige Freiheit mit religiösem Aspekt ist die Gewissensfreiheit. Sie schützt die Überzeugung des Einzelnen und ist seit 1977 ein PFRLR. Durch die Unterrichtsfreiheit (liberté de l'enseignement) wird das Recht der Eltern geschützt, ihre Kinder den eigenen religiösen Überzeugungen gemäss erziehen zu dürfen: Die Unterrichtsfreiheit ermöglicht die Existenz von staatlich subventionierten Privatschulen.

3. Bildung ist gemäss Art. L. 111-1 C. éduc. „la première priorité nationale". Im Zentrum aller Bemühungen steht dabei das Kind. Dieses hat im französischen Rechtssystem ein Recht auf Ausbildung an öffentlichen, unentgeltlichen und religiös neutralen Bildungsinstitutionen. Den Kindern und Jugendlichen wird dabei Gleichbehandlung und Gleichstellung garantiert. Das Gegenstück zum Recht auf Bildung ist das Schulobligatorium. Die Eltern haben dabei die Wahl, ob ihr Kind die Schulpflicht an einer öffentlichen Schule, an einer privaten Schule, mittels Heimunterricht oder durch Fernunterricht erfüllen soll. An den öffentlichen Schulen haben die Lehrpersonen, die Unterrichtsräume sowie der Unterrichtsinhalt religiös neutral zu sein. Gemäss Art. L. 141-6 C. éduc. ist es den Schülern untersagt, religiöse Symbole zu tragen, welche die Religionsfreiheit der Mitschüler beeinträchtigen, den reibungslosen Unterrichtsablauf oder die Unterrichtsteilnahme des symboltragenden Schülers behindern.

4. Die Lehrpläne werden durch Fachspezialisten erarbeitet und dem „Conseil supérieur de l'éducation" (CSE) sowie auf Gesuch des Bildungsministers hin dem „Haut Conseil de l'éducation" (HCE) zur Begutachtung vorgelegt. Seit 2009 besteht der „Conseil supérieur de l'éducation" aus 90 Mitgliedern verschiedener Interessensgruppen, die zu den Lehrplänen Stellung nehmen können. Die beiden Gruppierungen „Haut Conseil de l'éducation" und der „Conseil supérieur de l'éducation" geben eine Empfehlung zuhanden des Bildungsministers oder des Premierministers ab. Der Empfehlungsempfänger muss sich allerdings nicht an diese Vorgaben halten. Durch einen arrêt ministeriel kann der Bildungsminister den Lehrplan in Kraft setzen. Diesfalls wird er im Bulletin officiel (*BO*) veröffentlicht.

5. Die Schulpflicht, die im 19. Jahrhundert aufkam, war nur durch die gleichzeitige Garantie der religiösen Neutralität der öffentlichen Schule durchsetzbar. Die staatlichen Schulen Frankreichs sind religiös neutral und bieten re-

ligiösen Bildungsangeboten keinen Raum. Die öffentlichen Primarschulen kennen aber einen schulfreien Tag, der es den interessierten Eltern ermöglichen soll, ihre Kinder in die Katechese zu schicken. Mittlerweilen hat sich eine Vier-Tage-Woche auf der Primarstufe etabliert. Auf der Sekundarstufe existiert das System der Schulseelsorge. Auf Wunsch der Eltern hin erteilt ein Schulseelsorger Religionsunterricht, allerdings ausserhalb der Stundentafel und der Räumlichkeiten der öffentlichen Schule. Die Schulseelsorge wird von den Eltern bezahlt. Seit den Anfängen des staatlichen und religiös neutralen Bildungswesens ermöglicht die Unterrichtsfreiheit die Gründung und den Besuch einer konfessionellen Privatschule, die bis heute den so genannten „caractère propre" beibehalten durften. Damit eine echte Wahlmöglichkeit für die Eltern besteht, haben die konfessionellen Schulen die Möglichkeit, eine staatliche Subventionierung durch einen „contrat d'association" zu beantragen. Dabei übernehmen sie allerdings einige Vorgaben der staatlichen Schulen. Im Unterschied zu öffentlichen Schulen können die konfessionellen Privatschulen religiösen Unterricht anbieten.

6. In den drei östlichen Departementen Haut-Rhin, Bas-Rhin und Moselle ist mit dem „droit local" eine eigene Regelung der Beziehung von Religionsgemeinschaften, Staat und Schule erhalten geblieben, die Auswirkungen für den Platz von Religion im Rahmen des Bildungswesens hat. Die staatlichen Schulen waren ursprünglich konfessionell oder gemischtkonfessionell, nicht aber religiös neutral. Heute bestehen diesbezüglich faktisch kaum Unterschiede zu den Schulen im Grossteil Frankreichs: Die Schulen in den drei Departementen sind religiös neutral und offen für Kinder und Jugendliche aller Bekenntnisse. Religionsunterricht war Bestandteil der Stundentafel und ist heute noch als Fach aufgeführt. Die gesellschaftlichen Veränderungen in Bezug auf die Religionszugehörigkeit stellen aber eine Herausforderung für das traditionelle System dar. Fachleute sind daher auf der Suche nach neuen Lösungen für den bisherigen Religionsunterricht.

II. Religion, Staat und Schule in der Schweiz und im Kanton Zürich

1. Das schweizerische Rechtssystem kennt eine klare Normenhierarchie, wobei die Bundesverfassung den höchsten Rang einnimmt. Das Verhältnis von Bundesrecht zu kantonalem Recht wird durch den Grundsatz „Bundesrecht steht über kantonalem Recht" gekennzeichnet. Die Kantone können dort, wo eine Kompetenzdelegation zu ihren Gunsten vorliegt oder der Bund keine Regelung getroffen hat, selbst legiferieren. Die Schweiz kennt das monistische System, wonach völkerrechtliche Verträge nach ihrer Ratifizierung unmittelbare Geltung erlangen. Ob im Konfliktfall zwischen nationalem

Recht und völkerrechtlicher Norm das Völkerrecht vorgeht, geht aus dem Wortlaut der Verfassung nicht hervor. Eine Mehrheit der Lehre geht aber vom Vorrang völkerrechtlicher Verträge aus. Die Schweiz hat die EMRK und die UN-Kinderrechtskonvention (KRK) ratifiziert, ebenso ist sie Unterzeichnerstaat des UNO-Paktes II. Nicht beigetreten ist sie dem 1. Zusatzprotokoll zur EMRK, und sie ist auch nicht Mitglied der EU.

2. Die Schweizerische Bundesverfassung enthält in Art. 15 BV die Glaubens- und Gewissensfreiheit. Ihr Schutzbereich ist nahezu identisch mit jenem von Art. 9 EMRK und umfasst das Recht des Einzelnen, sein Leben den Vorschriften einer Religion oder Weltanschauung gemäss zu gestalten. Der Staat muss sich neutral verhalten und darf insbesondere keinen Zwang in religiösen oder weltanschaulichen Belangen ausüben. Unter Umständen muss der Staat Leistungen erbringen, damit Menschen ihre Glaubens- und Gewissensfreiheit leben können. Dieser Fall trifft etwa in Sonderstatusverhältnissen zu. Im Bereich der Schule darf der Staat keinen obligatorischen Religionsunterricht anbieten. Seine Angestellten sind zudem verpflichtet, sich in religiös-weltanschaulichen Fragen in Ausübung ihrer Tätigkeit neutral zu verhalten. Auf die Glaubens- und Gewissensfreiheit können sich grundsätzlich nur natürliche Personen berufen. Ausnahmen gelten für juristische Personen des Privatrechts mit religiösem Zweck sowie die öffentlich-rechtlich anerkannten Kirchen bezüglich der Regelung ihrer inneren Angelegenheiten. Die Verfassung des Kantons Zürich erwähnt die Glaubens- und Gewissensfreiheit nicht explizit in ihrem Grundrechtskatalog. Durch die Verweisnorm von Art. 10 KV ZH ist die Glaubens- und Gewissensfreiheit im Kanton Zürich gewährleistet, ebenso ihre Einschränkung nach Art. 36 BV.

3. Die Bundesverfassung delegiert in Art. 72 Abs. 1 BV die Kompetenz zur Gestaltung der Verhältnisse von Staat und Religionsgemeinschaften an die Kantone. Im Rahmen dieser Kompetenz hat der Kanton Zürich die evangelisch-reformierte Landeskirche, die römisch-katholische Landeskirche sowie die christkatholische Landeskirche in Art. 130 KV ZH öffentlich-rechtlich anerkannt. Eine einfache Anerkennung hat der Kanton in Art. 131 KV ZH der Israelitischen Cultusgemeinde und der Jüdisch-Liberalen Gemeinde zukommen lassen. Gemäss § 39a Abs. 2 GG kann der Staat weitere christliche oder jüdische Gemeinden anerkennen, die festgelegte Bedingungen kumulativ erfüllen.

4. Der Bund garantiert in der Bundesverfassung den Schutz der Kinder und Jugendlichen (Art. 11 BV) sowie das Recht des Einzelnen auf Grundschulunterricht (Art. 19 BV). Während Art. 11 BV im Rahmen der neueren Zürcher Schulgesetzgebung ohne Ausweitung Beachtung fand, ist Art. 19 BV durch Art. 14 KV ZH auf ein grundsätzliches Recht auf Bildung erweitert

worden. Dieses betrifft insbesondere die Unentgeltlichkeit des Unterrichts an allen Schulen. Der entsprechende Verfassungsartikel ist aber erst seit Anfang 2011 anrufbar. Das Recht auf Grundschulunterricht in der Schweizerischen Bundesverfassung wird durch Art. 61a BV konkretisiert, der als Ziel den durchlässigen und qualitativ hochstehenden Bildungsraum Schweiz vorgibt. Ein Mittel zur Erreichung dieses Zieles ist das HarmoS-Konkordat. Art. 61a BV betont die Zusammenarbeit von Bund und Kantonen in Bildungsfragen und berücksichtigt damit die grundsätzliche Zuständigkeit der Kantone für das öffentliche Schulwesen (Art. 62 Abs. 1 BV). Der garantierte Grundschulunterricht hat ausreichend, unentgeltlich und obligatorisch zu sein und kann an einer Schule unter staatlicher Leitung oder Aufsicht besucht werden. Art. 15 KV ZH enthält explizit das Recht, eine private Schule zu gründen, zu organisieren oder zu besuchen.

5. Religiöse Bildung wird in Art. 15 Abs. 3 BV als Gehalt der Glaubens- und Gewissensfreiheit genannt. Bedingt durch die Dominanz der evangelisch-reformierten Kirche im Kanton Zürich hatte zunächst der konfessionelle Religionsunterricht, dann der konfessionell-kooperative Religionsunterricht einen Platz in der Stundentafel und in den Räumlichkeiten der öffentlichen Schule. Dies hat sich auch durch die neue Kantonsverfassung, das entsprechend neue Kirchengesetz und auch durch das neue Gesetz über die jüdischen Gemeinden nicht verändert. § 14 KiG des Kantons Zürich hält fest, dass die Kirchgemeinden gegenüber den politischen Gemeinden und den Schulgemeinden Anspruch auf die unentgeltliche Benützung von Schulräumen für den kirchlichen Religionsunterricht haben. Dieses Recht wird durch § GjG auf die beiden in Art. 131 KV ZH anerkannten jüdischen Gemeinden ausgeweitet.

6. Gemäss § 21 VSG ist der Bildungsrat zuständig für die Festlegung der Unterrichtsziele und der Stundentafel. Er kann zur Ausarbeitung neuer Lehrpläne Kommissionen einsetzen. Die Gestaltung eines neuen religionskundlichen Faches beruht gestützt auf § 21 VSG auf Beschlüssen des Bildungsrates.

Teil II: Interessierte Gruppierungen und Ausarbeitungsprozesse religionskundlicher Bildung

§ 4 Beteiligte Gruppierungen

I. Durch Befragung beteiligte Gruppierungen in Frankreich

Die Darstellung des staatskirchenrechtlichen Rahmens für den Grossteil Frankreichs in Teil I hat die Trennung von Religionsgemeinschaften und Staat als eine Zuteilung von Zuständigkeitsbereichen verdeutlicht. Die Schule und Fragen der Bildung gehören grundsätzlich in den Zuständigkeitsbereich des Staates.

Die Untersektion „Société, Droit et Religion en Europe" (SDRE) der Forschungseinheit „Politique, Religion Institutions et Sociétés: Mutations Européennes" (PRISME)[1] um Prof. Francis MESSNER bat anfangs der 1990er-Jahre verschiedene Gruppierungen um eine Stellungnahme zu religionskundlicher Bildung. Nebst den Akteuren des Bildungswesens wie Lehrern, Eltern und Schülern waren es auch Religionsgemeinschaften, die sich zur Frage nach religionskundlicher Bildung an der öffentlichen Schule äusserten. Die Auswahl, welche die Forscher von PRISME-SDRE getroffen haben, wird in der Folge hier übernommen und die befragten Gemeinschaften und Vereinigungen werden gestützt auf die publizierten Umfrageergebnisse porträtiert.

Die Eltern und ihre Kinder sind „les premiers interéssés"[2], wenn es um die religionskundliche Erziehung im Rahmen der Schule geht. Von 2006 bis 2009 hat das Forschungsteam um Jean-Paul WILLAIME im Rahmen des europäischen Projektes REDCo Schüler in grossem Umfang zu Religion und Schule befragt.

---

[1] Die Untersektion SDRE wird in der Regel mit PRISME-SDRE abgekürzt, was auch in den weiteren Ausführungen der Fall sein wird. Vgl. <http://prisme.u-strasbg.fr/pindex.htm>, [Stand 20. Oktober 2011].

[2] MESSNER, *La culture religieuse à l'école*, p. 7.

Diese Umfrage fällt zwar in die Zeit nach der Ausarbeitung der integrierten Religionskunde in Frankreich. Da sie aber Aufschlüsse über die Veränderungen der Einstellung gegenüber religionskundlicher Bildung gibt, wird sie im Folgenden dennoch berücksichtigt.

1. Gesellschaftszusammensetzung Frankreichs in Bezug auf Religionen

Analog zu anderen europäischen Ländern hat sich die Gesellschaftszusammensetzung im 20. Jahrhundert auch in Frankreich verändert, was Auswirkungen im Bereich der Religionen hat. Frankreich wurde von einem katholisch dominierten zu einem multitreligiösen Land, das zudem einen hohen Anteil Religionsloser aufweist. Seit 1872 ist es dem französischen Staat allerdings verwehrt, Daten über die Religionszugehörigkeit seiner Bürgerinnen und Bürger zu erfassen. Artikel 8 des entsprechenden Gesetzes vom 6. Januar 1978 bekräftigt dieses Verbot[3]. In der Folge existieren keine staatlichen Zahlen über die Zugehörigkeit zu Religionsgemeinschaften.

Dennoch existieren Zahlen. Die Datenerhebung erfolgt durch private Meinungsforschungsinstitute im Auftrag von Zeitschriften und Zeitungen. Die bekannteren sind das „Institut français d'opinion publique" (Ifop), CSA, TNS-Sofres, BVA und Ipsos. Die Nachteile dieser Form der Datengewinnung sind, dass zum einen nicht die gesamte Bevölkerung Frankreichs befragt werden kann. Die regional gewonnenen Daten werden durch Hochrechnungen auf die Gesamtbevölkerung ausgeweitet. Das führt dazu, dass die durch Umfragen gewonnenen Prozentzahlen im Vergleich voneinander abweichen. Zum anderen wird von den verschiedenen Unternehmen keine einheitliche Form der Fragestellung verwendet, was wiederum zu unterschiedlichen Ergebnissen führt[4].

Nebst den Ergebnissen der einzelnen nationalen Meinungsforschungsinstitute sind die beiden europäischen Umfragen „European Values Survey" (EVS) und der „Religionsmonitor"[5] von Bedeutung. Sie enthalten Daten über die Religionszugehörigkeit sowie die weltanschauliche und religiöse Haltung der Bevölkerung eines Landes.

---

3 „Il est interdit de collecter des données à caractère personnel qui font apparaître directement ou indirectement, les origines raciales ou ethiques, les opinions politiques, philosophiques ou religieuses ou l'appartenance syndicale des personnes, ou qui sont relatives à la santé ou à la vie sexuelle de celles-ci."

4 Vgl. ZWILLING, *France*, in: *Yearbook of Muslims in Europe,* p. 127.

5 BERTELSMANN STIFTUNG (Hg.), *Religionsmonitor 2008*. Vgl. die Informationen über den Religionsmonitor auf <http://www.religionsmonitor.com/files/Ueber_den_Religionsmonitor.pdf>, [Stand 20. Oktober 2011].

Die Umfrageergebnisse von Ifop, die Ergebnisse des EVS und des Religionsmonitors werden einander in der folgenden Tabelle gegenübergestellt.

<table>
<tr><th></th><th>Ifop (August 2006)[6]</th><th>EVS (2008)[7]</th><th>Religionsmonitor (2008)[8]</th></tr>
<tr><td>Katholizismus</td><td>65 %</td><td>42 %[9]</td><td rowspan="2">61 % „Christen“</td></tr>
<tr><td>Protestantische Kirchen</td><td>2 %</td><td>keine Angaben</td></tr>
<tr><td>Muslimische Gemeinschaft</td><td rowspan="3">6 % „Andere Religionen“</td><td>4.5 %</td><td>3 %</td></tr>
<tr><td>Jüdische Gemeinschaft</td><td rowspan="2">8 % „Andere Religion“ (davon 4.5 % Muslime)</td><td rowspan="2">1 % „andere“</td></tr>
<tr><td>Andere religiöse Gemeinschaften</td></tr>
<tr><td>Ohne Religionszugehörigkeit</td><td>27 %</td><td>33 %[10]</td><td>34 %</td></tr>
</table>

Die Umfragen belegen den Bedeutungsverlust des Katholizismus sowie die beachtliche Zahl von Menschen ohne Religionszugehörigkeit. Der Islam gilt als zweitgrösste Religionsgemeinschaft Frankreichs[11].

---

6 Ifop, *Le catholicisme en France en 2006, Analyse de l'Ifop pour „La Croix“*, p. 9. Die Umfrageergebnisse sind auf der Seite <http://www.eurel.info> mittels folgendem Pfad zu finden: France - Données socioreligieuses - Appartenance et démographie religieuse. Die dann erscheinende Seite kann leider nicht direkt aufgerufen werden [Stand 20. Oktober 2011].

7 Bréchon/Tchernia, *La France à travers ses valeurs,* p. 231.

8 Vgl. Bertelsmann Stiftung (Hg.) *What the World believes*, p. 379.

9 Vgl. Bréchon/Tchernia, *La France à travers ses valeurs,* p. 229. 19 % der Katholiken bezeichnen sich als „praktizierend“, 23 % als nicht-praktizierend. Ibid., p. 229.

10 Da Atheismus ebenfalls als weltanschauliche Position gelten kann, wird hier nur jene Zahl genannt, die im EVS die Gruppe der Personen ohne religiöse Zugehörigkeit beschreibt. Bréchon/Tchernia, *La France à travers ses valeurs,* p. 231.

11 Vgl. Bréchon/Tchernia, *La France à travers ses valeurs,* p. 229.

Der Stellenwert von Religion im Allgemeinen ist gemäss dem EVS (2008) gering: 55 % der Befragten geben an, dass Religion für sie wenig oder überhaupt nicht wichtig ist[12]. Auch der Religionsmonitor 2008 belegt die Säkularisierung Frankreichs. So geben 44 % der Franzosen an, nie in eine Kirche zu gehen, 46 % sagen auch aus, dass sie nie beten. 57 % der Befragten erklärten zudem Religiosität zu einem Lebensbereich, der für sie gar nicht wichtig ist. Die religiöse Selbsteinschätzung der Franzosen entspricht der angenommenen hohen Säkularisierungsrate: 53 % der französischen Bevölkerung betrachten sich als „nicht religiös“[13].

2. Die befragten Religionsgemeinschaften und ihre Standpunkte

Im Folgenden werden die in der Studie der Forschungsgruppe von Francis MESSNER befragten Religionsgemeinschaften sowie ihre Stellungnahmen im Rahmen des Forschungsprojektes kurz dargestellt. Die orthodoxen Kirchen wurden im Rahmen der Umfrage von PRISME-SDRE nicht berücksichtigt und sind daher in der vorliegenden Darstellung ebenfalls nicht enthalten.

A. Die römisch-katholische Kirche

Frankreich war anfangs des 20. Jahrhunderts ein überwiegend katholisches Land. Seit den 70er-Jahren lässt sich aber ein konstanter Bedeutungsverlust des Katholizismus feststellen. Wie Ifop im Oktober 2006 in einer Umfrage für „La Croix“[14] festhielt, betrug der Anteil der Katholiken im Jahr 1987 75 %, fiel 1995 auf 69 % und kam im Jahr 2006 bei 65 % zu liegen. Ifop analysierte den Katholizismus in Frankreich im Jahr 2009 erneut. Dieser neueren Untersuchung gemäss beträgt der Anteil der Katholiken heute 64 %[15]. Auch wenn die Zahlen mit Vorsicht zu geniessen sind, zeigen sie doch auf, dass die katholische Kirche stetig an Mitgliedern verlor.

Mit dem ***Secrétariat national des aumôniers de l'enseignement public*** existiert eine zentrale Anlaufstelle für die Schulseelsorgenden in den verschiedenen Kir-

---

12 BRÉCHON/TCHERNIA, *La France à travers ses valeurs,* p. 13. 50% der Befragten geben an, keiner Religionsgemeinschaft anzugehören oder überzeugte Atheisten zu sein. Ibid., p. 229.

13 BERTELSMANN STIFTUNG, *Religionsmonitor 2008*, pp. 170 – 172.

14 Ifop, *Le catholicisme en France en 2006*, *Analyse de l'Ifop pour „La Croix“*, p. 9. <http://www.eurel.info>, [Stand 20. Oktober 2011].

15 Ifop, *Analyse: Le catholicisme en France en 2009,* Juli 2009. <http://www.ifop.com/media/pressdocument/43-1-document_file.pdf>, [Stand 20. Oktober 2011].

chenprovinzen[16]. In der Umfrage der Forschungsgruppe PRISME-SDRE sprach sich Jean-Yves BAZIOU, damaliger „secrétaire national des aumôneries de l'enseignement public" gegen die Schaffung eines neuen Faches aus. „Ramener la religion à une discipline scolaire pourrait signifier qu'on n'attend plus rien des autres disciplines scolaires pour éclairer et interroger la religion. Ce serait peut-être réduire un peu plus encore l'aspect culturel de la religion!"[17] Gemäss der Ansicht von Jean-Yves BAZIOU sollte religionskundliches Wissen transdisziplinär vermittelt werden. Die bereits bestehenden Möglichkeiten, religiöses Wissen zu thematisieren, sollten besser und bewusster genutzt werden.

B. Protestantische Kirchen

„On a toujours surestimé, en France, l'importance numérique des protestants. Déjà, au XVIe siècle, en pleine guerre de religion, on croyait qu'ils constituaient la moitié du royaume. Et pourtant, à leur apogée (dans les années 1560), ils n'étaient que deux millions environ, c'est-à-dire moins de 12 % de la population."[18] Die aktuellen Zahlen geben dem Historiker Philippe JOUTARD recht. 1 – 2 % der Bevölkerung gehören einer der protestantischen Kirchen an.

Die ***„Fédération protestante de l'enseignement"*** umfasst all jene Personen, die sich aus protestantischer Warte mit Fragen rund um die Bildung beschäftigen[19]. Die Antwort von Janine KOHLER als Vertreterin dieser Vereinigung begann mit dem klaren Bekenntnis zur laïcité des Staates, allerdings einer offenen laïcité. Aus Sicht der „Fédération protestante de l'enseignement" war die Thematisierung von Religion aus mehreren Gründen angezeigt. Sie stellte sich gegen ein neues, gesondertes Fach, befürwortete dagegen die Verbesserung des bisherigen Angebotes innerhalb der bestehenden Fächer. Die Bibel, der im Protestantismus ein zentrale Rolle zukommt, sollte mit literarkritischen Methoden zugänglich gemacht werden[20].

---

[16] Vgl. die Informationen über dieselbe unter <http://aep.cef.fr>, [Stand 20. Oktober 2011].

[17] BAZIOU, *L'Eglise catholique,* in MESSNER, *La culture religieuse*, p. 273.

[18] JOUTARD zitiert in DARGENT, *Les protestants en France aujourd'hui*, p. 15.

[19] „La Fédération Protestante de l'Enseignement (FPE) est un mouvement de la Fédération Protestante de France (FPF) qui s'adresse à toute personne qui s'intéresse aux questions éducatives: enseignants de la maternelle à l'Université, personnels du monde de l'éducation, parents d'élèves et, plus largement, à tous ceux qui veulent prendre part au débat sur l'école." Vgl. die Informationen auf <http://hachet.pierre.free.fr/activites.html>, [Stand 20. Oktober 2011].

[20] KOHLER, *La Fédération protestante de l'enseignement,* in: MESSNER, *La culture religieuse*, p. 278.

C. *Jüdische Gemeinschaft*

Die jüdische Gemeinschaft Frankreichs hat zwar eine zentrale Organisationsstruktur. Diese umfasst aber nicht alle jüdischen Strömungen auf französischem Boden. Die tatsächliche Grösse des jüdischen Bevölkerungsanteils ist umstritten, wie aus den Prozentangaben vorne ersichtlich wurde, und beträgt ca. 1 %.

Die ***„Association des directeurs des écoles juives de France"*** wurde von der Forschungsgruppe PRISME-SDRE um eine Stellungnahme gebeten, die Rahel COHEN verfasste. In ihrem Text kam eine prinzipielle Zustimmung zur stärkeren Gewichtung religionskundlichen Wissens zum Ausdruck – aber: „De grandes inquiétudes quant à la mise en oeuvre!"[21]. Die „Association des directeurs des écoles juives de France" sah die Vermittlung religiöser Grundkenntnisse zunächst als Aufgabe der Familie und nicht des Staates. Wenn religiöses Wissen an den öffentlichen Schulen vermittelt werden sollte, dann nicht in Form eines zusätzlichen Unterrichtsfaches, da die Stundentafeln bereits jetzt sehr beladen seien[22]. Die Association schlug daher vor, dass es zwar ein Freifachangebot geben sollte, das sich mit Religion als Phänomen auseinandersetzt, dass das Grundlagenwissen aber in den bereits existierenden Fächern vermittelt werden sollte.

D. *Muslimische Gemeinschaft*

Analog zu den anderen Religionsgemeinschaften in Frankreich ist auch betreffend der Anzahl der muslimischgläubigen Personen keine genaue Angabe möglich. Die meistgenannte Zahl ist jene von 5 Millionen Muslimen in Frankreich[23]. Dies entspricht lediglich einer kleinen Prozentzahl (zwischen 1 und 2 %), dennoch gilt der Islam als zweitgrösste Religionsgemeinschaft in Frankreich.

Die islamischen Gruppierungen in Frankreich können in vier Hauptgruppen unterteilt werden: Jene um die ***Mosquée de Paris***, jene um die ***„Fédération nationale des musulmans en France" (FNMF)***, jene um die ***„Union des organisations islamiques en France" (UOIF)*** und jene, die keinem Dachverband angehören. Die Gemeinschaften türkischer Muslime sind in den Departementen Haut-Rhin, Bas-Rhin und Moselle von Bedeutung. Zu ihnen gehören die ***„Uni-***

21 COHEN, *Association des directeurs des écoles juives de France,* in: MESSNER, *La culture religieuse*, p. 280.

22 COHEN, *Association des directeurs des écoles juives de France,* in: MESSNER, *La culture religieuse*, p. 281.

23 GODARD/TAUSSIG, *Les musulmans en France*, p. 24.

on turco-islamique d'affaires théologiques en France" sowie ***„Milli Görüs"***. Der Wunsch der französischen Regierung, einen einheitlichen Ansprechpartner zu haben, führte im Jahr 2002 zur Gründung des ***Conseil Français du Culte Musulman (CFCM)***.

Cheikhe DEM, der den Rektor des ***„Institut musulman de la Mosquée de Paris"***[24] repräsentierte, machte auf die Dringlichkeit religiöser Bildung für die immigrierten Jugendlichen aufmerksam. In den weiteren Ausführungen legte er dar, dass religiöse Bildung als Bestandteil der Allgemeinbildung einen Platz an den Schulen Frankreichs haben sollte. Es wird deutlich, dass Cheikhe DEM von religiöser, nicht von religionskundlicher Bildung sprach[25]. Er schlug in der Folge vor, dass ein separates Unterrichtsfach geschaffen werden sollte, welches von verschiedenen Religionsangehörigen erteilt würde.

E. Buddhistische Gemeinschaft

Die buddhistische Gemeinschaft wird zum Teil in den Umfragen gesondert aufgelistet, zum Teil werden ihre Mitglieder aber auch zur Kategorie „Andere Religionsgemeinschaften" gerechnet. Gemäss Schätzungen des buddhistischen Dachverbandes leben ungefähr 600'000 Buddhisten in Frankreich. 80 % der Pagoden, Dojos und buddhistischen Zentren sind der ***„Union bouddhiste de France" (UBF)***[26] angeschlossen, die seit 1986 existiert[27].

Die Stellungnahme des ***„Institut européen de bouddhisme tibétain"*** im Rahmen des Forschungsprojektes von PRISME-SDRE war zwar detailliert, ging aber nicht von der Möglichkeit religionskundlicher Bildung aus. Thematisiert wurde religiöse Bildung, wie sie aus Sicht des tibetischen Buddhismus stattfinden könnte. „C'est surtout un enseignement pratique qu'il s'agit de développer par la mise en oeuvre concrète de valeurs morales. Même si l'étude intellectuelle est utile, elle ne suffit pas. C'est l'ouverture de la personne qu'il faut viser."[28] Eine Lehrperson, welche die buddhistische Lehre unterrichten möchte,

24 Das Institut ist Teil der Mosquée de Paris und nennt „enseignement de leur conduite et de la dignité" als Ziel der Aktivitäten der Moschee. <http://www.mosquee-de-paris.org/index.php?option=com_content&view=article&id=40&Itemid=48>, [Stand 20. Oktober 2011].

25 So spricht Cheikhe DEM von „enseignement du culte religieux". Vgl. DEM, *Institut Musulman de la Mosquée de Paris,* in: MESSNER, *La culture religieuse*, p. 270.

26 <http://www.bouddhisme-france.org/la-federation/article/qu-est-ce-que-l-union-bouddhiste-de-france.html>, [Stand 20. Oktober 2011].

27 MESSNER/PRÉLOT/WOEHRLING, *Traité,* p. 282

28 INSTITUT EUROPEEN DE BOUDDHISME TIBETAIN, in: MESSNER, *La culture religieuse*, p. 260.

sollte „guéshé“ sein, d.h. ein Doktor in buddhistischer Philosophie[29]. Aus der zitierten Passage wird deutlich, dass zur Zeit der Umfrage noch nicht allen Betroffenen klar war, welche Ziele religionskundliche Bildung im Rahmen der öffentlichen Schule hat, was sie leisten will und kann.

3. Befragte Interessenverbände in Frankreich

Unter dem Begriff „Interessenverbände“ sind Vereinigungen zu verstehen, die nicht religiöser Art sind und aus Mitgliedern der „communauté éducative“ bestehen.

A. Vorbemerkung

Bereits in der französischen Verfassung kommt zum Ausdruck, dass die einzelnen Bürger ein Recht auf Partizipation an der Gestaltung des Staates haben. Es heisst in Art. 2 al. 5 C. ausdrücklich bezüglich der französischen Republik: „Son principe est: gouvernement du peuple, par le peuple et pour le peuple.“ Die öffentliche Schule ist eine Dienstleistung des Staates. Auch hier gilt, dass Personen, die mit der Schule zu tun haben, zumindest das Recht auf Äusserung ihrer Ansicht haben.

Art. L. 111-3 C. éduc. fasst diese Personen unter dem Begriff „communauté éducative“ zusammen. Ihr gehören die Schüler, die Angestellten der Schule, die Eltern, die Schulgemeinden, sowie andere Institutionen, die im Bildungswesen Aufgaben übernehmen, an[30]. Der genannte Artikel entspricht Art. 3 des Gesetzes n° 2005-380 vom 23. April 2005 und war somit zur Zeit der hier dargestellten Befragung noch nicht in Kraft. Allerdings zeigt die Existenz von organisierten Eltern- und Lehrerverbänden zur Zeit der Befragung, dass die Tradition der Mitsprache und Mitgestaltung der Schule schon vor dem Code de l'éducation existiert hat.

B. Die Schülerschaft

Die Schüler wurden im Rahmen des Forschungsprojektes von PRISME-SDRE ebenfalls berücksichtigt. Die Stellung der Kinder und Jugendlichen hat sich

---

29 INSTITUT EUROPEEN DE BOUDDHISME TIBETAIN, in: MESSNER, *La culture religieuse*, p. 266.

30 Art. L. 111-3 al. 2 C. éduc.: „Elle réunit les personnels des écoles et établissements, les parents d'élèves, les collectivités territoriales ainsi que les acteurs institutionnels, économiques et sociaux, associés au service public de l'éducation.“ Die Schüler werden in Art. L. 111-3 al. 1 C. éduc. erwähnt.

verändert: Sie besitzen eine beträchtliche Kaufkraft, werden daher von der Wirtschaft als Personen ernst genommen – und erwarten dasselbe zunehmend auch im Bereich der Schule. Wie Emile POULAT es treffend ausdrückt, gilt bis heute betreffend religionskundlicher Bildung, dass dieser Unterricht immer mehr mit seinen zu Unterrichtenden rechnen muss[31].

a) Befragung im Rahmen des Forschungsprojektes von PRISME-SDRE

Die Umfrage wurde von Juni 1993 bis Februar 1994 in 44 Klassen durchgeführt[32]. Diese Klassen teilten sich folgendermassen auf: 23 collèges / 21 lycées; 21 öffentliche Schulen / 23 konfessionelle Schulen; neun in Paris / 13 in den Pariser Vororten / 13 in Rennes und im Departement Ille-et-Vilaine / neun in Strasbourg. Angewandt wurde lediglich die qualitative Methode: Als Grundlage diente ein Frageblatt mit ungefähr 20 Fragen, die in Gruppen von zehn bis zwölf Schülern diskutiert wurden. Befragt wurden Schüler der vierten, dritten und ersten Klasse.

Zwar gab etwa die Hälfte der Schüler an, dass Wissen über die Religionen die Allgemeinbildung bereichern könnte[33]. Die grundsätzliche Skepsis gegenüber Religion als Unterrichtsgegenstand kam aber zum Ausdruck. Die Behandlung von Religion im Regelunterricht wurde als problematisch eingestuft, da sich die Schüler zum Teil einen wissenschaftlichen Umgang mit religiösen Fakten nicht vorstellen konnten, und auch, weil Angst vor Spannungen innerhalb der Klasse vorhanden waren. Die Schüler haben sich sehr deutlich für die Lösung, die religionskundlichen Aspekte in Geschichte zu verstärken, ausgesprochen[34]. Einige der Befragten hätten sich auch ein Freifachangebot vorstellen können.

b) Befragung im Rahmen von REDCo

Die Umfragen, die im Rahmen von REDCo (Religion in Education. A contribution for Dialogue or a factor of Conflict in transforming societies of European countries) durchgeführt wurden, begannen im Herbst 2006 während der Periode des Ramadan und umfassten zwei Phasen. Im Rahmen der ersten Phase wurden

---

31 POULAT, *Notre laïcité publique*, p. 211.

32 Vgl. HOURMANT, *Transmettre la culture religieuse à l'école publique,* in: MESSNER, *La culture religieuse à l'école*, p. 37.

33 HOURMANT, *Transmettre la culture religieuse à l'école publique,* in: MESSNER, *La culture religieuse*, p. 73.

34 HOURMANT, *Transmettre la culture religieuse à l'école publique,* in: MESSNER, *La culture religieuse*, p. 63.

in acht öffentlichen Schulen qualitative Umfragen durchgeführt. In insgesamt 103 Gesprächen mit Zweier- oder Dreiergruppen von Schülern diskutierten die Forschenden mit den Jugendlichen Fragen zum Thema „Religion und Schule". Während der zweiten Phase wurde quantitativ gearbeitet, indem Fragebogen versandt und ausgewertet wurden.

Gegenüber religionskundlicher Bildung kamen auch im Rahmen von REDCo Vorbehalte zum Ausdruck, die zeigen, dass das Verhältnis von Religion und Schule heikel geblieben ist[35]. Dazu kamen auch praktische Überlegungen wie etwa der immer grösser werdende Zeitdruck an den Schulen, der eine vertiefte Beschäftigung mit der Materie Religion unrealistisch werden lässt. 44 % der Befragten gaben an, dass ein zusätzliches Fach nicht nötig sei, 32 % äusserten sich nicht zu diesem Aspekt[36].

Jean-Paul WILLAIME fasst die Ergebnisse der Umfrage seiner Forschungsgruppe so zusammen: „Au final et dans l'ensemble, l'enseignement des faits religieux tel qu'il est pratiqué en France ne sucite certes qu'un intérêt limité de la part des élèves, mais guère de contestations non plus. On peut y voir la preuve de sa banalisation."[37]

c) Veränderungen zwischen den beiden Befragungen

Eindrücklich belegen die beiden hier verwendeten Publikationen, wie sich Informationsstand und Interessen im Laufe der Jahre zwischen den beiden Befragungen (die unabhängig voneinander in Angriff genommen wurden) verändert haben. Die Ereignisse des 11. Septembers 2001 haben ebenso ihre Spuren hinterlassen wie die 2. Intifada oder – innerhalb Frankreichs – das Gesetz vom 15. April 2004 über das Verbot der „signes ostensibles" innerhalb der öffentlichen Schulen. Die Schüler können sich etwas unter dem Begriff der „faits religieux" vorstellen und kennen die Kompatibilität dieses Unterrichts mit der laïcité.

Merklich verändert hat sich auch das Bild von Religion an sich. Im Rahmen der Umfrage von REDCo lässt sich eine „Islamisierung des Begriffs Religion"[38]

---

35 BÉRAUD/WILLAIME, *Les jeunes, l'école et la religion,* p. 26. Aber: „only 16 % of students feel that „learning about religions" leads to conflicts in the classroom". BÉRAUD/MASSIGNON/MATHIEU/WILLAIME, *The School – An Appropriate Institution in France for Acquiring Knowledge on Religious Diversity and Experiencing it Firsthand?* in: VALK/BERTRAM-TROOST/ FRIEDERICI/ BÉRAUD, *Teenagers' Perspectives on the Role of Religion in their Lives,* p. 145.

36 BÉRAUD/WILLAIME, *Les jeunes, l'école et la religion*, p. 139.

37 BÉRAUD/WILLAIME, *Les jeunes, l'école et la religion*, p. 130 – 131.

38 BÉRAUD/WILLAIME, *Les jeunes, l'école et la religion*, p. 85.

feststellen. „Religion“ bedeutet nicht mehr die eigene, traditionellerweise christliche Religion oder – im Falle von überzeugten laizistischen Eltern – die katholische Weltsicht der Gläubigen. Das Wort wird auch nicht abstrakt als Oberbegriff für Weltanschauungen mit Transzendenzbezug verstanden. Wenn von „Religion“ gesprochen wird, ist in der Vorstellung vieler Kinder und Jugendlicher zuerst der Islam gemeint.

C. Elternvertretungen

Elternvereinigungen haben in Frankreich eine lange Tradition und existieren zeitlich nahezu parallel mit der öffentlichen Schule. Im Rahmen des Forschungsprojektes von PRISME-SDRE äusserten sich die folgenden Organisationen: ***„Les Parents d'élèves de l'enseignement public“ (PEEP)***, die ***„Fédération des conseils de parents d'élèves“ (FCPE)***, die ***„Association des parents d'élèves de l'enseignement public en Alsace“ (APEPA)*** sowie die ***„Union nationale des associations autonomes de parents d'élèves“ (UDAAPE)***.

Die Vereinigung PEEP[39] sowie die FCPE[40] sprachen sich deutlich gegen die Schaffung eines neuen Faches und für die Verstärkung des religionskundlichen Aspekts im Rahmen des bisherigen Bildungsangebotes aus. Die APEPA schlug vor, das elsässische Modell zu generalisieren und würde die inhaltliche Gestaltung des entsprechenden Faches den Religionsgemeinschaften anvertrauen[41].

Die UNAAPE umfasst unabhängige Elternvereinigungen. In der Folge fielen die Stellungnahmen ihrer Mitgliedsvereinigungen nicht einheitlich aus. Emile GOICHOT, der die Stellungnahmen der Elternvereinigungen zusammenfasste, sieht in dieser Diversität aber auch „l'intérêt d'avancer quelques précisions concrètes pour la mise en oeuvre“[42].

D. Lehrerverbände

Vier Lehrerverbände haben auf die Aufforderung hin, zu Fragen rund um die „culture religieuse“ Stellung zu nehmen, reagiert: Der ***„Syndicat national des enseignants de second degré“ (SNES)***, die ***„Fédération des syndicats***

---

39 MAZARS, *Réflexions sur la culture religieuse à l'école,* in: MESSNER, *La culture religieuse*, p. 230 – 231.

40 *Texte de réflexion de la FCPE,* in: MESSNER, *La culture religieuse,* p. 226.

41 GOICHOT, *Les prises de position des associations de parents,* in: MESSNER, *La culture religieuse*, p. 120.

42 GOICHOT, *Les prises de position des associations de parents,* in: MESSNER, *La culture religieuse*, p. 121.

généraux de l'Education nationale et de la recherche publique" (SGEN-CFDT), der ***„Syndicat des enseignants" (FEN)*** sowie das ***„Comité d'action laïque" (CNAL)***.

Alle vier Verbände stellten sich gegen die Einführung eines neuen Faches und für die Verstärkung oder Weiterentwicklung des bestehenden Angebotes[43].

4. Fazit

Aus den Darstellungen ergibt sich, dass die befragten Gruppierungen eine Verstärkung des religionskundlichen Bildungsangebotes befürworteten. Während es bei den religiösen Gruppierungen Unklarheiten über den Inhalt gab, traf dies in Bezug auf die Interessensverbände nicht zu. Die meisten Gruppierungen sprachen sich gegen ein zusätzliches Fach aus. Sie gaben der Verbesserung und Verstärkung des integrierten Religionskundeunterrichts den Vorrang.

II. Als Gesprächspartner berücksichtigte Gruppierungen im Kanton Zürich

Im Unterschied zum französischen Vorgehen sind die Religionsgemeinschaften und Interessensverbände – wenn auch in unterschiedlichem Masse – in den Erarbeitungsprozess einbezogen worden. Dieser Einbezug als Gesprächspartner des Staates erfolgte nicht für alle Gemeinschaften gleichzeitig und entsprechend haben die verschiedenen Gruppierungen auch nicht mit gleichem Gewicht an der Ausarbeitung des neuen Faches mitwirken können.

Die operative Projektleitung von „Religion und Kultur", die der „Abteilung Pädagogisches" des Volksschulamtes (VSA) des Kantons Zürich angehört, koordiniert die Einführung und konkrete Projektumsetzung mit drei Gesprächspartnern: der „Kontaktgruppe Religionen", der „Kontaktgruppe Schulfeld" und der Gruppe „Lehrmittelprojekt". Für die vorliegende Arbeit sind die beiden ersten Gruppen von Interesse. Ihre Mitglieder werden im Folgenden kurz dargestellt. Die Vertreterinnen und Vertreter der Universität und der Pädagogischen Hochschule werden nicht eigens erwähnt, da sie als staatliche Einrichtungen zur Ausbildung der Lehrkräfte die Interessen des Staates vertreten.

43 Für die detaillierten Aussagen siehe die im Anhang veröffentlichten Stellungnahmen der Lehrerverbände in MESSNER, *La culture religieuse,* pp. 243 – 258.

1. Gesellschaftszusammensetzung in Bezug auf Religion

Die Veränderung der Bevölkerungszusammensetzung und die damit verbundenen gesellschaftlichen Herausforderungen waren Gründe für die Weiterentwicklung des konfessionell-kooperativen Unterrichts zum religionskundlichen Fach hin. Diese demographische Veränderung lässt sich anhand der Schweizerischen Volksbefragungen statistisch festhalten. Die letzte derartige Befragung fand im Jahr 2000 statt[44]. Ihre Zahlen gelten nach wie vor als Orientierungswerte, auch wenn davon auszugehen ist, dass sich die damals erkennbaren Trends verstärkt und sich die zahlenmässigen Anteile der Religions- und Weltanschauungsgemeinschaften weiter verändert haben.

War die Schweiz noch anfangs des 20. Jahrhunderts ein von den christlichen Konfessionen dominiertes Land, so zeigte die letzte Volkszählung, dass sich die Religionszugehörigkeit der Menschen verändert hat. Nebst den durch Immigration in die Schweiz gekommenen nichtchristlichen Religionen fällt die Gruppe konfessionsloser Menschen auf.

Die Bevölkerungszusammensetzung der Schweiz sah im Jahr 2000 folgendermassen aus[45]:

Christum (reformiert, römisch-katholisch, christ-katholisch)	76 %
Islam	4.26 %
Hinduismus	0.38 %
Buddhismus	0.29 %
Judentum	0.24 %
Neue und andere Religionsgemeinschaften	0.11 %
Konfessionslos	11 %
Ohne Angaben	4 %

Gemäss den Daten des Religionsmonitors zur öffentlichen und privaten religiösen Praxis[46] gaben 24 % der Schweizer an, monatlich oder öfters zur Kirche zu

[44] Neu werden die Bevölkerungsdaten nicht mehr in umfassender Weise erhoben, sondern unterliegen veränderten Vorschriften. Vgl. Verordnung über die eidgenössische Volkszählung (Volkszählungsverordnung) vom 19. Dezember 2008, SR 431.112.1, in Kraft seit 1. Februar 2009. Art. 3 der Verordnung erwähnt die vier verschiedenen Arten der Statistiken, Art. 7 Abs. 1 lit. b erwähnt die Erhebung von Daten für thematische Statistiken zum Bereich „Sprache, Religion, Kultur".

[45] BAUMANN/STOLZ (Hg.), *La nouvelle Suisse religieuse*, p. 46.

gehen, 25 % gaben an, nie zu gehen. Ähnlich sah es bei der privaten religiösen Praxis in Form des Gebets aus: 29 % der Befragten gaben an, täglich zu beten, 24 % nie. 20 % der Schweizer bezeichneten sich als ziemlich oder sehr religiös, 44 % dagegen als wenig oder nicht religiös[47].

Das Statistische Amt des Kantons Zürich hat die Ergebnisse der Volkszählung für den Kanton Zürich im Jahr 2003 publiziert[48]:

Evangelisch-reformierte Kirche	39.9 %
Andere protestantische Kirchen	2.7 %
Römisch-katholische Kirche	30.5 %
Christkatholische Kirche	0.1 %
Christlich-orthodoxe Kirchen	2.4 %
Andere christliche Kirchen	0.2 %
Jüdische Glaubensgemeinschaften	0.2 %
Islamische Glaubensgemeinschaften	5.3 %
Andere Glaubensgemeinschaften	1.1 %
Keine Konfessionszugehörigkeit	13.2 %
Ohne Angaben	4 %

Die Angaben, die für die Stadt Zürich vorliegen, zeigen noch deutlichere Veränderungen der Bevölkerungszusammensetzung auf[49]. Hier sind es 16.8 % der Bevölkerung, die angeben, keiner Konfession anzugehören. Die christlich-orthodoxen Kirchen haben in der Stadt einen Anteil von 3.4 %. Zudem gehören 5.7 % der Stadtbevölkerung den islamischen Glaubensgemeinschaften an. Bemerkenswert ist, dass in der Stadt Zürich mit 33.3 % mehr Katholiken als Angehörige der evangelisch-reformierten Kirche (30.3 %) leben.

46 Vgl. MÜLLER/POLLACK, *Wie religiös ist Europa?*, in: *Religionsmonitor 2008*, p. 170.

47 MÜLLER/POLLACK, *Wie religiös ist Europa?*, in: *Religionsmonitor 2008*, p. 171.

48 WEBER, *Markanter Wandel in der Zürcher Religionslandschaft,* statistik.info 02/2003, p. 3. Zu finden in der Liste auf: <http://www.statistik.zh.ch / internet / justiz_inneres / statistik / de / statistiken / veroeffentlichungen / statistikinfo.html>, [Stand 20. Oktober 2011].

49 WEBER, *Markanter Wandel in der Zürcher Religionslandschaft,* statistik.info 02/2003, p. 3, <http://www.statistik.zh.ch / internet / justiz_inneres / statistik / de / statistiken / veroeffentlichungen / statistikinfo.html>, [Stand 20. Oktober 2011].

Die Zahlen belegen den angedeuteten Wandel in der Gesellschaft, dessen Auswirkungen ein Überdenken des bisherigen konfessionell-kooperativen Religionsunterrichts (KoKoRu) auf der Oberstufe der öffentlichen Schulen im Kanton Zürich auslöste.

2. Die „Kontaktgruppe Religionen"

Die so genannte „Kontaktgruppe Religionen" besteht aus Religionen unterschiedlichster Organisationsformen. Einen Sonderfall stellt die Bewegung der Freidenker dar. Sie ist keine religiöse Gemeinschaft, wohl aber eine weltanschauliche Bewegung. Die Freidenker-Vereinigung ist nachträglich in die „Kontaktgruppe Religionen" integriert worden[50].

A. Öffentlich-rechtlich anerkannte Gemeinschaften

Als öffentlich-rechtlich anerkannte Gemeinschaften gelten Gemeinschaften, die bestimmte staatliche Voraussetzungen erfüllen und im Gegenzug mit staatlicher Unterstützung rechnen können. Die in einem Kanton traditionell ansässigen Bekenntnisse sind zumeist öffentlich-rechtlich anerkannt. Für den Kanton Zürich sind dies die evangelisch-reformierte Kirche, die römisch-katholische Kirche sowie die christkatholische Kirche.

Die Bedeutung der öffentlich-rechtlichen Anerkennung sowie die gesetzlichen Grundlagen derselben wurden in Teil I bereits ausgeführt[51].

a) Evangelisch-reformierte Kirche

Die evangelisch-reformierten Kirchen der Schweiz haben ihren Ursprung in der Absicht der verschiedenen Reformatoren, die bestehende Kirche (damals die katholische Kirche) zu erneuern.

Für den Kanton Zürich war Huldrych Zwingli massgebend, der von 1519 an Leutpriester am Grossmünster war. Als Zwingli 1522 mutwillig das Fastengebot brach, kam es zum Bruch der Kirche Zwinglis mit der katholischen Kirche. Der Zürcher Rat stellte sich in der folgenden Auseinandersetzung hinter Huldrych Zwingli. Dies war der Beginn der engen Verknüpfung der reformierten Kirche mit dem Kanton Zürich.

---

50 Die Kontaktgruppe hätte daraufhin möglicherweise in „Kontaktgruppe Religionen und Weltanschauungsgemeinschaften" umbenannt werden müssen.

51 Vgl. § 2 II.2.B.b), p. 112.

Nach Jahrhunderten des Staatskirchentums ist die ***evangelisch-reformierte Kirche*** heute eine der drei öffentlich-rechtlich anerkannten Religionsgemeinschaften[52]. Mit der Fachstelle „Pädagogik und Animation" ist ein Kompetenzzentrum für die religiösen Bildungsangebote der evangelisch-reformierten Kirche vorhanden[53].

b) Römisch-katholische Kirche

Die ***römisch-katholische Kirche*** war in der Schweiz zunächst eine Minderheit gegenüber der evangelisch-reformierten Kirche. Nach dem 2. Weltkrieg verschob sich diese Verteilung durch die Zuwanderung von Menschen aus Italien, Portugal und Spanien. Gemäss den oben dargestellten Veröffentlichungen des Amtes für Statistik des Kantons Zürich betrug der Anteil der Katholikinnen und Katholiken im Jahr 2003 30.5 % der Bevölkerung.

Die römisch-katholische Kirche des Kantons Zürich (bzw. ihre nach demokratischen Grundsätzen organisierte staatskirchenrechtliche Struktur, die Zentralkommission) erhielt erst 1963 die öffentlich-rechtliche Anerkennung. Die Fachstelle für Religionspädagogik ist für die Aus- und Weiterbildung der Katechetinnen und Katecheten zuständig und stellt somit das Kompetenzzentrum katholischerseits dar, wenn es um religiöse Bildung geht[54].

c) Christkatholische Kirche

Die ***christkatholische*** oder ***altkatholische Kirche*** entstand in den Jahren nach dem 1. Vatikanischen Konzil und lehnt die dort verkündete Unfehlbarkeit des Papstes ab. Vorläufer war der „Verein freisinniger Katholiken" (VfK), dem in Zürich 1873 der Grossteil der Katholiken angehörte.

Das Kantonsgebiet von Zürich ist zugleich Gebiet der christkatholischen Kirchgemeinde Zürich. Sie umfasst ungefähr 1700 Mitglieder[55].

52 Vgl. Kirchengesetz vom 9. Juli 2007.

53 Für die religionsinterne Bildung wurde daher das so genannte „Religionspädagogische Gesamtkonzept (rpg)" entwickelt. Zu finden unter Downloads - Grundlagen auf der Seite <http://www.rpg-zh.ch>, [Stand 20. Oktober 2011].

54 Vgl. <http://www.religionspaedagogikzh.ch>, [Stand 20. Oktober 2011].

55 HUMBERT, *Religionsführer Zürich,* p. 105.

B. Anerkannte Gemeinschaften: Die Israelitische Cultusgemeinde und die Jüdische Liberale Gemeinde

Die Kategorie der anerkannten Gemeinschaften wurde durch die neue Zürcher Kantonsverfassung geschaffen. Der Status einer „anerkannten Gemeinschaft" ist in erster Linie Ausdruck der Wertschätzung einer bestimmten Gemeinschaft, kann aber auch Rechte und Pflichten enthalten. Die Israelitische Cultusgemeinde und die Jüdische Liberale Gemeinde sind in Art. 131 KV ZH als anerkannte jüdische Gemeinschaften erwähnt[56]. Beide Gemeinden konstituieren sich als Vereine nach Art. 60 – 72 ZGB unabhängig von ihrer rechtlichen Anerkennung in der Kantonsverfassung.

Die ***Israelitische Kultusgemeinde Zürich (ICZ)***, die 1862 gegründet wurde[57], ist die älteste der jüdischen Gemeinschaften in Zürich. Sie ist traditionell ausgerichtet und eine sogenannte Einheitsgemeinde[58]. Das heisst, dass sie Juden unterschiedlicher Glaubensrichtungen aufnimmt. Die Israelitische Cultusgemeinschaft umfasst rund 2100 Mitglieder. Nach Art. 28 der Statuten erhebt die ICZ Steuern, zu deren Berechnung sie die Angaben aus den öffentlichen Steuerregistern erhält[59].

Seit 1978 existiert die ***Jüdische Liberale Gemeinde (JLG) Or Chadasch***[60]. Gemäss Art. 3 der Statuten kann jede jüdische Person, die das 18. Altersjahr erreicht hat, Mitglied werden. Or Chadasch umfasst etwa 500 Mitglieder[61]. Gemäss Art. 2 der Statuten der JLG sind die Gemeinde und ihre Mitglieder wiederum Mitglied der World Union for Progressive Judaism.

C. Privatrechtlich organisierte Religionsgemeinschaften

Die nachfolgenden Gemeinschaften, die in der Kontaktgruppe Religionen vertreten sind, haben Vereinsform oder bestehen selbst aus unterschiedlichen Vereinen. Sie haben – im Unterschied zu den beiden oben genannten jüdischen Gemeinden – keinen weiterreichenden Status im öffentlichen Recht.

---

[56] Art. 131 KV ZH „Von den weiteren Religionsgemeinschaften sind die Israelitische Cultusgemeinde und die Jüdische Liberale Gemeinde anerkannt."

[57] Art. 1 der Statuten der ICZ vom 3. Dezember 2007.

[58] Vgl. Art. 3 der Statuten der ICZ vom 3. Dezember 2007.

[59] Art. 28 b der Statuten der ICZ vom 3. Dezember 2007 mit dem Verweis auf §7 Abs. 5 – 7 GjG.

[60] Art. 1 der Statuten der Jüdischen Liberalen Gemeinde Or Chadasch vom 15. Mai 2007.

[61] HUMBERT, *Religionsführer Zürich*, p. 421.

a) Christlich-orthodoxe Kirchen

Statistisch gesehen ist die Gemeinschaft der ***christlich-orthodoxen Kirchen*** klein, aber geprägt durch grosse Vielfalt[62]. Ein wesentliches Merkmal ist die Abhängigkeit jeder Kirche von einem Patriarchat im Ausland. Die russisch-orthodoxe Kirche etwa ist seit 2007 an das russisch-orthodoxe Patriarchat von Moskau angebunden. Die orientalischen Kirchen und auch die orthodoxen Gemeinden sind nach ethnischen Grundsätzen organisiert. Wie Iso BAUMER darlegt, gestaltet sich die orientale und orthodoxe Glaubenslandschaft wie folgt[63]:

- Armenische Kirche (zwei Pfarreien)
- Koptische Kirche (zwei Pfarreien)
- Syrische Kirche (vier Pfarreien und ein Kloster)
- Rumänische Kirche (ca. zehn Pfarreien)
- Serbische Christen (acht Pfarreien)
- Russische Christen (vier Pfarreien; zwei Kirchen, Gemeinden in Basel, Bern und Zürich)

b) Buddhismus

Es ist nicht möglich, die genaue Zahl der Buddhisten zu erfassen, da viele Meditationsgruppen informell organisiert sind und ein Teil der Praktizierenden zugleich Mitglied einer Kirche ist.

Mit der ***Schweizerischen Buddhistischen Union (SBU)*** existiert seit 1976 eine Dachorganisation. Die SBU ist gemäss ihren Statuten ein Verein nach Art. 60 ff. ZGB mit Sitz in Bern[64]. Sie vertritt den Buddhismus in der Schweiz gegen aussen und will eine Kommunikationsplattform für die verschiedenen Richtungen des Buddhismus sein.

---

62 Auch auf wiederholte Nachfrage hin waren keine Statuten erhältlich, weshalb die Darstellung der christlich-orthodoxen Kirchen lediglich auf der Publikation von BAUMER, *Unité et diversité des églises chrétiennes d'Orient en Suisse,* im Band von BAUMANN/STOLZ, *La nouvelle Suisse religieuse*, pp. 166 – 182 beruht.

63 BAUMER, *Unité et diversité des églises chrétiennes d'Orient en Suisse*, in: BAUMANN/STOLZ, (Hg.), *La nouvelle Suisse religieuse*, p. 173.

64 Art. 1.1 der Statuten der SBU vom 30. November 2003.

c) Hinduismus indischer und tamilischer Richtung

Indische Hindu haben sich in der Schweiz zu zahlreichen kleinen Vereinigungen zusammengeschlossen. Sie haben aber keinen eigenen Tempel. Die ***Indian Association Zurich*** organisiert zwar jeweils die Feste Navaratri und Diwali, versteht sich selbst aber als kulturelle, nicht als religiöse Vereinigung.

Die tamilischen Hindu sind zumeist Kriegsflüchtlinge, die vor dem Bürgerkrieg in Sri Lanka fliehen mussten. Sie sind die zahlenmässig grösste Gruppe von Hindu. Seit den 1980er-Jahren entstanden erste Kleintempel. 2008 sind in Basel, Vernier, Prilly, Steffisburg, Bärau, Bern, Lyss, Grange, Trimbach, Aarau, Root-Gisikon, Baar, Adliswil (hier zwei), Chur, Glattbrugg und St. Margarethen tamilische Tempel vorhanden[65].

d) Islamische Glaubensgemeinschaften

Muslime sind seit längerem in der Schweiz anzutreffen und wurden in den Anfängen nicht stärker wahrgenommen als Angehörige anderer Gemeinschaften. 1970 betrug die Zahl der muslimischen Gläubigen 16'300 Personen. Im Jahr 2000 sind es 311'000 Personen, die in der Schweiz leben und sich zum Islam bekennen.

Die ***Vereinigung islamischer Organisationen Zürich (vioz)*** ist die Dachorganisation der islamischen Gruppierungen Zürichs. Ihren Statuten gemäss versteht sich vioz unter anderem als Ansprechspartnerin für die kantonalen Behörden[66] und engagiert sich auch im religionspädagogischen Bereich[67].

Seit der Abstimmung vom 29. November 2009 ist der Bau von Minaretten in der Schweiz verboten[68]. Drei bestehende Moscheen haben ein Minarett: Die Mahmud-Moschee in Zürich, welche 1963 von der Ahmadiyya-Gemeinschaft gegründet wurde; die Moschee der Fondation culturelle islamique de Genève (1978) sowie die Moschee der albanischen Gemeinschaft in Winterthur (2005 errichtet, wobei es sich um ein symbolisches Minarett handelt).

---

65 BAUMANN, *Les traditions hindoues en Suisse*, in: BAUMANN/STOLZ, (Hg.), *La nouvelle Suisse religieuse*, p. 240.

66 Art. 2.1. lit. b) der Statuten von vioz vom 21. Dezember 2008.

67 Art. 2.1. lit. g) der Statuten von vioz vom 21. Dezember 2008.

68 Art. 72 Abs. 3 BV: „Der Bau von Minaretten ist verboten."

e) Freidenker-Vereinigung

Die Wurzeln des Freidenkertums reichen ins ausgehende 17. Jahrhundert zurück. Dennoch wurde erst im Jahr 1870 in Zürich eine Freidenkervereinigung bekannt[69].

Die ***Freidenker Vereinigung der Schweiz*** setzt sich gemäss Art. 2 ihrer Statuten für eine vollständige Umsetzung der Glaubens- und Gewissensfreiheit im Sinne einer absoluten Gleichstellung aller religiös-weltanschaulichen Bewegungen ein. Als gemeinnützige Organisation möchte sie Menschen eine Alternative zu kirchlichen Angeboten bieten[70].

In der Region Zürich zählt die Freidenkerbewegung ungefähr 300 Mitglieder[71].

3. Die „Kontaktgruppe Schulfeld"

Das Volksschulamt des Kantons Zürich hat sich entschieden, im Rahmen der „Kontaktgruppe Schulfeld" den Schulleitern, den Lehrpersonen und auch den Eltern die Möglichkeit zur Mitsprache zu geben. Die Schüler der Sekundarschule I sind in der Gruppe nicht vertreten.

Aus dem Internetauftritt und aus den Statuten können sich lediglich, aber zugleich wenigstens, die organisatorischen Rahmenbedingungen sowie die jeweiligen Vereinsziele ergeben. Die tatsächliche bildungspolitische Positionierung dieser Organisationen lässt sich aber nicht ableiten.

A. Vereinigungen von Schulleitern

Zwei Verbände sind in der Kontaktgruppe Schulfeld vertreten: der ***Verband der Schulleiterinnen und Schulleiter Kanton Zürich (VSLZH)*** sowie der ***Verband Zürcher Schulpräsidentinnen und Schulpräsidenten (VZS)***.

Der ***Verband der Schulleiterinnen und Schulleiter des Kantons Zürich (VSLZH)*** versteht sich als Ansprechstelle für Anliegen der Schulleitungen[72].

---

69 HUMBERT, *Religionsführer Zürich*, p. 411.

70 Vgl. Art. 3 der Statuten der FVS, der die Ausbildung von Ritualberaterinnen und -beratern, die Ausrichtung weltlicher Trauerfeiern für konfessionslose Menschen sowie weitere Angebote nennt.

71 HUMBERT, *Religionsführer Zürich*, p. 413. HUMBERT führt auch an, dass die Freidenker keine religiöse Organisation sind, sie im *Religionsführer* aber dargestellt werden, weil Religion von dieser Vereinigung thematisiert wird. Ibid., p. 413.

72 Vgl. <http://www.vslzh.ch>, [Stand 20. Oktober 2011].

Der Verbandszweck besteht in der Behandlung standespolitischer Fragen im Bereich der Schulleitung, der Wahrung der Interessen gegenüber Behörden und der Stärkung der Stellung der Schulleitungen[73]. Der VSLZH ist ein Verein nach Art. 60 ff. ZGB und bezeichnet sich in § 3 der Statuten als parteipolitisch neutral und religiös ungebunden. Mitglieder sind „amtierende und ehemalige Mitglieder von Schulleitungen“[74].

Der ***Verband Zürcher Schulpräsidentinnen und Schulpräsidenten (VZS)*** präsentiert sich auf seiner Homepage, Statuten sind nicht direkt zugänglich[75]. Als Ziel des Vereins wird die Förderung des Volksschulwesens im Kanton Zürich, Einflussnahme auf die Entwicklung des Zürcher Schulwesens sowie Stellungnahme zu aktuellen schulpolitischen Fragen angegeben. Jeder Schulbezirk hat eine Bezirksgruppe des VZS, die den Erfahrungsaustausch unter den Gemeindeschulbehörden des Bezirks organisieren sollen.

B. Vereinigungen von Lehrkräften

Die Lehrkräfte sind auf zwei Arten organisiert. Zum einen sieht die Rechtsordnung ihre Beteiligung an schulpolitischen Entscheidungen durch die ***Lehrpersonen-Konferenz der Volksschule des Kantons Zürich (LKV)*** vor[76] Die Lehrpersonen sind hier von Amtes wegen Mitglieder. Zum andern besteht die Möglichkeit, einem spezifischen Personalverband beizutreten. Von diesen sind vier in der Kontaktgruppe Schulfeld vertreten: ***Sekundarlehrkräfte des Kantons Zürich (SekZH)***, der ***Verein des Personals öffentlicher Dienste, Sektion Lehrberufe, Zürich (VPOD)***, der ***Verband zürcherischer Privatschulen (VzP)***, der ***Zürcher Lehrerinnen- und Lehrerverband (ZLV)*** und die ***Konferenz lehrplanorientierter Sonderschulen (KLS)***.

Die Lehrkräfte der Zürcher Volksschulen sind aufgrund ihrer Anstellung grundsätzlich Mitglieder der ***Lehrpersonen-Konferenz der Volksschule des Kantons Zürich (LKV)***. Ob die Teilnahme an den jeweiligen Sitzungen Pflicht ist, ergibt sich aus ihren Anstellungsverträgen. Grundsätzlich bestimmt § 8 der Synodalverordnung, dass die Teilnahme am Kapitel für jede stimmberechtigte Lehrperson obligatorisch ist, die am betreffenden Nachmittag mindestens eine Stunde Unterricht erteilen würde[77]. Jeder Schulbezirk hat ein oder mehrere Schulkapi-

---

73 Statuten des VSLZH vom 28. Oktober 1999, § 2.

74 Statuten des VSLZH vom 28. Oktober 1999, § 4.

75 <http://www.vzs.ch/portrait>, [Stand 20. Oktober 2011].

76 § 58 Abs. 1 VSG, §§ 5 – 12 Synodalverordnung.

77 Die Kapitelsversammlungen finden zweimal im Jahr an Halbtagen statt, an denen normalerweise Unterricht erteilt würde. Siehe § 6 der Synodalverordnung.

tel. Die jeweiligen Kapitelspräsidenten sind Mitglied der Kapitelspräsidentenkonferenz. Diese wiederum ist Zwischenglied zwischen dem Kapitelsvorstand und den einzelnen Kapiteln. Die Schulsynode schliesslich stellt die Spitze der Organisation dar.

Die LKV hat den Zweck und die Aufgabe, über wesentliche Veränderungen an der Volksschule zu entscheiden: „§ 7 Sie nimmt zu wichtigen schulischen Fragen Stellung, insbesondere zu Lehrmitteln, zu wesentlichen Änderungen des Lehrplans sowie zu Änderungen wesentlicher Rechtserlasse, welche die Volksschule betreffen."[78]

Der Verein ***Sekundarlehrkräfte des Kantons Zürich (SekZH)***, der ***Verein des Personals öffentlicher Dienste, Sektion Lehrberufe, Zürich (VPOD)***, der ***Verband zürcherischer Privatschulen (VzP)*** sowie der ***Zürcher Lehrerinnen- und Lehrerverband (ZLV)*** sind Vereine nach Art. 60 ff. ZGB mit Sitz in Zürich.

Der ***VPOD*** ist eine Gewerkschaft und unter anderem Mitglied des Schweizerischen Gewerkschaftsbundes (SGB)[79]. Da der ***VPOD*** nicht nur Lehrpersonen, sondern alle Personen, die vom Staat angestellt sind, vertritt, fehlt in den Statuten die direkte Bezugnahme auf die Vorgänge an der Schule.

Der ***VzP*** nennt als Vereinszweck in Art. 2 der Statuten VzP vom 25. September 2008 die Wahrnehmung gemeinsamer Interessen der Mitgliedschulen, insbesondere gegenüber den Behörden, die Aufwertung der Stellung der Privatschulen im Bildungswesen des Kantons Zürich, die Information der Öffentlichkeit über Wesen und Zielsetzungen der Privatschulen sowie die Organisation von Veranstaltungen, die der Weiterbildung und dem Erfahrungsaustausch dienen. Mitglieder sind nicht einzelne Lehrpersonen, sondern Privatschulen. Es wird stillschweigend davon ausgegangen, dass die jeweiligen Schulen durch natürliche Personen im Verband vertreten werden.

Der ***ZLV*** ist nicht nur eine kantonal agierende Vereinigung, sondern ist zugleich die Sektion Zürich des Dachverbandes „Schweizer Lehrerinnen und Lehrer (LCH)"[80]. Der Vereinszweck hat zwei Schwerpunkte[81]: Zum einen bezweckt der Verein die Erhaltung, Förderung und Entwicklung eines nach pädagogischen Kriterien organisierten, im Dienste der allseitigen Förderung und Entfaltung der Kinder und Jugendlichen stehenden Erziehungs- und Bildungswesens im Kanton Zürich. Zum anderen wahrt er in diesem Zusammenhang im besonderen die Interessen der Lehrkräfte.

---

78 § 7 der Synodalverordnung.

79 Art. 2 Abs. 2 Statuten des VPOD von 2007.

80 Art. 3 der Statuten des ZLV vom 25. Juni 2008.

81 Art. 2 der Statuten des ZLV vom 25. Juni 2008.

Die ***Konferenz lehrplanorientierter Sonderschulen (KLS)*** ist als einfache Gesellschaft nach Art. 530 OR organisiert[82]. Ihr gehören Schulleiter von IV-anerkannten Tagessonderschulen und verschiedenen spezialisierten Sonderschulen im Kanton Zürich für Kinder und Jugendliche mit Verhaltensauffälligkeiten und Lernschwierigkeiten an. In Art. 3 der Statuten wird der Zweck der Arbeitsgemeinschaft umschrieben. Sie soll dem Austausch zwischen den Schulleitern dienen und Ansprechpartner für die Bildungsdirektion sein.

C. Vereinigungen von Eltern

Auch die Eltern können Mitglieder von Organisationen werden, die ihre Interessen vertreten. In der „Kontaktgruppe Schulfeld" sind zwei Organisationen vertreten: ***Schule und Elternhaus (S&E)*** und die ***Vereinigung der Elternorganisationen des Kantons Zürich (VEZ)***. Beides sind Vereine nach Art. 60 ff. ZGB.

Der Verein ***Schule und Elternhaus*** ist ein Verein, der in der deutschsprachigen Region der Schweiz tätig ist und gemäss seiner Homepage offizieller Vernehmlassungspartner beim Bund und vielen Kantonen in der Deutschschweiz ist[83]. Art. 3 der Statuten nennt die Vereinszwecke: „S&E Schweiz vertritt die Interessen der Eltern von Kindern in Erziehungs- und Bildungsfragen und weiteren an der Ausbildung Beteiligten; S&E Schweiz fördert und unterstützt die partnerschaftliche Zusammenarbeit von Eltern, Lehrpersonen und Schulbehörden; S&E Schweiz wirkt mit in der Eltern- und Erwachsenenbildung; im Zentrum der Tätigkeiten steht das Wohl des Kindes; der Verein verfolgt weder Erwerbs- noch kommerzielle Zwecke." Gemäss Art. 8 der Statuten ist eine Person, die S&E Schweiz beitritt, gleichzeitig Mitglied einer Kantonal-, Regional- oder Lokalsektion.

Während sich S&E Schweiz direkt an die Eltern und Erziehungsbeauftragten wendet, ist die ***Vereinigung der Elternorganisationen des Kantons Zürich (VEZ)*** eine juristische Person, der in erster Linie Kollektivmitglieder (Elternorganisationen) und erst in zweiter Linie natürliche Personen angehören können[84].

---

82 Art. 4 der Statuten der KLS.

83 <http://www.schule-elternhaus.ch/t3/index.php?id=29>, [Stand 20. Oktober 2011].

84 Art. 13 Statuten VEZ vom 1. April 1992.

4. Fazit

Beim Ausarbeitungsprozess von „Religion und Kultur“ handelt es sich um einen noch laufenden Prozess. In der Folge sind die Interessen oder Haltungen der einzelnen Gruppierungen in Bezug auf das neue Fach nicht bekannt. Allein die Auflistung der in den Kontaktgruppen versammelten Vereinigungen zeigt aber grosse Unterschiede in ihrer Grösse, rechtlichen Position und ihrer Bedeutung in der Geschichte des Kantons Zürich. Daraus können unterschiedliche Interessen erwachsen, denen im konkreten Ausarbeitungsprozess Rechnung getragen werden musste und muss.

§ 5 Die Ausarbeitungsprozesse des jeweiligen religionskundlichen Bildungsangebotes

I. Der Ausarbeitungsprozess integrierter Religionskunde im Grossteil Frankreichs

Der Prozess, der zur Verstärkung religionskundlicher Bildung innerhalb des bestehenden Fächerkanons führte, umfasste die Zeitspanne von 1986 bis 2002. Seither haben weitere Prozesse stattgefunden, so dass die anschliessend präsentierten Daten und Aufnahmen bereits nur noch teilweise der heutigen Realität an den Schulen entsprechen. Insbesondere ist auf die Reduktion religionskundlicher Inhalte im Rahmen der neuen Lehrpläne hinzuweisen[85]. Die dargestellte Zeitspanne umfasst die grundlegende Auseinandersetzung mit dem Phänomen der fehlenden religionskundlichen Bildung und die erste daraus folgende Lehrplanänderung.

Zunächst geht es um eine Zusammenfassung der Ausgangssituation. Anschliessend wird der Ausarbeitungsprozess nachgezeichnet, der mit dem Ende des Erlasses der damals neuen Lehrpläne im Jahr 2002 endet.

1. Zusammenfassung der vier bisherigen Vertragsinhalte

Vier Punkte prägten die Situation religionskundlicher Bildung an den Schulen zu Beginn der Debatte um religionskundliche Bildung.

A. Doppelspuriges Bildungssystem

Mit dem doppelspurigen Bildungssystem gewährleistet der Staat, dass die Eltern ihre Kinder ihren Überzeugungen gemäss erziehen können. Er stellt ein

85 Vgl. *JO* vom 5. August 2008, *BO spécial* vom 28. August 2008. Wie die genaue Untersuchung der neuen Lehrpläne ergab, betreffen die Kürzungen allerdings insbesondere die Gymnasialstufe. Vgl. *JO* vom 25. April 2010, *BO spécial n°4* vom 29. April 2010. Das IESR kritisierte die Streichung des Themas „Der Mittelmeerraum im 12. Jahrhundert". Vgl. *Avis de l'Institut Européen en Science des Religions sur le projet de programme d'histoire pour la classe de seconde*, Paris, 17. Februar 2010. Die Lehrpläne für die 1. Klasse des Gymnasiums sind ebenfalls von den Kürzungen betroffen, was das IESR bedauert. Vgl. *Avis de l'IESR sur le projet de programme d'histoire pour la classe de première, voie générale*, IESR - Institut Européen en Sciences des Religions, vom 14. Mai 2010. <http://www.iesr.ephe.sorbonne.fr/index6272.html>, [Stand 20. Oktober 2011].

unentgeltliches öffentliches Schulwesen zur Verfügung und subventioniert das Privatschulwesen. Für die Eltern besteht daher eine reelle Wahlmöglichkeit.

Während die öffentliche Schule religiös neutral ist, kann eine Privatschule ein eigenes Profil, den so genannten „caractère propre" haben. Die meisten der staatlich subventionierten Privatschulen sind konfessionell geprägt und sind zumeist ursprünglich römisch-katholische Schulen. Religionsunterricht hat an diesen Schulen in Form eines Freifaches Platz.

B. Restriktive Haltung gegenüber Religion an den öffentlichen Schulen

Die öffentliche Schule berücksichtigt die Glaubens- und Gewissensfreiheit aller Schüler. Das tut sie auf drei Arten: Die Lehrpersonen sind in Ausübung ihrer Tätigkeit zu religiös neutralem Verhalten verpflichtet, die Schulräume, Lehrpläne und Lehrmittel sind frei von religiösen Symbolen und Inhalten und die Schüler dürfen lediglich diskrete religiöse Symbole tragen, die das Unterrichtsgeschehen und die Glaubensüberzeugung der Mitschüler nicht beeinträchtigen.

C. Kein staatlicher Religionsunterricht an den öffentlichen Schulen

Der Staat selbst bietet keinen religiösen Unterricht an. Art. L. 141-1 C. éduc.[86] und Art. L. 141-2[87] C. éduc. garantieren, dass der Unterricht religiös neutral ist, der Staat aber zugleich die religiöse Überzeugung der Schüler respektiert. Die genannten Artikel bilden die Voraussetzung dafür, dass der Schulbesuch obligatorisch erklärt werden kann.

Dennoch garantiert der Staat die Religionsfreiheit auch in diesem Bereich. Die öffentliche Schule sieht auf der Primarstufe einen Tag vor, an dem kein Unterricht stattfindet, damit die Eltern ihre Kinder hier in den Religionsunterricht schicken können. Wenn ein Bedürfnis vorhanden ist, kann an einer Sekundar-

---

86 „Comme il est dit au treizième alinéa du Préambule de la Constitution du 27 octobre 1946 confirmé par celui de la Constitution du 4 octobre 1958, la Nation garantit l'égal accès de l'enfant et de l'adulte à l'instruction à la formation et à la culture; l'organisation de l'enseignement public gratuit et laïque à tous les degrés est un devoir de l'Etat."

87 „Suivant les principes définis dans la Constitution, l'Etat assure aux enfants et adolescents dans les établissements publics d'enseignement la possibilité de recevoir un enseignement conforme à leurs aptitudes dans un égal respect de toutes les croyances. L'Etat prend toutes dispositions utiles pour assurer aux élèves de l'enseignement public la liberté des cultes et de l'instruction religieuse."

stufe eine so genannte „aumônerie", die sich um die religiöse Bildung der Schüler bemüht, eingerichtet werden.

D. Religionskundliche Elemente im Fach Geschichte an der öffentlichen Schule

Religionskundliche Elemente sind Bestandteil der Geschichte eines Landes. Ein Geschichtsunterricht, der diese Aspekte nicht berücksichtigt, führt zu einem lückenhaften Wissen in seinem Fachgebiet. Daher wurde religionskundliches Wissen im genannten Fach seit langem schon als historischer Gegenstand oder als Element der Sozial- oder Zivilisationsgeschichte im Unterricht behandelt[88].

2. Entscheidungsfindung und Etappen der Umsetzung von integrierter Religionskunde 1986 – 2002

A. Überblick über die Entscheidungsfindung[89]

Bereits 1982 reichte die „Ligue de l'enseignement" eine Motion ein, gemäss der es nötig sei, dass die Schülerinnen und Schüler die Grundtexte und die historischen Entwicklungen verschiedener Religionen kennenlernen würden. Wie aber ESTIVALÈZES zutreffend schreibt, blieb diese Motion unbeachtet[90]. Erst die Äusserungen von verschiedenen Persönlichkeiten in der Presse verlieh dem Anliegen nach verstärkter religionskundlicher Bildung Gewicht. Pierre GARRIGUE und andere beklagten einen Mangel an religionskundlichem Wissen oder „culture religieuse"[91].

In einem Interview mit *Le Monde* vom 5. Oktober 1988 nahm Kardinal Lustiger die Äusserungen zur „inculture religieuse" auf. Er plädiert für eine verstärkte

---

88 DURAND-PRINBORGNE, *La laïcité dans le service public de l'éducation*, p. 25.

89 Die nachfolgende Darstellung ist eine Zusammenfassung der gut recherchierten Entstehungsgeschichte der französischen Lösung durch ESTIVALÈZES in ihrer Publikation *Les religions dans l'enseignement laïque*, pp. 17 – 33.

90 ESTIVALÈZES, *Les religions dans l'enseignement laïque*, p. 18.

91 Pierre GARRIGUE in seinem Artikel „Le christianisme fait-il partie de notre histoire?" in *Le Monde de l'éducation*, November 1986, zitiert in ESTIVALÈZES, *Les religions dans l'enseignement laïque*, p. 19, Fn. 2. Dass die Schüler Lücken in der Allgemeinbildung haben, insbesondere was den religionskundlichen Aspekt angeht, wird auch aus der Sicht der Literaturwissenschaften beklagt. ESTIVALÈZES zitiert dazu den Artikel von Héléne SABBAH, „Religion et enseignement des lettres", *Le Monde de l'Education*, Februar 1987. ESTIVALÈZES, *Les religions dans l'enseignement laïque*, p. 19 Fn. 2.

Zusammenarbeit von Kirche und Staat [92] und möchte die religiöse Bildung der Kinder und Jugendlichen durch verstärkte und insbesondere durch besser platzierte Katechese stärken. Diese Äusserungen führten zu Protesten seitens der überzeugten Vertreter der „laïcité" im Sinne einer strengen Trennung von Kirche und Staat. Sie befürchteten eine Rückkehr der Kirche in die öffentliche Schule. Zahlreiche Umfragen, Veranstaltungen und Publikationen entstanden in dieser Zeit.

In diesem Kontext kam auch der Vorschlag auf, ein neues Fach einzuführen. Jean BAUBÉROT war der Hauptvertreter dieser Idee. Unter dem Titel „Histoire des religions" sollte das Fach eine Einführung in die wichtigsten religiösen Strömungen gewährleisten[93]. Der Widerstand gegen eine solche Einführung war aus verschiedenen Gründen heftig. Zum einen befürchtete man eine Überlastung der Stundentafel. Im Vergleich mit anderen europäischen Staaten wies die französische Stundentafel bereits eine erhöhte Pflichtstundenzahl auf. Die Diskrepanz zu anderen Staaten sollte nicht noch um eine oder sogar zwei Stunden vergrössert werden. Zum anderen sollte Religion im genannten Fach als eine historische Gegebenheit vermittelt werden. „Religion" würde in die Vergangenheit gesetzt, was der gelebten Religiosität nicht gerecht würde.

1988 erteilte Frankreichs damaliger Premierminister, Lionel JOSPIN, dem Geschichtsprofessor Philippe JOUTARD den Auftrag, den Geschichts- und Geographieunterricht zu untersuchen und allfällige Verbesserungsmöglichkeiten vorzuschlagen. Im September 1989 reichte Philippe JOUTARD den Bericht ein[94]. Seine Untersuchungen führten zum Schluss, dass der religionskundliche Aspekt im Fach Geschichte zwar vorhanden sei, aber deutlich stärker gewichtet werden sollte. Auch empfahl er, den interdisziplinären Zugang zu religionskundlichem Wissen zu fördern.

Wenige Wochen später, auf den Schulbeginn hin, beherrschte die „affaire du port du voile musulman"[95] die Medien: Drei Mädchen erscheinen mit dem is-

---

92 ESTIVALÈZES, *Les religions dans l'enseignement laïque*, p. 20, Fn. 2. Eine Umfrage von SOFRES-*Le Figaro Magazine* vom 23. und 24. September 1988 mit dem Titel „Dieu à l'école publique?" zeigte auf, dass 66 % der Befragten für eine Verstärkung der religionskundlichen Bildung der Kinder und Jugendlichen waren. ESTIVALÈZES, *Les religions dans l'enseignement laïque*, p. 20, Fn. 2.

93 ESTIVALÈZES, *Enseignement et religion*, p. 46.

94 Der Bericht wurde publiziert in *Education et Pédagogies*: JOUTARD, Enseigner l'histoire des religions, *Education et Pédagogies*, 7 (1990), pp. 81 – 87.

95 Titel der entsprechenden Artikel in der Zeitung *Le Monde*, 22. und 23. Oktober 1989. Vgl. ROCHEFORT, Foulard, genre et laïcité en 1989, *Vingtième Siècle. Revue d'histoire,* 375 (2002), p. 146, Fn. 1.

lamischen Kopftuch im Collège „Gabriel-Havez" von Creil[96]. Zwar hatte dieses mediatisierte Ereignis keinen direkten Zusammenhang mit den Diskussionen um religionskundliche Elemente im Geschichtsunterricht. Die ausgelöste Diskussion hatte aber Auswirkungen auf die laufende Suche nach besserer Integration des religionskundlichen Aspektes in die existierenden Fächer.

Im November 1991 fand das Kolloquium über den Unterricht der Materie „Histoire des religions" auf Initiative von Philippe JOUTARD hin und organisiert vom „Centre régional de documentation pédagogique de Besançon" statt[97]. In der Folge wurden in den Jahren 1992 – 1998 Sommerakademien zur Weiterbildung von Lehrpersonen durchgeführt.

Die Positionen der jeweiligen Erziehungsminister blieben von den 1990er-Jahren an in zwei Punkten konstant. Zum einen waren sie alle der Ansicht, dass religionskundliche Bildung eingeführt oder verstärkt werden soll. Zum anderen aber vertraten sie die Haltung, dass dies nicht in Form eines gesonderten Faches geschehen soll[98]. Somit kam es zur Entscheidung, die bestehenden Lehrpläne insbesondere im Fach Geschichte zu überarbeiten[99]. Der Französischunterricht war zwar nicht weniger von den religionskundlichen Aspekten betroffen. Da die veränderte Gewichtung aber keinen direkten Niederschlag in den Lehrplänen fand, wird der Französischunterricht im weiteren Verlauf dieser Arbeit nicht thematisiert[100]. 1996 begann die Lehrplanreform. Religionskundliche Aspekte

96 Weiterführend: ROCHEFORT, Foulard, genre et laïcité en 1989, *Vingtième Siècle. Revue d'histoire* 375 (2002), pp. 145 – 156.

97 Die Beiträge dieser Tagung wurden in folgendem Band veröffentlicht: CZAJKA, Henri, JOUTARD, Philippe, LEQUIN, Yves, (Hg.), *Enseigner l'histoire des religions dans une démarche laïque*, CNDP/CRDP de Besançon, Besançon, 1992.

98 BORNE/WILLAIME, *Enseigner les faits religieux*, p. 97. Die Autoren begründen diese Haltung auch aus Sicht der jeweils zuständigen Minister: „Toute autre décision, ont-ils estimé, aurait risqué de remettre en cause un des fondements les plus solides de la laïcité de l'école." Ibid., p. 97.

99 Interessant ist, dass die Diskussionen vor allem den Geschichtsunterricht betreffen. Es ergibt sich aus seinem Inhalt, dass der Geschichtsunterricht sich mit religionskundlichen Aspekten befasst. Andere Fächer sind aber ebenfalls geeignet, Zugang zu religionskundlichem Wissen zu ermöglichen. Nebst dem Geschichtsunterricht könnte auch in der Geographie Religion thematisiert werden. Zugang zur Symbolsprache erhalten Schülerinnen und Schüler in den Sprachfächern und in den musischen Fächern wie Zeichnen oder Musik. Philippe JOUTARD wies auf die Wichtigkeit eines interdisziplinären Zugangs hin. JOUTARD, Enseignement et fait religieux, *Cahier de l'Université catholique de Lyon*, 28 (1999), p. 21, zitiert in: NOUAILHAT, *Enseigner le fait religieux*, p. 123.

100 Mireille ESTIVALÈZES weist darauf hin, dass die nötigen religionskundlichen Anknüpfungspunkte in der behandelten Literatur selbst angelegt sind. ESTIVALÈZES, *Les religions dans l'enseignement laïque*, pp. 102 – 104. Diejenigen Lehrkräfte,

wurden schrittweise stärker gewichtet oder – wo sie bisher gänzlich fehlten – eingefügt.

Der 11. September 2001 und seine Folgen gaben der Debatte um religionskundliche Bildung neuen Auftrieb. In den Tagen nach dem 11. September sahen sich zahlreiche Lehrkräfte mit Fragen von Schülern über den Islam, Terrorismus, heilige Kriege etc. konfrontiert und waren nicht in der Lage, ihren Schülern passende Antworten zu geben. Auch der Israel-Palästina-Konflikt wurde plötzlich ein Thema. Die Klassen sind religiös heterogen und es war unvermeidlich, dass in einigen von ihnen Spannungen zwischen Muslimen, Juden, Christen und Nicht-Gläubigen entstanden. Im Dezember 2001 erteilte der damalige Erziehungsminister Jack LANG dem bekennenden Agnostiker und Philosophen Régis DEBRAY den Auftrag, einen Bericht über „l'enseignement du fait religieux" zu verfassen.

Den gewünschten Bericht reichte DEBRAY im Frühjahr 2002 ein[101]. Er sprach von der Notwendigkeit, Religion als kulturelles Phänomen zu verstehen und die laïcité auf eine „laïcité d'intelligence" hin weiter zu entwickeln. Sein Bericht endete mit zwölf Empfehlungen[102]. Eine davon war die Gründung des „Institut Européen en Sciences des Religions" (IESR)[103]. Aufgabe des IESR war und ist es, die Entwicklung integrierter Religionskunde im Rahmen der betroffenen Fächer durch Aus- und Weiterbildungsangebote, Schaffung geeigneter Lehrmittel sowie fachlicher Hilfeleistung bei Fragen zu unterstützen[104].

---

die bisher bereits religionskundliches Wissen vermittelt hatten, würden es auch weiterhin tun. Wer es aber bisher nicht getan hat, würde es auch nach der Lehrplanänderung, die ab 1996 auch für den Französischunterricht sukzessive stattgefunden hat, nicht tun, denn: „(...) dans les documents officiels, rien ne les incite à le faire." BORNE/WILLAIME, *Enseigner les faits religieux,* p. 109.

101 DEBRAY, Régis, *L'enseignement du fait religieux à l'école laïque, Rapport au ministre de l'éducation nationale*, avec préface de Jack Lang, Odile Jacob, Paris, 2002.

102 DEBRAY, *L'enseignement du fait religieux à l'école laïque*, pp. 25 – 34.

103 DEBRAY, *L'enseignement du fait religieux à l'école laïque*, pp. 30 – 33.

104 Wie Jack LANG an der Pressekonferenz vom 14. März 2002 anlässlich der Präsentation des Berichts von Régis Debray sagte: „On ne part pas de rien, loin, de là: nombreux sont les professeurs qui ont travaillé, en s'appuyant sur les programmes existants, pour donner à l'histoire des religions, au fait religieux, leur juste place dans l'enseignement de leur discipline (...)." NOUAIHAT, *Enseigner le fait religieux*, p. 11.

B. Anpassung der Lehrpläne für Geschichte

Die Lehrpläne für Geschichte enthalten explizite Erwähnungen von religionskundlichem Wissen. In der Folge werden die wichtigsten Inhalte der ab 1996 schrittweisen in Kraft gesetzten Lehrpläne dargestellt.

a) Inhalt der Lehrpläne für die Primarstufe

Auf der Primarstufe besteht nach wie vor die Regelung, dass ein Wochentag freigehalten wird, damit die Eltern ihren Kindern religiösen Unterricht zukommen lassen können. Wie BORNE festhält, sind in den neuen Lehrplänen von 2001/2002 für die Primarstufe bis zum 3. Schuljahr nahezu keine religionskundlichen Aspekte enthalten[105]. Die Lehrpläne für den Geschichtsunterricht sehen im darauffolgenden Schuljahr sowohl die Christianisierung des gallo-römischen Reiches als auch die Thematisierung des Islams vor. Das Judentum wird nur indirekt erwähnt. Nach Abschluss der Behandlung des Mittelalters wird das Religiöse nicht mehr erwähnt.

Die Lehrpläne der Primarschule boten aber durchaus Anknüpfungspunkte im Fachbereich „éducation civique", um religionskundliches Wissen, so, wie es den Kindern im Alltag begegnen kann, zu vermitteln[106]: Die Themenbereiche „Das Zusammenleben lernen", „Subjektwerdung des Schülers", „Die Unterschiede respektieren" sowie „Die universellen Werte der Menschenrechte" eigneten sich dazu, Religion in ihrer lebensweltlichen Ausprägung zu betrachten. BORNE kritisiert richtigerweise, dass das Zusammenleben als Unterrichtsthema so ideal und losgelöst von der Realität behandelt wird[107].

---

105 BORNE, *L'enseignement des faits religieux, quels contenus?,* in: BORNE/WILLAIME, *Enseigner les faits religieux,* p. 100. „Autrement dit, dans ses prescriptions officielles, l'école élémentaire n'apporte aucune réponse aux questions que les élèves peuvent se poser s'ils recontrent la dimension religieuse dans leur vie quotidienne."

106 Diesbezüglich ist die Situation auf der Primarschule identisch geblieben. Vgl. die Lehrpläne, die 2008 erlassen wurden in BO, hors-série n° 3 vom 19. Juni 2008, *Programmes d'enseignement de l'école primaire.*

107 BORNE verwendet dazu die Adjektive „idéal" und „aseptisé". BORNE, *L'enseignement des faits religieux, quels contenus?,* in: BORNE/WILLAIME, *Enseigner les faits religieux,* p. 100.

b) Inhalt der Lehrpläne für Geschichte für die Sekundarstufe

Der Entscheid, religionskundliche Aspekte in verschiedenen Fächern stärker zu gewichten, fand hingegen auf der Sekundar- und Gymnasialstufe seinen Niederschlag in den neuen Lehrplänen, insbesondere in jenen für den Geschichtsunterricht[108].

1996 begann man mit den neuen Lehrplänen für die 6. und 2. Klasse. 1997 erhielten die 5. und die 1. Klasse neue Lehrpläne, im Jahr 1998 die 4. Klasse sowie die Abschlussklasse des Gymnasiums und 1999 schliesslich die 3. Klasse.

aa) Die Lehrpläne der Sekundarstufe (collège)

ESTIVALÈZES führt in ihrer Analyse aus[109], dass der Schwerpunkt religionskundlicher Bildung in der 6. sowie der 5. Klasse liegt. In der 6. Klasse werden die hebräische Mythologie sowie die Anfänge des Christentums mit je drei bis vier Stunden behandelt. Grundlagendokumente sind die Bibel, verstanden als historisches Dokument, sowie Kartenmaterial.

In der 5. Klasse kommt es zur Behandlung von drei zentralen Zeitabschnitten[110]: die Konfrontation der grossen Reiche von Byzanz, der islamischen Welt und des christlichen Abendlandes im 9. Jahrhundert, die Zeit des mittelalterlichen Abendlandes im 13. Jahrhundert sowie die Zeit der Umwälzungen und religiösen Brüche im 15. Jahrhundert. Diese drei Zeitabschnitte ermöglichen die Behandlung des griechischen Christentums und des Islams aus historischer Perspektive, wobei besonders die Thematisierung von Mohammed, des Korans sowie die Verbreitung des Islams zu gewichten ist[111]. Der Stundenumfang liegt bei vier bis fünf Stunden für den Islam und dieselbe Anzahl Lektionen für das christliche Abendland. Angesichts der behandelten Zeitabschnitte und ihrer Anknüpfungspunkte für religionskundliche Inhalte ist ESTIVALÈZES zuzustimmen, wenn sie den Lehrplan für die 5. Klasse als denjenigen bezeichnet, der

[108] BORNE weist darauf hin, dass in diesen neuen Lehrplänen tatsächlich ein neuer Zugang zur religionskundlichen Dimension des Geschichtsunterrichts geschaffen wurde. BORNE, *L'eneisgnement des faits religieux, quels contenus?,* in: BORNE/ WILLAIME, *Enseigner les faits religieux,* p. 101.

[109] Die nachfolgende Darstellung beruht auf den Forschungsergebnissen von Mireille ESTIVALÈZES. ESTIVALÈZES, *Les religions dans l'enseignement laïque*, pp. 79 – 98.

[110] ESTIVALÈZES verwendet für „zentrale Zeitabschnitte" den Begriff „temps forts". ESTIVALÈZES, *Les religions dans l'enseignement laïque*, p. 83.

[111] ESTIVALÈZES, *Les religions dans l'enseignement laïque*, p. 83.

wahrscheinlich den wichtigsten Teil der religionskundlichen Bildung umfasst[112].

In der 4. Klasse werden sowohl Absolutismus als auch die Revolutionszeit und das 19. Jahrhundert behandelt. In Zusammenhang mit der französischen Revolution und der Entstehung der laïcité müssen religionskundliche Fragen behandelt werden, da die Laizisierung der französischen Gesellschaft und das Gesetz vom 9. Dezember 1905 ansonsten unverständlich bleiben. Die Behandlung der Revolutionszeit wird mit neun bis zehn Stunden versehen, die es erlauben, die Entwicklungen, die zur Trennung führten, verständlich zu machen.

Erstaunlicherweise befasst sich die 3. Klasse kaum mit religionskundlichen Aspekten[113]. Hauptthema dieses Unterrichts ist die aktuelle Zeitgeschichte. Zwar wird für das „brévet" die Beherrschung einiger Eckdaten und -orte, die in den vorhergehenden Jahren erworben wurden, verlangt[114]. Es findet aber keine Bemühung um den Aktualitätsbezug dieser Daten statt. Damit wird der geschichtliche Zugang deutlich: Religionen werden in ihren Entstehungszeiten und in ihrer Bedeutung in der Vergangenheit gezeigt, nicht aber in ihrer aktuellen Form und in ihrer Bedeutung heute.

bb) Zusammenfassende Würdigung

Gemäss ESTIVALÈZES besteht die grosse Veränderung hinsichtlich der Behandlung von Religion im Geschichtsunterricht in zwei Punkten: der deutlich stärkeren Gewichtung des religionskundlichen Aspektes sowie der Angabe von exakten Lektionenzahlen pro Thema[115]. Bereits in den alten Lehrplänen für den Geschichtsunterricht waren religionskundliche Aspekte vorhanden[116], wurden aber aus Zeitmangel selten tatsächlich behandelt. „Il semble qu'un certain nombre de progrès aient été accomplis depuis le constat de Jean Carpentier d'un

---

112 „Ce programme de cinqième est probablement celui qui fait la part la plus importante aux religions (...)." ESTIVALÈZES, *Les religions dans l'enseignement laïque*, p. 24.

113 Gemäss dem Urteil von Dominique BORNE ist bereits der Geschichtsunterricht in der 4. Klasse arm an religionskundlichen Aspekten. BORNE, *L'enseignement des faits religieux, quels contenus?*, in: BORNE/WILLAIME, *Enseigner les faits religieux*, p. 103.

114 ESTIVALÈZES, *Les religions dans l'enseignement laïque*, p. 85.

115 ESTIVALÈZES, *Les religions dans l'enseignement laïque*, p. 80.

116 Daher kann wohl davon gesprochen werden, dass es sich mehr um eine Veränderung des Grundgedankens hinter den Lehrplänen denn der Formulierungen selber handelt. BORNE/WILLAIME, *Enseigner les faits religieux*, p. 101.

enseignement „mutilé“ de l’histoire des religions. Mais beaucoup reste encore à faire.“[117]

Auch Dominique BORNE beurteilt die Entwicklung gleichermassen und ortet vier Punkte, die verbesserungswürdig wären[118]. So kritisiert er die nahezu vollständige Auslassung der asiatischen Religionen, während – sein zweiter Kritikpunkt – die monotheistischen Religionen zu stark gewichtet werden. Als dritten Punkt fügt BORNE an, dass innerhalb der monotheistischen Religionen selbst eine Ungleichverteilung in der Behandlung vorliegt. Und schliesslich fügt er als vierten Kritikpunkt an, dass das Christentum unvollständig, d.h. unter Auslassung der aktuellen Entwicklungen, behandelt wird.

Zusammenfassend kann gesagt werden, dass die stärkere Gewichtung von religionskundlichen Elementen im Rahmen des Geschichtsunterrichts zwar in den Lehrplänen Niederschlag fand, dass aber sowohl in thematischer Hinsicht als auch in Bezug auf die lebensweltliche Ausrichtung Verbesserungsmöglichkeiten bestanden.

3. Das „Institut européen en sciences des religions“ (IESR) und seine Bedeutung für die Umsetzung des integrierten Modells nach 2002

Direkte Folge des Rapport von Régis DEBRAY war die Schaffung des „Institut européen en sciences des religions“ (IESR) im Jahr 2002[119]. Es hat bis zum heutigen Zeitpunkt die Aufgabe, Anlaufstelle und Kompetenzzentrum für praxisorientiertes, religionskundliches Wissen zu sein. Durch seine zahlreichen Publikationen, Erstellung von wissenschaftlich verantwortbaren Lehrmitteln und auch durch das Angebot von Aus- und Weiterbildungskursen für Lehrkräfte kommt es diesen Aufgaben nach.

Die Bedeutung eines solchen Zentrums ist für die Verankerung von religionskundlichen Elementen in den genannten Fächern nicht zu unterschätzen. Die grosse Herausforderung bestand und besteht tatsächlich in der Weiterbildung der Lehrkräfte. Die Kompetenz für die Behandlung von religionskundlichen Themen wurde vielen Lehrkräften in der Primärausbildung nicht mitgegeben, ist aber zentral für die Qualität und Durchführung des betreffenden Unterrichts. Insofern ist das IESR ein wichtiges Mittel zur Umsetzung des gewählten We-

117 ESTIVALÈZES, *Les religions dans l’enseignement laïque*, p. 110.

118 BORNE, *L'enseignement des faits religieux, quels contenus?,* in: BORNE/WILLAIME, *Enseigner les faits religieux,* p. 106 – 107.

119 Arrêté vom 26. Juni 2002, *JO* 5. Juli 2002, p. 11582.

ges[120]. Das IESR unternahm und unternimmt Schritte, die Schwachstellen des bestehenden Bildungsangebotes zu beseitigen.

So ist etwa die Beteiligung der Forschungsgruppe um Jean-Paul WILLAIME, Direktor des IESR, am europäischen Projekt REDCo ein wichtiges Mittel, die religionskundliche Bildung an den französischen Schulen mittels wissenschaftlichen Methoden zu evaluieren und mit anderen europäischen System zu vergleichen.

II. Der Ausarbeitungsprozess des Faches „Religion und Kultur“ im Kanton Zürich

1. Zusammenfassung der Vertragsinhalte vor „Religion und Kultur“

A. Primarschule: „Biblische Geschichte“ als interkonfessionelles Fach mit Abmeldemöglichkeit

Auf der Primarschulstufe bot der Kanton Zürich das Fach „Biblische Geschichte“ an. Es war ein obligatorisches Fach mit Abmeldemöglichkeit für die Schüler. Für die Primarlehrkräfte galt die Erteilung des Faches nicht als Bestandteil des Pflichtpensums.

B. Sekundarschule: KoKoRU als interkonfessionelles Fach mit Abmeldemöglichkeit

Auf der Sekundarstufe I war das Fach „Konfessionell-kooperativer Religionsunterricht“ (KoKoRu) in die Stundentafel integriert und konnte von entsprechend ausgebildeten Lehrkräften erteilt werden. Dies konnten Vertreter der Kirchen oder Lehrkräfte der Volksschule sein. Der Unterricht war als obligatorisches Fach mit Abmeldemöglichkeit konzipiert[121].

---

[120] Für weitere Informationen siehe die Homepage des Institut européen en sciences des religions: <http://www.iesr.ephe.sorbonne.fr>, [Stand 20. Oktober 2011].

[121] Vgl. KONTAKTGRUPPE DER ERZIEHUNGSDIREKTION, DER EVANGELISCH-REFORMIERTEN LANDESKIRCHE UND DER RÖMISCH-KATHOLISCHEN KIRCHE, *KoKoRu-Lexikon*, p. 6.

2. Entscheidungsfindung und Etappen der Umsetzung von „Religion und Kultur“ als Schulfach an der Oberstufe im Kanton Zürich ab 1998

A. Der Auslöser zur Entwicklung: Die Umfrage zum KoKoRu 1998

Um Aufnahme und Entwicklung des KoKoRu zu beurteilen, wurde 1998 von der Zürcher Bildungsdirektion eine Umfrage[122] in Auftrag gegeben, welche die aktuelle Situation des KoKoRu erfassen sollte. Dabei ergaben sich grosse Unterschiede zwischen den einzelnen Schulbezirken. Die Ergebnisse dieser Umfrage sollen nicht detailliert abgehandelt werden, sondern es soll auf jene Ergebnisse hingewiesen werden, die für die weitere Entwicklung relevant waren.

Bereits 1998 gehörten 15 % der Schüler keiner christlichen Konfession an[123]. Schulische Lehrkräfte, Pfarrpersonen oder Katecheten erteilten den Unterricht. Insgesamt meldeten sich 1998 im Durchschnitt 21 % der Schüler vom KoKoRu ab. Bemerkenswert hinsichtlich der Abmeldungen ist, dass sich über 50 % der nicht-christlichen Schüler sich vom KoKoRu abmeldeten, während dies nur für 7 % der reformierten und 15 % der katholischen Schüler zutraf[124].

Der Wunsch nach einer Veränderung war vorhanden: „Der Weg sollte in einem gleichwertigen Schulfach münden, in dem der Schüler die Grundlagen über Religion und Ethik erarbeiten kann. Dieser Unterricht sollte von den Klassenlehrern erteilt werden, die für bestimmte Themen Fachkräfte einbeziehen können.“[125]

[122] Es handelt sich im Folgenden um eine stark gekürzte Darstellung der Umfrage von 1998. Details sind der Umfrage selbst zu entnehmen: ROOS, Markus, BÜELER, Xaver, *Konfessionell-kooperativer Religionsunterricht. Auswertung einer Umfrage*, Forschungsbereich Schulqualität und Schulentwicklung der Universität Zürich, Zürich, 1998.

[123] ROOS/BÜELER, *Konfessionell-kooperativer Religionsunterricht,* p. 5.

[124] ROOS/BÜELER, *Konfessionell-kooperativer Religionsunterricht*, pp. 13 – 17.

[125] Zitat aus der Antwort einer Schulgemeinde in ROOS/BÜELER, *Konfessionell-kooperativer Religionsunterricht,* p. 17. Gemäss LORETAN handelt es sich hierbei um einen verbreiteten Wunsch: „Schule und Kirchen haben erkannt, dass das frühere Neben- und Miteinander von Staat/Schule und Landeskirchen angesichts der neuen Bevölkerungsstruktur nicht mehr unverändert weiterbestehen kann.“ LORETAN, *Religionen im Kontext der Menschenrechte,* p. 206.

B. Die Entwicklung des neuen Faches „Religion und Kultur" für die Sekundarstufe I

a) Auf der politischen Ebene

Der oben erwähnte Wunsch nach Veränderung wurde auf der politischen Ebene aufgenommen. Wie im Beschluss des Bildungsrates vom 15. August 2000 nachzulesen ist, wurde eine Modellskizze für ein Fach erarbeitet, das gegenüber dem bestehenden Bildungsangebot „sowohl inhaltlich als auch organisatorisch" eine „Neuausrichtung" beinhaltete[126]. Parallel dazu wurde Prof. Dr. Tobias JAAG mit der Verfassung eines Rechtsgutachtens zur Frage des Obligatoriums des neuen Faches beauftragt.

Am 15. August 2000 nahm der Bildungsrat des Kantons Zürich zustimmend vom Modell „Religion und Kultur" Kenntnis[127] und führte eine Vernehmlassung zum Modell durch. Am 13. September 2001 präsentierte der Bildungsrat die Vernehmlassungsergebnisse. 137 Stellungnahmen gingen ein, wovon die meisten dem bildungsrätlichen Modell positiv gegenüberstanden. Kontroverse Antworten gingen zu den Punkten „Gleichwertigkeit der Anschauungen", „Obligatorischer Besuch " und „Lehrpersonen und Ausbildung" ein[128].

In der Darstellung der Vernehmlassungsergebnisse hielt der Bildungsrat fest, dass es sich beim geplanten Unterricht um „teaching about religion" handelt[129]. Er fällte den Grundsatzentscheid, „Religion und Kultur" einzuführen[130]. Dazu beschloss der Bildungsrat, dass in den kommenden Monaten eine bildungsrätliche Kommission ein Detailkonzept ausarbeiten sollte, das auf dem Modell „Religion und Kultur" sowie den „wesentlichen und durch Mehrheiten abgestützten Vernehmlassungsantworten" zu beruhen hatte[131]. Die Kommission, deren Zusammensetzung durch den Bildungsratsbeschluss vom 26. Februar 2002 perso-

---

126 Beschluss des Bildungsrates des Kantons Zürich vom 15. August 2000, *Schulblatt ZH* 115 (2000), p. 543.

127 Beschluss des Bildungsrates des Kantons Zürich vom 15. August 2000, *Schulblatt ZH* 115 (2000), p. 544, Ziff. I.

128 Beschluss des Bildungsrates des Kantons Zürich vom 13. September 2001, *Schulblatt ZH* 116 (2001), pp. 698 – 699.

129 Beschluss des Bildungsrates des Kantons Zürich vom 13. September 2001, *Schulblatt ZH* 116 (2001), p. 698.

130 Beschluss des Bildungsrates des Kantons Zürich vom 13. September 2001, *Schulblatt ZH* 116 (2001), p. 699, Ziff. II.

131 Beschluss des Bildungsrates des Kantons Zürich vom 13. September 2001, *Schulblatt ZH* 116 (2001), p. 699.

nell bestimmt wurde[132], hatte die Auflage, bis Ende Sommer 2003 das Detailkonzept vorzulegen. Sie setzte sich aus einem Bildungsrat (Prof. Dr. Jürgen Oelkers, zugleich Vorsitzender der bildungsrätlichen Kommission), einem Vertreter der Pädagogischen Abteilung der Bildungsdirektion, sowie je einem Vertreter der Katechetischen Arbeits- und Dokumentationsstelle der römisch-katholischen Kirche, des Kirchenrates der evangelisch-reformierten Kirche, der Israelitischen Cultusgemeinde Zürich, der Vereinigung der Islamischen Organisationen in Zürich, der Schweizerischen Buddhistischen Union sowie des Sri-Sivasubramaniar-Tempels zusammen. Die Kommission wurde durch Beschluss des Bildungsrates vom 5. November 2002 um einen Vertreter der Pädagogischen Hochschule Zürich (PHZH) und zwei Vertreter der Schulsynode erweitert[133].

Die bildungsrätliche Kommission „Religion und Kultur" tagte neunmal und führte am 16. Dezember 2002 an der Universität Zürich eine internationale Expertentagung durch. Diese sowie eine zweite, öffentliche Tagung im Januar 2004 schärften das Profil des Faches. Im Anschluss an die Anträge der bildungsrätlichen Kommission beschloss der Bildungsrat per 23. August 2004 die Eckwerte des neuen Faches[134]. Es soll ein obligatorisches Schulfach sein, das mit einer Note versehen wird. Erteilt werden soll es von Oberstufenlehrkräften und es soll in der 7. und 8. Klasse insgesamt drei Lektionen pro Woche umfassen. Die vier konfessionellen KoKoRu-Halbtage, die im Beschluss vom 15. August 2000 noch enthalten waren, wurden nun gestrichen. Der Bildungsrat beschloss weiter, dass der Lehrplan bis Herbst 2005 ausgearbeitet sein sollte[135]. Das bisherige Lehrmittel „Menschen Religionen Kulturen" sollte auf seine Verwendbarkeit im Rahmen des neuen Faches überprüft werden[136]. Die Pädagogische Hochschule Zürich erhielt den Auftrag, ein Aus- und Weiterbildungskonzept zu erarbeiten[137]. Die bildungsrätliche Kommission sollte bis zum

---

132 Beschluss des Bildungsrates des Kantons Zürich vom 26. Februar 2002, *Schulblatt ZH* 117 (2002), p. 251, Ziff. I.

133 Beschluss des Bildungsrates des Kantons Zürich vom 5. November 2002, *Schulblatt ZH* 117 (2002), p. 699.

134 Beschluss des Bildungsrates des Kantons Zürich vom 23. August 2004, pp. 10 – 11, Ziff. I.

135 Beschluss des Bildungsrates des Kantons Zürich vom 23. August 2004, p. 11, Ziff. II.

136 Beschluss des Bildungsrates des Kantons Zürich vom 23. August 2004, p. 11, Ziff. III.

137 Beschluss des Bildungsrates des Kantons Zürich vom 23. August 2004, p. 11, Ziff. V.

Abschluss der Lehrplanarbeiten im Amt bleiben[138]. Am 27. Februar 2006 genehmigte der Bildungsrat den Lehrplan und beschloss eine Pilotphase für das Schuljahr 2006/2007[139].

Bereits vor der Lehrplangenehmigung bestimmte der Bildungsrat im Beschluss vom 4. Dezember 2006 die Details der Einführung von „Religion und Kultur" auf der Sekundarstufe. Die Gemeinden konnten gemäss Ziffer III. des Beschlusses ab Schuljahr 2007/2008 „Religion und Kultur" einführen, sofern sie über genügend Lehrpersonen mit der erforderlichen Unterrichtsbefähigung verfügten. „Im Schuljahr 2011/2012 müssen alle Schulgemeinden mit der Einführung begonnen haben."[140] Der Bildungsrat beschloss zudem, dass die Lehrpersonen, die das Fach unterrichten möchten, an der PHZH eine entsprechende Lehrbefähigung erwerben müssen[141]. Der Empfehlung der bildungsrätlichen Kommission „Religion und Kultur" folgend beschloss der Bildungsrat, die kantonale Lehrmittelkommission mit der Schaffung eines neuen Lehrmittels zu beauftragen[142].

Im selben Beschluss vom 4. Dezember 2006 hielt der Bildungsrat auch fest, dass die bildungsrätliche Kommission in eine neue Struktur überführt wird[143]. Aus ihr entstanden die „Kontaktgruppe Religionen" sowie die „Kontaktgruppe Schulfeld". In Hinblick auf die „Kontaktgruppe Religionen" ist wichtig anzumerken, dass sie eine grösse Zahl an Religionsgemeinschaften berücksichtigte als dies in der bildungsrätlichen Kommission „Religion und Kultur" der Fall war[144].

---

138 Beschluss des Bildungsrates des Kantons Zürich vom 23. August 2004, p. 11, Ziff. VI.

139 Beschluss des Bildungsrates des Kantons Zürich vom 27. Februar 2006, p. 3, Ziff. I und II.

140 Beschluss des Bildungsrates des Kantons Zürich vom 4. Dezember 2006, p. 3, Ziff. III.

141 Beschluss des Bildungsrates des Kantons Zürich vom 4. Dezember 2006, p. 3, Ziff. II.

142 Beschluss des Bildungsrates des Kantons Zürich vom 4. Dezember 2006, p. 3. Ziff. V.

143 Beschluss des Bildungsrates des Kantons Zürich vom 4. Dezember 2006, p. 3 Ziff. VII.

144 Sie umfasst gemäss Auskunft des Volksschulamtes nun auch Vertreter folgender Gemeinschaften: Christkatholische Kirche, christlich-orthodoxe Kirchen, indische Tradition des Hinduismus, tamilische Tradition des Hinduismus, Jüdische Liberale Gemeinde und die Freidenker-Vereinigung. Zudem sind auch eine Vertreterin und ein Vertreter der Universität Zürich (Religionswissenschaft und Religionspädagogik) hinzugekommen.

Der Bildungsrat entschied sich mit Beschluss vom 28. Mai 2009 für eine wissenschaftliche Evaluation der Einführungsphase von 2010 bis 2012[145]. Die entsprechende Auftragsvergabe erfolgte Ende 2009.

Mit Beschluss vom 2. November 2009 stimmte der Bildungsrat dem Konzept zur Schaffung eines neuen Lehrmittels für „Religion und Kultur“ zu[146]. Der Bildungsrat hatte am 4. Dezember 2006 der kantonalen Lehrmittelkommission den Auftrag zur Schaffung eines neuen Lehrmittels erteilt. Diese hatte mit Beschluss vom 5. Februar 2007 interessierte Personen und Gruppierungen zur Einreichung eines Grobkonzeptes eingeladen und am 30. September 2009 die Pädagogische Hochschule Zürich, gestützt auf deren Grobkonzept, mit der Schaffung eines Feinkonzepts beauftragt. Die „Kontaktgruppe Religionen“ unterzog das Feinkonzept am 25. August 2009 der Begutachtung. Die kantonale Lehrmittelkommission hiess das Feinkonzept am 15. September 2009 zuhanden des Bildungsrates gut. Der Bildungsrat erteilte der Pädagogischen Hochschule Zürich im Beschluss vom 2. November 2009 den Auftrag, ein Kurskonzept in Hinblick auf die Einführung des Lehrmittels zu erstellen[147].

b) Auf der wissenschaftlichen Ebene

Im Januar 2004 führte die Pädagogische Hochschule Zürich zusammen mit der Universität Zürich (Theologische Fakultät und Religionswissenschaft) eine öffentliche Tagung zum Thema „Religion und Kultur – ein Schulfach für alle?“ durch. Ziel der Tagung war es, das Fach „Religion und Kultur“ möglichst umfassend zu diskutieren und dabei die Hauptfrage zu religionskundlichem Unterricht in den Mittelpunkt zu stellen: „Was kann religionskundlicher Unterricht, in dem sich die Schülerinnen und Schüler mit den Grundzügen und Hauptelementen der grossen Religionen auseinandersetzen, im Blick auf die religiöse Bildung der Jugendlichen leisten?“[148]

Die Tagungsbeiträge zeigten auf, dass religionskundlicher Unterricht verschiedenen Ansprüchen und Forderungen ausgesetzt ist, die auf die oben genannte

---

[145] Beschluss des Bildungsrates des Kantons Zürich vom 28. Mai 2009, *Schulblatt ZH* 124 (2009), p. 71, Ziff. I.

[146] Beschluss des Bildungsrates des Kantons Zürich vom 2. November 2009, *Schulblatt ZH* 125 (2010), p. 66, Ziff. I.

[147] Beschluss des Bildungsrates des Kantons Zürich vom 2. November 2009, *Schulblatt ZH* 125 (2010), p. 66.

[148] KUNZ/PFEIFFER/FRANK-SPÖRRI/FUISZ, *Ein neues Fach und seine Implikationen*, in: KUNZ/PFEIFFER/FRANK-SPÖRRI,/FUISZ, (Hg.), *Religion und Kultur – Ein Schulfach für alle?*, p. 11.

Hauptfrage nur je verschiedene Antworten zulassen. Drei Stossrichtungen waren in den kritischen Antworten erkennbar.

Zum einen wurde von verschiedener Seite kritisiert, dass in einem religionskundlichen Fach wie „Religion und Kultur“ die Frage nach der Wahrheit suspendiert wird, was wiederum ein wirklichkeitsfremdes Bild einer Religion entstehen liesse.

Zum anderen war die Ausbildung der Lehrkräfte im Fokus der Aufmerksamkeit vieler Tagungsreferenten. An ihre Ausbildung werden hohe Anforderungen gestellt, gilt doch die gute, wissenschaftlich fundierte Ausbildung als Voraussetzung für die rechtlich unbedenkliche und inhaltlich korrekte Umsetzung des Faches im Schulalltag. Die Lehrperson muss nebst der religionskundlichen Behandlung eines Themas an sich auch die Spannungen, die zwischen einer religionskundlichen Betrachtung und der gelebten Religiosität bestehen, ausgleichen und aushalten können. Ein Fach, das Religion thematisiert, sollte in der Lehrperson eine kompetente Ansprechperson für religiöse Phänomene haben.

Die dritte Stossrichtung von Antworten ging dahin, dass ein religionskundliches Fach droht, zu einem abstrakten Wissensfach zu werden, da es kein interreligiöses Lernen vorsieht und keine religiösen Erfahrungen ermöglichen möchte. Ein Fach, das Religion thematisiert, sollte trotz aller Einschränkungen eine existenzielle Auseinandersetzung mit den Lerninhalten ermöglichen.

Die von verschiedener Seite gestellten und verschiedenartigen Anforderungen an den religionskundlichen Unterricht legten die Lösung nahe, dass ein einziges, obligatorisches Schulfach nicht ausreicht, um dem Phänomen „Religion“ in seinen Facetten gerecht zu werden. An diesen Punkt knüpft KUNZ an: „Wenn religiöse Sozialisation im Elternhaus und die Glaubensunterweisung der Religionsgemeinschaften ausfallen, besteht die Gefahr, dass die schulische Religionskunde etwas leisten soll, was sie nie leisten kann: Sie versucht religiöse Unterweisung zu ersetzen. Dann droht, dass sie tatsächlich etwas leistet, was die Schule nicht leisten sollte: Sie fabriziert religiöse Halbbildung.“[149] Daher ist es unabdingbar, die Grenzen religionskundlicher Bildung zu sehen und alle an der religiösen Erziehung eines Jugendlichen Beteiligten in die Verantwortung zu nehmen.

Auch aus rechtlicher Sicht kann die Schule nicht leisten, was Religionsgemeinschaften und Familien vorbehalten ist. Ein religionskundliches Fach hat die Glaubens- und Gewissensfreiheit aller Schülerinnen und Schüler zu achten und kann unter keinen Umständen mehr sein als „teaching about religion“. Damit

---

149 KUNZ, *Schule als Lernraum für Religion,* in: KUNZ/PFEIFFER/FRANK-SPÖRRI/FUISZ, (Hg.), *Religion und Kultur – Ein Schulfach für alle?*, p. 237.

wird deutlich, was FAMOS in seinem Tagungsbeitrag erwähnte: „Rechtliche Fragen wirken sich immer auch auf religionspädagogische Themen und Entscheidungen aus.“[150] Die durch die Rechtsordnung gesetzten Grenzen unterstreichen die Notwendigkeit, dass Religionsgemeinschaften und Elternhaus die Verantwortung für die religiöse Bildung von Kindern und Jugendlichen nicht an den Staat zu delegieren versuchen und ihren je eigenen Beitrag leisten.

Am Ende der Tagung standen zehn Thesen zum Unterrichtskonzept von „Religion und Kultur“, von denen die sieben hier relevanten Thesen in veränderter Nummerierung kurz aufgezählt werden[151]:

1. Das Fach muss einen Paradigmenwechsel gegenüber dem konfessionell-kooperativen Unterricht in Hinblick auf seine Lernziele, Inhalte und Methoden verdeutlichen.
2. „Religion und Kultur“ ist ein allgemeinbildendes Fach, weshalb die Konfessionszugehörigkeit der Lehrperson nicht bedeutsam ist.
3. „Religion und Kultur“ strebt keine ethische Bildung an und soll – dem Leitbild der Volksschule entsprechend – Dialogfähigkeit, Solidarität und Offenheit fördern.
4. Inhaltlich liegt der Schwerpunkt auf Wissen und Verstehen von Geschichte und Gegenwart der Religionen. Eine absichtliche Beeinflussung der Jugendlichen ist nicht vorgesehen.
5. Die Innen- und Aussenperspektiven verschiedener Religionen werden gezeigt, jeweils aber kontextualisiert und systematischem Vergleich unterzogen.
6. Religionsgemeinschaften sollten religionskundliches Angebot durch ausserschulischen Unterricht ergänzen.
7. Das Fach „Religion und Kultur“ kann keine gesellschaftlichen Probleme lösen, wohl aber Jugendliche für diese Probleme sensibilisieren.

---

150 FAMOS, *Zur Rechtslage eines obligatorischen Religionsunterrichts*, in: KUNZ/PFEIFFER/FRANK-SPÖRRI/FUISZ, (Hg.), *Religion und Kultur – Ein Schulfach für alle?*, p. 61.

151 KUNZ/PFEIFFER/FRANK-SPÖRRI/FUISZ, *Zehn Thesen zum neuen Unterrichtskonzept „Religion und Kultur“*, in: KUNZ/PFEIFFER/FRANK-SPÖRRI/FUISZ, (Hg.), *Religion und Kultur – Ein Schulfach für alle?*, pp. 259 – 261.

3. Entscheidung und Etappen der Umsetzung von „Religion und Kultur“ als Schulfach an der Primarschule des Kantons Zürich ab 2003

In seinem Beschluss vom 14. Juli 2003 teilte der Bildungsrat mit, dass im Rahmen des Sanierungsprogrammes 04 die Lektionentafel der Primarschule verändert werden soll. Neben der Reduktion des Handarbeitsunterrichts soll die Angebotspflicht von „Biblischer Geschichte“ entfallen: „Das Fach „Biblische Geschichte“ wird zu einem Freifach.“[152] Gemeinden, die diesen Unterricht an ihrer Primarschule anbieten wollen, können dies tun, müssen aber die anfallenden Kosten selbst übernehmen.

Der Synodalrat führt in der Folge eine Befragung der Lehrkräfte durch. Diese äusserten sich negativ zu den vorgesehenen Sparmassnahmen, können aber keine Alternative mit ähnlichem Sparpotential bieten. Der Bildungsrat beschloss daher am 1. Dezember 2003, dass die veränderte Lektionentafel auf das Schuljahr 2004/2005 in Kraft treten sollte[153].

Dass das Fach „Biblische Geschichte“ in den Freifachbereich überführt werden sollte, stiess in der Bevölkerung nicht nur auf Verständnis. Am 13. September 2004 wurde beim Regierungsrat eine Volksinitiative für die Weiterführung des Faches „Biblische Geschichte“ an der Primarschule eingereicht. Auf Antrag des Regierungsrates vom 24. November 2004[154] stellte der Kantonsrat in der Sitzung vom 20. Dezember 2004 fest, dass die Volksinitiative gültig zustandegekommen war und überwies die Initiative dem Regierungsrat zu Bericht und Antrag[155].

Währenddessen wurden die Bemühungen für die Überführung von „Biblischer Geschichte“ in den Freifachbereich fortgesetzt. Wie aus dem Beschluss des Bildungsrates vom 29. November 2004 zu entnehmen ist, hatte der Bildungsrat die Bildungsdirektion in den Sitzungen vom 19. Januar und vom 10. Mai 2004

---

152 Beschluss des Bildungsrates des Kantons Zürich vom 14. Juli 2003, *Schulblatt ZH* 118 (2003), p. 585, Ziff. II.

153 Beschluss des Bildungsrates des Kantons Zürich vom 1. Dezember 2003, *Schulblatt ZH* 119 (2004), p. 8.

154 Antrag des Regierungsrates vom 24. November 2004, 424 Beschluss des Kantonsrates über das Zustandekommen der Volksinitiative für die Weiterführung des Faches „Biblische Geschichte“ an der Primarschule, *Amtsblatt des Kantons Zürich* (2004), 10. Dezember 2004, pp. 1482 – 1484.

155 Beschluss des Kantonsrates über das Zustandekommen der Volksinitiative für die Weiterführung des Faches „Biblische Geschichte“ an der Primarschule vom 20. Dezember 2004, *Protokolle des Zürcher Kantonsrates*, p. 6290.

mit der Prüfung einer Lehrplanänderung beauftragt[156]. „Ausgewählte Ziele und Inhalte des Lehrplans für Biblische Geschichte, die dem „konfessionellen Neutralitätsgebot der Volksschule“ nicht widersprechen, sollen in die Lehrpläne obligatorischer Fächer übertragen werden.“[157] Im genannten Beschluss Ziff. I hielt der Bildungsrat diesen Auftrag erneut fest und terminierte die Vorlegung der Lehrplanänderung auf Frühling 2005[158]. Am 14. März 2005 genehmigte der Bildungsrat die vorgelegte Lehrplanänderung[159]. Sie sollte auf das Schuljahr 2006/2007 hin in Kraft treten. Im selben Beschluss bestimmte der Bildungsrat auch die drei Themenfelder, die integriert werden sollten: „Kirchenjahr, religiöse Feiertage“, „Gebote, Lebensregeln, Wertvorstellungen“ und „Kunstwerke und ihr biblischer Hintergrund“.

Vor dem Hintergrund der zustandegekommenen Volksinitiative und der dadurch entstandenen Unsicherheit in Bezug auf „Biblische Geschichte“ wurde am 19. September 2005 beim Kantonsrat das Postulat eingereicht, „Religion und Kultur“ auch auf der Primarstufe einzuführen[160]. Der Kantonsrat erklärte das eingereichte Postulat an seiner Sitzung vom 26. September 2005 für dringlich und überwies es zu Bericht und Antrag an den Regierungsrat[161]. Am 14. Dezember 2005 stellte der Regierungsrat dem Kantonsrat den Antrag, die Volksinitiative zur Ablehnung zu empfehlen und seinem Gegenvorschlag, mittels Änderung von § 62 Abs. 1 lit. b Ziff. 4 VSG „Religion und Kultur“ auf der Primarstufe einzuführen, zuzustimmen[162].

Der Bildungsrat beschloss am 27. Februar 2006, dass „Religion und Kultur“ ein obligatorisches Fach auf der Primarstufe werden soll und dass es die religionskundliche Ausrichtung, die Gewichtung des Christentums und die Ausrichtung

156 Beschluss des Bildungsrates des Kantons Zürich vom 29. November 2004, *Schulblatt ZH* 120 (2005), p. 4.

157 Beschluss des Bildungsrates des Kantons Zürich vom 29. November 2004, *Schulblatt ZH* 120 (2005), p. 4.

158 Beschluss des Bildungsrates des Kantons Zürich vom 29. November 2004, *Schulblatt ZH* 120 (2005), p. 4, Ziff. I.

159 Beschluss des Bildungsrates des Kantons Zürich vom 14. März 2005, p. 2. Ziff.I.

160 KR-Nr. 258/2005: Dringliches Postulat: Fach „Religion und Kultur“ an der Primarstufe vom 19. September 2005. Eingesehen auf <http://www.kantonsrat.zh.ch/Geschaeft_Details.aspx?ID=4f958818-097e-4d90-ac23-9854eb6ad2c9>, [Stand 20. Oktober 2011].

161 Beschluss des Kantonsrates über den Dringlichkeitsantrag des Postulats KR-Nr. 258/2005 Fach Religion und Kultur an der Primarstufe, *Protokolle des Zürcher Kantonsrates* 120 (2005), p. 8932.

162 Antrag des Regierungsrates vom 14. Dezember 2005, *Amtsblatt des Kantons Zürich* (2006), pp. 1 – 8.

auf die Lebenswelt und die Werte der Schüler als Eckpunkte hat[163] – „Religion und Kultur" auf der Primarstufe sollte zum Fundament für „Religion und Kultur" auf der Oberstufe werden. Am 2. Oktober 2006 beschloss der Bildungsrat den Erlass des Lehrplans[164] sowie unter Ziff. II den Miteinbezug der Glaubensgemeinschaften, die am Runden Tisch beteiligt waren[165].

Der Kantonsrat behandelte in seiner Sitzung vom 15. Januar 2007 den Antrag des Regierungsrates vom 14. Dezember 2005. In seinem Beschluss folgte er dem regierungsrätlichen Antrag, empfahl die Intitative zur Weiterführung von „Biblischer Geschichte" auf der Primarstufe zur Ablehnung und beschloss als Gegenvorschlag die Einführung von „Religion und Kultur" in der Primarschule durch die Änderung von § 62 Abs. lit. b Ziff. 4 VSG[166]. In der Sitzung vom 12. März 2007 folgte der Kantonsrat der Redaktionskommission und stimmte dem Text von § 62 VSG im neuen Wortlaut zu[167]. Das Initiativkomitee zog mit Schreiben vom 19. März 2007 in der Folge die Volksinitiative zurück[168]. Da kein Referendum gegen die Änderung von § 62 VSG ergriffen wurde, wurde die Inkraftsetzung der genannten Änderung auf den 16. August 2008 festgelegt[169].

Der Bildungsrat erklärte daraufhin in seinem Beschluss vom 29. Juni 2007, dass die Schulen vom Schuljahr 2008/2009 an „Religion und Kultur" anbieten konn-

---

163 Beschluss des Bildungsrates des Kantons Zürich vom 27. Februar 2006, p. 2.

164 Beschluss des Bildungsrates des Kantons Zürich vom 2. Oktober 2006, *Schulblatt ZH* 121 (2006), p. 66.

165 „Die Bildungsdirektion wird beauftragt, bei der Erarbeitung von Unterrichtsmaterialien Vertreterinnen und Vertreter der am Runden Tisch teilnehmenden Glaubensgemeinschaften sowie der Religionswissenschaft zu konsultieren." Beschluss des Bildungsrates des Kantons Zürich vom 2. Oktober 2006, *Schulblatt ZH* 121 (2006), p. 66. Der „Runde Tisch" wird nicht näher präzisiert. Es könnte sich um die „Kontaktgruppe Religionen" handeln, die aus der bildungsrätlichen Kommission „Religion und Kultur" für die Sekundarstufe entstanden war. Der Bildungsratsbeschluss äussert sich zur personellen Zusammensetzung leider nicht.

166 Beschluss des Kantonsrates über die Volksinitiative für die Weiterführung des Faches „Biblische Geschichte" in der Primarschule vom 15. Januar 2007, *Protokolle des Zürcher Kantonsrates*, p. 13312.

167 Beschluss des Kantonsrates über die Volksinitiative für die Weiterführung des Faches „Biblische Geschichte" in der Primarschule vom 12. März 2007, *Protokolle des Kantonsrates*, p. 14315.

168 Rückzug der Volksinitiative für die Weiterführung des Faches „Biblische Geschichte" an der Primarschule und Veröffentlichung des Gegenvorschlages des Kantonsrates betreffend Volksschulgesetz, (Änderung vom 12. März 2007); Staatsbeiträge für das Fach „Religion und Kultur" vom 2. Mai 2007, *Amtsblatt des Kantons* Zürich (2007), p. 808.

169 412.100 Volksschulgesetz (VSG) (Änderung), OS 63 (2008), p. 475.

ten, „sofern in allen Klassen eines Jahrgangs der Unterricht von Lehrpersonen mit der vorgeschriebenen Unterrichtsbefähigung erteilt wird“[170]. Die Einführung musste spätestens bis Schuljahr 2011/2012 erfolgen. Die kantonale Lehrmittelkommission erhielt den Auftrag, Unterrichtsmaterialien erarbeiten zu lassen, die Bildungsdirektion wurde beauftragt, das Zeugnisreglement sowie die Zeugnisformulare in Hinblick auf „Religion und Kultur“ zu ändern[171].

Am 5. März 2008 startete ein Pilotkurs für Primarlehrkräfte. Am 12. Januar 2009 beschloss der Bildungsrat, den Primarlehrpersonen, die ihr Studium vor dem Frühling 2007 begonnen hatten, eine reduzierte Weiterbildung anzubieten[172].

Am 28. Mai 2009 stimmte der Bildungsrat dem Lehrmittelkonzept zu[173]. Die Pädagogische Hochschule Zürich erhielt den Auftrag, ein Kurskonzept für die Einführung des neuen Lehrmittels zu erarbeiten[174].

4. Inhaltliche Beschreibung von „Religion und Kultur“

Orientierungspunkte und damit auch Grundlagen des obligatorischen Faches „Religion und Kultur“ sind Rechtstexte: die Allgemeine Erklärung der Menschenrechte, die Europäische Menschenrechtserklärung, die Bundesverfassung und die Leitvorstellungen des Zürcher Volksschulgesetzes[175]. Diese Grundlegung verweist auf die Wichtigkeit menschenrechtlicher Grundsätze und auf den Fokus des Faches. Der Unterricht erfolgt nicht um des reinen Wissenserwerbs willen, sondern möchte das Zusammenleben von Menschen verschiedener Herkunft ermöglichen.

Ziel des neuen Unterrichtsfaches ist der Erwerb von „religiöser Kompetenz“. In den Lehrplänen für die Primarschule und die Sekundarschule wird dargelegt, dass darunter vier Fähigkeiten zu verstehen sind[176]:

---

170 Beschluss des Bildungsrates des Kantons Zürich vom 29. Juni 2007, *Schulblatt ZH* 122 (2007), p. 65, Ziff. I.

171 Beschluss des Bildungsrates des Kantons Zürich vom 29. Juni 2007, *Schulblatt ZH* 122(2007), p. 65, Ziff. IV und V.

172 Beschluss des Bildungsrates des Kantons Zürich vom 12. Januar 2009, *Schulblatt ZH* 124 (2009) p. 68, Ziff. I.

173 Beschluss des Bildungsrates des Kantons Zürich vom 28. Mai 2009, *Schulblatt ZH* 124 (2009), p. 73, Ziff. I.

174 Beschluss des Bildungsrates des Kantons Zürich vom 28. Mai 2009, *Schulblatt ZH* 124 (2009), p. 73.

175 *Lehrplan Primarschule* p. 5, *Lehrplan Sekundarschule*, p. 14.

176 *Lehrplan Primarschule*, p. 4, *Lehrplan Sekundarschule*, p. 17.

1. Die Schüler sollen wahrnehmen, wo und wann Religion eine Rolle spielt.
2. Sie sollen Grundlagenwissen über die wichtigsten religiösen Strömungen haben.
3. Des Weiteren sollen sie sich in der Gesellschaft mit ihrem religiösen Angebot orientieren können.
4. Und schliesslich sollen die Schüler fähig sein, sich mit anderen Menschen respektvoll über ihre je anderen Weltsichten zu verständigen.

Das Fach ist so gestaltet, dass es auf den je vorherigen Unterrichtsstufen aufbaut. In der Primarschule sind das Christentum im Fokus sowie jene Religionen, die in der Lebenswelt der Kinder anzutreffen sind. Wichtig ist dabei, dass die Glaubens- und Gewissensfreiheit ebenso gewahrt wird wie die Meinungsfreiheit. Die Lehrperson muss auf respektvollen Umgang mit den verschiedenen religiösen Ansichten – auch jenen der Angehörigen der Kinder – achten.

Auf der Sekundarstufe wird zwischen einem historisch-deskriptiven, einem lebensweltlichen und einem gesellschaftsorientiert-politischen Zugang unterschieden. Die drei Zugänge ergänzen einander und ermöglichen es den Schülern, Religion in ihrer vielfältigen Bedeutung zu verstehen. Auch Fragen nach dem Wertekonsens, dem Einfluss der Medien auf die Wahrnehmung von religiösen Gemeinschaften sowie religionsübergreifende Themen wie etwa Fundamentalismen werden aufgenommen.

Die Inhalte der jeweiligen Unterrichtseinheit sind durch die sogenannten „essentials" definiert, welche die Vertreter der Religionsgemeinschaften zuhanden der bildungsrätlichen Kommission „Religion und Kultur" formuliert haben. Diese „essentials" sind als Anhang den Lehrplänen beigefügt worden[177].

Ein grosses Anliegen des Faches ist es, Religion so zu thematisieren, „wie sie in der Lebenswelt der Kinder auftaucht. (...) Nahezu alles, was einem im Alltag an Religion begegnet, kann zum Anlass für Fragen, Recherchen und Gespräche werden: ein Osterhase oder eine Schaufensterdekoration mit Krippenfiguren, traditionelles Gebäck aus dem muslimischen Zuckerfest oder eine Figur des hinduistischen Gottes Ganesha"[178]. Dieser lebensweltlich orientierte Zugang ermöglicht es den Lehrkräften, den Kindern und Jugendlichen auf geeignete Weise einen von Toleranz, Respekt und Offenheit geprägten Umgang mit Religion näher zu bringen.

---

177 *Religion und Kultur, Ergänzung zum Lehrplan für die Volksschule des Kantons Zürich,* pp. 24 – 28.

178 ZANGGER, *Respektvolle Annäherung*, p. 7.

5. Zur Frage des Obligatoriums von „Religion und Kultur"

Der Bildungsrat hat entschieden, den Unterricht in „Religion und Kultur" obligatorisch zu erklären und keine Dispensationsmöglichkeit vorzusehen. Ob diese Entscheidung durchsetzbar ist, hängt von der Definition dessen ab, was religiöser Unterricht ist und ob diese Definition auf „Religion und Kultur" zutrifft oder nicht[179].

Wie in Teil I für den religiösen Unterricht in der Schweiz dargelegt[180], kennt die schweizerische Lehre und Rechtsprechung eine weite Umschreibung dessen, was religiöser Unterricht ist: Es ist jeder Unterricht, „der die Beziehung des Menschen zum Göttlichen, zum Transzendenten betrifft"[181]. Der Lehrplan für „Religion und Kultur" sowohl auf der Primar- als auch auf der Sekundarstufe sieht vier stufenübergreifende Richtziele vor[182]:

1. Wahrnehmung: „Die Schülerinnen und Schüler nehmen wahr, wo Religion in unserer Gesellschaft vorkommt (...)."
2. Wissen und Verstehen: „Schülerinnen und Schüler lernen Elemente und charakteristische Merkmale der grossen Religionen kennen."
3. Orientierung: „Schülerinnen und Schüler lernen verschiedene Religionen und ihre Rolle in unserer Gesellschaft kennen und können sich so in ihrer Umgebung orientieren."
4. Verständigung: „Schülerinnen und Schüler können sich mit Menschen verschiedener Überzeugung und Weltanschauung, mit Menschen anderer Religionen und Kulturen verständigen und respektieren deren Lebens- und Werthaltungen."

Als Grundlage für das Fach gelten Rechtstexte: „Der Unterricht in „Religion und Kultur" orientiert sich an den Bestimmungen der Allgemeinen Erklärung der Menschenrechte, der Europäischen Menschenrechtskonvention, der Schweizerischen Bundesverfassung und den Leitvorstellung der Volksschule

179 Das Prozessrisiko bezüglich „Religion und Kultur" ist durch das neue Volksschulgesetz in dem Sinne gewachsen, als dass es ein Ziel des neuen VSG war, den Rechtsschutz für den Einzelnen zu verbessern. Wie HÖRDEGEN anmerkt, ist der Nebeneffekt eine stärkere Verrechtlichung der Volksschule. HÖRDEGEN, *Aktuelle Aspekte des gerichtlichen Rechtsschutzes im Volksschulrecht,* in: GÄCHTER/JAAG, *Das neue Zürcher Volksschulrecht,* p. 97.

180 Vgl. § 2 II.3.E.b), p. 128.

181 BGE 119 Ia 178, p. 183, E. 4b.

182 *Religion und Kultur, Ergänzungen zum Lehrplan für die Volksschule des Kantons Zürich, Lehrplan für die Primarstufe,* p. 4. Ebenso: *Lehrplan für die Sekundarstufe,* p. 17.

gemäss dem Volksschulgesetz des Kantons Zürich."[183] Aus dem Lehrplan ergibt sich eine deutliche religionskundliche Ausrichtung.

„Religion und Kultur" ist auch im bildungsrätlichen Beschluss vom 23. August 2004 so umschrieben, dass der Unterricht deutlich durch „teaching about religion" geprägt ist[184]. Gemäss neuerer Rechtsprechung des EGMR darf der Staat selbst ein religionskundliches Unterrichtsfach anbieten[185]. Da der Unterricht in entscheidendem Masse durch die Lehrperson geprägt wird, ist auf die Aus- und Weiterbildung der Lehrkräfte ein besonderes Augenmerk gerichtet worden. So befassen sich zahlreiche bildungsrätliche Beschlüsse mit der Frage der Unterrichtsbefähigung. Besonders kontrovers diskutiert war die Frage, ob eine bisherige KoKoRu-Lehrkraft das neue Fach unterrichten darf. Vielerorts wurde auf der Primarstufe der vorherige Unterricht in „Biblische Geschichte" von Katecheten erteilt, den KoKoRu gestalteten oftmals Pfarrpersonen. Der Bildungsrat hält ausdrücklich fest, dass das Fach als obligatorisches Fach nur „von Personen erteilt werden (darf, e. E.), die eine Unterrichtsbefähigung für das neuen Fach erworben haben"[186]. Aus der anschliessenden Aufzählung geht hervor, dass kirchliches Personal von der Unterrichtserteilung ausgeschlossen ist[187].

Der Bildungsrat des Kantons Zürich beruft sich bei seiner Begründung für die Zulässigkeit des Obligatoriums (mit einer Ausnahme[188]) nicht auf die bundes-

---

183 *Religion und Kultur, Ergänzung zum Lehrplan für die Volksschule des Kantons Zürich, Lehrplan für die Primarstufe*, p. 5. Ebenso: *Lehrplan für die Sekundarstufe*, p. 14.

184 Beschluss des Bildungsrates des Kantons Zürich vom 23. August 2004, p. 10 – 11, Ziff. I.

185 EGMR, *Appel-Irrgang c./ Deutschland*, 45216/07, 20. Oktober 2009.

186 Beschluss des Bildungsrates des Kantons Zürich vom 4. Dezember 2006, *Schulblatt ZH* 122 (2007), p. 61.

187 „Für den Unterricht in Religion und Kultur können eingesetzt werden: Absolventinnen und Absolventen der Pädagogischen Hochschul (PHZH) mit einem Diplom für Religion und Kultur an der Sekundarstufe I; Absolventinnen und Absolventen der Zusatzausbildung für Religion und Kultur an der PHZH." Beschluss des Bildungsrates des Kantons Zürich vom 4. Dezember 2006, *Schulblatt ZH* 122 (2007), p. 61. Vgl. auch die explizite Nennung in Beschluss des Bildungsrates des Kantons Zürich vom 23. August 2004, p. 11, Ziff. I: „Das Fach wird durch Oberstufenlehrkräfte erteilt."

188 In seinem Beschluss vom 23. August 2004 legte der Bildungsrat die bundesgerichtliche Rechtsprechung dar und sah die weite Begriffsauslegung der Bezeichnung „religiöser Unterricht" in der geschichtlichen Situation des 19. Jahrhunderts begründet. Er fuhr in diesem Beschluss fort: „Das heutige Umfeld der Schule unterscheidet sich massgeblich von der damaligen Situation. Die öffentliche Schule wird von Schülerinnen und Schülern aus verschiedenen Kulturkreisen und ihren unterschiedlichen religiösen Hintergründen besucht. Es ist daher Auf-

gerichtliche Rechtsprechung zu Art. 15 BV, sondern auf die engere Begriffsauslegung des „religiösen Unterrichts" von Art. 9 EMRK durch den EGMR[189]. Gemäss dieser würde „Religion und Kultur" in die Kategorie der religionskundlichen Fächer fallen und könnte für obligatorisch erklärt werden. Es existiert aber noch kein Bundesgerichtsentscheid, der eine Anpassung der schweizerischen Lehre und Rechtsprechung an die Auslegung von Art. 9 EMRK durch den EGMR in Hinblick auf den Religionsunterricht signalisiert.

gabe der Schule, dass die Schülerinnen und Schüler die Gemeinsamkeiten und Unterschiede der verschiedenen Religionen und Kulturen kennen lernen. Das im Fach „Religion und Kultur" vermittelte Wissen über Religionen (teaching about religion) ist deshalb kein Religionsunterricht im Sinne von Art. 15 Abs. 4 BV, sondern gehört zum Allgemeinwissen (...)." Beschluss des Bildungsrates des Kantons Zürich vom 23. August 2004, p. 8.

189 Beschluss des Bildungsrates des Kantons Zürich vom 4. Dezember 2006, *Schulblatt ZH* 122 (2007), p. 61: „Der Unterricht in Religion und Kultur ist kein religiöser Unterricht."

§ 6 Zusammenfassung Teil II

I. Beteiligte Gruppierungen

1. Durch Befragung beteiligte Gruppierungen in Frankreich

1. Die Bevölkerung Frankreichs hat sich im 20. Jahrhundert von einer überwiegend römisch-katholisch geprägten zu einer multireligiösen Gesellschaft hin verändert. Obwohl der französische Staat keine Datenerhebung über die religiöse Zugehörigkeit seiner Bürger durchführen darf, sind statistische Daten verschiedener Herkunft vorhanden. Wenn sie auch in den konkreten Prozentangaben voneinander abweichen, belegen sie doch durchgehend einen Rückgang des Katholikenanteils und im Gegenzug einen Zuwachs bei anderen religiösen Gruppierungen und der Gruppe der Konfessionslosen. Die veränderte Bevölkerungszusammensetzung, insbesondere auch die stark wachsende Gemeinschaft muslimisch gläubiger Menschen, stellt eine Herausforderung für das öffentliche Bildungswesen dar.

2. Im Rahmen des Forschungsprojektes der Forschungsgruppe PRISME-SDRE unter der Leitung von Prof. Dr. Francis MESSNER wurden 1993 verschiedene Gruppierungen um eine Stellungnahme zur besseren Integration religionskundlicher Bildung an den öffentlichen Schulen gebeten. Dabei wurden nicht nur die Akteure an den öffentlichen Schulen, sondern auch die Religionsgemeinschaften, beziehungsweise die für Bildungsfragen zuständigen religiösen Organisationen berücksichtigt.

3. Die Stellungnahmen der unterschiedlich organisierten religiösen Gemeinschaften lassen sich in zwei Kategorien einteilen. Es gab zum einen jene Gemeinschaften, die mit dem Begriff der religionskundlichen Bildung sowie den Gehalten der laïcité vertraut waren. Diese Gemeinschaften sprachen sich für die Integration religionskundlicher Aspekte in das bestehende Bildungsangebot aus. Zum anderen gab es die Kategorie von Gemeinschaften, die zum Zeitpunkt der Befragung mit den Rahmenbedingungen religionskundlicher Bildung und/oder dem Begriff „religionskundliche Bildung“ noch wenig vertraut waren. Sie befürworteten ein zusätzliches, religiös geprägtes Unterrichtsfach.

4. Die Stellungnahmen der befragten Interessensverbände sind von einer nahezu ausnahmslos bejahenden Haltung gegenüber religionskundlicher Bildung als integriertem Bestandteil des öffentlichen Schulsystems geprägt. Eine besondere Kategorie stellt dabei die Gruppe der Schüler dar, die mittels aufwändiger Befragungsart um Stellungnahme gebeten wurde. Im Rahmen des

Forschungsprojektes REDCo wurden die Schüler erneut und in grösserem Ausmass befragt. Für die Schüler ist die Multireligiosität ein normaler Bestandteil ihres Lebensalltags, weshalb sie der Verstärkung integrierter religionskundlicher Bildung positiv gegenüber stehen. Bemerkenswert ist die Islamisierung des Begriffs „Religion".

2. Als Gesprächspartner berücksichtigte Gruppierungen im Kanton Zürich

1. Die statistischen Daten in Bezug auf die religiöse Zugehörigkeit der Bevölkerung des Kantons Zürich sind bereits einige Jahre alt, lassen aber dennoch grundsätzliche Aussagen zu. Zum einen ist ein Bedeutungsverlust sowohl der römisch-katholischen als auch der evangelisch-reformierten Kirche zu vermerken. In der Zwingli-Stadt Zürich ist der Anteil der römisch-katholischen Gläubigen mittlerweile grösser als jener der evangelisch-reformierten. Zum anderen hat die Zahl der Menschen, die sich als konfessionslos bezeichnen oder einer anderen Glaubensgemeinschaft angehören, zugenommen. Insbesondere die muslimische Gemeinschaft verzeichnet ein deutliches Wachstum.
2. Im Rahmen der Ausarbeitung des neuen religionskundlichen Faches „Religion und Kultur" kam es früh zu einer Kontaktaufnahme mit betroffenen oder interessierten Religionsgemeinschaften und Interessensverbänden. Nach Auflösung der bildungsrätlichen Kommission „Religion und Kultur" wurden die bisherigen Gesprächspartner in zwei neue Strukturen überführt. Die Religions- und Weltanschauungsgemeinschaften sind nun in der „Kontaktgruppe Religionen" vertreten, die Interessensvertreter aus dem Bereich der Schule treffen sich im Rahmen der „Kontaktgruppe Schulfeld". Ihre jeweiligen Haltungen in Bezug auf das neue Fach waren für die vorliegende Arbeit aufgrund des laufenden Einführungsprozesses von „Religion und Kultur " nicht einsehbar.
3. Die „Kontaktgruppe Religionen" besteht aus Vertretern von elf Glaubens- oder Weltanschauungsgemeinschaften. Vertreten sind die drei öffentlich-rechtlich anerkannten Kirchen: die evangelisch-reformierte Kirche, die römisch-katholische Kirche und die christkatholische Kirche. Als kantonalrechtlich anerkannte Gemeinschaften sind auch die Israelitische Cultusgemeinde und die Jüdische Liberale Gemeinde in der Kontaktgruppe vertreten. Von den rein privatrechtlich organisierten Gemeinschaften und Dachverbänden sind die christlich-orthodoxen Kirchen, der Buddhismus, der indische sowie der tamilische Hinduismus, die islamischen Glaubensgemeinschaften sowie die Freidenker-Vereinigung Mitglied der „Kontaktgruppe Religio-

nen". Die „Kontaktgruppe Schulfeld" umfasst Vertreter der Schulleitervereinigungen, der Lehrerverbände sowie der Elternorganisationen.

II. Die Ausarbeitungsprozesse des jeweiligen religionskundlichen Bildungsangebotes

1. Der Ausarbeitungsprozess integrierter Religionskunde in Frankreich

1. Der Ausarbeitungsprozess integrierter Religionskunde umfasst eine grosse Zeitspanne und dauerte von 1986 bis 2002. Ausgangspunkt der Erarbeitung war das bestehende Bildungsangebot, das bereits eine integrierte Behandlung von religionskundlichen Aspekten vorsah, sich aber als wenig erfolgreich zeigte. Nachdem die Entscheidung gefallen war, die mangelnde religionskundliche Bildung der französischen Schüler nicht durch eine Erweiterung des Bildungsangebotes um ein zusätzliches Fach zu korrigieren, bemühte man sich in der Folge um eine Verbesserung des bestehenden Systems.
2. Wichtige politische Ereignisse wie die „affaire des foulards" oder das Attentat auf die Twin-Towers in New York vom 11. September 2001 beeinflussten diese Ausarbeitung. Ein wichtiger Markstein stellt der Bericht von Régis DEBRAY dar, in welchem er unter anderem die Schaffung des „Institut européen en sciences des religions" (IESR) vorschlägt. Das IESR bildet bis heute das zentrale Institut für die Weiterbildung der Lehrkräfte und die praxisnahe und wissenschaftlich verantwortete Vermittlung religionskundlicher Aspekte im Rahmen des Geschichts- oder Französischunterrichts.

2. Der Ausarbeitungsprozess des Faches „Religion und Kultur" im Kanton Zürich

1. Der Ausarbeitungsprozess des Faches „Religion und Kultur" wird durch den Bericht zum KoKoRu ausgelöst, beginnt 1999 und ist zum Zeitpunkt des Abschlusses vorliegender Arbeit noch im Gange. Bis zum Schuljahr 2011/ 2012 hin muss „Religion und Kultur" Bestandteil jeder Stundentafel sein.
2. Auslöser für die Veränderung des religionskundlichen Angebots war auf der Sekundarstufe die KoKoRu-Umfrage, die 1998 veröffentlicht wurde und eine hohe Abmelderate von diesem Fach dokumentiert. In der Folge kam es zur Entscheidung, den KoKoRu in ein neues religionskundliches Fach zu überführen. Der Bildungsrat setzte die Kommission „Religion und Kultur"

ein, die dem Fach Profil geben soll. Im Beschluss vom 4. Dezember 2006 hielt der Bildungsrat fest, dass „Religion und Kultur" ab Schuljahr 2007/2008 angeboten werden könne, sofern genügend Lehrkräfte mit der nötigen Unterrichtsbefähigung vorhanden seien. Im selben Entscheid beschloss der Bildungsrat, die Kommission „Religion und Kultur" in zwei Kontaktgruppen, „Religionen" und „Schulfeld" zu überführen.

3. Auf der Primarstufe führten Sparmassnahmen zur Einführung des neuen Faches „Religion und Kultur". Im Rahmen des kantonalen Sanierungsprogramms sollte das Fach „Biblische Geschichte" nicht mehr flächendeckend angeboten werden, sondern nur noch dort, wo es eine Schulgemeinde finanzieren konnte und wollte. Als Reaktion auf diese geplante Massnahme wurde eine Volksinitiative zum Erhalt des Faches „Biblische Geschichte" eingereicht. Der Gegenentwurf der Regierung, „Religion und Kultur" auf der Primarschulstufe einzuführen, bewirkte den Rückzug der eingereichten Initiative. Der Bildungsrat beschloss am 29. Juni 2007, dass alle Schulgemeinden, die über genügendes und mit der erforderlichen Unterrichtsbefähigung versehenes Lehrpersonal verfügen, „Religion und Kultur" vom Schuljahr 2008/2009 an anbieten können.

Teil III: Rechtsvergleichung und verhandlungstheoretische Analyse der Ausarbeitungsprozesse

§ 7 Rechtsvergleichung der Regelungsformen im Grossteil Frankreichs und der Schweiz (Kanton Zürich)

I. Zur Methode der Rechtsvergleichung

„Rechtsvergleichung besteht in einer würdigenden und problematisierenden Gegenüberstellung der Antworten des Gesetzgebers auf bestimmte Rechtsfragen in verschiedenen Rechtsordnungen."[1] Als Methode verstanden ist Rechtsvergleichung somit mehr als das blosse Gegenüberstellen von Normen verschiedener Länder. Sie hat zwei Ziele. Sie soll zum einen den Blick für Lösungsvarianten eines Rechtsproblems ausserhalb der eigenen Landesgrenze weiten und so eine möglichst funktionale Normgestaltung ermöglichen. Und sie will zum anderen den Blick für die Eigenheiten der eigenen Regelung eines Rechtsproblems schärfen. Was die Methode der Rechtsvergleichung allerdings materiell beinhaltet, ist aufgrund des jungen Alters der Disziplin noch nicht definitiv festgelegt. Es besteht eine Vielfalt von Zugangsweisen.

Im Mittelpunkt der diversen Vorschläge steht die Anwendung des Funktionalitätsprinzips[2]. Dieses Prinzip ist, wie Ralf MICHAELS es treffend ausdrückt, „both the mantra and the *bête noire* of comparative law"[3]. „Mantra", weil es seit

---

1 HAUSHEER/JAUN, *Einleitungsartikel*, p. 75.

2 ZWEIGERT/KÖTZ, *Einführung in die Rechtsvergleichung*, p. 33. SAMUEL kritisiert die Verabsolutierung des Funktionalitätsprinzips und erklärt: „Le fonctionnalisme constitue ainsi un point de départ en vertu duquel deux droits peuvent être mis en communication sur le plan pratique." SAMUEL, *Dépasser le fonctionnalisme*, in: LEGRAND, (Hg.), *Comparer les droits, résolument*, p. 411.

3 MICHAELS, *The functional method*, in: REIMANN/ZIMMERMANN, *Oxford Handbook of Comparative Law*, p. 340.

dem Standardwerk von ZWEIGERT/KÖTZ[4] als die massgebende Methode rechtsvergleichender Arbeit gilt. Zugleich aber ist es auch eine Methode, welche nicht präzise umschrieben ist. Dass Funktionalität allerdings ein wichtiger Aspekt in der rechtsvergleichenden Arbeit ist, wird von keinem Autor grundsätzlich bestritten.

Im Rahmen des hier vorliegenden Rechtsvergleichs wird Funktionalität übereinstimmend mit Ralf MICHAELS als „equivalence functionalism"[5] verstanden. Die Funktionalität wird dabei als Methodenfunktionalität verstanden, was bedeutet, dass die jeweilige Regelung als Funktion zur Lösung eines faktischen Problems gesehen wird. Anders ausgedrückt: Das Problem (a) wird gelöst durch die Institutionen (y), die eine bestimmte rechtliche Regelung (b) anwenden. (y) und (b) sind dabei variabel, das faktische Problem (a) (in unserem Falle das Problem fehlender religionskundlicher Bildung im Rahmen der öffentlichen Schule) ist invariabel. Die Lösungen sind somit funktional gleich, inhaltlich aber durchaus unterschiedlich.

Voraussetzung für einen Rechtsvergleich ist das Vorliegen von zu vergleichendem Material. Die Rechtsordnungen von Frankreich un auch der Schweiz stehen nicht in der „common law"-Tradition, sondern beruhen auf geschriebenen Gesetzen und einer entwickelten Doktrin, die interpretiert wird. Erste Rechtsquellen sind daher die erlassenen Gesetze und weitere Rechtsnormen, gefolgt von der Rechtsprechung und der rechtswissenschaftlichen Lehre.

Man differenziert zwischen Mikro- und Makrounterscheidung. Letztere betrifft die Verfassungsvergleichung[6]. Erstere kommt im Rahmen dieses Kapitels zum Tragen: Mikrounterscheidung ist der Vergleich verschiedener Normen in verschiedenen Rechtssystemen zu einer konkreten Rechtsfrage.

II. Grundlagen der vorzunehmenden Rechtsvergleichung

Grundvoraussetzungen dafür, dass zwei Systeme erfolgversprechend miteinander verglichen werden können, sind, dass in beiden Ländern ein ähnlicher Ent-

4 ZWEIGERT, Konrad, KÖTZ, Hein, *Einführung in die Rechtsvergleichung auf dem Gebiet des Privatrechts*, 3. Auflage, Mohr, Tübingen, 1996. In der vorliegenden Arbeit wurde mit Ausnahme des einleitenden Zitates die englische Ausgabe verwendet: ZWEIGERT, Konrad, KÖTZ, Hein, *An Introduction to Comparative Law*, 3. Auflage, Clarendon Press, Oxford, 1998.

5 MICHAELS, *The functional method*, in: REIMANN/ZIMMERMANN, *Oxford Handbook of Comparative Law* p. 356.

6 Peter DE CRUZ spricht von „comparison of two or more legal systems" und vermeidet den Verfassungsbegriff. DE CRUZ, *Comparative Law*, p. 219.

wicklungsstand der Gesellschaft sowie ein vergleichbarer religiöser Hintergrund vorhanden sind. Erst wenn diese gemeinsame Basis gefunden wurde, ist es möglich, die Unterschiede in den nationalen Lösungen für die faktischen Probleme festzuhalten.

Die inhaltliche Gestaltung dieses Kapitels orientiert sich am Vorschlag von Peter DE CRUZ und behandelt das nötige Vorwissen zu den nachfolgenden Mikrovergleichungen[7].

1. Die beiden Rechtssysteme in Frankreich und in der Schweiz

Die beiden Rechtssysteme – das französische und das schweizerische – haben ihren Platz in einer westlichen, durch die Aufklärung geprägten Gesellschaft. Beide Nationen haben als vergleichbaren religiösen Hintergrund das Christentum (in Frankreich in ursprünglich mehrheitlich katholischer, in der Schweiz in ursprünglich mehrheitlich evangelisch-reformierter Ausprägung) und gehören der „civil law"-Tradition an.

Allerdings – und hier beginnt die Unterscheidung der beiden Rechtsordnungen – gehören Frankreich und die Schweiz unterschiedlichen Untergruppen der „civil law"-Tradition an. Das französische Recht lehnt durch den Code civil von Napoléon stärker an das römische Recht an. ZWEIGERT/KÖTZ sprechen von „Romanistic legal families"[8] und bezeichnen damit jene Rechtsfamilie, die sich durch die Rezeption des französischen Code civil gebildet hat. Teile der heutigen Schweiz (wie etwa Genf) haben den Code civil ebenfalls übernommen, doch eine zahlenmässig grössere Gruppe von (deutschsprachigen) Kantonen gehört zur „Germanic legal family"[9].

Andere Autoren bezeichnen die „civil law"-Tradition als „romano-germanic legal system"[10]. Durch diese Bezeichnung aber werden nur zwei der drei Untergruppen erfasst, die zur „civil law"-Tradition gehören[11].

---

7 DE CRUZ, *Comparative Law*, p. 245.

8 ZWEIGERT/KÖTZ, *An Introduction to Comparative Law*, p. 74.

9 ZWEIGERT/KÖTZ, *An Introduction to Comparative Law*, p. 132.

10 DESSEMONTET/ANSAY, *Introduction to Swiss Law*, p. 5. Ebenso: LEROY/SCHÖNENBERGER, *Introduction générale au droit suisse*, p. 58: „Le droit suisse appartient à la famille romano-germanique."

11 Vergessen geht dabei die nordische Rechtsfamilie. „The grouping to which we are led and which will serve as our basis for the introduction to the great legal systems of the world is only slightly different from that of ARMINJON/NOLDE/WOLFF: (I) Romanistic family; (2); Germanic family, (3) Nordic family; (4) Common Law family." ZWEIGERT/KÖTZ, *An Introduction to Comparative Law*, p. 73.

A. Frankreich und der römische Rechtskreis

Der von PORTALIS geschaffene Code civil Frankreichs stellt die Mutterordnung innerhalb der römischen Rechtsfamilie dar. Das französische Recht „régit une société laïque et libérale fortement teintée d'individualisme", wie SEROUSSI dies ausdrückt[12].

Das Gesetz (loi) hat eine Vorrangstellung innerhalb des Systems[13]. Schriftlich verfasste Gesetzesbücher (codes) spielen eine zentrale Rolle. Die juristischen Begriffe und Konstrukte im französischen Recht sind von einem hohen Abstraktionsgrad geprägt. Die klar definierten Begriffe weisen auf ebendiese Abstraktheit der Rechtsnormen hin. Ein weiteres Charakteristikum des französischen Rechts ist, dass es die deduktive Methode zur konkreten Rechtsfindung verwendet.

Die „Cour de cassation" (wörtlich: das Kassationsgericht) ist in privatrechtlichen Fragen die höchste gerichtliche Instanz. Dieselbe Funktion nimmt der „Conseil d'Etat" (wörtlich: Staatsrat) im Bereich des Verwaltungsrechts wahr. Der Conseil d'Etat hat überdies die Funktion, auf dem Legalitätsprinzip aufbauend die Rechtsentwicklung im Bereich des Verwaltungsrechts mitzutragen. DE CRUZ folgert aus der Existenz dieser beiden Gerichtshöfe: „The french legal tradition is based on a rigid separation between private and criminal law on the one hand and „public" or administrative law on the other; these form, in reality, two discrete systems of law, each with its own courts, its own unique legal concepts and its own commentators and learned authors." [14] Nicht erwähnt wird dabei der Conseil constitutionnel, das Verfassungsgericht, das sich mit der Verfassungskonformität von Gesetzen und internationalen Verträgen beschäftigt und für die Feststellung der PFRLR zuständig ist.

B. Die (Deutsch-)Schweiz und der deutsche Rechtskreis

Insbesondere die Deutschschweiz wurde stark von der deutschen Rechtstradition beeinflusst[15]. Da sich das Zürcher Religionsunterrichtsmodell innerhalb einer deutschschweizer Rechtsordnung situiert, soll die deutsche Rechtsentwicklung kurz dargestellt werden.

---

12 SEROUSSI, *Introduction au droit comparé*, p. 21.

13 SEROUSSI, *Introduction au droit comparé*, p. 23.

14 DE CRUZ, *Comparative Law*, p. 21.

15 DANNEMANN, *Comparative Law: Study of Similarities or Differences?* in: REIMANN/ZIMMERMANN, *Oxford Handbook of Comparative Law, p. 387:* „(...) French and Swiss law, the latter belonging to the German legal family."

Das Deutsche Reich kam erst im 15. Jahrhundert in Kontakt mit dem römischen Recht, das dann aber einen grossen Einfluss auf das Recht ausübte. Im Zuge der Aufklärung entstand eine optimistische Einstellung dem Rationalismus gegenüber, welchem die klare Form des römischen Rechts entsprach. Das Preussische Landrecht, das in der Folge entstand, war kein revolutionäres Recht, sondern mehr eine Kodifikation, die den status quo als harmonisches Recht präsentierte.

Die späte Rezeption des römischen Rechtes brachte es mit sich, dass es ein verändertes römisches Recht war, ein adaptiertes Recht, das im Deutschen Reich verbreitet wurde. Bezeichnenderweise trat SAVIGNY und seine „Historische Rechtsschule" in der Zeit von Romantik und Klassizismus auf und propagierte die Studie der historischen Rechtsquellen, des antiken, römischen Rechts. Daraus erwuchs die Pandektistenschule und mit ihr das dogmatische und systematische Studium des antiken römischen Rechts. Es entstand in der Folge ein Gelehrtenrecht ohne Orientierung an der sozialen Wirklichkeit und den tatsächlichen Rechtsbedürfnissen. Die Normen des entstehenden BGB sind daher heute noch von hoher sprachlicher Präzision: „In language, method, structure and concepts the BGB is the child of the deep, exact, and abstract learning of the German Pandectist School with all the advantages and disadvantages which that entails."[16]

„The important private law code of the canton of Zurich (1853/1855) led the third group. It was the first code to contain reflections of the new German theories of the Historical School of Law and the pandectist school, which KELLER, professor at the Political Institut in Zurich and pupil of SAVIGNY, had made known. The creator of the code was BLUNTSCHLI (...). (...) This Code had a much greater effect than any other cantonal code on the Civil Code of Switzerland (...)."[17] Hier wird deutlich, weshalb Teile der Schweiz dem deutschen Rechtskreis zugeordnet werden. In einigen zivilrechtlichen Kodifikationen wurde der Stil des BGB integriert. Durch die Bildung des Bundesstaates und die Zuweisung der Kompetenz zur Gesetzgebung im zivilrechtlichen Bereich an den Bund entstand mit dem Schweizerischen Zivilgesetzbuch ein Werk, welches das schweizerische Zivilrecht vereinheitlicht hat. Gemäss seinem Schöpfer Eugen HUBER spricht es eine klare, einfach verständliche Sprache[18]. Die Einlei-

16 ZWEIGERT/KÖTZ, *An Introduction to Comparative Law*, p. 144.

17 ZWEIGERT/KÖTZ, *An Introduction to Comparative Law*, p. 169.

18 Eugen HUBER stellte in seinen Erläuterungen zum Vorentwurf des Zivilgesetzbuches fest: „(Es (das Gesetz, e. E.) will sich an Alle wenden, die ihm unterworfen sind. Die Gebote des Gesetzgebers müssen daher, soweit dies mit dem speziellen Stoff verträglich ist, für jedermann oder doch für die Personen, die in den gesetzlich geordneten Beziehungen in einem Berufe tätig sind, verstanden werden können." HUBER, *Erläuterungen zum Vorentwurf des Eidgenössischen Justiz- und Polizeidepartements,* p. 15.

tungsartikel (Art. 1 – 10 ZGB) beschreiben die grundlegenden Charakteristika des schweizerischen Rechts.

Die Einleitungsartikel des ZGB sind zwar für den privatrechtlichen Bereich geschrieben, geniessen aber im öffentlich-rechtlichen Bereich analoge Geltung[19]. Da die Gesetze auch heute generell-abstrakt verfasst sind (sie besitzen also eine bewusst gewählte „deliberate incompleteness“[20]), ist die Auslegung („Suche nach dem Rechtssin einer Gesetzesbestimmung“[21]) und Lückenfüllung zentral.

Art. 1 ZGB nennt die Rechtsquellen „im formellen Sinn sowie deren Rangordnung“[22]. Absatz 1 nennt das Gesetz, in Absatz 3 sind „bewährte Lehre und Überlieferung“[23] erwähnt. Art. 1 Abs. 1 ZGB enthält den ungeschriebenen Verfassungsgrundsatz der Gesetzmässigkeit, indem er die Gesetze an erster Stelle der Rechtsquellen nennt.

Das oberste Gericht in der Schweiz ist das Bundesgericht. Die föderalistische Struktur des Bundesstaates Schweiz bringt es mit sich, dass jeder Kanton in den Bereichen, in denen er Gesetzgebungskompetenzen hat, eigene Rechtsnormen kennt. Diese dürfen allerdings der Bundesverfassung nicht widersprechen. Diese kantonalen Rechtsordnungen sind nicht identisch, was im öffentlichen kantonalen und kommunalen Recht zu grossen Unterschieden führt, wenngleich unterdessen eine Angleichungstendenz vorhanden ist. Jeder Kanton hat eine eigene Exekutive, Legislative und Judikative. Das Bundesgericht wird daher erst nach Erschöpfung des kantonalen Instanzenzuges angerufen.

---

19 HAUSHEER/JAUN, *Einleitungsartikel*, p. 8. In BGE 108 II 490, p. 495, E. 7 hält das Bundesgericht fest: „Nicht zu bestreiten ist, dass in Ermangelung steuerrechtlicher Sonderregeln im Regressverhältnis auf das Privatrecht zurückgegriffen werden kann. Das mag in der Weise geschehen, dass die ausführliche Privatrechtsordnung analog herbeigezogen wird, um Lücken im öffentlichen Recht zu schliessen (...).“

20 ZWEIGERT/KÖTZ, *An Introduction to Comparative Law,* p. 173.

21 HAUSHEER/JAUN, *Einleitungsartikel,* p. 19. MEIER-HAYOZ prägte die Definition des zu findenden objektiven Rechtssinnes: „Die objektive Interpretationsmethode frägt darnach, was die vernünftigen und korrekten Gesetzesadressaten unter den ihnen erkennbaren Umständen aus der gesetzgeberischen Erklärung an Sinn herauslesen müssen.“ MEIER-HAYOZ, *Art. 1 ZGB*, N 144 in: BK, *Einleitung Artikel 1 – 10 ZGB*, Verlag Stämpfli, Bern, 1962, p. 122.

22 HÜRLIMANN-KAUP/SCHMID, *Einleitungsartikel des ZGB und das Personenrecht*, p. 26.

23 Bewährte Lehre ist dabei die Rechtswissenschaft, mit Überlieferung ist der Gerichtsgebrauch bezeichnet. HAUSHEER/JAUN, *Einleitungsartikel*, pp. 66 – 68.

2. Die Ausgangsfrage

Dreh- und Angelpunkt der rechtsvergleichenden Arbeit ist die konkrete Ausgangsfrage. Sie soll so gewählt sein, dass sie den Vergleichungsgegenstand genügend konkret umschreibt und dennoch Raum für sowohl länderspezifische Eigenheiten als auch weiterführende Fragen lässt.

Die hier gewählte Ausgangsfrage lautet: „Wie lösen Frankreich und die Schweiz das Problem der mangelnden religionskundlichen Bildung der Jugendlichen im Rahmen der öffentlichen Schulen während der obligatorischen Schulzeit?“ Dabei ist das faktische Problem (a) die „mangelnde religionskundliche Bildung der Jugendlichen“, das nun durch verschiedene Institutionen (y) und auf verschiedenen Wegen und mit verschiedenen Normen (b) gelöst wird[24].

Aus der Ausgangsfrage ergeben sich im Wesentlichen zwei weitere Fragen: zum einen, wie das Verhältnis von Religion und Staat in den beiden Ländern gestaltet ist und zum anderen, welche Eckpunkte die beiden Bildungssystem verbinden oder trennen. In der Folge ergibt sich eine pyramidale Struktur: Aus jeder Frage entstehen weitere Punkte, die einen Vergleich aufdrängen. Letztlich aber dienen sämtliche Fragen beziehungsweise ihre Antworten dem Ziel, die Ausgangsfrage verständlich und umfassend zu beantworten.

3. Das Ziel des Vergleiches

Die Ziele des Rechtsvergleichs können unterschiedlicher Natur sein. In der vorliegenden Studie sind es zwei: Erkenntnisgewinn[25] und Lösungssuche für ein bestimmtes Problem[26]. Unter Erkenntnisgewinn ist ein doppelter Verständnisprozess zu verstehen. Im Rahmen des ersten Ziels geht es darum, andersartige Lösungen für das Problem religionskundlicher Bildung im Rahmen der religionsneutralen, öffentlichen Schule zu „erkennen“, zu sehen. Zum anderen bezieht sich „Erkenntnisgewinn“ auf den Blick auf die eigene Rechtsordnung. Der Blick für die eigene nationale Lösung und ihre Eigenheiten wird geschärft.

Der Übergang zum zweiten Ziel dieser rechtsvergleichenden Arbeit ist fliessend: Aus dem reinen Erkennen soll „Lernen vom Anderen“ erfolgen. Dieses

---

24 Vgl. § 7 I., p. 211.

25 DANNEMANN spricht von „Understanding Law“. DANNEMANN, *Similarities or Differences?* In: REIMANN/ZIMMERMANN, *The Oxford Handbook of Comparative Law*, p. 405.

26 In DANNEMANNs Worten: „Solving Particular Problems“. DANNEMANN, *Similarities or Differences?* In: REIMANN/ZIMMERMANN, *The Oxford Handbook of Comparative Law*, p. 403.

„Lernen vom Anderen", hier von der anderen Rechtsordnung, ist für die schweizerische Rechtsentwicklung im Bildungsbereich wichtig. Ziel ist es daher, Erkenntnisse aus dem abgeschlossenen Prozess in Frankreich zu gewinnen und sowohl hinsichtlich erstrebenswerter als auch zu vermeidender Effekte eines bestimmten Weges für die schweizerische Rechtsentwicklung zu lernen.

4. Zur Übersetzungsproblematik

„Vergleichen kann man nur, was durch Übersetzung vergleichbar geworden ist."[27] Am Anfang jeder Rechtsvergleichung, in der Fremdsprachen eine Rolle spielen, steht ein Übersetzungsprozess. Dieser betrifft allerdings nicht alltagssprachliche Ausdrücke, sondern rechtliche Begriffe. Und hierin liegt die grosse Herausforderung der Übersetzung[28].

Das französische und auch das schweizerische Recht gehören der „civil law"-Tradition an. Dies vereinfacht die Übersetzung insofern, dass kein Wechsel zu einer anderen grossen Tradition, der „common law"-Tradition, erfolgt. Zudem behandelt der vorliegende Bereich Problemfelder, die dem öffentlichen und nicht dem rechtssprachlich komplexeren Privatrecht angehören. Dennoch bleibt die Übersetzungsschwierigkeit bestehen.

Das französische Recht und seine Begriffe haben einen eigenen historischen Hintergrund. Die Begriffe sind im nationalen System mit einer je eigenen Bedeutung versehen und nicht ohne weiteres wörtlich übersetzbar[29]. Aus schweizerischer Warte ist es besonders wichtig, den unterschiedlichen kulturellen Hintergrund von französischem und schweizerischem Recht zu betonen. Französisch ist eine Amtssprache der Schweiz, und daher bestehen für einige Rechtsinstitute bereits Übersetzungen, die in der Schweiz Gültigkeit haben.

---

27 WANDRUSZKA, *Das Leben der Sprachen*, p. 16.

28 GUTTERIDGE vertritt zur rechtsvergleichenden Arbeit sogar die Meinung: „the pitfalls of terminology are the greatest difficulty and danger". GUTTERIDGE, zitiert in DE CRUZ, *Comparative Law*, p. 220.

29 Ein Beispiel für fehlende Sensibilität hinsichtlich dieser Problematik ist in der rechtsvergleichenden Arbeit von Antje VON UNGERN-STERNBERG zu finden. Die Autorin dieses Buches übersetzt „Conseil constitutionnel" auf p. 93 mit „Verfassungsrat". „Conseil" ist in diesem Zusammenhang aber eines der drei obersten Gerichte, weshalb die Übersetzung „Rat" etwas unglücklich ist. Besser wäre hier vertretener Ansicht nach, mit dem Begriff „Conseil constitutionnel" analog zu verfahren, wie die Autorin es auf p. 95 betreffend dem „Conseil d'Etat" selbst tut – sie lässt die Bezeichnung unübersetzt. Antje VON UNGERN-STERNBERG, *Religionsfreiheit in Europa, Die Freiheit individueller Religionsausübung in Grossbritannien, Frankreich und Deutschland – ein Vergleich*, Mohr Siebeck, Tübingen, 2008.

Diese sind aber nicht ohne Weiteres auf französische Begriffe anwendbar, die dem französischen Rechtssystem entstammen.

Aus diesem Grund kommen Begriffe vor, die nicht übersetzt werden können. Man spricht von „rechtskultureller Unübersetzbarkeit“[30]. Ein Beispiel dafür ist der Begriff „laïcité“, der in dieser Arbeit unübersetzt verwendet wird[31]. Die deutsche Sprache kennt keinen Rechtsbegriff, welcher „laïcité“ adäquat übersetzt. Die Übersetzung „Trennung von Kirche und Staat“ umschreibt die „laïcité“ nicht nur ungenügend – sie führt auch zu einem falschen Verständnis des Begriffsinhalts.

In Teil I wurden die Normen zumeist unübersetzt verwendet, da es um die Darstellung französischer Regelungen in ihrem System ging. Im vorliegenden Teil allerdings werden dieselben Normen teilweise übersetzt. Sie werden dabei ziel- und nicht ausgangssprachlich übersetzt und haben keine imperative (sofern es sich um Gesetzestexte handelt), sondern eine informative Funktion.

III. Ausgewählte Aspekte

1. Das Verhältnis von Religion und Staat im Grossteil Frankreichs und im Kanton Zürich

A. Die beiden staatskirchenrechtlichen Systeme

a) Internationale Verträge

Für Frankreich sind die Normen der EU massgebend. Da Art. 17 AEUV in der Fassung des Vertrags von Lissabon die Kompetenz zur Regelung des Verhältnisses von Religionsgemeinschaften zum jeweiligen Staat in den Mitgliedstaaten zuweist, spielt europäisches Recht keine Rolle in der Verhältnisgestaltung.

Die Schweiz ist als Nicht-Mitgliedsstaat nicht durch die Unionsverträge gebunden und hat unabhängig von Art. 17 AEUV die Kompetenz, das Verhältnis zu den Religionsgemeinschaften selbst zu regeln.

---

30 WEISFLOG, *Juristische Übersetzung*, p. 39.

31 Vgl. § 1 II.1., p. 21.

b) Innerstaatliches Recht

Die beiden staatskirchenrechtlichen Systeme stehen nach verbreiteter Ansicht im Gegensatz zueinander. Auf der einen Seite steht das Modell der Schweiz, das von Kooperation geprägt ist, auf der anderen Seite jenes von Frankreich, das die Trennung von Kirche und Staat betont. Erst die genauere Betrachtung der beiden Modelle zeigt, dass die Grenzen keineswegs klar und die Gemeinsamkeiten zahlreicher sind, als oft angenommen wird.

Es gibt zwei Gründe für die fälschlicherweise oft angenommene Gegensätzlichkeit der beiden Systeme. Der eine Grund ist ein Verständnis von laïcité, gemäss dem der Begriff die religionsfeindliche Trennung von Religionsgemeinschaften und Staat bedeutet. Die Anfänge der laïcité weisen zwar diese Spuren auf, die Schulgesetzgebung der III. Republik spiegelt ebenfalls den Willen zur umfassenden Garantie der Gewissensfreiheit des Einzelnen und die Verteidigung derselben gegenüber den Religionsgemeinschaften. Dennoch wohnte dem System von Anfang an die Garantie der Religions- und Gewissensfreiheit inne. Der zweite Grund liegt in der französischen Verfassung begründet. Zum einen erwähnt diese in Art. 1 C. zunächst, dass Frankreich eine „République laïque“ ist. Die Erwähnung „elle respecte toutes les croyances“ ist erst als dritter Satz des Artikels zu finden. Zum anderen definiert die Verfassung nicht, was unter laïcité zu verstehen ist.

Der Begriff der laïcité vereint in sich die Unterscheidung der beiden Bereiche „religiös“ und „staatlich“ und damit die Regelung des Verhältnisses Religionsgemeinschaften – Staat sowie die Garantie der Religions- und Gewissensfreiheit. Die Schweizerische Bundesverfassung hingegen unterscheidet die beiden Gedanken und trägt ihnen in je eigenen Verfassungsartikeln Rechnung. Art. 15 BV betrifft die Glaubens- und Gewissensfreiheit, Art. 72 BV behandelt das Verhältnis von Religionsgemeinschaften und Staat und delegiert die Verhältnisregelung an die Kantone. Für den Kanton Zürich gilt, dass es sich um ein kooperatives Verhältnis handelt. Symptomatisch dafür ist § 4 Abs. 1 KiG: „Der Kanton und die kantonalen kirchlichen Körperschaften arbeiten partnerschaftlich zusammen.“

Die französische Verfassung nennt in Art. 1 C. zwar das Grundprinzip der Dezentralisierung. Das Verhältnis von Religionsgemeinschaften und Staat ist aber nicht Sache der Departemente, sondern ist für den Grossteil Frankreichs – mit Ausnahme der Departemente Haut-Rhin, Bas-Rhin und Moselle sowie der französischen Inseln – durch das Gesetz vom 9. Dezember 1905 geregelt. Die beiden Systeme unterscheiden sich somit hinsichtlich der Kompentenzenaufteilung zwischen Republik und Departementen bzw. Bund und Kantonen.

Dass der französische Staat keine ausdrückliche Kooperation mit den Religionsgemeinschaften pflegt, bedeutet aber nicht, dass er nicht um ihre Bedeutung weiss. Der Staat stellte 1905 den damals in Frankreich vertretenen Religionsgemeinschaften mit der „association cultuelle" eine Rechtsform zur Verfügung, welche den Weiterbestand des jeweiligen Kultes ohne staatliche Subventionierung ermöglichen sollte. Die Zweckbindung der genannten Vereine ist zwar eng. Indem sie aber ihre Organisationsform frei wählen, Legate empfangen können und von steuerlichen Vorteilen profitieren, sind sie gegenüber einfachen Vereinigungen nach dem Gesetz vom 1. Juli 1901 bessergestellt. Des Weiteren ermöglichte der Staat der römisch-katholischen Kirche, mit den „associations diocésaines" eine Sonderform der „association cultuelle" zu gründen. Der französische Staat kannte in der Folge wohl einen religiösen Verein als Partner in finanziellen Fragen – dies ist aber nicht mit einer Anerkennung der Religionsgemeinschaft gleichzusetzen.

Dass religiöse Privatschulen die Möglichkeit finanzieller Unterstützung seitens des Staates beantragen können ist ein Beleg dafür, dass laïcité nicht „religionsfeindliche Trennung" bedeutet. Die Unterstützungsmöglichkeiten enden aber dort, wo der Einzelne seine Religionsfreiheit auch ohne staatliche Unterstützung leben kann. Das französische Modell der laïcité ist zwar auf die katholische Gemeinschaft hin konstruiert worden, in seinem Zentrum steht aber nicht der Schutz der Religionsgemeinschaft, sondern jener der Religionsfreiheit des Individuums.

An diesem Punkt unterscheiden sich die beiden staatskirchenrechtlichen Systeme merklich. Das schweizerische Recht gewährt den traditionell ansässigen Religionsgemeinschaften die Anerkennung als juristische Person des öffentlichen Rechts. Als solche können die anerkannten Gemeinschaften Steuern einziehen und profitieren von staatlicher Unterstützung hinsichtlich des Religionsunterrichts. Dass zumindest Schulräume oder Zeitgefässe während der regulären Schulzeit für religiösen Unterricht zur Verfügung gestellt werden, ist eine Privilegierung der öffentlich-rechtlich anerkannten Religionsgemeinschaften, die über die Schutzbedürfnisse der Glaubens- und Gewissensfreiheit des Einzelnen hinausgeht. Es wäre auch denkbar, dass die Mitglieder lediglich einen Vereinsbeitrag bezahlen und der religiöse Unterricht in den Räumlichkeiten der Kirchgemeinden stattfinden würde.

Die Möglichkeit der öffentlich-rechtlichen Anerkennung hatte für die katholische Kirche in der Schweiz zur Folge, dass eine organisatorische Doppelstruktur von Kirchgemeinde und Pfarrei entstand. In dieser Doppelstruktur an sich wiederum lässt sich eine Parallele zur französischen „association diocésaine" sehen. Sowohl die Kirchgemeinde als auch die „association diocésaine" haben sich um die finanziellen Belange des Kultes zu kümmern.

Hier endet aber die Ähnlichkeit. Während die „association diocésaine“ sich wie jede „association cultuelle“ den Vorschriften der eigenen Religionsgemeinschaft gemäss organisieren kann, hat sich die katholische Kirchgemeinde in der Schweiz an demokratischen Grundsätzen zu orientieren.

B. Staatliche Neutralität in religiösen Angelegenheiten

Sowohl in Frankreich als auch in der Schweiz garantiert der Staat, sich religiös neutral zu verhalten. Beide Staaten sind nicht absolut, sondern relativ neutral, allerdings in unterschiedlicher Form.

Das Neutralitätsverständnis der französischen Republik kommt einer absoluten Neutralität nahe. Im Zentrum steht der Bürger und die ihm gewährte Garantie der Religionsfreiheit. Der Staat pflegt kein besonderes Verhältnis zu einzelnen Religionsgemeinschaften, kennt die auf seinem Grund ansässigen Religionen aber durchaus. Er finanziert grundsätzlich keine Kultushandlungen mit der Ausnahme jener, die zur Garantie der Religionsfreiheit des Einzelnen vom Staat unterstützt werden sollten (z.B. Militärseelsorge). Religion und Weltanschauung sind Privatsache. Die französische Form der Neutralität ist aber insofern relativ, als eine geschichtlich bedingte Nähe zur katholischen Kirche noch immer spürbar ist. Heikle Punkte sind etwa der staatliche Unterhalt katholischer Gebäude, die vor 1905 errichtet wurden. Dass es nebst den gewöhnlichen „associations cultuelles“ die spezielle Form der „association diocésaine“ vorhanden ist, muss ebenfalls als Kratzer auf der Oberfläche der Neutralität betrachtet werden.

Der Begriff der religiösen Neutralität in der Schweiz ist – geht es um den Umgang des Einzelnen mit Behörden – dem französischen Verständnis nahe, wenn nicht identisch. Die Neutralitiät der Staatsangestellten gegenüber den Dienstleistungsempfängern wird ebenfalls eingefordert. Der Staat bietet keinen religiösen Unterricht an und finanziert keine Kultushandlungen, subventioniert aber religiöse Leistungen an Menschen, die in Sonderstatusverhältnissen stehen. Die schweizerische Form der religiösen Neutralität ist dahingehend relativ, als bestimmte Religionsgemeinschaften von der öffentlich-rechtlichen Anerkennung profitieren, andere dagegen nicht. Die geschichtliche Entwicklung der Schweiz und des Kantons Zürich insbesondere hat sich im Institut der öffentlich-rechtlichen Anerkennung niedergeschlagen und ist somit in rechtlichen Kategorien fassbar, die eine Ungleichbehandlung der Religionsgemeinschaften begründen.

C. Die Religionsfreiheit insbesondere

a) Internationale Verträge

Beide Staaten haben die EMRK ratifiziert. Damit hat sowohl in der Schweiz als auch in Frankreich Art. 9 EMRK Geltung und kann direkt angerufen werden.

b) Garantie der Religionsfreiheit im innerstaatlichen Recht

Auch wenn sich die beiden Grundrechte – die französische Religionsfreiheit und die schweizerische Glaubens- und Gewissensfreiheit – durch den Einfluss der EGMR-Rechtsprechung inhaltlich angenähert haben, bestehen nach wie vor Unterschiede.

Da die französische Verfassung keinen Grundrechtskatalog kennt, besteht in formeller Hinsicht bereits ein Unterschied zur Regelung der Glaubens- und Gewissensfreiheit in der schweizerischen Bundesverfassung. Das französische Recht entnimmt die „liberté de religion" Art. 10 DDHC, der Präambel der Verfassung von 1946 sowie Art. 1 der Verfassung vom 4. Oktober 1958.

Das französische Recht berücksichtigt die religiösen Bedürfnisse der Individuen in zweierlei Hinsicht. Zum einen garantiert der Staat die Gewissensfreiheit des einzelnen in der Form eines PFRLR. Der Einzelne ist frei, sein Leben seinen religiösen Vorstellungen gemäss zu gestalten und darf keinem staatlichen Zwang in religiösen und weltanschaulichen Fragen ausgesetzt werden. Der Staat verpflichtet beispielsweise alle Kinder und Jugendlichen zum Schulbesuch, stellt es den Eltern aber frei, an welche Schule sie die Kinder schicken möchten. Um eine reelle Wahlmöglichkeit zu gewähren, unterstützt der Staat religiöse (zumeist katholische) Privatschulen durch den „contrat d'association". Seine Angestellten verpflichtet er in der Ausübung ihrer Aufgaben zu religiös neutralem Verhalten und Gleichbehandlung sämtlicher Dienstleistungsempfänger.

Zum anderen schützt der Staat die Vereinigungsfreiheit (ebenfalls als PFRLR) und gewährt den Kultusvereinigungen steuerliche Vorteile. Damit ermöglicht er das religiöse Vereins- und Gemeindeleben und damit zugleich die Voraussetzung, dass der Einzelne seine Religion tatsächlich leben kann.

Eine weitere staatliche Umsetzung der Religionsfreiheit besteht in der Subventionierung von Seelsorgeeinrichtungen für Menschen, die ihre religiösen Bedürfnisse nicht am Wohnort erfüllen können. So leistet der Staat Beiträge an die Armee-, Kranken- und Spitalseelsorge gestützt auf Art. 2 Abs. 2 des Gesetzes vom 9. Dezember 1905. Der ebenfalls vorgesehene staatliche Beitrag an die

Schulseelsorge hingegen wurde bis heute nicht umgesetzt. Dass der Staat den Unterhalt der römisch-katholischen Sakralbauten übernimmt, die vor 1905 errichtet wurden, ist hingegen keine Folge der Religionsfreiheit oder der Vereinigungsfreiheit. Es ist lediglich eine der Folgen aus den Spannungen um das Gesetz vom 9. Dezember 1905.

Religion ist in Frankreich somit in erster Linie Privatsache des Einzelnen. Der Staat garantiert ihre Ausübung durch verschiedene rechtliche Mittel, ohne aber die Religionsgemeinschaften selbst anzuerkennen.

Die schweizerische Garantie der Glaubens- und Gewissensfreiheit dagegen kennt nebst einem analogen Gehalt hinsichtlich der individualrechtlichen Garantien auch ein institutionalisiertes Verhältnis des Staats zu bestimmten Religionsgemeinschaften. Allerdings besteht ein Unterschied in Bezug auf den Bildungsbereich. Der Kanton Zürich nennt in seiner Verfassung die Privatschulfreiheit. Diese ist aber nicht Ausfluss der Garantie der Glaubens- und Gewissensfreiheit, sondern ist unabhängig davon als eigenes Recht zu betrachten.

Durch die öffentlich-rechtliche Anerkennung gewährt der Staat in begrenztem Masse eine Art der korporativen Glaubens- und Gewissensfreiheit. Eine öffentlich-rechtlich anerkannte kirchliche Körperschaft erhält das Recht, die auf ihrem Gebiet wohnhaften und ihr zugehörigen natürlichen und auch juristischen Personen zu besteuern. Juristische Personen des Privatrechts, die selbst eine religiöse Ausrichtung haben, können sich unter Berufung auf die Glaubens- und Gewissensfreiheit gegen die Besteuerung wehren.

Was die Einschränkung der „liberté religieuse" und der Glaubens- und Gewissensfreiheit anbelangt, ist der Einfluss des EGMR von Bedeutung. Da beide Länder die EMKR ratifiziert haben und ein monistisches System der Staatsvertragsintegration in ihre nationalen Rechtssysteme kennen, sind die drei Einschränkungserfordernisse „gesetzliche Grundlage", „öffentliches Interesse" und „Notwendigkeit in einer demokratischen Gesellschaft" für beide Länder gültig. Frankreich kennt im nationalen Recht keine explizite Nennung von Grundrechtseinschränkungen. In der Schweiz nennt Art. 36 BV zwei zu Art. 9 Abs. 2 EMRK zusätzliche Einschränkungserfordernisse: „Verhältnismässigkeit" und „Schutz des Kerngehaltes".

2. Vergleich der beiden Bildungssysteme und ihrer Eckpunkte

A. Das Kindeswohl

a) Internationale Verträge

Sowohl in Frankreich als auch in der Schweiz ist die Maxime des Kindeswohls als Ziel und Ausgangspunkt für sämtliche Massnahmen, die Kinder betreffen, durch Art. 3 Abs. 1 KRK geregelt. Der genannte Artikel ist in beiden Ländern direkt anwendbar. Die Regelungen der Konvention sind in die jeweiligen Rechtssysteme eingegangen – der französische Code civil und auch das Schweizerische Zivilgesetzbuch sehen im Kindeswohl das Grundprinzip, um dessen willen die elterliche Sorge („autorité parentale") besteht.

b) Das Kindeswohl in den jeweiligen bildungsrechtlichen Systemen

aa) Vergleich der bildungsrechtlichen Regelungen mit Verbindung zum Kindeswohl

Die französische Verfassung enthält aufgrund des fehlenden Grundrechtskatalogs keinen Artikel, der das Kindeswohl explizit aufnimmt. Die Grundlage auf übergesetzlicher Normenstufe ist in Art. 3 Abs. 1 KRK zu sehen.

In der Schweizerischen Bundesverfassung hingegen ist in Art. 11 BV ein besonderer Schutz von Kindern und Jugendlichen garantiert. Darin wird die verfassungsrechtliche Verankerung des Kindeswohls gesehen.

Der französische Code de l'Education garantiert in Art. L. 111-2 al. 4 C. éduc. den Respekt der Persönlichkeit des Kindes sowie der erzieherischen Handlungen der Eltern. Darin kann eine Umsetzung des Kindeswohls im Bereich der Schule gesehen werden. Ebenso verhält es sich mit Art. L. 111-1 al. 1 C. éduc., wonach das Schulsystem eine Dienstleistung für die Kinder und Jugendlichen ist.

Letzterer Aspekt wird durch § 50 Abs. 1 VSG festgehalten, demgemäss sich der Schulbetrieb am Wohl der Schüler orientiert. Auch im Kanton Zürich ist der Respekt der Persönlichkeit des Kindes garantiert. Zuständig ist hier aber nicht – wie in Art. L. 111-2 al. 4 C. éduc. – der Staat im Allgemeinen, sondern die Lehrperson (§ 18 Abs. 1 LPG).

Insgesamt kann man von einer gleichwertigen Beachtung des Kindeswohls innerhalb des jeweiligen Rechtssystems sprechen. Die rechtlichen Grundlagen mögen zwar unterschiedlich sein, dennoch zeigt sich, dass dem Kindeswohl seit der jeweiligen Ratifizierung der UN-Kinderrechtskonvention allgemein mehr Bedeutung zugemessen wird.

bb) Die Stellung der Eltern

Für den französischen Gesetzgeber spielen die Eltern eine wesentliche Rolle im Ausbildungsprozess ihrer Kinder. Sie sind daher in Art. L. 111-3 C. éduc. als Teil der „communauté éducative“ erwähnt. Art. L. 111-4 C. éduc. umschreibt ihre Funktion genauer. Auch in den Art. L. 131-4 C. éduc. und L. 131-5 C. éduc. spielen die Eltern eine Rolle. Sie sind verantwortlich für die Erfüllung der Schulpflicht. Demgegenüber ist die zürcherische kantonale Norm von § 54 Abs. 1 VSG einfacher ausgestaltet: „Schulbehörden, Lehrpersonen und Eltern arbeiten im Rahmen ihrer Verantwortlichkeiten zusammen.“

Die Existenz von Elternorganisationen sowie ihre faktische Mitarbeit in den Schulen des Kantons Zürich zeigt aber, dass ihre Bedeutung für das Gelingen der Schulbildung gross ist und dass die nüchterne Formulierung von § 51 Abs. 1 VSG nicht in dem Sinne zu interpretieren ist, dass die Eltern im Rahmen der öffentlichen Schule keine Beachtung fänden.

cc) Die Stellung der Lehrperson

Der Lehrperson kommt als „Bildungsvermittlerin“ eine zentrale Funktion zu. In Zusammenhang mit dem Kindeswohl hat sie die Aufgabe, die Werte und Grundprinzipien des jeweiligen Schulsystems zu verkörpern. Art. L. 111-1 al. 3 C. éduc. verweist auf die „Werte“, die eine Lehrperson zu verkörpern hat. Demgegenüber ist die Formulierung in § 18 Abs. 1 LPG umfassender. Die Lehrperson beachtet dieser Norm gemäss bei Erziehung und Unterricht die Volksschulgesetzgebung und die Grundsätze, die im Lehrplan und dem Schulprogramm festgelegt sind.

B. Das Recht auf Bildung

a) Internationale Verträge

Die Schweiz kennt auf Bundesebene kein umfassendes Recht auf Bildung. Frankreich hingegen hat das 1. Zusatzprotokoll zur EMRK ratifiziert und anerkennt damit das in Art. 2 Abs. 1 genannte uneingeschränkte Recht auf Bildung.

b) Das Recht auf Bildung in den jeweiligen Rechtssystemen

Übereinstimmend mit den gewährten Garantien auf der Ebene der internationalen Verträge sind die Ansprüche im internen Recht unterschiedlich gestaltet.

Frankreich nennt die Bildung in Al. 13 der Verfassungspräambel von 1946 und garantiert entsprechend in Art. L. 111-1 al. 4 C. éduc. jedem das Recht auf Bildung „afin de développer sa personnalité, d'élever son niveau de formation initiale et continue, de s'insérer dans la vie sociale et professionnelle, d'exercer sa citoyenneté". In Art. 131-1-1 al. 1 C. éduc. wird der Inhalt des Rechts auf Bildung noch schärfer umschrieben.

Art. 19 BV gewährt „ausreichenden und unentgeltlichen Grundschulunterricht". Diese Umschreibung verdeutlicht den unterschiedlichen Gewährleistungsinhalt. Der Code de l'éducation geht weiter und zählt als garantierte Inhalte des Rechts auf Bildung in Art. 131-1-1 al. 1 C. éduc. mehrere Elemente auf: Erwerb grundlegender Wissensinstrumente, Elemente des Allgemeinwissens und, je nach Wahl, der beruflichen und technischen Bildung sowie Entwicklung der Persönlichkeit, Anhebung des Bildungsniveaus und die Möglichkeit, sich in das soziale und berufliche Leben einzufügen und seinen Bürgerpflichten nachzukommen.

An dieser Stelle aber muss die Zürcher Kantonsverfassung beigezogen werden. Der Kanton Zürich machte im Rahmen der neuen Verfassung von seinem Recht Gebrauch, den Grundrechtsschutz der Bundesverfassung im Rahmen der kantonalen Verfassung auszuweiten und fügte in Art. 14 Abs. 1 KV ZH ein umfassendes Recht auf Bildung ein. Was dies genau bedeutet, ist zurzeit noch unklar (der Artikel ist seit 1. Januar 2011 direkt auf dem Rechtsweg anrufbar), es wird aber davon ausgegangen, dass diese Gewährleistung auf die Unentgeltlichkeit der nachobligatorischen Schulbildung bezogen ist.

Sowohl im Kanton Zürich als auch in Frankreich ist die Diskriminierung hinsichtlich des Zugangs zu Bildungsinstitutionen verboten. Frankreich garantiert in Art. L. 111-1 al. 7 C. éduc. den Erwerb einer Allgemeinbildung und einer anerkannten Qualifikation „à tous les jeunes, quelle que soit leur origine sociale, culturelle ou géographique". Ebenso hält Art. L. 111-2 al. 3 C. éduc. fest, dass zur Wahrung der Chancengleichheit in Bezug auf den Zugang zu Bildungsinstitutionen geeignete Massnahmen getroffen werden. Die kantonalrechtliche Regelung in der Zürcher Kantonsverfassung in Art. 14 Abs. 2 KV ZH ist knapper und spricht lediglich davon, dass das Recht auf Bildung den „gleichberechtigten Zugang zu Bildungseinrichtungen" umfasst.

Das Recht auf Bildung ist eng verbunden mit dem Anspruch auf Schulbildung. Auch hier zeigt sich die französische Regelung in Art. L. 111-2 al. 1 C. éduc.

weiter gefasst als die Zürcher Regelung von § 3 Abs. 1 VSG: „Jedes Kind“ hat gemäss der französischen Regelung Anspruch auf eine Schulbildung. Demgegenüber schränkt § 3 Abs. 1 VSG dieses Recht auf „alle Kinder mit Aufenthalt im Kanton“ ein und spricht dieser Adressatengruppe wiederum lediglich das Recht zu, „die öffentliche Volksschule zu besuchen“. Hier wird die unterschiedliche Kultur des Bildungssystems deutlich. Frankreich kennt seit den Anfängen der öffentlichen Schule ein zweispuriges Schulsystem, in dem Privatschulen eine gültige und nicht ungewöhnliche Alternative zur öffentlichen Schule darstellen. Würde die französische Regelung den Anspruch von Art. L. 111-2 al. 1 C. éduc. von „einer Schulbildung“ auf „Schulbildung an der öffentlichen Schule“ reduzieren, wäre dies weder mit der umfassenden Garantie des Rechts auf Bildung noch mit der Entstehungsgeschichte des französischen Schulsystems vereinbar.

C. Ausgewählte Grundprinzipien der jeweiligen Bildungssysteme

a) Allgemeine Grundsätze

In ganz allgemeiner Form halten sowohl französische als auch schweizerische bildungsrechtliche Normen die Bedeutung der Bildung und ihre Ziele fest. Die Sozialziele der Schweizerischen Bundesverfassung sehen in Art. 41 Abs. 1 lit. f und g BV vor, dass sich Bund und Kantone für Bildung, Aus- und Weiterbildung sowie die Persönlichkeitsentwicklung und Integration einsetzen. In ähnlicher Weise kann auch die Programmnorm von Art. 61a Abs. 1 BV angeführt werden, die den Bildungsraum Schweiz beschreibt. Art. L. 111-1 al. 1 C. éduc. hält klar fest, dass die „éducation“ (der hier vertretenen Ansicht nach mehr im Sinne von Bildung eines Menschen zu verstehen als im Sinne von Erziehung) die erste nationale Priorität darstellt. Das Schulwesen wird als Service public für die Schüler bezeichnet, der zur Chancengleichheit beiträgt. Allen drei Normen ist gemeinsam, dass sie einen deklaratorischen Charakter haben und nicht einklagbar sind.

Im Bildungsgesetz (BiG) hält der Kanton Zürich in § 2 fest, dass das Bildungswesen dem Menschen eine Bildung nach Massgabe seiner Anlagen, Eignungen und Interessen vermittelt. § 2 Abs. 4 VSG umschreibt den Auftrag der Volksschule genauer. Sie hat grundlegende Kenntnisse und Fertigkeiten zu entwickeln, das Erkennen von Zusammenhängen zu ermöglichen und die Achtung für Mitmenschen und Umwelt zu fördern. Die Volksschule strebt gemäss diesem Paragraphen die ganzheitliche Entwicklung der Kinder zu selbständigen und gemeinschaftsfähigen Menschen an. Ähnlich tönt es in Art. L. 111-2 al. 2 C. éduc. Diesem Artikel zufolge sind die Enfaltung des Kindes, der Erwerb einer Grundbildung, die Vorbereitung auf das Berufsleben und auf die Verantwortung als Mensch und Bürger Inhalte der Schulbildung. Zudem soll sie die Grundlage der ständigen Bildung darstellen.

All das lässt auf eine Ähnlichkeit der beiden Bildungssysteme in den Grundzügen schliessen. Anzufügen wäre an dieser Stelle das Prinzip der religiösen Neutralität. Es wird aber weiter unten in anderem Zusammenhang dargestellt.

b) Obligatorium und Unentgeltlichkeit

Die öffentliche Schule ist in beiden Ländern sowohl obligatorisch als auch unentgeltlich.

Die Unentgeltlichkeit ist sowohl in Frankreich als auch der Schweiz auf Verfassungsstufe grundlegend festgehalten. Al. 13 der französischen Verfassungspräambel von 1946 bezeichnet die Organisation des öffentlichen Unterrichtswesens, „gratuit et laïque“, als staatliche Pflicht. In der Schweiz ist die Unentgeltlichkeit in Art. 62 Abs. 2 BV festgehalten. Die verfassungsrechtlichen Grundsätze werden in beiden Ländern auf Gesetzesstufe wiederholt: in Frankreich in Art. L. 132-1 C. éduc. und Art. L. 132-2 C. éduc., in Bezug auf den Kanton Zürich in § 11 Abs. 1 VSG. Letzere Norm verbindet aber die Unentgeltlichkeit direkt mit dem Erfüllungsort der Schulpflicht und erklärt, dass lediglich am Schulort der Unterricht an öffentlichen Schulen unentgeltlich ist.

Die Schulpflicht ist die Konsequenz aus dem Schulobligatorium. Dieses ist in Art. 62 Abs. 2 BV enthalten: „Der Grundschulunterricht ist obligatorisch (...).“ Das Zürcher Volksschulgesetz konkretisiert den Beginn und das Ende der Schulpflicht in § 3 Abs. 2 und 3 VSG. Schulpflichtig sind Kinder ab vollendetem 4. Altersjahr für die Dauer von elf Jahren. Ab vollendetem 16. Altersjahr erfolgt die Entlassung aus der Schulpflicht. Auch hinsichtlich des Schulobligatoriums ist die einschlägige Regelung in Frankreich auf Gesetzesstufe zu finden. Art. L. 131-1 C. éduc. erklärt die Schulbildung als obligatorisch für Kinder von sechs bis sechzehn Jahren, beider Geschlechte und auch unabhängig von der Nationalität. Die Schulpflicht ist gemäss Art. L. 131-1-1 al. 2 C. éduc. in erster Linie in einer Schulinstitution zu erfüllen. In Art. L. 131-2 al. 2 C. éduc. garantiert der Gesetzgeber, dass Kinder, die nicht zur Schule gehen können, ihre Grundbildung durch einen vom Staat einzurichtenden „service public de l'enseignement à distance“ erhalten können. Es fällt auf, dass gemäss Art. L. 131-1-1 al. 2 C. éduc. die Schulpflicht lediglich „in erster Linie“ an Schulinstitutionen zu erfüllen ist. Heimunterricht ist somit unter Erfüllung bestimmter Auflagen möglich. Aus schweizerischer Sicht ist diese Möglichkeit nicht unbedenklich. Es wahrt zwar die Freiheit der Eltern, ihre Kinder nach eigenen Wertvorstellungen zu erziehen. Zugleich aber ist bei übermässiger Beanspruchung der Möglichkeit auf Heimunterricht das Ziel der sozialen Integration, das die öffentliche Schule durchaus hat, gefährdet.

c) Lehrplan

Was tatsächlich an der öffentlichen Schule unterrichtet werden soll, ist in den Lehrplänen enthalten.

Die Schweizerische Bundesverfassung delegiert in Art. 62 Abs. 1 BV die Regelung des Schulwesens an die Kantone. Der Kanton Zürich hat diese Regelung durch Erlass verschiedener Gesetze vorgenommen. § 21 Abs. 1 VSG nennt die Instanz, die zum Erlass von Stundentafel und Lehrplan bevollmächtigt ist: der Bildungsrat. Ein Lehrplan muss in Form eines bildungsrätlichen Beschlusses erlassen werden. Der Bildungsrat ist Teil der Exekutive.

Dass Bildung in Frankreich ein wichtiger Bereich ist, wird dadurch deutlich, dass auf Verfassungsebene die Hierarchiestufe bildungsrechtlicher Normen festgelegt wird: Art. 34 C. bestimmt, dass die Grundsätze des Bildungswesens vom Gesetz geregelt werden sollen. Grund dafür ist, dass das Volk durch die gewählten Vertreter mitbestimmen soll, wie die Schule aussieht. Diese Regelung aber gilt nicht für den Lehrplan, obwohl auch er mit dem „socle commun" einen Teil der Grundprinzipien der Bildung in Frankreich beinhaltet. Der Lehrplan wird nach Art. L. 311-2 C. éduc. durch einen arrêt ministeriel des Premierministers oder des Bildungsministers erlassen.

Hier ergibt der Vergleich, dass die wichtigen Steuerungselemente des Schulwesens, die Lehrpläne und mit ihnen die Stundentafeln, vom jeweils zuständigen Exekutivorgan erlassen werden.

Ein weiterer wichtiger Punkt ist die Frage, wie der Lehrplan als Steuerungselement des Schulunterrichts erstellt wird.

Der Bildungsrat im Kanton Zürich kann eine Expertenkommission einberufen, die in der Folge den Lehrplan erarbeitet. Auch in Frankreich kommt es zunächst zum Entwurf des Lehrplanes durch Fachkräfte. Mit dem „Conseil supérieur de l'éducation" (CSE) sowie dem „Haut Conseil de l'éducation" (HCE) bestehen wichtige Konsultativorgane, wobei sowohl der CSE als auch das dem HCE zugeordnete „comité consultatif" aus verschiedenen Vertretern aus dem Schulbereich zusammengesetzt ist.

Daraus wiederum ergibt sich, dass in beiden Rechtsordnungen Experten und Vertreter von Betroffenen am Ausarbeitungsprozess teilhaben können.

D. Privatschulen

Das Recht, eine Privatschule zu gründen oder zu besuchen, ist in der Schweizerischen Bundesverfassung nicht explizit enthalten, sondern ergibt sich aus Art. 62 Abs. 2 BV, wonach der Grundschulunterricht unter staatlicher Leitung oder Aufsicht zu stehen hat. Art. 15 KV ZH hingegen gewährleistet dies Recht explizit, schränkt es aber in Art. 117 Abs. 1 KV ZH ein: „Privatschulen, welche die gleichen Aufgaben wie die öffentliche Volksschule erfüllen, sind bewilligungspflichtig und unterstehen staatlicher Aufsicht.“ Im selben Artikel eröffnet der Kanton den Privatschulen die Möglichkeit staatlicher Subvention unter dem Vorbehalt des öffentlichen Interessens an den von ihnen erbrachten Leistungen.

In Frankreich ist das Recht, eine Privatschule zu gründen, zu organisieren oder zu besuchen durch die „liberté de l'enseignement“ geschützt, welche in Alinéa 2 der Verfassungspräambel von 1946 erwähnt und von Art. L. 151-1 C. éduc. gesetzlich verankert wird. Die meisten französischen Privatschulen sind katholische Schulen und ihre Entstehung und Unterstützung ist vor dem Hintergrund der Laizisierung des Schulwesens zu sehen. Gemäss Art. L. 131-2 al. 1 C. éduc. kann die Schulpflicht an einer privaten oder öffentlichen Schule erfüllt werden. Damit hat der Gesetzgeber das zweispurige Unterrichtssystem Frankreichs gefestigt. Das Privatschulwesen spielt in Frankreich historisch bedingt eine bedeutendere Rolle als in der Schweiz. Es soll an dieser Stelle aber nicht vertieft auf die landesrechtlichen Unterschiede in Hinblick auf die Privatschulen eingegangen werden.

3. Das Verhältnis von Religion, Religionskunde und öffentlicher Schule im Vergleich

A. Religiöse Neutralität im Rahmen der öffentlichen Schule

Bereits al. 13 der französischen Verfassungspräambel von 1946 garantiert die Organisation eines Schulwesens, welches das Prädikat „laïque“ erhalten soll. Art. 1 C. hält in al. 1 fest, dass Frankreich eine „République (...) laïque“ ist, die aber alle Glaubensansichten respektiert. Im hier vorliegenden Zusammenhang ist „laïque“ als religiös neutral, aber religionsfreundlich, zu interpretieren. Die beiden Aspekte werden in Art. L. 141-1 und L. 141-2 al. 1 C. éduc. wiederholt: Der erste Artikel wiederholt die Verfassungspräambel von 1946, der zweite sichert eine Schulbildung zu, welche die verschiedenen Glaubensrichtungen gleichermassen respektiert. In Art. L. 141-5 C. éduc. wird denn auch festgehalten, dass an den öffentlichen Primarschulen nur „personnel laïque“ unterrichten darf. Geistliche sind somit ausgeschlossen. Seit 2004 existiert Art. L. 141-5-1

C. éduc. Durch ihn wird das Tragen von religiösen Symbolen, durch welche die Schüler „ostensiblement" ihre religiöse Zugehörigkeit zeigen, verboten.

Die religiöse Neutralität der öffentlichen Schule wurde in der alten Bundesverfassung der Schweiz in Art. 27 Abs. 3 aBV noch explizit garantiert. Heute ist sie in Art. 15 Abs. 4 BV enthalten, welcher das Zwangsverbot in religiösen Fragen festhält. Der zürcherische Gesetzgeber hat die religiöse Neutralität der öffentlichen Schule nicht explizit aufgenommen, garantiert aber in § 2 Abs. 1 VSG die Glaubens- und Gewissensfreiheit sowie die Rücksichtnahme auf Minderheiten. Auf den ersten Blick irritierend scheint der erste Satz von § 2 Abs. 1 VSG: „Die Volksschule erzieht zu einem Verhalten, das sich an christlichen, humanistischen und demokratischen Wertvorstellungen orientiert." Die Nennung der „christlichen Wertvorstellungen" muss im Sinne einer Berücksichtigung der historischen Entwicklung der Wertvorstellungen verstanden werden. Der französische Gesetzgeber hat aber eine ähnliche Norm erlassen: Gemäss Art. L. 111-1 al. 2 C. éduc. hat die Schule nebst der Wissensvermittlung als erste Aufgabe den Schülern die Werte der Republik zu vermitteln. Mit dieser Nennung ist ebenfalls auf weltanschauliche Werte wie die Philosophie der laïcité verwiesen.

Obwohl beide Schulsysteme die religiöse Neutralität garantieren, geschieht dies im französischen Recht mit mehr Nachdruck. Die beiden relevanten verfassungsrechtlichen Normen werden auf Gesetzesebene wiederholt erwähnt und somit betont. Demgegenüber ist die schweizerische Lösung, die religiöse Neutralität der öffentlichen Schule aus Art. 15 Abs. 4 BV abzuleiten und nicht explizit zu nennen, ein eher zurückhaltender Weg.

B. Religiöser Unterricht im Vergleich

Der französische Staat, der ein grundsätzlich religiös neutrales Schulsystem garantiert, sichert den Schülern die Wahrung ihrer Religionsfreiheit zu. Dies ergibt sich nicht nur aus Art. 1 C., sondern auch aus Art. 141-2 al. 2 C. éduc. Gemäss diesem Artikel unternimmt der Staat alle nötigen Anstrengungen, um den Schülern der öffentlichen Schulen die Religionsfreiheit und eine religiöse Bildung zuzusichern. Konkret bedeutet dies, dass auf der Primarschulstufe an einem Tag pro Woche zusätzlich zum Sonntag kein Unterricht stattfindet, damit die Schüler religiösen Unterricht ausserhalb der Schulräume besuchen können.

Auf Stufe des „règlement" ist die Schulseelsorge geregelt, die für die Sekundarstufe vorgesehen ist. Nebst der Einschränkung, dass religiöser Unterricht nur ausserhalb der Schulräume erteilt werden darf, gibt es eine weitere: Nach Art. L. 141-4 C. éduc. darf den Schülern der öffentlichen Schulen religiöser Unterricht nur ausserhalb der Schulunterrichtszeiten erteilt werden. Anders ist die

Lage an Privatschulen: Sie dürfen religiösen Unterricht anbieten, er muss gemäss Art. L. 141-3 al. 2 C. éduc. aber freiwillig sein.

Auf verfassungsrechtlicher Ebene garantiert Art. 15 Abs. 3 BV das Recht auf religiöse Bildung. Bedingt durch die Dominanz der evangelisch-reformierten Kirche im Kanton Zürich hat der konfessionelle Religionsunterricht einen Platz in der Stundentafel und in den Räumlichkeiten der öffentlichen Schule. Dies hat sich auch durch die neue Kantonsverfassung, das entsprechende neue Kirchengesetz und auch das neue Gesetz über die jüdischen Gemeinden nicht verändert. § 14 KiG hält fest, dass die Kirchgemeinden gegenüber den politischen Gemeinden und den Schulgemeinden Anspruch auf die unentgeltliche Benützung von Schulräumen für den kirchlichen Religionsunterricht haben. Dieses Recht wird durch § 11 GjG auf die beiden in Art. 131 KV ZH anerkannten jüdischen Gemeinden ausgeweitet.

Die beiden Regelungen des religiösen Unterrichts sind in einem Punkt gleich: Sowohl im Grossteil Frankreichs als auch im Kanton Zürich haben Kinder und Jugendliche die Möglichkeit, religiöse Bildungsangebote wahrzunehmen. Das französische Recht bestimmt, dass diese ausserhalb der Schule stattfinden sollen, der kantonale Gesetzgeber in Zürich räumt den Kirchen und neu auch den jüdischen Gemeinden Raum und Zeit in den öffentlichen Schulen ein.

C. *Religionskundlicher Unterricht im Vergleich*

Zwar kann nicht genug betont werden, dass obige Form religiöser Bildung nicht mit religionskundlicher Bildung gleichgesetzt werden darf. Aber aus der Darstellung der Regelung kirchlicher Bildungsangebote lässt sich eine wesentliche Folge für das jeweilige religionskundliche Modell ableiten.

Das Bildungssystem im Grossteil Frankreichs ist tief von der laïcité geprägt. Die staatliche Schule kann religiösen Ansichten keinen Raum in ihren Mauern bieten, wenn sie religiöse Neutralität möglichst umfassend gewährleisten will. Bildungsangebote von Religionsgemeinschaften können daher nur ausserhalb der Stundentafel und ausserhalb der Schulräumlichkeiten wahrgenommen werden. Das bedeutet auf der anderen Seite, dass die Lehrpläne und Stundentafeln der staatlichen Schulen im Grossteil Frankreichs von Anbeginn an ohne ein religiöses Fach gestaltet wurden. Religionskundliche Aspekte sind in den bestehenden Fächern integriert zu vermitteln. Wenn es also rechtlich gesehen denkbar wäre, ein rein religionskundliches Fach anzubieten, wäre ein solches nicht nur schwierig in die bestehende Stundentafel zu integrieren. Es würde vielmehr auch einen Bruch mit einer Tradition im Grossteil Frankreichs bedeuten.

Gerade umgekehrt verhält es sich im Kanton Zürich. Hier ist der Religionsunterricht seit langem fester Bestandteil der Stundentafel. Er hat zwar seine Gestalt vom konfessionellen zum kofessionell-kooperativen Fach gewandelt. Dennoch blieb er als separiertes Fach in den Räumlichkeiten der Schule innerhalb der Stundentafel bestehen. Angesichts der wachsenden Multireligiosität der Klassen ist er nicht mehr zeitgemäss und rechtlich fragwürdig. Dabei geht es mehr um die Frage der Gleichbehandlung der Religionsgemeinschaften als um die Frage des Zwangs zu religiösem Unterricht – eine Frage, die sich aufgrund der Abmeldemöglichkeit vom KoKoRu nicht stellt. Auch wenn es rechtlich durchaus haltbar wäre, die religiösen Bildungsangebote von der öffentlichen Schule weg in ausserschulische, kirchliche Räumlichkeiten zu verlegen, stellte auch dies einen Bruch mit der bestehenden Tradition dar. Insofern ist die inhaltliche Umgestaltung des Zeitgefässes, das bisher für religiöse Bildung genutzt wurde, auf ein religionskundliches Bildungsangebot hin kohärent mit der bisherigen Entwicklung.

IV. Zusammenfassende Bemerkungen

Die beiden Modelle religionskundlicher Bildung unterscheiden sich weniger hinsichtlich ihrer bildungsrechtlichen als vielmehr ihrer staatskirchenrechtlichen Rahmenbedingungen, so könnte die bisherige Analyse auf den Punkt gebracht werden. Beide Modelle sind kohärent mit der jeweiligen bisherigen Entwicklung und fügen sich in das je bestehende System ein.

An dieser Stelle scheint eine kritische Anmerkung zum Traditionsargument angebracht. Weiterentwicklung findet oft nur dort statt, wo die Tradition gebrochen wird. Ob sich die Frage, inwiefern eine Regelung religionskundlicher Bildung gelungen ist, auch aus anderer Perspektive und gestützt auf andere Argumente positiv beantworten lässt, ist eine interessanter Gedanke.

Beispiele aus dem Grossteil Frankreichs und dem Kanton Zürich weisen auf die Grenzen einer rein traditionellen und innerrechtlichen Begründung des gewählten Weges hin. Indem im Grossteil Frankreichs religionskundliche Elemente in ein bestehendes Fach integriert wurden, sind sowohl die zu bewältigende Stoffmenge als auch die Anforderungen an die Aus- und Weiterbildung der Lehrpersonen gestiegen. Die Folge davon ist, dass der religionskundliche Aspekt im Notfall nach wie vor beiseite gelassen wird. Des Weiteren können die französischen Lehrpläne aufgrund ihrer Rechtsnatur leicht verändert werden. Es ist somit jederzeit möglich, die Lehrpläne den effektiven Bedürfnissen – finanzieller oder bildungspolitischer Art – anzupassen. Weniger leicht machbar, aber kein Ding der Unmöglichkeit stellt die Streichung eines ganzen Faches dar, wie es in Zürich im Falle von Sparmassnahmen angezeigt sein könnte. Die Entstehungsgeschichte des Faches „Religion und Kultur“ auf der Primarstufe belegt dies[32].

Das Recht hat zwar eine Gestaltungsfunktion. Es hinkt aber der gesellschaftlichen Entwicklung in gewissem Sinne nach. Anders gesagt: Eine rechtliche Norm ist lediglich der Ausdruck eines vorher erarbeiteten (gesellschaftlichen) Konsens. Zwar ist eine beschlossene Rechtsnorm auf dem Rechtsweg durchsetzbar. Tatsächlich aber beschränkt sich ihre Geltung auf den Umfang des Konsenses. An seinen Grenzen endet sie.

Für den vorliegenden Themenbereich bedeutet dies, dass religionskundliche Bildung oder das Modell, in dem sie verwirklicht ist, nur soviel Tragkraft hat, wie der zugrunde liegende Konsens der betroffenen natürlichen und juristischen Personen und der staatlichen Organe reicht. Als Beispiel sei erneut auf die Entwicklung von „Religion und Kultur“ auf der Primarstufe hingeweisen: Obwohl der Regierungsrat die Streichung von „Biblische Geschichte“ beschlossen hat, sind Teile der Bevölkerung nach den öffentlichen Diskussionen um Sinn und Notwendigkeit religionskundlicher Bildung auf der Sekundarstufe nicht gewillt, auf das vorbereitenden Fach zu verzichten. Es kommt ein Prozess in Bewegung, der mit der Umwandlung von „Biblischer Geschichte“ in „Religion und Kultur“ und damit mit der Beibehaltung eines religionskundlichen Bildungsangebotes als gesondertes Fach endet. Der Konsens über die Bedeutung religionskundlicher Bildung war stark genug, um dem Spardruck die Stirn zu bieten.

Es lohnt sich daher, im Folgenden dem Erarbeitungsprozess (und damit dem Entstehungsprozess des jeweiligen Konsens) der beiden Modelle Beachtung zu schenken und sich die Frage zu stellen, inwiefern hier Unterschiede zwischen den beiden Modellen feststellbar sind.

32 Vgl. § 5 II.3., p. 199.

§ 8 Verhandlungstheoretische Analyse der Ausarbeitungsprozesse

I. Annäherung an verhandlungstheoretische Überlegungen

„In all of man's written record there has been a preoccupation with conflict of interest; possibly only the topics of God, love, and inner struggle have received comparable attention. The scientific study of interest conflict, in contrast to its description or its use as a dramatic vehicle, comprises a small, but growing, portion of this literature."[33] LUCE/RAIFFA bringen mit diesem Zitat zwei Punkte zum Ausdruck: Wissenschaftliche Beschäftigung mit Verhandlungen ist zwar eine junge Disziplin. Aber es gibt wissenschaftliche Beschäftigung mit Verhandlung als eine Grundform menschlicher Interaktion.

Verhandlungsführung, Verhandlungsprozesse und die Überführung ihrer Ergebnisse in Vereinbarungen sind traditionell im Bereich des Privatrechts angesiedelt. Der Verhandlungsgedanke ist mit der Verhandelbarkeit eines Ergebnisses verbunden, und dies ist – wiederum traditionell betrachtet – in Bereichen möglich, wo ein Markt vorhanden ist. Käufer und Verkäufer einer Ware versuchen dabei, das jeweils für sie günstigste Ergebnis zu erreichen. Die Aufgabe des Obligationenrechts (als Beispiel) besteht dann lediglich in der Regelung von Grundsätzen, welche die Parteien zu beachten haben. Oftmals aber wird der rechtliche Aspekt erst dann relevant, wenn Mängel an der Kaufsache vorhanden sind oder das Rechtsgeschäft nicht umfänglich erfüllt wurde.

Im hier gewählten Fall aber betrifft der Verhandlungsprozess einen Gegenstand, der in den Bereich des öffentlichen Rechts fällt: Es geht um einen Aspekt der öffentlichen, vom Staat angebotenen Grundbildung. Lassen sich die Charakteristika von privatrechtlichen Verhandlungen auf öffentlich-rechtliche Bereiche anwenden? Hier vertretener Ansicht nach ist dies möglich, wenn den Spezifika des öffentlichen Rechts Rechnung getragen wird.

Wohl wichtigstes Merkmal des öffentlichen Rechtes ist die zentrale Position des Staates und seiner Organe. Der Staat ist immer Vertragspartei und zeichnet sich durch eine starke Machtposition aus. Seine Kompetenz zu hoheitlichem Handeln wird lediglich durch die Rechtsordnung eingegrenzt. Der Staat hat sich an Grundrechte zu halten, garantiert aber zugleich auch diese Grundrechte und die darin enthaltenen Grundwerte.

---

33 LUCE/RAIFFA, *General Introduction to the Theory of Games*, CRUMP/SUSSKIND, (Hg), *Multiparty Negotiation*, Vol. 1, p. 67.

Verhandlungspartner auf der anderen Seite sind die jeweiligen Interessengemeinschaften, die Leistungsempfänger oder Leistungspflichtigen. Sie verfügen über eine deutlich schwächere Machtposition und haben in der Regel keine reellen Wahlmöglichkeiten, ob sie von Staat, auf dessen Boden sie leben, oder einer anderen Partei Leistungen erwarten sollen, oder ob sie ihm oder einer anderen Einheit Leistungen erbringen wollen. Man könnte sagen, dass im öffentlichen Bereich eine Art Vertragszwang zwischen Staatsbürgern und Staat besteht.

Die Komplexität der modernen Gesellschaft zwingt den Staat vermehrt, zur Erfüllung seiner Aufgaben (oder anders gesagt zur Gestaltung seiner Leistungen) externe Experten beizuziehen: „Kooperation, Informalität und der Bezug von externem Sachwissen stellen Alternativen zum behördeninterenen, formell-rechtlichen, einseitig-hoheitlichen staatlichen Handeln dar."[34] Damit soll die Qualität und Konsensfähigkeit einer Entscheidung oder eines Angebotes gesichert werden. Der Staat kann zwar Entscheide treffen und seinen Staatsangehörigen Pflichten auferlegen. Diese Pflichten müssen aber für den Betroffenen nachvollziehbar und – im in dieser Arbeit behandelten Fall – mit seinen religiösen oder weltanschaulichen Überzeugungen übereinstimmen. Widersetzen sich eine oder mehrere Religionsgemeinschaften einer staatlichen Regelung die öffentliche Schule betreffend, so werden die jeweiligen Mitglieder – die zwar Staatsbürger, zugleich aber Religionsangehörige sind – die Kinder nicht in den entsprechenden Unterricht schicken oder Dispensationen beantragen. Daraus ergeben sich sowohl Probleme hinsichtlich des garantierten regelmässigen und ungestörten Unterrichtsablaufs als auch der Integration verschiedener Religionsangehöriger in einem Staat. Es wird deutlich, wie wichtig die Schaffung einer konsensfähigen Lösung im demokratischen Staat ist, wenn es um Religion und Schule geht.

Was der Staat entscheidet, ist zunächst ein politischer Entscheid, der dann in eine rechtliche Form überführt wird. Betrachtet man den Entscheidungsfindungsprozess im Licht des Rechts, so kann man ihn in das Vorverfahren im Rahmen der Rechtsetzung einordnen. Und an diesem Punkt ist nun – jedenfalls theoretisch gesehen – Raum für Verhandlung.

Der nachfolgende § 8 thematisiert zunächst das Verhältnis von Rechtsetzung und Verhandlung und enthält dann die Präsentation des zur Anwendung kommenden Analysemodells sowie die Darstellung der Analyseeinschränkungen. Das nachfolgend angewandte Analysemodell beruht auf vier Beiträgen aus der vertragstheoretischen Forschung: der Forschung zu den Kontextelementen, dem fünfstufigen Ablaufmodell für den Verhandlungsprozess, einem griffigen Erklä-

---

34 KELLER, *Runde Tische*, p. 4.

rungsmodell für die wichtigesten Elemente einer Verhandlung sowie dem so genannten Harvard-Konzept, das auf spieltheoretischen Erkenntnissen aufbaut und ein erfolgreiches Anwendungsmodell integrativer Verhandlungsmethode darstellt. Nach der theoretischen Darstellung des entwickelten Analysemodells wird es auf die beiden Ausarbeitungsprozesse, beginnend mit Frankreich, angewandt. Zum Schluss werden gemeinsame Schwierigkeiten der beiden Erarbeitungsprozesses zusammengefasst und ihr Inhalt auf sieben Empfehlungen für zukünftige Gespräche im Bereich religionskundlicher Bildung in der Schweiz verdichtet.

II. Anmerkungen zum Verhältnis von Rechtsetzung und Verhandlung

1. Im Allgemeinen

Unter „Rechtsetzung" ist die „vorwegnehmend-distanzierte, generalisierende Regelung, Programmierung oder Steuerung einer Vielzahl gleichgelagerter Fälle"[35] zu verstehen. Ergebnis eines Rechtsetzungsprozesses ist die generell-abstrakte Norm. Im Kontext des schweizerischen Rechtssystems ist das Rechtssetzungsverfahren ein Charakteristikum von Rechtsstaatlichkeit und Demokratie. Fügt man Verhandlungselemente in dieses Verfahren ein, so muss diese Einfügung mit beiden Prinzipien kompatibel sein.

Es würde zu weit führen, auf die Spezifika der französischen sowie der schweizerischen Rechtssetzungsprozesse einzugehen. Wie Lucy KELLER für den schweizerischen Kontext richtig ausführt, ist für den jeweiligen Einzelfall zu prüfen, ob informelle Verhandlungen zulässig[36] und geeignet[37] sind, um das angestrebte Ziel zu erreichen. Verhandlung im Rahmen von Rechtsetzungsprozessen ist nicht grundsätzlich unvereinbar mit dem Rechtsstaatsprinzip, muss aber differenziert betrachtet werden. So ist dem Rechtsgleichheitsgebot im Rahmen von Verhandlungen grosse Beachtung zu schenken, und auch die Verhältnismässigkeit muss im konkreten Fall geprüft werden[38]. Geht es insbesondere um Gesetzgebung, so bergen informelle Verhandlungen im Rahmen des Vorverfahrens der Gesetzgebung unter anderem die Gefahren der Umgehung des Parlamentes[39] sowie der Intransparenz des Gesetzgebungsprozesses[40].

[35] KELLER, *Runde Tische,* p. 22.

[36] KELLER, *Runde Tische,* p. 250.

[37] KELLER, *Runde Tische,* pp. 251 – 252.

[38] KELLER, *Runde Tische,* p. 266.

[39] KELLER spricht von der „Entparlamentisierung". KELLER, *Runde Tische,* p. 273.

Handelt es sich um ein Gesetz, so kann die Durchführung informeller Verhandlungen tatsächlich eine Aushebelung der Öffentlichkeitsbeteiligung durch das Parlament bedeuten. Wie die zitierte Autorin zu Recht darlegt, sind die Grenzen zwischen „zulässiger Beratung und einer unzulässigen Mitbestimmung durch externe Experten oder Interessensvertreter“[41] schwierig zu ziehen. Insofern ist KELLER zuzustimmen, wenn sie in der generellen Einführung von informellen Verhandlungen im Gesetzgebungsverfahren eine Gefahr für das demokratische System erblickt[42].

Hier vertretener Ansicht nach kann diese Aussage für das Gesetzgebungsverfahren aber nicht auf Rechtsetzung im Allgemeinen übertragen werden. Vielmehr gilt es, die Hierarchiestufe der zu setzenden Norm zu betrachten.

2. In Bezug auf religionskundlichen Unterricht an den öffentlichen Schulen im Besonderen

Sowohl für den Kanton Zürich als auch für den Grossteil Frankreichs gilt, dass die Grundsätze des Bildungswesens in formellen Gesetzen enthalten sein müssen[43]. Stundentafeln und Lehrpläne hingegen sind auf niedrigerer Normenstufe anzutreffen und werden in beiden betrachteten Systemen innerhalb der zuständigen Verwaltungseinheiten erarbeitet.

Wie in Teil I dargelegt, kennen sowohl das französische als auch das zürcherische Rechtsetzungssystem Kommissionen innerhalb der zuständigen Verwaltungseinheit, welche die verschiedenen Interessen von betroffenen Gruppierungen und Personen im Schulrecht zu berücksichtigen versuchen[44].

Da in beiden Rechtssystemen die Ausarbeitung der für den tatsächlichen Unterricht entscheidenden Steuerungselemente Lehrplan und Stundentafel nicht auf Gesetzesstufe angesiedelt sind, spielt das demokratische Element eine geringere Rolle. Die beiden Systeme bieten rechtsstaatlich anerkannte Nischen für informelles Verhandeln innerhalb der Rechtsetzung auf niedriger Normenstufe. Hier

---

40 KELLER, *Runde Tische,* p. 309.

41 KELLER, *Runde Tische,* p. 321.

42 „Runde Tische im Gesetzgebungsverfahren beschlagen die essentialia der parlamentarischen Repräsentation.“ KELLER, *Runde Tische,* p. 321.

43 So kann für den Kanton Zürich das Volksschulgesetz, für Frankreich der Code de l'éducation angeführt werden. Diese Voraussetzung ist hinsichtlich Frankreich problematisch, da der Code de l'éducation zwar ältere Gesetze und Verordnungen erhält, selbst aber nicht das Resultat eines parlamentarischen Rechtsetzungsprozesses ist. Er beruht auf der Ordonnance n° 2000-549 vom 15. Juni 2000.

44 Vgl. § 1 IV.4., p. 60 sowie § 2 III.3.C., p. 146.

vertretener Meinung nach ist die effektive Nutzung dieser Räume von grosser Bedeutung für die erfolgreiche Umsetzung eines religionskundlichen Bildungsangebotes an der öffentlichen Schule.

III. Eingrenzung der Analyse und verwendetes Analysemodell

1. Eingrenzung der Analyse

Die Analyse der beiden Ausarbeitungsprozesse unterliegt verschiedenen Einschränkungen. Eine Einschränkung ergibt sich durch die Auswahl des untersuchten Materials. Die Arbeit verzichtete bewusst auf eigene Untersuchungen und stützt sich in Bezug auf Frankreich auf wissenschaftliche Publikationen, in Bezug auf das Zürcher Modell auf die bildungsrätlichen Beschlüsse und die öffentlich zugänglichen Dokumente. Grund für diese Auswahl war die Zugänglichkeit der Daten für interessierte Leser und Fachpersonen. Die Auswahl hat aber zur Folge, dass alles, was nicht aus diesen Quellen erkennbar ist, nicht in die Analyse einbezogen werden konnte.

In diesem Zusammenhang ist auf die nächste Einschränkung der verhandlungstheoretischen Analyse hinzuweisen. Da der Ausarbeitungsprozess im Kanton Zürich noch nicht abgeschlossen ist, waren nicht alle Dokumente zugänglich, die eine aussagekräftige Analyse der Verhandlungsmethode ermöglichen würden. Die Begründung für die Unzugänglichkeit der Unterlagen liegt im Wunsch seitens des Staates, den Kontaktgruppen eine möglichst informelle Kommunikation zu erlauben, die nicht durch die Publikation von einzelnen Stellungnahmen gestört würde. Diese Begründung ist aus verhandlungstheoretischer Sicht nachvollziehbar und wird in der vorliegenden Arbeit respektiert.

Eine dritte Einschränkung ergibt sich durch die Überführung des Erarbeitungsprozesses in ein vertragstheoretisches Schema. Hinsichtlich Frankreich haben keine konkreten Verhandlungen stattgefunden. Der Austausch erfolgte durch die Medien, auf wissenschaftlicher und politischer Ebene. Geht man davon aus, dass jede zwischenmenschliche Interaktion, die ein Ziel verfolgt, Verhandlungscharakter hat, wird deutlich, dass auch der französische Erarbeitungsprozess eine Verhandlung darstellt. Nur ist es aufgrund Überführung des Erbeitungsprozesses in ein Verhandlungsschema nötig, den Prozessablauf zu vereinfachen. Unterprozesse wurden nicht berücksichtigt. Dasselbe gilt für den zürcherischen Erarbeitungsprozess. Auch wenn direkte Gespräche zwischen Staat und Religionsgemeinschaften stattfanden, musste der Prozessablauf dennoch vereinfacht werden.

Die vierte Einschränkung betrifft die untersuchte Schulstufe. Da in beiden Landesteilen vergleichbare Prozesse auf der Stufe der Sekundarschule I festgestellt werden können, wurde die Analyse auf diese Stufe beschränkt.

Die Analyse bleibt somit unvollständig, erlaubt es aber dennoch, wichtige Schlüsse für weiterführende Verhandlungsprozesse zwischen Religionen und Staat zu ziehen.

2. Entwickeltes und verwendetes Analysemodell

Die nachfolgende Analyse beruht auf vier wichtigen Beiträgen aus der verhandlungstheoretischen Forschung: dem Modell der Kontextelemente nach SPANGLE/WARREN ISENHART[45], dem 5-Phasen-Modell nach ERBACHER[46], dem Modell zu „bargaining zone / surplus allocation" nach KOROBKIN[47] sowie den Erkenntnissen über integratives Verhandeln nach FISHER/URY/PATTON[48]. Diese vier zentralen Schritte in der Analyse werden um zwei weitere ergänzt: um die allgemeinen Beobachtungen gestützt auf Teil I und II sowie die Nennung von Parteien und jeweiligem Berücksichtigungsmoment derselben.

Dies führt zu folgendem Analyseablauf und damit zu folgendem Modell:

Der erste Analyseschritt besteht in einer unvoreingenommenen allgemeinen Beobachtung. Im Rahmen des ersten Schrittes soll festgehalten werden, was auf den ersten Blick auffällt.

In einem zweiten Schritt wird der Kontext analysiert, in dem die Verhandlungen stattfinden. Zu den bereits bekannten Elementen nach SPANGLE/WARREN ISENHART kommt das Kontextelement „Rechtlicher Rahmen" hinzu. Es wird von den genannten Autoren nicht explizit erwähnt, gehört hier vertretener Ansicht nach aber zum Kontextelement „structure".

Als dritter Analyseschritt werden die tatsächlich beteiligten Verhandlungspartner sowie der Zeitpunkt ihrer Beteiligung festgehalten.

---

45 Veröffentlicht in: SPANGLE, Michael L., WARREN ISENHART, Myra, *Negotiation, Communication for diverse settings,* SAGE, Thousand Oaks, 2003.

46 Veröffentlicht in: ERBACHER, Christian E., *Grundzüge der Verhandlungsführung,* 3. Auflage, vdf Hochschulverlag AG an der ETH Zürich, Zürich, 2010.

47 Veröffentlicht in: KOROBKIN, Russell, A Positive Theory of Legal Negotiation, *The Georgetown Law Journal*, 88 (2000), pp. 1789 – 1831.

48 Veröffentlicht in: FISHER, Roger, URY, William, PATTON, Bruce M., *Das Harvard-Konzept, Der Klassiker der Verhandlungstechnik,* 23. Auflage, Campus Verlag, Frankfurt/New York, 2009.

Anschliessend wird der Verhandlungsprozess an sich anhand des 5-Phasen-Modells nach ERBACHER in seinen fünf Phasen betrachtet. Die oben genannten Einschränkungen begrenzen hier die Analyse. Zudem wurde ERBACHERs Modell leicht verändert[49].

Im letzten Schritt werden die beiden Modelle von KOROBKIN und FISHER/URY/PATTON angewendet. Da die zur Verfügung stehenden Unterlagen keine genaue Anwendung der Modelle erlauben, bietet es sich an, die beiden Beiträge in einem Analyseschritt zusammen zu fassen.

Ziel der beiden Analysen ist es, auf ihrer Grundlage Elemente dauerhafter und tragfähiger Vereinbarung für die Frage, wie religionskundliche Bildung in die öffentliche Schule integriert werden kann, zu entwickeln.

Das Analysemodell lässt sich tabellarisch darstellen:

Analysestufe		**Inhalt**
1	Allgemeine Beobachtungen	Erkenntnisse aus Teil I und Teil II der vorliegenden Arbeit
2	Kontextelemente der Verhandlungen	Kontextelemente nach SPANGLE/WARREN ISENHART Rechtlicher Rahmen
3	Parteien und Berücksichtigungsmoment	Tatsächliche Verhandlungspartner
4	Anwendung des 5-Phasen-Modells	Modifiziertes Modell nach ERBACHER: Vorbereitungsphase, Kontaktphase, Kernphase, Vereinbarungs- und Implementierungsphase I, Implementierungsphase II (Pflegephase)
5	Verhandlungszone und -methode	Modell nach KOROBKIN Modell nach FISHER/URY/PATTON

49 Vgl. § 8 IV.2., p. 248.

IV. Die vier verwendeten Beiträge aus der verhandlungstheoretischen Forschung

1. Erster Beitrag: Die Kontextelemente von Verhandlungen nach Spangle/Warren Isenhart

Keine Verhandlung findet im luftleeren Raum statt, unabhängig von allen möglichen Einflüssen. Der Kontext von Verhandlungen spielt oft eine wichtige Rolle und muss berücksichtigt werden. Er lässt sich in mehrere Elemente unterteilen, welche die spezifische Verhandlungssituation prägen. Im Folgenden geht es zunächst um die Strukturelemente des Kontextes im Allgemeinen bevor mit dem Strukturelement „Interkulturalität“ auf eine Komponente hingewiesen wird, die für die hier thematisierten Verhandlungssituationen von Bedeutung ist.

A. Strukturelemente des Kontextes im Allgemeinen

Spangle/Warren Isenhart nennen sechs Elemente, die den Kontext strukturieren: „structure“, „norms and values“, „relationship“, „communication“, „interdependence“ sowie „power“[50].

Von den genannten sechs Elementen scheint das Strukturelement „relationship“, „Beziehung“, zentral zu sein. Dabei ist nicht an eine bereits lang dauernde Geschäftsbeziehung zu denken. Eine Verhandlungsbeziehung beginnt in dem Moment, in dem zwei Parteien zu Verhandlungspartnern werden[51]. Ist die Beziehung zwischen den Verhandlungsparteien gut und hat sie eine positive Vorgeschichte und Entwicklung, so sind andere Strukturelemente von geringerem Gewicht. Besteht noch keine Beziehung oder ist sie gefährdet, sind die weiteren Strukturelemente stärker zu beachten und – soweit möglich – im Sinne eines guten Verhandlungsergebnisses zu beeinflussen. Auf der Grundlage einer positiven Beziehung entsteht das Wichtigste für einen gelingenden Verhandlungsprozess: Vertrauen. Stimmt das Vertrauen, so sind zur Zielerreichung nötigen Zugeständnisse und Veränderungen hinsichtlich des Vertragsinhalts möglich.

---

50 Spangle/Warren Isenhart, *Negotiation,* p. 21.

51 Vgl. Roloff/Jordan, *Achieving Negotiation Goals,* in: Putnam/Roloff, *Communication and Negotiation,* p. 27. Vgl. ebenfalls Polzer/Mannix/Neale, *Multiparty Negotiation in its Social Context,* in: Kramer/Messick, *Negotiation as a Social Process,* p. 129: „Because expected future interaction is one of the defining features of relationships (...), parties may explicitly incorporate a temporal dimension into their interaction.“

Der Begriff „structure“ umfasst die situativ wichtigen Elemente, welche man auch als „Rahmenbedingungen“ bezeichnen könnte. Die Ortswahl für die Verhandlung, die Raumausstattung, die zur Verfügung stehende Zeit, die Anzahl der verhandelnden Personen sowie der jeweilige Verhandlungsgegenstand – Aspekte des Kontextelementes „structure“ – können aber lediglich beeinflussen (positiv oder negativ), was auf der Beziehungsebene bereits vorhanden ist.

Auch das Kontextelement „communication“ ist geprägt vom Beziehungsaspekt: „Interpretation of the meaning of the message revolves around two factors: relationship and context.“[52] „Communication“ beinhaltet die verschiedenen Arten, Informationen auszutauschen sowie den Prozess des Verstehens und Verstandenwerdens. Der Kontext, etwa die räumliche Distanz zwischen zwei Verhandlungsparteien, der Zugang zu Internet und Telefon, oder auch der Verhandlungsgegenstand und die Vertraulichkeit der Verhandlungen bestimmen die Wahl der Kommunikationsmittel. Nicht zuletzt ist die Qualität der Beziehung im Verhandlungsmoment ein verständnisförderndes oder hemmendes Element. Missverständnisse sind grundsätzlich häufig und nehmen zu, je weniger vertraut die verhandelnden Personen miteinander sind[53]. Im Kommunikationsprozess hat der Sender einer Botschaft die Verantwortung, die Botschaft so klar wie möglich mitzuteilen. In diesem Sinne ist es – wiederum unter dem Aspekt der Beziehung und der Beziehungspflege – wichtig, welcher Vertreter einer Verhandlungspartei die Botschaft mitteilt. Der Empfänger wiederum kann die Botschaft auf verschiedenen Arten verstehen und ist gehalten, dem Sender möglichst gut zuzuhören und gegebenenfalls Rückfragen zu stellen. Nebst der Nähe zum Aspekt „relationship“ hat das Strukturelement „communication“ auch enge Verbindungen zu „norms and values“ und damit letztlich zum Aspekt der Interkulturalität.

Verhandlungsprozesse setzen ein Minimum an Abhängigkeit der Verhandlungspartner voneinander voraus, wie dies die Definition der Verhandlung von ADAIR/BRETT verdeutlicht: „Negotiation is a communication process by which two or more interdependent parties resolve some matter over which they are in conflict.“[54] Sind Verhandlungsparteien nicht in irgendeiner Weise aufeinander angewiesen, besteht kein Verhandlungsbedarf. Die zentrale Frage ist, wie diese Abhängigkeit konkret aussieht. Sind beide gleichermassen aufeinander angewiesen oder bestehen Unterschiede? „Interdependence“ hat grosse Nähe zum Strukturelement „Power“.

---

52 SPANGLE/WARREN ISENHART, *Negotiation,* p. 26.

53 Vgl. FISHER/URY/PATTON, *Harvard-Konzept,* p. 60: „Was immer Sie auch sagen: Erwarten Sie, dass die andere Seite etwas anderes heraushört.“

54 ADAIR/BRETT, *Culture and Negotiation Processes*, in: GELFAND/BRETT, *The Handbook of Negotiation and Culture*, p. 158.

„Power", hier als Verhandlungsmacht verstanden, kann auf verschiedenen Pfeilern beruhen, seien diese wirtschaftlicher, politischer, persönlicher, ethischer, rechtlicher oder anderer Art. Verhandlungsmacht ist selten gleichmässig verteilt, kann aber beeinflusst werden. Die Wahrnehmung von unterschiedlichen Verhandlungsstärken und die realistische Einschätzung derselben durch jeden Verhandlungspartner bestimmen die Verhandlungsführung und den Prozess wesentlich mit.

Auf das Strukturelement „norms and values" wird hier anschliessend unter dem Stichwort „Interkulturalität" vertieft eingegangen. Die jeweiligen Werte eines Unternehmes, einer Interessensgemeinschaft oder gesellschaftlichen Normen im Allgemeinen entscheiden etwa den Kommunikationsstil. Stehen die verschiedenen Werte und Normen eines Verhandlungspartners im Gegensatz zu denjenigen eines anderen, so schafft dies Probleme hinsichtlich des Vertrauens in den anderen und in eine gute gemeinsame Lösung.

B. Das Strukturelement „norms and value" oder Interkulturalität im Besonderen

Interkulturalität ist zunächst ein Kennzeichen von Verhandlungen im internationalen Bereich, unabhängig davon, ob es sich um eine Zwei- oder Mehrparteienverhandlung handelt. Es ist nahezu die Regel, dass auf internationaler Ebene Verhandlungspartner mit unterschiedlichem kulturellen und religiösen Hintergrund aufeinander treffen. Auch wenn sich die beiden anschliessend untersuchten Verhandlungsprozesse auf nationaler Ebene abspielen, bestehen Parallelen zu Verhandlungen im internationalen Bereich: Die Verhandlungspartner können in kultureller, religiöser und ideologischer Hinsicht verschieden sein, je nachdem, ob ein Migrationshintergrund vorhanden ist oder nicht. Weiter wird der Prozess durch weltpolitische Ereignisse und Konstellationen oder auch durch die Tatsache, dass Instanzen hinter den jeweiligen Verhandlungspartnern die Annahme einer getroffenen Vereinbarung verweigern können, beeinflusst. Insofern ist es angemessen, das Strukturelement „norms and values" oder „Interkulturalität" gesondert zu behandeln.

Das interkulturelle Element äussert sich insbesondere im Kommunikationsvorgang, wobei Kommunikation in diesem Zusammenhang als Vorgang zum Informationsaustausch verstanden wird, dem ein System von Zeichen, Symbolen und besonders auch von Verhalten und nonverbalen Informationsformen zugrunde liegt.

Die wichtigste Unterscheidung wird zwischen „high context cultures" und „low context cultures"[55] vorgenommen. ADAIR/BRETT definieren die jeweiligen Kulturen wie folgt: „In Eastern cultures that tend to be high context (e.g. Japan and China), meaning is communicated not just by a person's words or acts, but also by the context in which those words or acts are communicated. (...) In Western cultures that tend to be low context (e.g., the United States and Germany), meaning is embedded in words or acts."[56] Wie ADAIR/BRETT weiter ausführen, zeigen sich „high context"-Verhandlungspartner gewandter im Umgang mit „low context"-Verhandlungspartnern als umgekehrt[57]. Die beiden Forscherinnen machen damit darauf aufmerksam, wie wichtig die Beschäftigung mit der Kultur und dem Deutungssystem sprachlicher Kommunikation des Verhandlungspartners ist.

Der Unterschied zwischen Kulturen wird auch durch die Begriffe „kollektiv"/ „kollektivistisch" und „individuell"/„individualistisch" erfasst. Kollektivistisch geprägte Kulturen wie etwa China betonen die Bedeutung der Gruppe und das Gewicht der Beziehungspflege. Das Menschenbild ist in erster Linie jenes des Menschen als Gruppenzugehöriger. Eine individualistische Gesellschaft hingegen stellt den einzelnen Menschen ins Zentrum[58]. Die einzelne Person, ihre Autonomie und ihre Rechte stehen über den Gruppenbedürfnissen. Im Mittelpunkt steht die Lösung des Sachproblems, weniger die Beziehung zum Verhandlungspartner[59].

Liefern SPANGLE/WARREN ISENHART in ihrem Werk über Verhandlungen grundsätzlich gute Ansätze zur Erfassung des Verhandlungsprozesses, ist die von ihnen vorgenommene Vermischung der Kategorien „high context cultures" und „low context cultures" mit den Begriffspaaren „collectivistic" und „indivi-

---

55 ADAIR/BRETT, *Culture and Negotiation Processes*, in: GELFAND/BRETT, *Handbook of Negotiation and Culture*, p. 159.

56 ADAIR/BRETT, *Culture and Negotiation Processes*, in: GELFAND/BRETT, *Handbook of Negotiation and Culture*, p. 161.

57 ADAIR/BRETT, *Culture and Negotiation Processes*, in: GELFAND/BRETT, *Handbook of Negotiation and Culture*, p. 168.

58 Beispielsweise erwähnen LUCE/RAIFFA ausdrücklich, dass jedes spieltheoretische Modell auf bestimmten Annahmen über den Menschen beruht und schreiben: „We have already stated one: each individual strives to maximize his utility." Damit belegen sie die Kulturgebundenheit der entsprechenden Modelle. LUCE/RAIFFA, *General Introduction to the Theory of Games,* in: CRUMP/SUSSKIND, (Hg.), *Multiparty negotiation Vol. 1,* p. 69.

59 ERBACHER bringt dies bereits in seiner Beschreibung der Unterschiede zwischen den beiden Kulturen zur Sprache, indem er die „sachlich und individualistisch orientierten Gesellschaften" den „eher personen- und kollektivistisch orientierten Gesellschaften" gegenüberstellt. ERBACHER, *Verhandlungsführung,* p. 108.

dualistic" zumindest problematisch[60]. Es ist zwar zutreffend, dass „high context"-Kulturen wie Japan oder China zugleich auch das Prädikat „collectivistic" tragen, während „low context"-Kulturen wie die USA oder die Schweiz „individualistic" sind. Dennoch handelt es sich um Begriffe, welche unterschiedliche Kategorien betreffen. Mit den Begriffen „high context culture" und „low context culture" wird eine linguistische Unterscheidung zum Ausdruck gebracht, welche die verschiedenen Kommunikationssysteme betrifft[61]. Die Begriffe „individualistic" und „collectivistic" übersteigen dagegen den rein sprachlichen Bereich und beschreiben eine kulturelle, auf bestimmten Werten beruhende Eigenschaft einer Gesellschaft. Daher ist es überzeugender und korrekter, die Begriffe „individualistic" und „collectivistic" gesondert und nicht zusammen mit den linguistischen Unterscheidungsmerkmalen „high context" und „low context" zu betrachten[62].

ERBACHER nennt drei Problemfelder in Zusammenhang mit interkulturellen Verhandlungen: Die Verhandlungspartner haben unterschiedliche soziokulturelle Hintergründe, stammen aus verschiedenen Gesellschafts- und Organisationsstrukturen und sind mit sprachlichen Unterschieden konfrontiert[63]. Diese Problemfelder spielen auch im vorliegenden, nationalen Kontext eine Rolle:

1. Neue Religionsgemeinschaften sind durch Migrationsbewegungen in die Schweiz und nach Frankreich gekommen. Die Kultur des Herkunftslandes ist oft nicht identisch mit jener der neuen Heimat.

2. Das Herkunftsgebiet einer Religion oder Weltanschauung bestimmt über die Gesellschaftsstrukturen, auf die eine Religion oder Weltanschauung aufbaut, was sich sowohl im Staatsverständnis als auch in Hinblick auf soziale Normen ausdrückt.

---

60 SPANGLE/WARREN ISENHART, *Negotiation,* p. 366.

61 ADAIR/BRETT verwenden daher den Begriff „low context communication" gegenüber „high context communication". ADAIR/BRETT, *Culture and Negotiation Processes*, in: GELFAND/BRETT, *Handbook of Negotiation and Culture*, p. 161.

62 Vgl. ERBACHER, *Verhandlungsführung*, p. 108. Ebenso: VAN MEURS/SPENCER-OATEY, *Multidisciplinary perspectives on intercultural conflict*, in: KOTTHOFF/SPENCER-OATEY, (Hg.), *Handbook of Intercultural Communication,* p. 107. VAN MEURS/SPENCER-OATEY zitieren auf der angegebenen Seite die Definition von Individualismus und Kollektivismus nach HOFSTEDE: „Individualism stands for a society in which the ties between individuals are loose: everyone is expected to look after him/herself and his/her family only. Collectivism stands for a society in which people from birth onwards are integrated into strong, cohesive in-groups, which throughout people's lifetime continue to protect them in exchange for unquestioning loyalty." Vgl. weiter ADAIR/BRETT, *Culture and Negotiation Processes*, in: GELFAND/BRETT, *Handbook of Negotiation and Culture,* p. 159.

63 ERBACHER, *Verhandlungsführung*, p. 107.

3. Die Beherrschung der Landessprache stellt unter Umständen eine Herausforderung dar.

Zusammengefasst gilt, dass es aus verhandlungstheoretischer Sicht zwingend ist, dass sich jeder Verhandlungsteilnehmer mit den Gepflogenheiten und der Weltsicht des jeweils anderen auseinandersetzt. Das Verständnis für den anderen und sein Verhalten ist die Voraussetzung für gegenseitiges Vertrauen und damit die Basis für erfolgreiches Verhandeln.

2. Zweiter Beitrag: Das 5-Phasen-Modell nach ERBACHER

Verhandlungen können zunächst als „unstructured interactions"[64] angesehen werden, in dem für die Verhandlungsparteien nur ein Verhalten angemessen ist: „They follow their instincts and hope for the best."[65] Diese Variante hat den Nachteil, dass ausser dem „Hoffen auf das Beste" nicht viele Handlungsoptionen offen bleiben. Die aktive und bewusste Gestaltung einer Verhandlungssituation erfordert Kenntnis des ablaufenden Prozesses. In diesem Satz sind zwei wichtige Erkenntnisse enthalten: Es gibt einen klaren Ablauf, einen Prozess, der sich in verschieden Verhandlungssituationen wiederholt. Und: Dieser Prozess ist aktiv beeinflussbar.

Gegenüber anderen Modellen wie etwa jenem von SPANGLE/WARREN ISENHART[66] überzeugt Christian E. ERBACHERs Modell in zweierlei Hinsicht. Zum einen ist es klar strukturiert und verständlich, da es den Prozess als linear und damit zielorientiert darstellt. Wie jedes Modell stellt es einen „idealtypischen Ablauf"[67] dar, der in der Praxis durchaus Abweichungen kennt. Insofern ist die dargestellte Linearität zwar eine Fiktion, aber verständnisfördernde Fiktion. Zum anderen enthält das Analysemodell von ERBACHER als letzten Schritt die „Umsetzungs- und Pflegephase". Andere Autoren verwenden einen anderen Begriff[68], wieder andere schenken dieser Phase keine Beachtung[69]. ERBACHERS

---

64 CRAVER, The Negotiation Process, *American Journal of Trial Advocacy* 271 (2003), p. 2.

65 CRAVER, The Negotiation Process, *American Journal of Trial Advocacy* 271 (2003), p. 2.

66 SPANGLE/WARREN ISENHART unterteilen den Prozess in die drei Hauptstufen „Prenegotiation", „Problem Solving" und „Agreement" und teilen diesen drei Stufen jeweils unterschiedlich strukturierte Unterprozesse zu. SPANGLE/WARREN ISENHART, *Negotiation,* pp. 70 – 93.

67 ERBACHER, *Verhandlungsführung,* p. 31.

68 Vgl. LEBOW, der zwischen „Prebargaining", „Bargaining" und „Postbargaining" unterscheidet und unter letzerem Begriff den Punkt „Implement the agreement" auflistet. LEBOW, *The Art of Bargaining,* p. 5.

Modell berücksichtigt damit die Tatsache, dass es nach der Vereinbarungsphase eine Phase der Umsetzung gibt, die unter Umständen Anpassungen und Neuverhandlungen, aber auch lediglich die tatsächliche Umsetzung des Vereinbarten enthalten kann.

Für die vorliegend vorzunehmende Analyse wurde ERBACHERs Modell allerdings modifiziert. Aus den beiden Phasen „Vereinbarungsphase"[70] und „Umsetzungs- und Pflegephase"[71] werden die „Vereinbarungs- und Implementierungsphase I" sowie die „Implementierungsphase II (Pflegephase) ". Grund dafür ist, dass in den untersuchten Prozessen kein tatsächlicher, sondern ein fiktiver Vertrag ausgehandelt wurde und die Vereinbarungsphase daher nicht klar von der Umsetzungsphase getrennt werden kann. Die Implementierung reicht sowohl in die Vereinbarungsphase als auch die Pflegephase hinein, was durch die vorgenommene Veränderung besser berücksichtigt werden kann. Die fünf Phasen, die ERBACHER verwendet, sind die folgenden: die Vorbereitungsphase, die Kontaktphase, die Kernphase, die Vereinbarungsphase und die Umsetzungs- und Pflegephase[72].

A. Die Vorbereitungsphase

Der Vorbereitungsphase kommt in einer Verhandlung, an der mehrere Parteien teilnehmen und die durch Interkulturalität gekennzeichnet ist, aufgrund ihrer Vielschichtigkeit eine wegweisende Bedeutung zu[73]. ERBACHER nennt acht Punkte, die es vorzubereiten gilt[74].

---

69 So etwa CRAVER, der von einem sechsstufigen Modell mit folgenden Schritten ausgeht: „Preparation Stage", „Preliminary Stage", „Information Stage", „Distributive Stage", „Closing Stage", „Cooperative Stage". Der letzte Schritt stellt die Phase nach Erreichen einer möglichen Übereinkunft dar, der eine Optimierung des Resultates garantieren soll: „Although they should have explored many of these factors during the Information, Distributive, and Closing Stages, they may not have done so with complete candor for strategic reasons. (...) Once a tentative accord has been achieved, the parties should no longer be afraid of more open discussions." CRAVER, The Negotiation Process, *American Journal of Trial Advocacy* 271 (2003), p. 66. Auch nach SPANGLE/WARREN ISENHART endet der Verhandlungsprozess mit dem Schritt „agreement", und nicht mit der Pflegephase. Sie erwähnen zwar die „implementation", aber lediglich als Schritt nach dem Verhandlungsprozess. Vgl. SPANGLE/WARREN ISENHART, *Negotiation,* p. 91.

70 Vgl. § 8 IV.2.D., p. 251.

71 Vgl. § 8 IV.2.E., p. 252.

72 ERBACHER, *Verhandlungsführung*, p. 31.

73 Vgl. ROLOFF/JORDAN, *Achieving Negotiation Goals,* p. 21.

74 ERBACHER, *Verhandlungsführung,* p. 32.

Je klarer sich eine Verhandlungspartei ihrer eigenen Interessen, Ziele und ihrer „besten Alterntative" („Best Alternative To Negotiated Agreement", BATNA) zur bevorstehenden Verhandlung ist, desto sicherer kann sie verhandeln[75]. Daher gilt der Klärung der eigenen Position die erste Aufmerksamkeit. Die Qualität der BATNA bestimmt die eigene Verhandlungsstärke, und insofern ist auf die Entwicklung der BATNA grossen Wert zu legen.

In einem zweiten Schritt geht es um eine Analyse des Verhandlungspartners. Wenngleich die spezifischen Interessen kaum ersichtlich sind, ist es doch möglich, allfällige gemeinsame Interessen zu eruieren und in die Gespräche einzubringen. Hier gilt es insbesondere der Interkulturalität Beachtung zu schenken und sich mit den jeweiligen Grundwerten und Ansichten anderer Parteien auseinanderzusetzen.

Drittens gilt es, das Verhandlungsteam zusammenzustellen oder den Vertreter der eigenen Gruppierung oder des eigenen Unternehmens zu wählen. Im vorliegenden Fall bedeutet dies, dass die Person sowohl die Interessen der vertretenen Gruppierung glaubhaft darlegen kann als auch Kompetenzen im Bereich der interkulturellen Kommunikation mitbringt.

Je klarer eine Partei ihrer Alternativen und Ziele kennt und je besser sie in der Vorbereitungsphase Teilziele und Taktiken zur Erreichung derselben festlegt, desto effizienter und insbesondere aktiver kann sie ins Verhandlungsgeschehen eingreifen. Die genannten Punkte werden in einer optimalen Vorbereitung im so genannten Verhandlungsplan erfasst[76].

Durch die Wahl des Verhandlungsortes und die Gestaltung des Verhandlungsraumes kann ebenfalls Einfluss auf den Verhandlungsverlauf genommen werden[77]. Es ist daher durchaus sinnvoll, wenn sich die Parteien im Vorfeld Gedanken über den Verhandlungsort machen.

ERBACHER schlägt weiter vor, dass die Verhandlung in der Vorbereitung simuliert werden soll, die Überzeugungsmaterialien geordnet und die Vorbereitung innerhalb der Gruppe abgeschlossen werden sollen[78].

---

75 Zum Begriff BATNA und seiner Bedeutung siehe § 8 IV.4.E.a)ff), p. 266.

76 ERBACHER, *Verhandlungsführung,* p. 40.

77 Vgl. SPANGLE/WARREN ISENHART, p. 21.

78 ERBACHER, *Verhandlungsführung,* p. 48. Hier vertretener Ansicht nach ist dieser Vorbereitungspunkt allerdings fragwürdig, da zumindest die zeitlichen Ressourcen dazu selten vorhanden sind.

B. Die Kontaktphase

Nach der Vorbereitungsphase kommt es zum ersten Kontakt zwischen den Verhandlungspartnern. In dieser Phase werden zunächst lediglich das Verhandlungsgebiet abgegrenzt sowie Beziehungen zu den anderen Parteien geknüpft. Die Kontaktphase kann unterschiedlich lang sein, ist aber für den weiteren Verlauf der Verhandlungen von grosser Bedeutung. Hier wird die Basis für ein gutes Verhandlungsklima gelegt, insbesondere für gegenseitiges Vertrauen und Respekt. Im Rahmen der Kontaktphase sind informelle Treffen oder Aktivitäten sinnvoll[79].

C. Die Kernphase

Die Diskussion und das Ausarbeiten der Lösung sind die Inhalte der Kernphase. In dieser Phase der Verhandlung kann es zu heftigen sachlichen Auseinandersetzungen kommen, die gegenseitiges Vertrauen und Respekt voraussetzen. Es ist bedauerlich, dass ERBACHER nicht darauf hinweist, dass auch während der Kernphase vertrauenserhaltende Gesten durchaus angebracht sind, sondern lediglich auf den zu wahrenden Respekt verweist[80]. Im Rahmen der Kernphase findet auch die Suche nach objektiven Beurteilungskriterien statt, die als Orientierungshilfe bei der Lösungssuche dienen.

In der Kernphase des Verhandlungsprozesses macht sich gute Vorbereitung bezahlt. Je aktiver eine Partei in den Prozess eingreifen kann, desto mehr kann sie ihn beeinflussen. Zudem gilt, dass die Vorbereitung jene Wendigkeit und Kreativität ermöglicht, die nun zur Lösungssuche nötig ist. Je mehr ein Verhandelnder über seine Minimalziele und Alternativen weiss, desto sicherer kann er agieren.

D. Die Vereinbarungsphase

In einigen Analysemodellen[81] ist die Vereinbarungsphase die letzte Verhandlungsphase. Die Vereinbarungen werden schriftlich festgehalten, der abschliessende Vertrag wird gestaltet und der Vertrag wird unterzeichnet.

---

79 Denkbar sind gemeinsame Essen oder andere informelle Zusammenkünfte. Vgl. FISHER/URY/PATTON, *Harvard-Konzept*, p. 66.

80 ERBACHER, *Verhandlungsführung*, p. 52.

81 Vgl. etwa SPANGLE/WARREN ISENHART, *Negotiation*, p. 88; CRAVER, Negotiation Process, *American Journal of Trial Advocacy* 271 (2003), p. 63.

E. Die Umsetzungs- und Pflegephase

Zu Recht hält ERBACHER fest: „Eine Verhandlung endet erst mit der vollständigen Umsetzung der Absprachen.“[82] Solange die vereinbarten gegenseitigen Leistungen nicht erbracht sind, befinden sich die Parteien in einem Zustand der gegenseitigen Abhängigkeit.

Die Umsetzungs- und Pflegephase umfasst zwei Aspekte. Es geht erstens um die Umsetzung der Vereinbarung. Je klarer die Umsetzung im Vertrag festgehalten wurde und je besser die Interessen aller Beteiligten berücksichtigt wurden, desto reibungsloser erfolgt in der Regel die Umsetzung des Vertrages. Zweitens geht es um eine fortdauernde Pflege der Beziehung zum Vertragspartner. Die Beziehung besteht zum einen gegründet auf den noch nicht vollständig erfüllten Vertrag. Zum anderen können die Parteien auch Interesse an weiteren gemeinsamen Geschäften haben. Es gilt daher, dass der Beziehung der Vertragsparteien untereinander bis zuletzt Beachtung geschenkt werden muss.

3. Dritter Beitrag: Das „bargaining zone/surplus allocation“-Modell nach KOROBKIN

Russell KOROBKIN stellt die Eckpunkte eines Verhandlungsprozesses in seinem Artikel „A Positive Theory of Legal Negotiation“[83] in überzeugender Weise dar. Sein Modell übersteigt die üblicherweise angenommenen Dichotomien „integrativ/distributiv“ und „kooperativ/kompetitiv“ und bietet Raum für eine umfassende Darstellung des Verhandlungsprozesses.

Das Modell beruht auf der Annahme, dass Verhandlungsparteien Ober- und Untergrenzen dessen haben, was sie zu investieren bereit sind, um ein bestimmtes Ergebnis zu erreichen. Die jeweiligen Grenzpunkte bezeichnet KOROBKIN als „reservation points“ (RP). Zwischen den beiden Punkten befindet sich die so genannte „bargaining zone“, die Verhandlungszone. Jede Übereinkunft innerhalb dieser Verhandlungszone ist für jede der Verhandlungsparteien besser als keine.

Der untere Grenzpunkt wird definiert durch die „Best Alternative To Negotiated Agreement“ (BATNA)[84]. Jede Vereinbarung, die unter diesem RP liegt, ist schlechter als keine und sollte nicht eingegangen werden. Die RPs müssen den Verhandlungsteilnehmern im Voraus klar sein. Das bedeutet, dass jede Partei

---

[82] ERBACHER, *Verhandlungsführung*, p. 54.

[83] KOROBKIN, A Positive Theory of Legal Negotiation, *The Georgetown Law Journal*, 88 (2000), pp. 1789 – 1831.

[84] Vgl. § 8 IV.4.E.a)ff), p. 266.

mögliche Alternativen zu einer Übereinkunft mit dem konkreten Verhandlungspartner suchen soll. Die BATNA bestimmt nicht nur den unteren Grenzpunkt für eine Vereinbarung, sondern ist auch ein relevanter Faktor zur Bestimmung der Verhandlungsstärke.

Der obere Grenzpunkt wird zumeist durch subjektive Komponenten bestimmt. Handelt es sich bei der Verhandlung um eine Gruppierung, die sich durch einen Verhandlungsführer vertreten lässt, muss klar sein, wieviel der Gruppierung tatsächlich am Verhandlungsgegenstand liegt. Dieses persönliche Interesse wird zu objektiven Kriterien hinzugerechnet. Zusammen bilden diese beiden Elemente den oberen „reservation point".

Ein kurzes Beispiel soll das Gesagte verdeutlichen: B verkauft sein Auto, möchte dafür nicht weniger als 20'000 Franken erhalten und stellt sich einen Preis von 25'000 Franken vor. B weiss von seinem Händler, dass sein Auto einen Marktwert von 20'000 Franken hat und ist sicher, einen Käufer für seinen gut erhaltenen und ansprechend ausgestatteten Wagen zu finden. Bs BATNA ist somit die Suche nach einem Käufer, der mindestens 20'000 Frannken bezahlt. A ist Sammler von Occasionsautos und ist an B's Wagen interessiert. Er weiss, dass er ein ähnliches Auto für 18'000 Franken haben kann. Dieses Angebot ist As BATNA. Zugleich aber ist ihm an Bs Wagen aufgrund dessen besonderer Innenausstattung gelegen und A ist bereit, bis zu 23'000 Franken zu zahlen. As unterer RP ist somit 18'000 Franken, sein oberer RP 23'000 Franken und seine bargaining zone befindet sich folglich zwischen den beiden Summen. Bs unterer RP stellen die 20'000 Franken dar, sein oberer RP 25'000 Franken. Verkäufer und Käufer haben eine gemeinsame Verhandlungszone zwischen 20'000 Franken und 23'000 Franken und damit eine gemeinsame Basis, um mit der Verhandlung beginnen zu können.

KOROBKIN führt eine zweite Kategorie von Begrenzungen ein. Es sind die so genannten „commitment points" (CP). Ein CP ist eine Selbstbeschränkung der Verhandlungszone durch einen Verhandelnden und stellt nicht nur eine Position dar, von der ein Verhandelnder erklärt, davon nicht abweichen zu wollen. Ein „commitment point" ist eine Position, die nur unter Gesichtsverlust oder Imageschaden aufgegeben werden kann. Damit kann ein CP ein Hindernis auf dem Weg zu einer gütlichen und kreativen Einigung sein, je nachdem, unter welchen Umständen und zu welchem Zeitpunkt im Verhandlungsprozess er gesetzt wird.

Sind die Verhandlungszonen und die RPs gesetzt, kommt die Verhandlung in Gang. Für KOROBKIN stellt sich nicht mehr die Frage nach integrativem oder distributivem Vorgehen in dieser Phase. Alles, was nun geschieht, hat die Erweiterung der Verhandlungszone und die Einigung der Parteien zum Ziel[85].

4. Vierter Beitrag: Die Verhandlungsführung nach FISHER/URY/PATTON

A. Vorbemerkungen

Verhandlungen können methodisch auf unterschiedliche Weise geführt werden. Während zu Beginn der Untersuchungen über Verhandlungsverhalten in den 1960er/70er-Jahren die Zufriedenstellung beider Seiten Gewicht hatte, waren es in den 1980er/90er-Jahren die distributiven Theorien, die Aufwind genossen[86].

Es liegt nahe, in den beiden Verhandlungsmethoden Gegensätze zu sehen. Dabei gerät aber ein einfaches Faktum ausser Sichtweite: Jeder Verhandlungsteilnehmer möchte eine optimale Lösung für sich, seine Organisation oder seinen Klienten herausschlagen. Selbst da also, wo das Ziel eine für alle befriedigende Lösung ist, beinhaltet die Verhandlung ein distributives Element. Die beiden Schritte „Ausschau halten nach dem bestmöglichen Ergebnis für sich selbst“ und „Suche nach dem bestmöglichen Ergebnis für alle beteiligten Parteien“ ergänzen sich, wenn integrativ verhandelt wird.

Das unter dem Namen „Harvard-Konzept“ benannte Modell integrativer Verhandlungsführung beruht auf spieltheoretischen Erkenntnissen. Bevor die Verhandlungsführung nach FISHER/URY/PATTON dargestellt wird, sollen einige Grundsätze der Verhandlungsführung und der spieltheoretischen Grundlagen präsentiert werden. Diese Präsentation erhebt keinen Anspruch auf Vollständigkeit, sondern soll lediglich ein breiteres Verständnis des Harvard-Konzeptes ermöglichen. Zunächst wird daher auf die Unterscheidung von distributiver und integrativer Verhandlung eingegangen. Danach folgt eine Darstellung der spieltheoretischen und behavioralistischen Begründungen, welche für die Wahl des Harvard-Konzepts als Verhandlungsmethode sprechen. Schliesslich wird auf das Harvard-Konzept selbst eingegangen.

---

85 KOROBKIN bezeichnet den Prozess der Erweiterung der Verhandlungszone und die resultierende Einigung der Parteien als „surplus allocation“. KOROBKIN, A positive Theory, *The Georgetown Law Journal*, 88 (2000), p. 1792. Auf seine Ausführen zur Erweiterung der Verhandlungszone soll hier nicht eingegangen werden.

86 LEBOW, *Art of bargaining,* p. ix.

B. *Distributive und integrative Verhandlungsmethode*

In der Literatur zur Verhandlungsführung werden unterschiedliche Begriffe für ähnliche Verhandlungsarten verwendet[87]. Im Folgenden wird die Begrifflichkeit von SPANGLE/WARREN ISENHART übernommen. Ihnen zufolge können zwei Grundkategorien von Verhandlungsführung unterschieden werden: distributives und integratives Verhandeln[88].

Distributives Verhandeln ist charakterisiert durch ein *Verhandeln um Positionen.* Es wird meist mit dem gleichgesetzt, was die „harte Methode“[89] oder „competitive bargaining“[90] beinhaltet. Die Verhandlungspartner betrachten sich in erster Linie als Gegner. Es gibt jeweils einen Gewinner und einen Verlierer, weshalb die Verhandlungen stets um alles oder nichts gehen. Diese Art, mit Konflikten umzugehen, ist in der westlichen Gesellschaft verbreitet und mit sportlichen Wettbewerben vergleichbar.

Unter die Kategorie des distributiven Verhandelns kann auch das Gegenteil von „competitive bargaining“, die „weiche Methode“[91] oder „accommodative bargaining“[92], gezählt werden. Die „weiche Methode“ misst zwar der menschlichen Komponente und damit auch der Beziehung zu den Verhandlungspartnern mehr Bedeutung zu, fokussiert aber ebenfalls in erster Linie auf die *Position und die Beibehaltung der Position.* Verhandlungsparteien, die „weich“ verhandeln, versuchen sich von Anfang an möglichst nahe bei der jeweiligen Gegenposition zu positionieren und im Notfall nachzugeben[93]. Die Konsequenz dieser Verhandlungsmethode innerhalb der distributiven Verhandlungsart ist nachvollziehbar: Treffen zwei Verhandlungspartner aufeinander, die beide nach der weichen Methode verhandeln, werden sie beide ihre Positionen weitgehend halten können, da sie von Beginn weg Positionen einnehmen, die von Rück-

87 LEBOW verwendet das Begriffspaar „competitive“/ „accomodative“, LEBOW, *The Art of Bargaining,* p. x. Im Artikel von ADAIR/BRETT ist von „competitive“/„cooperative“ die Rede, ADAIR/BRETT, *Culture and Negotiation Processes*, in: GELFAND/BRETT, *The Handbook of Negotiation and Culture,* p. 161. FISHER/URY/PATTON sprechen von „harter“ und „weicher“ Methode. FISHER/URY/PATTON, *Harvard-Konzept,* p. 33.

88 SPANGLE/WARREN ISENHART, *Negotiation,* pp. 13 – 14.

89 Vgl. FISHER/URY/PATTON, *Harvard Konzepts,* p. 31. Analoge Begriffsverwendung: ERBACHER, *Grundzüge der Verhandlungsführung,* pp. 58 – 60.

90 LEBOW, *Art of Bargaining,* p. ix – xii.

91 Vgl. FISHER/URY/PATTON, *Harvard-Konzept,* p. 31. Analoge Begriffsverwendung: ERBACHER, *Verhandlungsführung,* pp. 58 – 60.

92 LEBOW, *Art of Bargaining,* p. ix – xii.

93 D.h. die betroffene Partei gibt um des Friedens willen die eigene Position auf.

sichtnahme auf den Verhandlungspartner geprägt ist. Die „weichen" Verhandlungspartner erzielen aber dadurch ein Verhandlungsresultat, das hinter der bestmöglichen Vereinbarung zurückbleibt. Trifft ein „weicher" Verhandlungspartner auf einen „harten", ist klar, dass sich die „harte" Verhandlungslinie durchsetzen wird. Der Vollständigkeit halber sei noch auf die Kombination „harter Verhandlungspartner trifft auf harten Verhandlungspartner" hingewiesen: Hier prallt Position auf Position. Es gibt zwei mögliche Ausgänge: Entweder setzt sich eine der beiden Parteien durch, oder eine Partei bricht die Verhandlungen ab, da sie ihre Position nicht durchsetzen kann und ihre „best alternative to negotiated agreement" (BATNA) bevorzugt.

Integratives Verhandeln geht von den Interessen der beiden Vertragsparteien aus. Mehr noch, der Fokus liegt auf den *gemeinsamen Interessen*. Dass es solche gibt, kann man annehmen, da sie die Voraussetzung für Verhandlungen darstellen. Die Methoden, die angewandt werden, zielen darauf hin, möglichst viele Interessen der Verhandlungspartner in den Vertrag zu integrieren. Dieses Ziel verunmöglicht die Anwendung der harten oder weichen Methode in Reinform. Vielmehr ist es ein Wechsel zwischen „Forderungen stellen" und „Kompromissbereitschaft zeigen" sowie zwischen der Fokussierung auf den Vertragsinhalt und der Beziehungsebene. Integratives Verhandeln setzt grosse Flexibilität in der Verhandlungsführung sowie gute Kenntnisse des Verhandlungsprozesses an sich voraus. Die klassische Methode integrativen Verhandelns ist die sogenannte sachbezogene Methode oder principled negotiation[94], wie sie im Harvard-Konzept dargestellt ist.

C. Spieltheoretische Begründung für die Wahl der integrativen Verhandlungsmethode

„Game theory was created to provide a mathematical language for describing social interaction."[95] Verhandlungen gehören in die Kategorie der sozialen Interaktionen zwischen mindestens zwei Parteien und sind daher mittels spieltheoretischer Forschung erfassbar. Die Ergebnisse der Experimente unterstreichen den Vorteil von kooperativer und damit weitergehend auch integrativer Verhandlungsmethode.

94 FISHER/URY/PATTON, *Harvard-Konzept*, p. 34.

95 CAMERER, *Behavioral Game Theory*, p. 465.

a) Grundsätze und Herausforderungen des spieltheoretischen Ansatzes

John VON NEUMANN und Oskar MORGENSTERN publizierten 1944 Elemente der Spieltheorie[96]. Anfang der 1950er-Jahre veröffentlichte John NASH Erkenntnisse darüber, wie rationale Mitspieler ein Spiel spielen würden und führte ein Prinzip ein, dass heute „Nash equilibrium" genannt wird[97].

Spieltheoretische Forschung betrifft in erster Linie die so genannten „non-cooperative games", bei denen verschiedene Personen miteinander Verhandlungen führen und ihr jeweiliger Gewinn von den Entscheidungen der anderen Vertragspartner abhängig ist[98]. In der wirtschaftswissenschaftlichen Forschung ist Spieltheorie ein Werkzeug, um das Verhalten von Verhandlungspartnern oder Konkurrenten vorauszusagen oder später zu analysieren. Ebenso dient sie dazu, effizienteres Verhandlungsverhalten zu fördern: „Even if game theory is not always accurate, descriptive failure is prescriptive opportunity. Just as evangelists preach because people routinely violate moral codes, the fact that players violate game theory provides a chance to give helpful advice."[99]

Die klassische spieltheoretische Forschung untersucht das Verhalten zweier Spieler, die zwischen zwei Alternativen entscheiden können[100]. Die beiden

---

96 VON NEUMANN, John, MORGENSTERN, Oskar, *Theory of Games and Economic Behavior*, Princeton University Press, Princeton, 1944.

97 John NASH, Non-cooperative Games, *Annals of Mathematics* 54 (2) (1951), pp. 286 – 295, veröffentlicht in: CRUMP/SUSSKIND, (Hg.), *Multiparty Negotiation, Vol I*, p. 45 ff. Nash's Theorie ist auf Situationen anwendbar, in denen zwei Parteien nicht kooperieren. In jeder dieser Spielsituationen gibt es Positionen, welche für beide Spieler besser sind als andere. Jede Spielsituation kennt einen solchen Punkt. Haben die beteiligten Parteien oder eben Spieler eine der idealen Positionen gefunden, behalten sie diese in der Regel. Diese idealen Positionen werden „equilibrium points" genannt. Equilibrium points haben eine reale Bedeutung: „They are important because many stable economic situations in the real world are thought to result from equilibrium dynamics." RAIFFA/RICHARDSON/METCALFE, *Negotiation Analysis*, p. 61. Zudem gilt: „When you find an equilibrium situation, you need to be very careful about getting into it. Once you are there, there is a tendency to stay put provided the other decision makers do not change their strategies." RAIFFA/RICHARDSON/METCALFE, *Negotiation Analysis*, p. 61.

98 Vgl. RAIFFA/RICHARDSON/METCALFE, *Negotiation Analysis,* p. 6. Daneben existieren die „cooperative games", in denen es um gruppeninterne Verhandlungen geht, mit dem Ziel, eine Handlung erfolgreich als Gruppe vorzunehmen.

99 CAMERER, *Behavioral Game Theory,* p. 7.

100 RAIFFA/RICHARDSON/METCALFE sprechen nicht von Experiment oder Versuchsanordnung, sondern von „game": „A game consists oft 'strategies' each of several 'players' have, with precise rules for the order in which players choose strategies,

Alternativen eines Spielers sind mit jenen des anderen Spielers verbunden. Das hat zur Folge, dass die Entscheidung des einen Spielers den Gewinnwert des anderen beeinflusst.

In den durchgeführten Experimenten galten folgende Rahmenbedingungen: Die beiden Spieler verfügen über ein optimales Wissen über sämtliche eigene Möglichkeiten und Konsequenzen eine Spielzuges sowie über dieselben Informationen in Hinblick auf die Wahlmöglichkeiten des jeweils anderen Spielers. Sie müssen gleichzeitig entscheiden und sehen, sollte diese Gleichzeitigkeit wegfallen, die Wahl des anderen erst, nachdem sie gewählt haben. Ein wichtiges Element dieser Versuchsanlage ist, dass die beiden Spieler einander nicht kennen und vor dem Spiel nicht miteinander gesprochen haben. Die beiden Spieler versuchen also mittels rationalen Überlegens das Handeln des anderen vorauszusagen und ihren eigenen Spielzug so anzupassen, dass er jenen des Gegners optimal entgegnet. Es existieren zahlreiche untersuchte Spielsituationen. Das wohl bekannteste Experiment ist das „Prisoner's Dilemma“[101].

Die Situation ist folgende: Zwei mutmassliche, bewaffnete Verbrecher wurden gefangen genommen und getrennt voneinander in Untersuchungshaft gesetzt. Die Staatsanwaltschaft geht davon aus, dass die beiden das in Frage stehende Verbrechen begangen haben, benötigt aber zur Überführung ein Geständnis. Sie präsentiert den beiden folgende Optionen: Wenn keiner gesteht, erhalten beide eine einjährige Gefängnisstrafe wegen illegalem Waffenbesitz. Wenn beide gestehen, erhalten beide drei Jahre Gefängnis. Wenn jeweils nur einer gesteht, kann jener, der gesteht, das Gefängnis verlassen, der andere erhält eine Strafe von fünf Jahren. „Remember that they are held incommunicado and that each has little loyalty to the other. (...) Confess dominates Not Confess, since Confess is better than Not Confess no matter what the other prisoner chooses to do. So they both confess and each gets three years. That's the social trap.“[102]

Das Beispiel verdeutlicht, dass die Berücksichtigung eventueller Handlungen des anderen zu einem besseren Ergebnis führt als das spontane, lediglich auf das eigene Interesse ausgerichtete Handeln. Und weiter: Könnten die beide Verbrecher kooperieren und miteinander reden, kämen sie zum optimalen Ergebnis (beide gestehen nicht, das Strafmass beschränkt sich auf ein Jahr).

---

the information they have when they choose, and how they rate the desirability (or 'utility') of resulting outcomes.“ RAIFFA/RICHARDSON/METCALFE, *Negotiation Analysis,* p. 2.

101 Wie RAIFFA/RICHARDSON/METCALFE, *Negotiation Analysis,* p. 67, ausführen, war das Prisoner's Dilemma zunächst nicht unter diesem Begriff bekannt, erhielt den Namen aber um 1953 von Al Tucker.

102 RAIFFA/RICHARDSON/METCALFE, *Negotiation Analysis*, p. 68.

Die klassische Spieltheorie hat aber einen bedeutenden Nachteil: Sie geht von einer künstlichen Laborsituation aus, die Umweltfaktoren, fehlendes Wissen oder mangelnde Motivation seitens der Verhandlungsteilnehmer ausschliesst[103]. CAMERER kritisiert die klassische analytische Spieltheorie und fordert mittels eingängiger Bildern zu einem Umdenken auf: „If you are smitten by the elegance of analytical game theory you might take the data as simply showing whether subjects understood the game and were motivated. If the data confirm game theory, you might say, the subjects must have understood; if the data disconfirm, the subjects must have not understood. Resist this conclusion. The games are usually simple, and most experimenters carefully control for understanding by using a quiz to be sure subjects know how choices lead to payoffs. Furthermore, by inferring subject understanding from data, there is no way to falsify the theory. Physicists and biologists would not have the same reaction if a theory about particles were falsified by careful experimentation („The particles were confused!“) or if birds didn't forage for food as predicted („If they had more at stake (than survival?) they would get it right!“) Game theorists should be similarly open-minded to what behaving humans can teach them about human behavior.“[104]

Die fehlende Nähe der Spieltheorie zur Lebenswirklichkeit ist insofern nachvollziehbar, als dass die Formeln dem Bereich einer abstrakten Wissenschaft entstammen und nur anhand von auftretenden Regelmässigkeiten entwickelt werden konnten – und daher nur den Idealfall darstellen können. Ob daraus aber eine grundsätzliche Kritik des mathematischen Zuganges abgeleitet werden kann, ist fraglich. Es ist der hier vertretenen Ansicht nach im Sinne von BINMORE eher gerechtfertigt, von der Komplementarität der mathematisch-analytischen Spieltheorie und der behavioralistischen Zugänge zu sprechen[105].

---

103 „The spread of game theory outside of economics has suffered, I believe, from the misconception that you need to know a lot of fancy math to apply it, and from the fact that most predictions of analytical game theory are not well grounded in observation.“ RAIFFA/RICHARDSON/METCALFE, *Negotiation Analysis,* p. 3.

104 CAMERER, *Behavioral Game Theorie*, p. 22.

105 „The school of behavioral economists who insist that other-regarding preferences matter in real life therefore have nothing to fear from experiments that show that game theory often works (...). Nor have game theorists anything to gain from denying that the pay-offs in real-life games might sometimes be derived from other-regarding preferences.“ BINMORE, *Does Game Theory work?*, p. 4. Vgl. ebenso: SEBENIUS, *Negotiation Analysis*, in: EDWARDS/MILES/VON WINTERFELDT, *Advances in Decision Analysis,* p. 469: „Since advice to one side does not necessarily presume the full (game-theoretic) rationality of the other side(s), negotiation analysts often draw on the findings of behavioral scientists and experimental economists.“

b) Behavioralistische Spieltheorie und Verhandlung

Verhandlungen sind nur ein Teil des breiten Spektrums spieltheoretisch untersuchter Situationen. Sie weisen aber die Besonderheit auf, dass ihr jeweiliger Ausgang besonders schwierig vorauszusagen ist, da unter anderem Aspekte der Fairness eine Rolle spielen, welche noch nicht umfassend erforscht sind[106]. Aber auch weitere Faktoren spielen eine Rolle: der jeweilige soziale Kontext[107], das Geschlecht der Verhandlungspartner, die Tagesform der Verhandelnden etc. Es kommen also Elemente hinzu, welche nicht mathematisch erfassbar sind und der verhaltenstheoretischen Forschung entspringen. Daher ist es angebracht, in Zusammenhang mit Verhandlungen von behavioralistischer Spieltheorie zu sprechen.

Entscheidende Bedeutung kommt allfälligen kulturellen Unterschieden zu. Die spieltheoretischen Modelle wurden im westlichen Raum entwickelt vor dem Hintergrund eines bestimmten Menschenbildes[108] und eines bestimmten kulturellen Rahmens[109]. Solange die Verhandlungspartner derselben Kultur – der westlichen – angehören, sind die Handlungsarten vorhersehbar. Dies ändert sich aber, sobald ein Vertreter einer gänzlich anderen Kultur hinzukommt. In solchen Verhandlungen – sie zählen zu den „unstrukturierten Verhandlungen“[110] – müssen die Gesprächspartner zunächst gemeinsame Regeln des Verhandelns

---

106 BINMORE, *Does Game Theory work?* p. 2.

107 Vgl. THOMSON/PETERSON/KRAY, *Social context in Negotiation,* in: KRAMER/MESSICK, *Negotiation as a Social Process,* pp. 5 – 36. Ebenso, allerdings im negativen Sinne: KRAMER, *The "Dark Side" of Social Context,* in: GELFAND/BRETT, *Handbook of Negotiation and Culture,* pp. 219 – 237.

108 „A theory such as we are discussing, cannot come into existence without assumptions about the individuals with which it purports to be concerned. We have already stated one: each individual strives to maximize his utility.“ LUCE/RAIFFA, *General Introduction to the Theory of Games* in: CRUMP/SUSSKIND (ed.), *Multiparty Negotiation*, Vol. 1, p. 69. Ebenso: „People from Western cultures tend to have independent, also called individualistic, self-construals.“ ADAIR/BRETT, *Culture and Negotiation Processes*, in: GELFAND/BRETT, *Handbook of Negotiation and Culture,* p. 159.

109 Die Art und Weise, wie Menschen miteinander umgehen, ist sowohl bewusst als auch unbewusst durch soziale Normen geprägt. Die tiefe Verankerung dieser Normen zeigt sich daran, dass sie nicht einmal in einer künstlich geschaffenen Situation wegfallen: „So when the framing of an experiment triggers the appropriate environmental cues, we often respond with the habituated response: no matter how ill-adapted it may be to the actual game being played in the laboratory.“ BINMORE, *Does game theory work?,* p. 9.

110 „In unstructured bargaining, the precise order of moves and allowable message-passing is deliberately left uncontrolled.“ CAMERER, *Behavioral Game Theorie,* p. 469.

festlegen können. Der Ausgang der Verhandlungen ist dann spieltheoretisch noch weniger voraussehbar, als er es aufgrund der verschiedenen Faktoren in realen Verhandlungen ohnehin ist.

Die genannten Grenzen spieltheoretischer Forschung weisen auf die Notwendigkeit hin, Versuchsanordnungen zu entwicklen, die den verschiedenen Umweltfaktoren Rechnung tragen. Die entscheidende Veränderung besteht nun darin, dass sich die Spielpartner zusätzlich zu den bisherigen Voraussetzungen (umfängliches Wissen etc.) im Laufe der Spielrunden kennenlernen und ihre jeweiligen Spielzüge rückblickend evaluieren.

Wie RAIFFA/RICHARDSON/METCALFE in einer Folge von verschiedenen Spielen mit immer denselben beiden fiktiven Spielern darstellen, spielen die Beziehung und bereits gemachte Spielerfahrungen mit demselben Spielpartner mit fortschreitender Zeit eine immer entscheidendere Rolle[111]. In den fiktiven Evaluationsgesprächen nach den jeweiligen Experimenten lassen die Autoren den Spielleiter nach dem achten Spiel fragen, was Spielerin Rowena tun würde, wenn sie mit Spieler Colin sprechen dürfte. Ihre Antwort ist, dass sie gerne Vorgespräche führen und verpflichtende Vereinbarungen treffen würde[112].

D. Fazit: die integrative Methode – ein erfolgsversprechender Ansatz in Zusammenhang mit Religionen

Die vorangehenden Ausführungen haben die Bedeutung von Gesprächen und Berücksichtigung der Interessen der Verhandlungspartner gezeigt. Die integrative Verhandlungsmethode legt einen bedeutenden Akzent auf die Beziehungen der Verhandlungspartner untereinander und auf die Pflege dieser Beziehungen[113]. Damit nimmt sie wichtige Anstösse aus der behavioralistischen Forschung auf und bietet Raum für die Besonderheiten, die sich durch das Zusammentreffen verschiedener Kulturen ergeben. Diese Gewichtung ist insbesondere bei religiös oder weltanschaulich geprägten Verhandlungsgegenständen wichtig.

Denn: Geht es um derartige Themen, so sind die beteiligten Verhandlungspartner in einem Bereich angesprochen, der untrennbar mit ihrer Identität verbunden ist. Debatten über Religionen und Weltanschauungen in der Gesellschaft verlaufen selten ohne emotionale Beteiligung aller Gesprächspartner. Umso wichtiger ist es, Probleme in diesem Themenbereich so anzugehen, dass

[111] Vgl. RAIFFA/RICHARDSON/METCALFE, *Negotiation Analysis,* pp. 53 – 80.

[112] Vgl. RAIFFA/RICHARDSON/METCALFE, *Negotiation Analysis,* p. 67.

[113] FISHER/URY/PATTON, *Harvard-Konzept*, p. 44.

die jeweiligen Gesprächspartner sich respektiert und verstanden und in ihren Anliegen ernst genommen fühlen.

Grundlage für diese Art des Gesprächs ist Vertrauen. Mehrere Untersuchungen haben die Bedeutung von Vertrauen in Verhandlungssituationen belegt[114] und gezeigt, dass die Verhandlungsergebnisse sowohl in Bezug auf ihre inhaltliche Qualität als auch in Hinsicht auf die weitere Beziehung der Verhandlungspartner vom Grad des Vertrauens abhingen. Je grösser das gegenseitige Vertrauen, desto höher die Übereinkommensqualität.

Vertrauen ist nicht nur Grundlage, sondern auch Ziel jeder Handlung, die in einer längerdauernden Geschäftsbeziehung getätigt wird. Unter der Annahme, dass der gesellschaftliche Zusammenhalt auf der Zustimmung aller zu einer bestimmten Gesellschaftsform und bestimmten Grundwerten dieser Gesellschaft beruht, besteht eine solche „längerdauernde Geschäftsbeziehung" auch zwischen den verschiedenen sozialen Akteuren in einer Gesellschaft – wie Religions- und Weltanschauungsgemeinschaften – und dem Staat. Handlungen, auch Vertragshandlungen, die im Rahmen dieser Beziehung getätigt werden, haben das Vertrauen in die gute Beziehung zu stärken. An diesem Punkt wird deutlich, dass die integrative Verhandlungsmethode im hier vorliegenden Bereich geeigneter ist als eine distributive Verhandlungsart. Das bekannteste Modell integrativen Verhandelns ist das so genannte Harvard-Konzept.

E. Das Harvard-Konzept nach FISHER/URY/PATTON als Modell integrativen Verhandelns

Im Folgenden soll das Harvard-Konzept kurz dargestellt werden. Da das Konzept sich auch auf die Frage der Verhandlungsstärke auswirkt, soll nach der Vorstellung der fünf Grundsätze des Konzeptes auf das Element „Macht" in Zusammenhang mit dem Verhandlungsprozess eingegangen werden.

114 Anstelle vieler: CAMERER, *Behavioral Game Theory,* p. 83 ff. CAMERER fasst einige wichtige Erkenntnisse aus der Forschung um „Vertrauen" zusammen: Interessant ist das Ergebnis eines Rückzahlungsspieles, bei dem die Entscheidungen von Einzelnen mit jenen verglich, die sie später innerhalb einer Dreiergruppe trafen: „Groups give and repay less and appear to be disproportionately influenced by the least trusting and trustworthy members." CAMERER, *Behavioral Game Theory,* p. 90.

a) Merkmale des Konzeptes

Das so genannte „Harvard-Konzept“ wurde von Roger FISHER und William URY entwickelt[115]. Es stellt heute eines der bekanntesten Konzepte erfolgreicher Vertragsverhandlung dar. Die Methode an sich wird von den Verfassern des Harvard-Konzepts als „sachbezogenens Verhandeln oder Verhandeln nach Sachlage“ („principled negotiation“ bzw. „negotiation on the merits“)[116] bezeichnet.

aa) Grundlage: Keine Verhandlung über die jeweiligen Positionen

Verhandlungen sowohl nach dem so genannt „weichen“ als auch dem „harten“ Stil gehen von den jeweiligen Positionen aus[117]. Weiche Verhandlungsführende betonen die Beziehungsebene und versuchen, die gegensätzlichen Positionen durch Zugeständnisse in der Sache anzunähern. Harte Verhandlungsführende dagegen betonen ihre eigene Position und versuchen diese mit allen Mitteln zu verteidigen. Die eingenommenen Positionen und die mit ihnen jeweils abgegebenen Erklärungen zwecks Erhärtung derselben führen zu schwierigen Verhandlungen[118].

Aus den spieltheoretischen Versuchen wie dem „prisoner's dilemma“ ergibt sich, dass das Ergebnis von Verhandlung besser herauskommt, wenn die Beteiligten ernsthaft kooperieren. Dabei stehen nicht mehr die Positionen, sondern die Interessen der Verhandlungspartner im Mittelpunkt. Auf diesen Erkenntnissen baut die Harvard-Methode auf und verzichtet daher auf die ineffiziente Verhandlung um Positionen.

---

115 *Getting to Yes* wurde 1981 zum ersten Mal aufgelegt und erschien im Verlag Houghton Mifflin & Co., Boston, Massachusetts. Bruce PATTON wurde zunächst noch als Editor aufgeführt und ist seit 1991 als Mitautor verzeichnet. Da die hier verwendete Ausgabe die drei Autoren gleichberechtigt nebeneinander setzt, werden auch jeweils alle drei Namen genannt. CRUMP/GLENDON nennen die Beziehung zwischen den Parteien als eines von zwei relevanten Elementen in einer mehrparteiigen Verhandlungssituation: „the two most fundamental elements are (1) party and (2) relations between parties“. CRUMP/GLENDON, *Towards a Paradigm of Multiparty negotiation*, in: CRUMP/SUSSKIND, (Hg.), *Multiparty Negotiation*, Vol. 1, p. 3. Vgl. auch ERBACHER, *Verhandlungsführung*, p. 151.

116 Vgl. FISHER/URY/PATTON, *Harvard-Konzept*, p. 34.

117 Vgl. § 8 IV.4.B., p. 255.

118 Eine feste Positionierung kommt der Setzung eines „commitment point“ nach KOROBKIN gleich, der nur unter Inkaufnahme eines Imageschadens aufgegeben werden kann. Vgl. KOROBKIN, A positive Theory, p. 1807 ff.

bb) Trennung von Problemen und Personen

Die Harvard-Methode basiert auf der Annahme, dass Verhandlungspartner unter Umständen an weiteren gemeinsamen Geschäften interessiert oder durch äussere Zwänge zu einer weiteren Zusammenarbeit verpflichtet sind. Verhandeln sie so, dass sie lediglich an der Erreichung ihres jeweiligen persönlichen Erfolges und dem Erhalt ihrer eingenommenen Position interessiert sind, kann ihre Beziehung ernsthaften Schaden nehmen. Je mehr Parteien an einem Geschäft beteiligt sind und je komplexer Verhandlungen sind, desto wichtiger ist es, die Beziehungen zu schützen und sachbezogen zu verhandeln. Es ist in der Folge wesentlich, „jede Verhandlung so zu führen, dass die künftigen Beziehungen und künftigen Verhandlungen gefördert (...) werden“[119].

Die Mittel, mit denen die Beziehungen in Verhandlungssituationen gepflegt werden, sind zahlreich, wurden aber von den Begründern der Harvard-Methode nicht neu erfunden. Unter „Trennung von Problemen und Personen“ ist in einem ersten Schritt die konsequente Hinwendung zum Menschen hinter dem Verhandlungspartner gemeint. Klare Kommunikation mit Botschaften aus der eigenen Perspektive (Ich-Botschaften), die Artikulation von Emotionen[120], das Bemühen um Verstehen und klares Zuhören sind wichtig, genauso wie informelle Treffen und Veranstaltungen, die es den Verhandlungspartnern erlauben, sich besser kennenzulernen[121].

cc) Fokus: Gemeinsame Interessen

Als Folge einer guten oder zumindest intakten Beziehung ist es möglich, das Problem, um dessen Lösung man verhandelt, als Gegenstand gemeinsamer Bemühungen zu sehen. Damit sehen sich beide Parteien Schulter an Schulter einem gemeinsamen Problem gegenüber und können von gemeinsamen Interessen ausgehen.

Sind die gemeinsamen Interessen klar, können auch die jeweils eigenen Interessen in Bezug auf die konkrete Art der Lösung eruiert werden.

Die Herausforderung besteht in der Ermittlung der jeweiligen Interessen. Zunächst kommen die allgemeinen menschliche Bedürfnisse in Frage: Sicherheit,

---

119 Die Autoren nennen noch weitere Möglichkeiten, die Beziehung zwischen den Beteiligten einer Verhandlung zu verbessern, auf die allerdings hier nicht eingegangen werden soll. FISHER/URY/PATTON, *Harvard-Konzept*, p. 44.

120 FISHER/URY/PATTON, *Harvard-Konzept*, p. 57.

121 FISHER/URY/PATTON, *Harvard-Konzept*, pp. 46 – 68.

wirtschaftliches Auskommen, Zugehörigkeitsgefühl[122] und andere. Spezifische Interessen hingegen werden oft nur deutlich, indem ein Verhandlungspartner sie ausspricht.

dd) Lösungsoptionen entwickeln

Sind die Interessen offengelegt, ist es für beide Parteien möglich, nach Lösungsalternativen zu suchen. Während es hinsichtlich Positionen nicht ratsam ist, hart zu bleiben, gilt dies hingegen für Interessen. Ein befriedigendes Verhandlungsergebnis setzt voraus, dass die eigenen Interessen sowie die des Verhandlungspartners grösstmögliche Berücksichtigung finden.

FISHER/URY/PATTON bezeichnen zu Recht die „Gewandtheit bei der Entwicklung von Wahlmöglichkeiten" als eines der „nützlichsten Attributen eines erfolgreich Verhandelnden"[123]. Andere Autoren verwenden die bildhafte Wendung, der Kuchen sei zu vergrössern, bevor man ihn teilt[124]. Stets geht es darum, eine so genannte „win-win"-Situation herbeizuführen. Damit ist ein Ergebnis gemeint, das alle Parteiinteressen auf bestmögliche Art und Weise befriedigt.

ee) Erfordnernis objektiver Beurteilungskritierien

Damit eine von mindestens zwei Lösungen als sachlich besser gelten kann, braucht sie ein Tertium Comparationis. Dieses wird in objektiven Beurteilungskriterien oder neutralen Standards gefunden. Dabei stellt die Tatsache, dass es meist mehr als ein objektives Beurteilungskriterium gibt, eine Chance dar, die Verhandlungen tatsächlich zu einem „win-win"-Ergebnis zu führen. Faire Kriterien sind etwa der Marktwert einer Ware, frühere Vergleichsfälle, wissenschaftliche Gutachten oder die Kosten[125]. „Neutrale Standards können ihre Wirkung nur entfalten, wenn sie von beiden Seiten akzeptiert werden."[126] Daher ist es wichtig, auch über die anzuwendenden Kriterien offen zu kommunizieren.

---

122 FISHER/URY/PATTON, *Harvard-Konzept*, p. 79.

123 FISHER/URY/PATTON, *Harvard-Konzept*, p. 90.

124 Vgl. ERBACHER, *Verhandlungsführung*, p. 69.

125 Vgl. FISHER/URY/PATTON, *Harvard-Konzept*, pp. 125 – 126.

126 ERBACHER, *Verhandlungsführung*, p. 73.

ff) Ein Wort zur Verhandlungsstärke – die Rolle der BATNA

Verhandlungsparteien können aufgrund ihrer öffentlichen Position, des politischen Kontextes oder ihrer wirtschaftlichen Position grössere Verhandlungsstärke haben als ihre jeweiligen Verhandlungspartner. An diesen Fakten ändert auch die Verhandlungsführung nach der Harvard-Methode wenig. FISHER/URY/PATTON führen allerdings mit der „Best Alternative To Negotiated Agreement" (BATNA) einen Parameter der Verhandlungsstärke ein, den jede Partei selbst beeinflussen kann[127].

Unter der BATNA ist jene Lösungsalternative zu verstehen, die eine Verhandlungspartei hat, wenn die Verhandlungen scheitern. Je besser und zahlreicher die Alternativen zu einem befriedigenden Verhandlungsausgang sind, desto stärker ist eine Verhandlungspartei[128]. „Die Beste Alternative (BATNA, e. E.) ist das einzige Kriterium, das Sie sowohl vor der Annahme allzu ungünstiger Bedingungen wie auch vor der Ablehnung von Konditionen bewahren kann, die Sie in Ihrem Interesse akzeptieren sollten."[129] Die BATNA ist ein Kontrollmittel, um den Wert eines Verhandlungsergebnisses zu messen. Steht ein Verhandlungspartner mit der Vereinbarung schlechter da als ohne, so ist die Vereinbarung nicht zufriedenstellend und sollte nicht eingegangen werden.

In Verhandlungen, in denen der Staat Verhandlungspartner ist – und damit die Partei mit der grössten Verhandlungsmacht – und es zugleich keinen anderen möglichen Verhandlungspartner gibt, besteht die BATNA einer Partei meist im Rechtsweg[130].

b) Würdigung des Konzeptes

Das Harvard-Konzept setzt um, was integratives Verhandeln meint: die Berücksichtigung aller beteiligten Parteien und ihrer Interessen. Es verbindet die beiden gegensätzlichen Methoden des „weichen Stils" und des „harten Stils",

---

127 FISHER/URY/PATTON, *Harvard-Konzept*, pp. 141 ff. sowie insbesondere p. 147.

128 Ebenso ERBACHER, *Verhandlungsführung,* p. 34. SEBENIUS spricht von der taktischen Rolle, die einer guten BATNA zukommt. Vgl. SEBENIUS, *Negotiation Analysis*, in: EDWARDS/MILES/VON WINTERFELDT, *Advances in Decision Analysis,* p. 474.

129 FISHER/URY/PATTON, *Harvard-Konzept*, p. 145.

130 PFISTERER, der Konsenslösungen im Verwaltungsbereich befürwortet, formuliert dies folgendermassen: „(...) die Betroffenen sollen sich nicht nur (in einem Prozess) verteidigen, sondern als Beteiligte am Verhandlungstisch mitarbeiten." PFISTERER, *Grundsätze,* in: PFISTERER, *Konsens und Mediation,* p. 112.

indem es die Beziehungspflege betont und zugleich Härte in der Sache propagiert.

Wie oben bereits dargelegt, ist die integrative Methode insbesondere für interkulturelle Verhandlungen geeignet. Um Missverständnisse zu vermeiden, ist es wichtig, sich mit der Kultur des anderen Verhandlungspartners eingehend auseinanderzusetzen und nach möglichen „Fettnäpfchen" zu suchen. In vielen Fällen wurzeln Probleme in der Annahme, „dass ein Erfolgskonzept aus dem Heimatland einfach auf eine andere Kultur übertragbar sei"[131]. Das Harvard-Konzept bietet die nötige Flexibilität, um kulturellen Unterschieden Rechnung zu tragen.

Einige kritische Bemerkungen seien aber angebracht: Zum einen ist die Harvard-Methode ein zeitaufwändiges Verfahren, wenn sie vollumfänglich angewendet wird. Zeit ist im geschäftlichen Bereich zumeist Geld, und hier ist effizientes Verhandeln angezeigt. Unter Umständen kann sich der Verhandlungsprozess in die Länge ziehen, da alle Parteiinteressen berücksichtigt werden sollen. Zum anderen ist auch anzufragen, ob die Artikulation von Emotionen in geschäftlichen Verhandlungen eine realistische Annahme ist. Es mag für den Verhandlungsprozess von Bedeutung sein, die Umsetzbarkeit wird allerdings hier in Frage gestellt.

LEBOW kritisiert das Harvard-Konzept bezüglich dessen scheinbar integrativen Ansatzes. Für ihn ist eine Methode, die den Verhandlungsabbruch und die Interessensbefriedigung mittels BATNA vorsieht, distributiv beziehungsweise kompetitiv und keineswegs integrativ[132]. Die Kritik geht aber an der Intention des Konzepts vorbei: Eine BATNA ist nicht in erster Linie Druckmittel innerhalb der Verhandlung, sondern dient einer Partei, indem sie die Verhandlungsstärke definiert und die Schmerzgrenze der Vereinbarung festlegt[133]. Ziel einer Verhandlung nach der Harvard-Methode ist es, dass alle beteiligten Parteien am Ende mit einem Vertragsabschluss besser dastehen als ohne. Wäre eine BAT-

131 ERBACHER, *Verhandlungsführung,* p. 110.

132 „Only someone who has a viable alternative and is therefore not dependent on an agreement can walk away from the table (...). Fisher and Ury rely very much on the role of power in bargaining, although it is unacknowledged and introduced through the backdoor." LEBOW, *Art of Bargaining,* p. x.

133 LEBOW führt weiter aus, dass diese Methode nicht anwendbar ist, wenn es sich um eine Verhandlung in einer Hungersnot handelt, „where the cost of rejecting an offer of food at an exorbitant price would be starvation". LEBOW, *The Art of Bargaining,* p. x. LEBOWs Kritik zeigt die Grenzen des Verhandlungskonzeptes auf, greift aber zugleich ins Leere. Auch in diesem Beispiel würde die Evaluation der BATNA lediglich ergeben, dass keine Alternative besteht und dass die Verhandlungen daher erst recht auf objektiven Kriterien beruhen müssten.

NA so stark, dass das Interesse an einer Einigung in der eigentlichen Verhandlung drastisch sinken würde, so ist es unwahrscheinlich, dass die betroffene Partei überhaupt in die Verhandlung einsteigen würde. Realistischer ist es anzunehmen, dass sie sich in diesem Fall direkt ihrer so genannten BATNA zuwenden würde.

V. Analyse der beiden Erarbeitungsprozesse als Verhandlungsprozesse

1. Der Erarbeitungsprozess des integrierten Modells im Grossteil Frankreichs

A. Allgemeine Beobachtungen zum Erarbeitungsprozess in Frankreich

Der Ausarbeitungsprozess erstreckte sich über eine lange Zeitphase und wurde durch zwei Ereignisse wesentlich beeinflusst: zum einen durch die so genannte „affaire des foulards" 1989 und zum anderen durch die Anschläge auf die Twin Towers in New York vom 11. September 2001. Die Diskussionen fielen somit in eine Periode, in der Religion ein politisches Thema wurde.

Die beiden Ereignisse hatten auf den Erarbeitungsprozess einer besseren Integration religionskundlicher Bildung im Rahmen der öffentlichen Schule gegensätzliche Auswirkungen. Die „affaire des foulards" bremste den 1986 gestarteten Prozess ab. Das Ereignis fand wenige Wochen nach der Einreichung des Berichts zu religionskundlicher Bildung von Philippe JOUTARD statt. Es hatte einen bremsenden Effekt in dem Sinne, dass die Zahl der Menschen, die eine bessere Berücksichtigung von Religionskunde im Rahmen der Schule befürworteten, abnahm. Sie stellten in den Umfragen zwar nach wie vor die Mehrheit dar, aber weniger deutlich als vor der mediatisierten Diskussion um das islamische Kopftuch in der Schule.

Ganz anders wirkt sich der 11. September 2001 auf die Diskussion aus. Er verhalf nicht nur dem Anliegen, religionskundliche Bildung besser zu integrieren, zu neuem Schwung. Der Rapport DEBRAY, der aus den durch den 11. September 2001 ausgelösten Fragen entstand, brachte ab März 2002 auch konkrete Forderungen und Vorschläge vor, die zumindest teilweise umgesetzt wurden. Die Gründung des „Insitut européen en sciences des religions" (IESR) und seine Tätigkeiten waren ein direktes Ergebnis des Rapport Debray.

Frankreichs politische Form der Republik wirkte sich auf die Art und Weise aus, wie die Diskussion um religionskundliche Bildung (oder politische Themen im Allgemeinen) geführt wurde. Da keine direkte Demokratie vorhanden ist, fehlen politische Mechanismen, die das Eingreifen der Menschen in politische Entscheidungsprozesse ermöglichen. Die öffentliche Debatte und notfalls die Arbeitsniederlegung sind die einzigen Möglichkeiten für die Menschen in Frankreich, ihre Meinung kundzutun. Insofern sind die Meinungsumfragen der Tageszeitungen und anderen Medien ein wichtiges Instrument.

Eine weitere Beobachtung ist, dass der lange Erarbeitungsprozess nebst der Beeinflussung durch zwei wichtige politische Ereignisse sachlich in zwei Etappen unterteilt werden kann: Die erste Etappe ist jene der öffentlichen Diskussion, der wissenschaftlichen Kolloquien und Umfragen. Die zweite Etappe wird durch Entscheide der Regierung eröffnet. Das IESR wird gegründet und – für die vorliegende Analyse interessant – die Lehrpläne werden überarbeitet.

B. Kontextelement nach SPANGLE/WARREN ISENHART

Eine grundlegende Bedeutung hat das Element „structure", da in diesen Bereich auch die Rechtsordnung, der rechtliche Rahmen, fällt. Die laïcité prägt den Umgang des Staates mit den Religionsgemeinschaften. Die Zuständigkeitsbereiche der beiden Institutionen sind getrennt. Wenn es nun um religionskundliche Bildung geht, gibt diese grundsätzliche Trennung auch in der Form der „laïcité d'intelligence" nach Régis DEBRAY[134] den Rahmen vor.

Der Erarbeitungsprozess betrifft zwar das Schulwesen und damit zunächst eine innerstaatliche Angelegenheit. Dennoch spielt das Strukturelement „norms and values" eine Rolle. Mit anderen Religionsgemeinschaften sind auch andere Traditionen und Kulturen verbunden, die berücksichtigt werden sollen. Die Herausforderung, die der Islam darstellt, liegt unter anderem darin, dass in dieser Weltreligion keine Trennung von Religion und Staat vorgenommen wird und dass im Glaubensverständnis des Islam Religion keine Privatsache ist. Gespräche über Religion haben somit einen wichtigen interkulturellen Hintergrund.

Angehörige so genannter Fremdreligionen haben oftmals einen Migrationshintergrund. Obwohl die Beherrschung der französischen Sprache eine der Prioritäten im Bildungsrecht ist, kann es zu Gesprächen kommen, die hohe Anforderungen an die kommunikativen Fähigkeiten der Teilnehmenden stellen. Der Migrationshintergrund ist auch auf der Ebene der Beziehungen zu beachten. Die meisten Interessenparteien sind traditionell verwurzelt in Frankreich. Die laïcité ist ihnen bekannt. Gemeinschaften mit Migrationshintergrund hingegen fehlt diese Tradition und somit auch die entsprechende Verwurzelung. Die noch we-

---

134 DEBRAY, *L'enseignement du fait religieux à l'école laïque*, p. 22.

nig gefestigte Beziehung der betroffenen Gemeinschaften, anderen Interessenvertretern und dem Staat ist ein weiteres Kontextelement, das den Verhandlungsprozess beeinflusst.

„Interdependence" besteht dahingehend, dass der Staat zwar die Entscheidungsmacht hat, seine Entscheidungen aber unter der Bedingung Geltung haben, dass sie von den Betroffenen respektiert und getragen werden. Die Betroffenen wiederum können ihre Ansprüche nur durch den Staat geltend machen. „Power", Macht, ist im Falle einer Verhandlung klar zugunsten des Staates auszulegen. Er hat die Entscheidungsmacht.

Das Kontextelement „Beziehung" ist im vorliegenden Fall – nebst der „Interkulturalität" – von grosser Bedeutung. Zugleich ist es das herausforderndste Element im vorliegenden Kontext, da die Beziehungen zwischen Religionsgemeinschaften und Staat aufgrund der laïcité minimal gehalten werden.

C. Berücksichtigte Parteien und Zeitpunkt der Berücksichtigung

Die Anstösse für eine veränderte Berücksichtigung religionskundlicher Bildung kamen aus den Institutionen selbst. Es waren daher in erster Linie die Lehrkräfte und ihre Vertreter im Bildungsdepartement, die sich in der ersten Diskussion einbrachten. Mit der öffentlichen Diskussion und den Meinungsumfragen kam „das Volk" zum Zug.

Die Religionsgemeinschaften fanden erst in einem zweiten Schritt und erst nach der „affaire des foulards" Berücksichtigung. Hier ist auf die Umfrage unter der Leitung von Francis MESSNER hinzuweisen[135]. Bemerkenswert ist, dass aufgrund der laïcité nicht der Staat oder seine politischen Organe Befragungen durchführten, sondern dass es die Aufgabe der Wissenschaft zu sein schien, diese Umfragen zu realisieren.

Mit dem Rapport DEBRAY wurde ein Bericht zentral, der aus religiös möglichst neutraler Warte erstellt wurde. In der Person von Régis DEBRAY konnten sich zudem auch Agnostiker und Atheisten berücksichtigt sehen, da der Philosoph DEBRAY bekennender Atheist ist.

Im Ausarbeitungsprozess der Lehrpläne, der von 1996 an stattfindet, sind die Interessenvertreter der „communauté éducative" – das heisst der Angestellten der Schule, der Eltern und Schüler – berücksichtigt. Die Religionsgemeinschaften finden keine Berücksichtigung.

---

135 Vgl. § 4 I.2., p. 160 sowie § 4 I.3., p. 164.

D. *Die fünf Phasen des Verhandlungsprozesses im Grossteil Frankreichs*

Der hier untersuchte Verhandlungsprozess ist aufgrund seiner langen Dauer nicht in allen Details darstellbar. ERBACHERs Hinweis, dass sich Verhandlungsprozesse selten an das theoretische Schema halten, bewahrheitet sich hier[136]. Jeder einzelne Schritt, impliziert wiederum eigene Verhandlungsprozesse mit je neuen Parteien.

Der Problematik wird nachfolgend Rechnung getragen, indem zum einen der gesamte grosse Prozess vom Aufkommen der Diskussion bis zur Umsetzung der Lehrpläne in den groben Schritten – folgend der Beschreibung von Mireille ESTIVALÈZES[137] – untersucht wird. Zum anderen wird stellvertretend für die zahlreichen kleinen Prozesse jener der Lehrplanausarbeitung thematisiert. Grund dafür ist die Vergleichbarkeit mit dem Zürcher Modell.

Die fünf Phasen sollen folgendermassen aufgeteilt werden:

Vorbereitungsphase	1986 – 1989 Die Vorbereitungsphase endet mit dem Auftrag an Philippe JOUTARD, einen Bericht über die religionskundliche Bildung (Status quo) zu erstellen.
Kontaktphase	1990 – 1996 Von der Einreichung des Rapport JOUTARD an finden wissenschaftliche Kolloquien und wissenschaftliche Umfragen statt. Die Kontaktphase endet mit dem Beschluss, die Lehrpläne zu überarbeiten.

136 ERBACHER, *Verhandlungsführung*, p. 31, wo der Autor von einem „idealtypischen Ablauf einer Verhandlung“ spricht. Verhandlungen als zwischenmenschliche Interaktionen sind komplexer als in einem Modell dargestellt werden kann.

137 ESTIVALÈZES, *Religions dans l'enseignement laïque,* pp. 17 – 33.

Kernphase	1996 – 2001 Die neuen Lehrpläne werden erstellt. Die Kernphase endet mit dem Attentat vom 11. September 2001 in New York und dem Auftrag an Régis DEBRAY, einen Bericht zu verfassen.
Vereinbarungs- und Implementierungsphase I	2002 Das IESR wird gegründet, die Einführung der neuen Lehrpläne endet.
Implementierungsphase II (Pflegephase)	ab 2002 Das IESR führt Weiterbildungskurse durch und stellt geeignete Lehrmittel zur Verfügung. Zudem führt es regelmässig öffentliche Veranstaltungen durch, die der Information und Sensibilisierung interessierter Personen dienen.

a) Vorbereitungsphase (1986 – 1989)

Es fällt auf, dass es Personen aus dem Schulumfeld sind, welche die fehlende religionskundliche Bildung der Schüler in der Presse thematisieren. Die Regierung nimmt das Anliegen auf und gibt bei Philippe JOUTARD einen Bericht über die tatsächliche Situation an den Schulen in Auftrag.

Diesen Bericht kann man durchaus als Bestandteil der Vorbereitungsphase betrachten, dient er doch als objektiver Orientierungspunkt, verfasst von einer wissenschaftlich arbeitenden und mit dem Berufsalltag der Lehrkräfte vertrauten Person. Der Bericht stellt insofern die Grundlage für weitere Diskussionen dar.

b) Kontaktphase (1990 – 1996)

Der Rapport JOUTARD löst weitere Diskussionen aus. In diese wichtige Phase fällt auch die Forschungsarbeit von PRISME-SDRE unter der Leitung von Francis MESSNER.

Aus der Umfrage unter der Leitung von Francis MESSNER geht hervor, dass die interessierten Gruppierungen teilweise einen unterschiedlichen Informationsstand aufweisen. Während in den Stellungnahmen der Vertreter der Lehrkräfte, Eltern und Schüler ein hoher Informationsstand zum Ausdruck kommt, ist dies bei den Vertretern der Religionsgemeinschaften äusserst unterschiedlich. Ein Zeichen dafür ist etwa, dass teilweise Religionskunde und Katechese vermischt werden, da offensichtlich die Begrifflichkeit nicht klar ist.

Während sowohl die ersten Hinweise auf die mangelnde religionskundliche Bildung als auch die ersten Vorschläge aus Kreisen der „communauté éducative" kamen, blieben die Religionsgemeinschaften zunächst aussen vor. Eine Ausnahme macht in diesem Zusammenhang lediglich die katholische Kirche, welche aufgrund des auf sie angepassten Systems ebenfalls gute Kenntnisse des Status quo und seiner Defizite hatte. Innerhalb der Kontaktphase verändert sich der Informationsstand aller Beteiligten allerdings positiv.

c) Kernphase (1996 – 1999)

Die Kernphase umfasst die erste Überarbeitung der Lehrpläne auf der Sekundarstufe. Die Lehrmittel werden in Frankreich von einzelnen Lehrmittelverlagen hergestellt und von den unterrichtenden Lehrkräften beziehungsweise der jeweiligen Fachschaft einer Schule ausgewählt.

Innerhalb dieser Phase fand ein „Prozess im Prozess" statt. Mit dem „Conseil national des programmes" (CNP) und dem „Conseil supérieur de l'éducation" (CSE) sind zwei Gremien vorhanden, welche die Lehrpläne ausarbeiten und ihren Inhalt verhandeln. Interessant ist, dass in diesem Verhandlungsprozess die Religionsgemeinschaften nicht mehr berücksichtigt wurden, obwohl das Gesetz keinen expliziten Ausschluss derselben nennt.

d) Vereinbarungsphase und Implementierungsphase I (1999 – 2002)

Die Ereignisse des 11. September 2001 gaben den bereits laufenden Entwicklungen neuen Schwung. Mit dem im März 2002 eingereichten Rapport DEBRAY kam ein neues Dokument ins Spiel, das als Orientierungspunkt diente und die laufenden Revisionen der Lehrpläne unterstützte. Der Rapport schlug die Gründung des IESR vor. Die Gründung geschah im Sommer 2002 tatsächlich. Sie ist Ausdruck des Willens, religionskundliche Bildung besser zu berücksichtigen.

Es ist angebracht, im Rapport DEBRAY sowohl einen neuen Inpulsgeber als auch die letzte Etappe eines lang dauernden Prozesses zu sehen. Durch die Gründung des „Institut européen en sciences des religions" (IESR) wird der Beschluss, religionskundliche Bildung im Rahmen des Geschichtsunterrichts besser zu berücksichtigen, umgesetzt, und auch die letzte Phase der Einführung neuer Lehrpläne findet hier deutliche Unterstützung.

Die öffentliche Schule ist eine staatliche Angelegenheit, und der französische Staat behielt die Zügel des „Verhandlungsprozesses" insofern deutlich in der Hand, als es seine Beschlüsse sind, die dem Prozess Struktur geben.

e) Implementierungsphase II (Pflegephase) (2002 – heute)

Das IESR garantiert in gewissem Masse die Umsetzung der getroffenen Beschlüsse. Durch Beiträge wissenschaftlicher Art, Weiterbildungsangebote für Lehrpersonen sowie öffentliche Veranstaltungen pflegt es die entstandenen Kontakte. Die Stellungnahme des IESR zu den veränderten Lehrplänen im Jahr 2008 und 2009 schreiben sich daher in die Aufgabe des Instituts ein[138].

In gewissem Sinne kann auch die Beteiligung einer Forschungsgruppe aus dem IESR am europäischen Projekt REDCo als Teil der Implementierungsphase II angesehen werden.

E. „Bargaining zone" und Verhandlungsmethode

Gestützt auf die Gesetzestexte sowie die lange Tradition der laïcité lässt sich eine grosse Verhandlungszone bestimmen, die durch zwei „reservation points" (RP) gekennzeichnet ist: Auf der einen Seite ist die BATNA festzuhalten, die man als „Festhalten am Status quo" definieren kann. Der Staat unternimmt nichts, überlässt den Religionsgemeinschaften die Aufgabe der religiösen Bildung und hofft sozusagen auf ein verbessertes innerreligiöses Bildungsangebot. Eine Vereinbarung, die beispielsweise eine Teilsubventionierung des religiösen Bildungsangebotes vorsehen würde (das Geld wäre für den religionskundlichen Teil des Unterrichts einzusetzen), würde gegen die laïcité verstossen und wäre aus Sicht des Staates schlechter als der Status quo. Auf der anderen Seite stellt die laïcité im Sinne der „laïcité ouverte" einen RP dar: Der Staat kann die Meinung der Religionsgemeinschaften erfragen und mit ihnen ins Gespräch kommen, er kann aber dennoch keinen Unterricht finanzieren, der „teaching in religion" beinhaltet.

Bemerkenswert ist, dass es von verschiedener Seite her zur Setzung von „commitment points" (CP) kam. Man kann diese CPs unter dem Begriff der laïcité zusammenfassen. Gemeint ist, dass eine Veränderung der eigenen Verhandlungsposition teilweise unter Berufung auf das Prinzip der laïcité abgelehnt

138 Vgl. Fn. 6, p. 2.

wurde[139]. Einmal mehr sei auf den umstrittenen Inhalt des Begriffs „laïcité" hingewiesen. Aus den betreffenden Stellungnahmen lässt sich aber ableiten, dass es sich um eine laïcité handelt, welche das Gegenteil der „laïcité d'intelligence" ist, die Régis DEBRAY fordert[140]. Die commitment points hatten im vorliegenden Prozess tatsächlich ihre theoretisch vorausgesagte Wirkung: Sie blockierten den Verhandlungsprozess, indem sie die beteiligten Parteien zu einer immer neuen Klärung des Begriffs der laïcité zwangen.

Die Verhandlungsmethode war durch eine klare Machtverteilung zugunsten des Staates gekennzeichnet, während die Religionsgemeinschaften lediglich eine schwache Verhandlungsposition einnahmen. Die Verhandlungsparteien waren somit in keiner Weise gleichberechtigt. Die Alternativen waren entweder die Zustimmung zum vorgelegten Modell oder Protestaktionen mittels ihrer Religionsangehörigen[141].

Erschwerend kommt hinzu, dass sich der wichtige Verhandlungspartner Islam zum Zeitpunkt der Vorbereitungs- und Kontaktphase als nicht einheitlich vertretene Gruppierung präsentierte.

Die Verhandlungsmethode ist kaum integrativ. Diese Feststellung ergibt sich in erster Linie aus dem Umstand, dass keine direkten Gespräche mit den Religionsgemeinschaften geführt wurden.

F. Analyseergebnis

Es wäre ein Leichtes, aufgrund der theoretischen Kenntnisse über integratives Verhandeln und die Konsequenzen der Methode für die Qualität des Ergebnisses ein ernüchterndes Fazit zu ziehen. Dies würde aber dem Prozess, der in Frankreich stattgefunden hat, nicht gerecht.

Angesichts dessen, was zum jeweiligen Verhandlungszeitpunkt beziehungsweise zum Zeitpunkt der jeweiligen Phase bekannt war und weltpolitisch geschah, kann man das Bestreben erkennen, eine solide Lösung für die religionskundliche Bildung an der Schule zu finden. Im Rahmen der Kontaktphase etwa

---

139 Vgl. etwa die Stellungnahme des FEN im Rahmen des Forschungsprojektes PRISME-SDRE in MESSNER, (Hg.), *La culture religieuse à l'école, Enquête, prises de position, pratiques européennes,* p. 245. Hier vertretener Ansicht nach kommt eine dezidierte Nennung der laïcité wie in jenem Dokument zu finden der Setzung eines CP gleich.

140 DEBRAY, *L'enseignement du fait religieux à l'école laïque* p. 22.

141 Zu denken wäre an Demonstrationen und ähnliches. Aus der Sicht der Religionsgemeinschaften stellte sich die Situation eines „Ultimatum Game" ein. Vgl. RAIFFA/RICHARDSON/METCALFE, *Negotiation Analysis,* pp. 72 – 75.

wurden Religionsgemeinschaften befragt und auch in der Pflegephase fand und findet – wenn auch lediglich auf wissenschaftlicher Basis – ein Austausch statt.

Dass der Meinungsaustausch zwischen Religionsgemeinschaften und staatlichen Organen sowie der Wissenschaft wichtig ist, muss im Rahmen der Implementierungs- und Pflegephase II weiter berücksichtigt werden. Die Sensibilisierung ist aber allseits vorhanden, dass interessierte Gruppierung insbesondere religiöser Ausrichtung einbezogen werden sollen. Ein Beispiel dafür ist der Rapport DEBRÉ, verfasst im Zusammenhang mit dem Gesetz vom 15. April 2004 zum Verbot der „signes portés ostensiblement". DEBRÉ hat bewusst Vertreterinnen des Islam befragen lassen und ihre Stellungnahmen in seinem Bericht berücksichtigt[142].

Weiter ist anzumerken, dass sich die Religionsgemeinschaften im Laufe der Zeit besser organisiert haben. Wenn ihre Organisation auch noch nicht jener der Angehörigen der „communauté éducative" entspricht, so ist doch eine klare Verbesserung festzustellen.

Als Fazit kann somit festgehalten werden, dass die Zeichen für eine stärker integrativ geführte Verhandlung gut stehen und damit weitere Gespräche zur religionskundlichen Bildung im Rahmen des bestehenden Schulangebotes auf verbesserter Grundlage stattfinden können.

2. Der Ausarbeitungsprozess des separierten Modells auf der Sekundarstufe I im Kanton Zürich

Richtigerweise muss von mehreren Prozessen gesprochen werden. Die beiden Ausarbeitungsprozesse für „Religion und Kultur" auf der Primar- und auf der Sekundarstufe unterscheiden sich grundsätzlich voneinander. Für die hier vorgenommene Untersuchung ist der Ausarbeitungsprozess des Modells auf der Sekundarstufe interessant. Er erstreckt sich über einen längeren Zeitraum, hat einen verhandlungsartigen Charakter und beruht auf einem mehrseitigen Interesse an der Veränderung des bisher unterrichteten Faches KoKoRu. Wie an anderer Stelle dargestellt, lässt sich der Ausarbeitungsprozess von „Religion und Kultur" auf der Primarstufe auf eine Sparmassnahme der Regierung zurückführen[143].

---

[142] Rapport de la mission d'information de l'Assemblée nationale présidée par Jean-Louis DEBRE, *La laïcité à l'école, Un principe républicain à réaffirmer,* Tome I, Odile Jacob, Paris, 2004.

[143] Vgl. Beschluss des Bildungsrates des Kantons Zürich vom 14. Juli 2003, *Schulblatt ZH* 118 (2003), p. 584.

Der Ausarbeitungsprozess auf der Sekundarstufe I enthält mehrere Phasen, die in sich geschlossen einen weiteren Verhandlungsprozess darstellen. Kern- und Implementierungsphase I finden mehrmals statt und werden jeweils durch einen neuen Bildungsratsbeschluss ausgelöst. Insofern ist es angebracht, von mehreren Prozessen zu sprechen. Der Titel des Kapitels weist aber darauf hin, dass der Ausarbeitungsablauf für die Sekundarstufe I als ein grosser Prozess mit möglichen Unterprozessen verstanden wird. Verweise auf den Ausarbeitungsprozess auf der Primarstufe werden dort gemacht, wo interessante und erkenntnisbringende Abweichungen bestehen.

A. Allgemeine Beobachtungen zum Erarbeitungsprozess im Kanton Zürich

Es fällt auf, dass die Religionsgemeinschaften vom ersten Schritt an Verhandlungspartner sind. Zunächst sind es die betroffenen Religionsgemeinschaften, die in Zusammenarbeit mit der Bildungsdirektion erste Schritte in Richtung Veränderung des bestehenden Bildungsangebotes unternehmen. Die Verhandlungsrunde wird dann auf weitere Religionsgemeinschaften ausgeweitet und erfährt in veränderter Form (Kontaktgruppe Religionen) eine erneute Erweiterung.

Ebenfalls auffällig ist, dass die Pädagogische Hochschule früh in der Gruppe mitarbeitet und auch Vertreter der Lehrerschaft als Gesprächspartner aufgenommen werden. Die Absicht, das neue Fach breit abzusichern, wird deutlich.

Das Rechtsgutachten von Prof. Dr. Tobias JAAG zum Obligatorium des neuen Faches gibt Leitlinien vor, die im Verhandlungsprozess als objektive Kriterien gelten könnten. Es entfällt somit – jedenfalls theoretisch und aus heutiger Sicht – die Verhandlung um die objektiven Bewertungsmassstäbe.

Eine letzte Beobachtung zeigt auf, dass die wissenschaftliche Qualität auch durch Hinzuziehen von Experten und im Bereich der religionskundlichen oder religiösen Bildung sowie durch zwei wissenschaftliche Tagungen gestärkt werden sollte. Auch hier handelt es sich um einen Beitrag an die wichtige Kategorie der objektiven Beurteilungskriterien, anhand derer die Inhalte diskutiert und Beiträge abgewogen werden können.

B. Kontextelemente nach SPANGLE/WARREN ISENHART

Die geltende Rechtsordnung ist Teil des Kontextelementes „structure“ und bestimmt den Rahmen, in dem der Verhandlungsprozess stattfindet. Der Kanton Zürich kennt das Kooperationsmodell zwischen Kirchen und Staat. Folglich besteht eine Tradition der Verhandlung zwischen diesen langjährigen Verhandlungspartnern. Ein weiteres wichtiges „structure“- Element ist der Verhandlungsort. Verhandlungen fanden am Sitz der staatlichen Behörden statt.

Das wichtigste Strukturelement für den hier untersuchten Verhandlungsprozess ist „relationship“, Beziehung. Durch die öffentlich-rechtliche Anerkennung einiger Religionsgemeinschaften sowie durch die Vorgeschichte des Faches „Religion und Kultur“ auf der Sekundarstufe I ist eine gute und vertiefte Beziehung zwischen Staat und den öffentlich-rechtlich anerkannten Religionsgemeinschaften vorhanden. Insbesondere gilt dies für die evangelisch-reformierte und die römisch-katholische Kirche. Durch die einfache Anerkennung hat der Kanton Zürich auch eine grössere Nähe zur Jüdischen Liberalen Gemeinde und zur Israelitischen Cultusgemeinde geschaffen. Anders sieht es in Bezug auf den Buddhismus, den Hinduismus und den Islam aus. Diese Gemeinschaften wurden zwar in der bildungsrätlichen Kommission berücksichtigt, stehen aber in keinem besonderen Verhältnis zum Staat. Dies gilt auch für die Freidenker-Vereinigung, die in die „Kontaktgruppe Religionen“ aufgenommen wurde. Das Institut der öffentlich-rechtlichen Anerkennung strukturiert somit das Beziehungselement und schafft – jedenfalls auf dem Papier – eine unterschiedliche Vertrautheit zwischen den Verhandlungspartnern.

Basierend auf der Art und Nähe der Beziehung bestehen unterschiedliche Formen von „interdependence“, Abhängigkeit. Dies gilt aber weniger für die Religionsgemeinschaften untereinander, als vielmehr für die Beziehung von Staat und jeweiliger Religionsgemeinschaft.

Die Art der Beziehung bestimmt auch das Strukturelement „communication“. Diese findet zumeist direkt in den Treffen der bildungsrätlichen Kommission und der „Kontaktgruppe Religionen“ statt. Es ist anzunehmen, dass auch andere Kommunikationsformen zum Einsatz kamen. Dennoch gilt: Der Verhandlungspartner hört, was er hören will, Missverständnisse sind häufig und daher ist die Beziehung, besser gesagt die gute Beziehung, zwischen den Verhandlungsparteien ein zentraler Aspekt.

Das Strukturelement „power“ ist im vorliegenden Kontext ebenfalls zu beachten. Die grösste Verhandlungsmacht besitzt der Staat. Er hat die Macht der endgültigen Entscheidung und der Umsetzung des Verhandlungsergebnisses. Aus dieser Stellung heraus und auch aus der Bedeutung, die rechtsstaatlichen Elementen in Zusammenhang mit religionskundlicher Bildung zukommt, sind die Strukturen staatlich geprägt.

Interkulturalität ist für den vorliegenden Verhandlungsprozess ein wichtiges Strukturelement. So sind mit den Vertretern des Hinduismus Angehörige von Kulturen Verhandlungspartner, die durchaus zu „high context cultures“ gehören. Auch das kollektivistische und das individualistische Gesellschaftsverständnis sind in der Gruppe vertreten, was zugleich heisst, dass unterschiedliche soziokulturelle Hintergründe bei den Verhandlungspartnern anzunehmen sind. Inwiefern sprachliche Unterschiede eine Herausforderung darstellen, kann nur in der konkreten Gesprächs- und Verhandlungssituation beurteilt werden, die hier nicht untersucht werden konnte. Da Missverständnisse und sprachliche Unklarheiten aber bereits in der Kommunikation von Verhandlungspartnern mit gleichem soziokulturellen Hintergrund und gleicher Sprache Tatsache sind, kann aus dem Unterschied bezüglich soziokultureller Herkunft auf Herausforderungen in der Kommunikation geschlossen werden.

C. *Berücksichtigte Parteien und Zeitpunkt der Berücksichtigung*

Der Verhandlungsprozess zur Ausarbeitung und Einführung von „Religion und Kultur“ auf der Sekundarstufe I weist eine spannende Entwicklung hinsichtlich Parteiberücksichtigung auf.

Aus dem Beschluss des Bildungsrates vom 15. August 2000 ergibt sich, dass eine Kontaktgruppe für den konfessionell-kooperativen Unterricht bestand[144]. Es ist aus dem entsprechenden Beschluss nicht eruierbar, ob die Mitglieder dieser Gruppierung in der Ausarbeitung der Projektskizze involviert waren oder nicht. Aus der Entwicklung des KoKoRu ist aber ein Beteiligung der drei öffentlich-rechtlich anerkannten Kirchen bekannt[145]. Es ist wahrscheinlich, dass die öffentlich-rechtlich anerkannten Kirchen zumindest zur Modellskizze von „Religion und Kultur“ befragt wurden und somit den weiteren Religionsgemeinschaften gegenüber einen Informationsvorsprung besassen.

Mit dem bildungsrätlichen Beschluss vom 26. Februar 2002, ergänzt durch den Beschluss des Bildungsrates vom 5. November 2002, trat die nächste Entwicklungsphase bezüglich Parteiberücksichtigung ein. Der Kreis der Verhandlungspartner weitete sich aus auf Vertreter der Sekundarschullehrkräfte, der Schweizerischen Buddhistischen Union, der Israelitischen Cultusgemeinde, der Vereinigung Islamischer Organisationen Zürich, des Sri-Sivasubramaniar-Tempels, der Bildungsdirektion und dem Bildungsrat sowie der Pädagogischen Hochschule. Zusammen mit den bisherigen Verhandlungspartnern, also der evangelisch-reformierten und der römisch-katholischen Kirche bildeten die vertretenen Gruppierungen die bildungsrätliche Kommission „Religion und Kultur“.

---

144 Beschluss des Bildungsrates des Kantons Zürich vom 15. August 2002, *Schulblatt ZH* 115 (2000), p. 544, nicht im Schulblatt publizierte Ziff. V.

145 Beschluss des Erziehungsrates vom 29. Oktober 1991, *Schulblatt ZH* 107 (1992), p. 12.

Eine zusätzliche Erweiterung der Verhandlungspartner erfolgte, als die bildungsrätliche Kommission „Religion und Kultur" in zwei neue Formen aufgeteilt wurde: in die „Kontaktgruppe Religionen" und die „Kontaktgruppe Schulfeld". Beide Kontaktgruppen erfuhren eine wesentliche personelle Erweiterung. Interessant ist, dass bezüglich der „Kontaktgruppe Schulfeld" nun auch die Schulpräsidenten, die Elternschaft und die grossen Lehrerverbände berücksichtigt wurden. Die „Kontaktgruppe Religionen" wurde ebenfalls eindrücklich erweitert und um Vertreter der Universität Zürich, der christkatholischen Kirche, der christlich-orthodoxen Kirche, der Jüdischen Liberalen Gemeinde sowie der Freidenker-Vereinigung ergänzt. Zudem wurde anstelle des Vertreters des Sri-Sivasubramaniar-Tempels je ein Verteter des tamilischen und indischen Hinduismus in die „Kontaktgruppe Religionen" aufgenommen.

Die Erweiterung kann als Ergebnis der gesellschaftlichen und politischen Veränderungen sowie als Ausdruck des Willens zu möglichst breiter Abstützung des Faches gewertet werden. Kritisch ist anzumerken, dass durch die mehrmalige Änderung der Zusammensetzung der Verhandlungsgruppe der Beziehungsaspekt zu leiden hat. Jene Vertreter, die den Prozess längere Zeit mitgestaltet haben, kennen sich besser als neue Mitglieder. Auch der Informationsstand ist unterschiedlich, da die neuen Verhandlungspartner den Erarbeitungsprozess – insbesondere nach der Umwandlung der bildungsrätlichen Kommission in zwei „Kontaktgruppen" in Hinblick auf die Implementierungsphase II und Pflegephase – nicht mitgestaltet haben. Dass ein Lernprozess stattfand und der Kreis der Verhandlungspartner erweitert wurde, ist positiv zu werten. Zu bedauern ist, dass der am Ende bestehende Kreis nicht die Chance hatte, von Anfang in dieser Zusammensetzung zu arbeiten.

Keine Berücksichtigung im Rahmen des Ausarbeitungsprozesses fanden Vertreter der Schüler.

D. Die fünf Phasen des Verhandlungsprozesses im Kanton Zürich

a) Vorbemerkungen

Die Unterteilung des Gesamtprozesses ist schwierig, da er sich aus mehreren Unterprozessen zusammensetzt. Zwei Gründe sind dafür anzuführen. Der Hauptgrund liegt in der Machtverteilung. Der Staat hat die Entscheidungsgewalt und jede seiner Entscheidungen schliesst einen Teil des Verhandlungsprozesses ab, eröffnet aber zugleich einen neuen. Der zweite Grund ist in der wechselnden Zusammensetzung der Verhandlungspartner zu sehen. Die beiden Erweiterungen der Verhandlungspartner zogen jeweils eine neue Kontaktphase nach sich.

Die fünf Phasen sollen für die vorzunehmende Analyse folgendermassen aufgeteilt werden:

Vorbereitungsphase	1999 – 2002 Die Vorbereitungsphase beginnt mit den ersten Gesprächen nach der Ko-KoRu-Umfrage und endet mit dem Beschluss, die Kommission „Religion und Kultur" ins Leben zu rufen[146].
Kontaktphase	2002 Die Kontaktphase beginnt mit der ersten Tagung der Kommission und endet nach der ersten Erweiterung der Mitgliederzahl[147].
Kernphase	2002 – 2006 Die Kernphase beginnt mit der Expertentagung vom 16. Dezember 2002 an der Universität Zürich und endet mit der Genehmigung des Lehrplanes durch den Bildungsrat[148].

146 Beschluss des Bildungsrates des Kantons Zürich vom 13. September 2001, *Schulblatt ZH* 116 (2001), p. 699, Ziff. IV.

147 Beschluss des Bildungsrates des Kantons Zürich vom 5. November 2002, *Schulblatt ZH* 117 (2002), p. 699.

148 Beschluss des Bildungsrates des Kantons Zürich vom 27. Februar 2006, p. 3, Ziff. I.

Vereinbarungsphase und Implementierungsphase I	2006 Die Vereinbarungsphase beginnt mit der Lehrplangenehmigung und der Einführungsfreigabe von „Religion und Kultur" auf das Schuljahr 2007/2008 hin[149]. Sie endet mit der Überführung der Kommission „Religion und Kultur" in neue Strukturen[150].
Implementierungsphase II (Pflegephase)	2007 – ? Die Pflegephase beginnt mit der Überführung der bildungsrätlichen Komission „Religion und Kultur" in die „Kontaktgruppe Religionen" und die „Kontaktgruppe Schulfeld"[151].

b) Vorbereitungsphase: 1999 – Februar 2002

Die Ergebnisse der Umfrage zum KoKoRu von 1998 gaben den Anstoss zur Weiterentwicklung des bestehenden Faches, wobei anzunehmen ist, dass die im Beschluss des Bildungsrates vom 15. August 2000 erwähnte Kontaktgruppe für den konfessionell-kooperativen Religionsunterricht in irgendeiner Form in die Ausgestaltung der ersten Projektskizze miteinbezogen wurde[152]. Parallel dazu liess der Bildungsrat ein Rechtsgutachten zur Frage des Obligatoriums eines religionskundlichen Faches erstellen. Der Bildungsrat nahm vom Modell für ein obligatorisches, religionskundliches Fach am 15. August 2000 zustimmend

149 Beschluss des Bildungsrates des Kantons Zürich vom 4. Dezember 2006, p. 3, Ziff. III.

150 Beschluss des Bildungsrates des Kantons Zürich vom 4. Dezember 2006, p. 3, Ziff. VII.

151 Beschluss des Bildungsrates des Kantons Zürich vom 4. Dezember 2006, p. 3, Ziff. VII.

152 Beschluss des Bildungsrates des Kantons Zürich vom 15. August 2002, *Schulblatt ZH* 115 (2000), p. 544, Ziff. V. Die Kontaktgruppe für den konfessionell-kooperativen Religionsunterricht wird dort als Mitteilungsempfängerin erwähnt. Aus dem Beschluss selbst lässt sich kein Beleg über eine aktive Zusammenarbeit entnehmen.

Kenntnis[153] und führte sowohl eine Vernehmlassung als auch eine Synodalbegutachtung durch.

Per 13. September 2001 präsentierte der Bildungsrat die Vernehmlassungsergebnisse und fällte den Grundsatzentscheid, dass „Religion und Kultur" den KoKoRu auf der Oberstufe ablösen sollte[154]. Zur Ausarbeitung des Fachinhaltes rief er die Kommission „Religion und Kultur" ins Leben[155]. Mit dem Beschluss vom 26. Februar 2002 legte er die personelle Zusammensetzung der bildungsrätlichen Kommission „Religion und Kultur" fest[156].

In den knapp drei Jahren der beschriebenen Vorbereitungsphase ging es zunächst um Informationsbeschaffung. Die Umfrage-Ergebnisse von 1998 hatten den Handlungsbedarf vor Augen geführt und auch die Probleme des bisherigen Modelles aufgezeigt. In einem ersten „Unterprozess" erarbeiteten die drei Verhandlungspartner ein Modell für ein obligatorisches, religionskundliches Fach. Dieses Modell unterbreiteten sie einer grösseren Öffentlichkeit zur Begutachtung und luden zur Stellungnahme ein. Ziel war wiederum die Informationsbeschaffung über den Verhandlungsgegenstand. Die Vernehmlassungsantworten liessen Rückschlüsse auf die derzeitigen Probleme und die Erwartungen der Betroffenen und Interessierten zu. Das Rechtsgutachten zur Obligatoriumsfrage von Prof. Dr. JAAG lieferte die nötigen rechtlichen Informationen. Hier ging es aber weniger um die praktischen Probleme des Schulalltags, sondern um die objektive Rechtslage in Bezug auf ein obligatorisches religionskundliches Fach.

c) Kontaktphase: 2002

Die bildungsrätliche Kommission, die per 26. Februar 2002 personell festgelegt wurde, tagte unter dem Vorsitz von Prof. Dr. Jürgen OELKERS mehrmals. Das Mandat der Vertreter von sechs Religionsgemeinschaften sowie zweier Mitglieder der Bildungsdirektion (Prof. Dr. OELKERS sowie ein weiterer Vertreter) umfasste folgende Punkte:

---

153 Beschluss des Bildungsrates des Kantons Zürich vom 15. August 2002, *Schulblatt ZH* 115 (2000), p. 544, Ziff. I.

154 Beschluss des Bildungsrates des Kantons Zürich vom 13. September 2001, *Schulblatt ZH* 116 (2001), p. 699, Ziff. II.

155 Beschluss des Bildungsrates des Kantons Zürich vom 13. September 2001, *Schulblatt ZH* 116 (2001), p. 699, Ziff. IV.

156 Beschluss des Bildungsrates des Kantons Zürich vom 26. Februar 2002, *Schulblatt ZH* 117 (2002), p. 251.

1. Erarbeitung eines Detailkonzepts für das neue Fach „Religion und Kultur“
2. Definition von Teilaspekten des Modells (Lehrplan, Lehrpersonen und Ausbildung, Lehrmittel, Projekttage)
3. Auftragserteilung an Subkommissionen und Einzelpersonen
4. Hinzuziehen von Experten
5. Erarbeitung eines Vorschlags zur Überführung des KoKoRu in das neue Fach „Religion und Kultur“

Die bildungsrätliche Kommission wurde per Beschluss vom 5. November 2002 um einen Vertreter der Pädagogischen Hochschule sowie zwei Vertreter der Schulsynode erweitert[157].

Da in die entsprechenden Sitzungsprotokolle nicht Einsicht genommen werden konnte, kann über die konkrete Gestaltung der Kontaktphase nicht mehr gesagt werden. Generell gilt, dass es in dieser Phase um erste Begegnungen ging, die Grundsätzliches klären und einen wichtigen Beitrag zum Verhandlungsklima leisten sollten. Durch die Erweiterung der Kommission „Religion und Kultur“ per 5. November 2002 wurde der Prozess der Kontaktnahme und des Kennenlernes verlängert.

d) Kernphase: 2002 – 2006

Am 16. Dezember 2002 fand an der Universität Zürich eine internationale Expertentagung zum Thema „Religion und Kultur“ statt. Verschiedene Ansätze religionskundlicher Bildung wurden präsentiert, auf Herausforderungen und Probleme hingewiesen. Ende Januar 2004 fand eine weitere Tagung statt, wobei diesmal das Zürcher Modell „Religion und Kultur“ präsentiert und diskutiert wurde[158]. Das Fach gewann so weiter an Ecken und Kanten.

Die bildungsrätliche Kommission reichte dem Bildungsrat vier Unterlagen zu „Religion und Kultur“ ein, von denen der Bildungsrat in seinem Beschluss vom 23. August 2004 Kenntnis nahm[159]. Er hielt in diesem Beschluss die Eckwerte des neuen Faches fest und erteilte der Bildungsdirektion in Zusammenarbeit mit der Pädagogischen Hochschule Zürich und der Lehrerschaft den Auftrag zur

---

157 Beschluss des Bildungsrates des Kantons Zürich vom 5. November 2002, *Schulblatt ZH* 117 (2002), p. 699.

158 Die Tagungsbeiträge wurden in folgendem Band herausgegeben: KUNZ, Ralph, PFEIFFER, Matthias, FRANK-SPÖRRI, Katharina, FUISZ, Jozsef (Hg.), *Religion und Kultur – Ein Schulfach für alle?*, Theologischer Verlag Zürich, Zürich, 2005.

159 Beschluss des Bildungsrates des Kantons Zürich vom 23. August 2004, p. 4.

Lehrplanerarbeitung bis Herbst 2005[160]. Mit Beschluss vom 27. Februar 2006 wurde der ausgearbeitete Lehrplan genehmigt[161].

Die Kernphase besteht genau betrachtet aus zwei Verhandlungsprozessen, die jeweils durch einen bildungsrätlichen Beschluss abgeschlossen werden. Zunächst wurde das Detailkonzept ausgearbeitet. Diese Arbeit endete mit dem Beschluss vom 23. August 2004. Anschliessend hatte die bildungsrätliche Kommission den Lehrplan festzulegen. Dieser zweite Ausarbeitungsprozess fand mit dem Beschluss vom 27. Februar 2006 den Abschluss.

e) Vereinbarungsphase und Implementierungsphase I: 2006

Mit dem Beschluss des Lehrplans vom 27. Februar 2006 begann die Vereinbarungs- und Implementierungsphase I. Bereits am 4. Dezember 2006 legte der Bildungsrat die Details der Einführung von „Religion und Kultur" fest[162]. „Religion und Kultur" soll den KoKoRu ablösen und ein obligatorisches Schulfach sein. Das neue Fach kann auf Schuljahr 2007/2008 hin eingeführt werden. Auf 2011/2012 hin ist die Einführung obligatorisch[163]. Sämtliche Lehrpersonen, die das Fach unterrichten, müssen an der PHZH eine Unterrichtsbefähigung erwerben.

Unter Ziffer VII beschloss der Bildungsrat die Auflösung der bildungsrätlichen Kommission „Religion und Kultur" und erklärte: „Die verschiedenen Glaubensgemeinschaften werden in eine neue Projektstruktur eingebunden."[164]

An diesem Punkt des Verhandlungsprozesses zeigt sich der wichtigste Unterschied zu Verhandlungen im Bereich des Privatrechts. Der Staat hat die Entscheidungsgewalt und die Verantwortung für die Umsetzung des Beschlossenen. Die Vereinbarungs- und Implementierungsphase ist dadurch gekennzeichnet, dass die ausgehandelten Übereinkünfte schriftlich festgehalten werden und die Umsetzung eingeleitet wird. Im Rahmen der Implementierungsphase ist es möglich, dass Probleme auftreten, die in den Erstverhandlungungen nicht berücksichtigt wurden und die eine Neuverhandlung erfordern würden. Indem

---

160 Beschluss des Bildungsrates des Kantons Zürich vom 23. August 2004, p. 11, Ziff. II.

161 Beschluss des Bildungsrates des Kantons Zürich vom 27. Februar 2006, p. 3, Ziff. I.

162 Beschluss des Bildungsrates des Kantons Zürich vom 4. Dezember 2006.

163 Beschluss des Bildungsrates des Kantons Zürich vom 4. Dezember 2006, p. 3. Ziff. III.

164 Beschluss des Bildungsrates des Kantons Zürich vom 4. Dezember 2006, p. 3, Ziff. VII.

der Staat allerdings die entscheidende Position innehat und die Umsetzung des neuen Faches durch die Ausbildung der entsprechenden Lehrkräfte von einer staatlichen Fachhochschule getragen wird, ist die Implementierung selbst keine im Rahmen der bildungsrätlichen Kommission verhandelbare Angelegenheit mehr.

Folglich löste der Bildungsrat die bildungsrätliche Kommission „Religion und Kultur" in der bestehenden Form auf und überführte die Vertretungen der Religionsgemeinschaften in eine neue Struktur – die „Kontaktgruppe Religionen".

f) Implementierungsphase II (Pflegephase): 2007 – ?

Die Implementierungsphase II, die so genannte Pflegephase, begann zeitgleich mit der Implementierungsphase I, der eigentlichen Umsetzung. Die Pflegephase ist zum Zeitpunkt des Arbeitsabschlusses (Dezember 2010) noch nicht zu Ende. Es ist auch nicht möglich, aus heutiger Sicht zu beurteilen, ob sie mit der obligatorischen Einführung des Faches auf das Schuljahr 2011/2012 hin abgeschlossen wird oder ob es zu Neuverhandlungen über Vereinbartes kommen wird. Daher soll auf die Setzung eines fiktiven Datums verzichtet werden und an dessen Stelle das Fragezeichen stehen.

Im Zusammenhang mit der Bildung der „Kontaktgruppe Religionen" kam es zu einer grossen Erweiterung der beteiligten Parteien. Zu den bereits bestehenden kamen weitere hinzu: die christkatholische Kirche, die christlich-orthodoxen Kirchen, die indische Tradition des Hinduismus, die tamilische Tradition des Hinduismus, die Jüdische Liberale Gemeinde und die Freidenker-Vereinigung sowie zwei Vertreter der Universität Zürich (aus den Fachbereichen Religionswissenschaft und Religionspädagogik).

Geht es um die Tätigkeit der neu entstandenen „Kontaktgruppe Religionen" und „Kontaktgruppe Schulfeld", so lässt sich diese als tatsächliches Element der Pflegephase beschreiben. Zum einen können so der Kontakt und die Beziehung weiter gepflegt werden. Zum anderen ist mit der Kontaktgruppe Religionen auch eine bereits bestehende Gruppierung vorhanden, die Rückmeldungen zum laufenden Implementierungsprozess geben kann. Ein gutes Beispiel dafür ist die Gutachterfunktion, welche die „Kontaktgruppe Religionen" hinsichtlich des Detailkonzeptes für das neue Lehrmittel auf der Primarstufe wahrnahm[165]. Der Ausarbeitungsprozess der Lehrmittel betrifft andere Verhandlungspartner – die Pädagogische Hochschule sowie die kantonale Lehrmittelkommission – und wird daher hier nicht vertieft behandelt.

---

165 Beschluss des Bildungsrates des Kantons Zürich vom 28. Mai 2009, *Schulblatt ZH* 124 (2009), p. 72.

Trotz aller Vorteile kritisch zu beurteilen ist die Erweiterung der ursprünglichen Verhandlungspartner um weitere, nicht bereits in der Kernphase beteiligte Gruppierungen. An sich ist dies lobenswert, da es auf einen Lernprozess und auf ein Bemühen schliessen lässt, das Fach möglichst breit abzustützen. Andererseits musste eine erneute Kontaktphase eingeschaltet werden und die Aufgabe der Kontaktgruppe musste und muss neu und klar definiert werden, damit die Gleichstellung der Mitglieder gewährleistet ist.

E. „Bargaining zone" und Verhandlungsmethode

Auch im hier betrachteten Verhandlungsprozess bestehen zwei RPs: die jeweilige beste Alternative (BATNA) als untere Grenze und sowie die Grenze des staatskirchenrechtlichen Kooperationsmodells (beziehungsweise das Gebot staatlicher Neutralität) als oberer RP.

Aus staatlicher Sicht stellt die BATNA wohl die ersatzlose Streichung eines religionskundlichen Bildungsangebotes dar. Die religiöse Neutralität verbietet es dem Staat, religiösen Unterricht selbst anzubieten. Der KoKoRu als bestehende Lösung zeigte sich als unbefriedigender Weg[166]. Zugleich aber hat der Staat durchaus Interesse an Bürgern, welche die Kompetenz zu tolerantem Zusammenleben in der multikulturellen Gesellschaft erworben haben. Die Sicherung des religiösen Friedens ist ein wichtiges Anliegen des demokratischen Staates. Zu welchen Kompromissen der Staat letztlich in Hinblick auf die Förderung von Toleranz in der Gesellschaft bereit ist, wäre vermutlich eine Frage der Aktualität dieser Frage. Das grundsätzliche Interesse des Staates an religionskundlicher Bildung ist die Voraussetzung dafür, dass Verhandlungen überhaupt stattfinden.

Die bisherigen Partner in Zusammenhang mit dem KoKoRu, die evangelisch-reformierte und die römisch-katholische Kirche, sind offensichtlich am Erhalt eines Bildungsangebotes interessiert, das Religion thematisiert. Mit dem KoKoRu war es ihnen lange Zeit möglich, nicht nur ein religiöses Bildungsangebot innerhalb der Stundentafel anzubieten, sondern auch vier Halbtage während des Schuljahres für Projektarbeit zu verwenden. Ein Beleg dafür, dass ihnen viel am neuen Bildungsangebot gelegen ist, ist etwa die Tatsache, dass die Kirchen offensichtlich bereit waren, auf die genannten vier KoKoRu-Halbtage zu verzichten. Als Verhandlungspartei in schwächerer Position als der Staat bleibt als BATNA lediglich der Rechtsweg offen.

---

[166] ROOS, Markus, BÜELER, Xaver, *Konfessionell-kooperativer Religionsunterricht. Auswertung einer Umfrage*, Forschungsbereich Schulqualität und Schulentwicklung der Universität Zürich, Zürich, 1998.

Die Verhandlungsmethode ist leider nicht einsehbar. Aus der ungleichen Machtverteilung zugunsten des Staates könnte der Schluss gezogen werden, dass kein integratives Verhandeln stattfand. Dies wäre aber vorschnell, da das staatliche Verhalten im konkreten Prozess durchaus auch partnerschaftlich gewesen sein könnte. Dies verändert die abschliessende Entscheidungskompetenz des Staates nicht, wohl aber das Verhandlungsklima während der Gespräche. Inwiefern Konkurrenzverhältnisse oder gute Übereinkunft zwischen den Religionsgemeinschaften besteht, ist ebenfalls nicht eruierbar. Aus dem Weiterbestehen eines Gesprächskreises in der Form der „Kontaktgruppe Religionen" kann man aber schliessen, dass durchaus Interesse an weiterer Zusammenarbeit zwischen Staat und Religionsgemeinschaften besteht. Die Tatsache, dass der Pflegephase Rechnung getragen wird, ist bereits positiv zu werten. Inwiefern daraus aber Rückschlüsse auf die gewählte Verhandlungsmethode gezogen werden können, ist fraglich.

F. Analyseergebnis

Aus der Analyse des Verhandlungsprozesses lässt sich insbesondere das Bemühen ablesen, das neue Fach möglichst breit abzustützen und verschiedene Interessen zu berücksichtigen. Hinweise darauf sind etwa die dreimalige Erweiterung des Kreises der Verhandlungspartner und die beiden wissenschaftlichen Tagungen.

Diesem Bemühen scheint ein grosses Interesse des Staates an einer Bildung zugrunde zu liegen, welche die Jugendlichen auf ihre Mitverantwortung und Mitgestaltung in der Gesellschaft vorbereiten soll[167]. Im Unterschied zum Ausarbeitungsprozess des integrierten Modells für den Grossteil Frankreichs wurden die Kinder und Jugendlichen als Direktbetroffene nicht am Ausarbeitungsprozess von „Religion und Kultur" beteiligt. Anhaltspunkte für mögliche Gründe sind nicht vorhanden und es ist auch nicht klar, ob seitens der Kinder und Jungendlichen zum einen Interesse bestanden hätte und ob es Organisationsstrukturen der Schülerorganisationen an den einzelnen Schulen gäbe, die eine kantonale und repräsentative Schülervertretung ermöglichen würde. Wie dieser Einbezug zu gestalten gewesen wäre, wäre eine weitere offene Frage.

167 „Der Vorstoss im Kanton Zürich wird von der Bildungspolitik getragen. Es sind nicht die Kirchen oder kirchlich engagierte Politiker, es ist auch keine theologische Reformpädagogik, die sich zu Wort meldet, es ist eine bildungs- und staatspolitisch verantwortete Reform, die in Kooperation mit den Religionsgemeinschaften umgesetzt werden soll." JÖDICKE, *„Religion und Kultur" – ein religionswissenschaftlicher Kommentar*, in: KUNZ/PFEIFFER/FRANK-SPÖRRI/FUISZ, (Hrsg.), *Religion und Kultur – Ein Schulfach für alle?*, p. 209.

Der Zürcher Verhandlungsprozess hat rückblickend durchaus Verbesserungspotential. So wäre es wünschenswert gewesen, dass bereits per 26. Februar 2002 sämtliche spätere Mitglieder der „Kontaktgruppe Religionen" berücksichtigt worden wären[168]. Dazu ist aber zu sagen, dass die Diskussion um religionskundliche Bildung grundsätzlich jüngeren Datums ist und die entsprechenden Erfahrungen (noch) fehlen. Es lässt sich aber festhalten, dass der in Zürich laufende Erarbeitungsprozess in die richtige Richtung geht.

VI. Fazit der vorgenommenen Analysen

1. Zusammenfassung und Interpretation der Analyseergebnisse

Aus den Analysen der beiden Ausarbeitungsprozesse lassen sich zwölf Punkte festhalten, die in beiden Prozessen Schwierigkeiten bereitet oder zumindest Herausforderungen dargestellt haben. Sie lassen sich unter den vier Stichworten „Grundkenntnisse", „zu regelnde Aspekte", „Beziehung" und „Machtverteilung" zusammenfassen.

A. Grundkenntnisse

Vier Punkte können unter dem Stichwort „Grundkenntnisse" genannt werden.

Schwierigkeiten traten dort auf, wo der rechtliche Rahmen sowohl für den Verhandlungsgegenstand als auch den Ausarbeitungsprozess selbst nicht allen Beteiligten klar war. Im Sinne einer effizienten Vorgehensweise sind die Kenntnisse der relevanten rechtlichen Bestimmungen eine wichtige Voraussetzung.

Ebenfalls herausfordernd sind die fehlenden Kenntnisse eines Verhandlungsablaufs an sich. In Hinblick auf ERBACHERs Modell wäre es zudem wünschenswert, dass die Verhandlungspartner von Anfang an möglichst vollzählig beteiligt sind. Erst dann kann der Prozess in seinen fünf Phasen ideal ablaufen.

Mit der Kategorie der „commitment points" (CP) hat KOROBKIN einem Phänomen einen Namen gegeben, das in beiden Verhandlungsprozessen hemmende Wirkung entfaltet. Grundwissen über die Konsequenzen eines CPs und aufgrund dieses Wissens das Bemühen um die Vermeidung derselben hilft ebenfalls effizientem Vorwärtskommen.

168 Beschluss des Bildungsrates des Kantons Zürich vom 26. Februar 2002, *Schulblatt ZH* 117 (2002), p. 251.

Ebenfalls zeigt sich, dass dort, wo Ansätze integrativen Verhandlens vorhanden sind, die Zeichen für eine zufriedenstellende Lösung gut stehen. Insofern ist auch Grundkenntnis über die ideale Verhandlungsführung sinnvoll.

B. Festlegung von Regeln

Zwei Punkte sind unter dem Stichwort „Festlegung von Regeln" anzusprechen.

In beiden Prozessen zeigt sich zum einen, dass es sinnvoll ist oder gewesen wäre, die Verwendung von Begriffen wie „laïcité" oder „religionskundliche Bildung" im Voraus festzulegen. Unter Umständen würde dies zu einem Mehraufwand im Vorfeld der eigentlichen Verhandlungen führen. Hier vertretener Ansicht nach lohnt sich dieser Aufwand, da in der Folge der eigentliche Ausarbeitungsprozess im Anschluss keine Verlangsamung durch unterschiedliche Begriffe erfährt.

Dort, wo um Positionen gefochten wird, stockt der Prozess in beiden verglichenen Fällen. Die Konzentration auf die gemeinsamen Interessen unter Berücksichtigung dessen, was machbar ist, würde nach FISHER/URY/PATTON zu einem besseren und solideren Ergebnis führen.

C. Erster zentraler Kontext-Aspekt: Beziehung

Drei Aspekte dieses ersten und zentralen Kontextelementes sind zu nennen.

In beiden Prozessen zeigt sich, dass der letzten Etappe in ERBACHERs Modell, der Implementierungs- und Pflegephase, zu wenig Beachtung geschenkt wird. Man kann sogar sagen, dass die Rückstufung der Bedeutung religionskundlicher Bildung in den heute geltenden französischen Lehrplänen durch genügend Beachtung der Pflegephase zumindest hätte eingedämmt werden können. In Bezug auf den Kanton Zürich muss gesagt werden, dass der Prozess noch nicht abgeschlossen ist und somit die Türe für eine gelingende Pflegephase noch offen steht.

Sowohl KOROBKIN als auch FISHER/URY/PATTON legen Wert auf die Existenz einer BATNA. Beide Prozesse zeigen aber die Abwesenheit einer BATNA, welche die Beziehungen schützt. Wenn die BATNA im Rechtsweg besteht, so ist nicht davon auszugehen, dass diese „best alternative" die Beziehungen schützt. Vielmehr steht sie einem erfolgreichen Ergebnis, das auf weitere Zusammenarbeit hoffen lässt, entgegen.

Aus Sicht der Verhandlungsmethode nach FISHER/URY/PATTON ist die Einfügung informeller Treffen und Aktivitäten wünschenswert. Gerade diese ermöglichen den Aufbau solider und guter Beziehungen, was sich wiederum in den Phasen sachlicher Verhandlung positiv auswirkt. In beiden Prozessen sind solche Momente aber zumindest nicht dokumentiert.

D. Zweiter zentraler Kontext-Aspekt: Machtverteilung

Unter dem Stichwort „Machtverteilung" lassen sich drei Punkte zusammenfassen:

Zum einen ist die Machtverteilung schlicht und einfach zu beachten. Dass der Staat eine starke Machtstellung hat und im konkreten Fall auch die Letztentscheidung treffen muss, ist eine Tatsache, die jedem Verhandlungsteilnehmer bewusst zu sein hat. In diesem entscheidenden Punkt unterscheidet sich das hier untersuchte Verhandlungshandeln zu privatrechtlichem Verhandeln. Es gibt keine völlige Gleichheit der Verhandlungspartner.

In diesem Zusammenhang ist auch die BATNA erneut zu erwähnen. Wie FISHER/URY/PATTON ausführen, ist eine gute BATNA zwar ein Element solider Verhandlungsstärke[169]. Sie ist aber kein Mittel, durch das ein Verhandlungspartner zu einem bestimmten Ergebnis gezwungen werden kann.

Und als dritter Punkt: In beiden Prozessen findet der Austausch (sofern er stattfindet oder einsehbar ist) in staatlicher Umgebung statt. Die Chance, unterschiedliche Orte für die Verhandlungstreffen zu wählen, wurde nicht genutzt. Ein beispielsweise rotierender Verhandlungsort hätte zu sowohl einem guten Umgang mit der starken Machtposition des Staates als auch einem informellen Moment des Kennenlernens führen können.

2. Sieben Empfehlungen für die zukünftige Ausarbeitung religionskundlicher Bildungsangebote an den öffentlichen Schulen der Schweiz

A. Möglichst vollständige und frühe Parteibeteiligung

Aus den hier vorgenommenen Analysen lässt sich zur Frage der Parteibeteiligung ein einfaches Fazit ziehen: Der Einbezug sämtlicher Akteure – inklusive der Religions- und Weltanschauungsgemeinschaften sowie einer Vertretung der Schülerschaft – ist entscheidender für den Erfolg einer Form religionskundlicher Bildung an den öffentlichen Schulen als das zur Diskussion stehende Modell an sich. Dies hat zwei Konsequenzen:

[169] FISHER/URY/PATTON, *Harvard-Konzept*, pp. 141 ff. sowie insbesondere p. 147.

Der Staat ist gehalten, sich frühzeitig Gedanken über mögliche Interessensvertreter und potentielle Verhandlungspartner zu machen. Seine starke Verhandlungsposition hat er im Dienste einer effizienten und nach integrativen Prinzipien geführten Verhandlung beispielsweise im Rahmen des Vorverfahrens eines Rechtsetzungsprojektes einzubringen.

Interessenverbände und Religionsgemeinschaften als potentielle Verhandlungs- oder Gesprächspartner haben aber ebenfalls Bedingungen zu erfüllen, damit sie als Verhandlungspartner am Ausarbeitungsprozess beteiligt werden können. Die Verbände der Lehrer-, Schüler-, und Elternschaft sind in der Regel bereits gut organisiert und mit dem rechtlichen Rahmen der Schule vertraut. Anders sieht es oftmals bei den Religionsgemeinschaften aus. Wollen sie als Verhandlungspartner am Prozess teilnehmen, ist es unabdingbar, dass sie sich so organisieren, dass sie tatsächliche Verhandlungspartner sind.

B. Klärung der starken Verhandlungsposition des Staates

Für den Staat ist entscheidend, dass er seine Machtposition beibehält. Diese starke Verhandlungsposition aber muss sämtlichen Partnern bekannt sein.

Der Staat ist jene Instanz, welche die Verhandlung führt, zur Verhandlung einlädt und die Verhandlung per Entscheid beendet. Seine Position führt aber auch zur Bejahung von Verantwortung. Es wäre fahrlässig, würde er aus dieser Position heraus lediglich ein Pro-Forma-Verhandlungsverfahren abwickeln und nach Abschluss dessen dennoch tun, was er möchte. Damit würde er den Verhandlungspartnern den nötigen Respekt vorenthalten und damit auch den wichtigen Aspekt der Beziehungspflege vernachlässigen. Der Staat hat sich im Verhandlungsprozess als Verhandlungsführer und -partner zu verhalten, der seinen Verhandlungspartnern Respekt und Wertschätzung entgegenbringt.

C. Bestimmung von Regeln für den Verhandlungsprozess

Was für Verhandlungen zwischen Parteien derselben kulturellen Herkunft gilt, hat in Zusammenhang mit interkulturellen Verhandlungen noch grössere Bedeutung: die Definition von Regeln. In erster Linie ist an Sprachregelungen zu denken, die festhalten, wie bestimmte Begriffe in der anstehenden Verhandlung verstanden werden. Sind Begriffe wie etwa „religionskundliche Bildung“ geklärt, nimmt die Gefahr von grundlegenden Missverständnissen ab.

Weiter ist es sinnvoll, die Kommunikationsformen sowie den vorgesehenen Prozessablauf festzuhalten. Welche Regeln festgelegt werden müssen, ist im Einzelfall zu klären.

D. Sicherstellung gleicher Grundkenntnisse in Bezug auf den rechtlichen Rahmen

Voraussetzung für effizientes Verhandeln ist ein gleiches Kenntnisniveau hinsichtlich der rechtlichen Rahmenbedingungen, in die sich ein zu diskutierendes Modell religionskundlicher Bildung einfügt. Die Grundkenntnisse haben das jeweilige staatskirchenrechtliche Modell sowie die Interpretation der Glaubens- und Gewissensfreiheit durch das Bundesgericht und den EGMR zu umfassen. Dies bedeutet auch dass die positive sowie die negative Religionsfreiheit, das Recht auf Bildung und die jeweiligen Grundwerte eines Bildungssystems als „reservation points" der Verhandlungszone bekannt sind.

Die Sicherstellung eines vergleichbaren Kenntnisniveaus der Verhandlungsparteien könnte eine Aufgabe des Staates sein, zu deren Erfüllung ihn seine starke Verhandlungsposition und seine verhandlungsführende Rolle prädestiniert. Den übrigen Verhandlungspartnern obliegt die Pflicht, sich die entsprechenden Kenntnisse anzueignen.

E. Vermeidung von „commitment points"

Wie gezeigt wurde, gefährdet die Setzung von „commitment points" (CP) den Verhandlungsprozess. Jede Verhandlungspartei sollte sich darum bemühen, solche CPs zu vermeiden. Diese Empfehlung betrifft in erster Linie die Handlungen einer Partei gegenüber Dritten. In Bezug auf die Religions- und Weltanschauungsgemeinschaften ist etwa an verbindliche Stellungnahmen der Verantwortlichen gegenüber den anderen Mitgliedern der Gemeinschaft oder gegenüber der Presse zu denken. Solche Festlegungen stellen eine unnötige und für den Ausarbeitungsprozess gefährliche Begrenzung der Verhandlungszone dar.

F. Verhandlungsführung nach der integrativen Methode

Nebst der Kenntnis der rechtlichen Rahmenbedingungen ist es unabdingbar, dass sich Partner auf die Art der Verhandlungsführung einigen. Für religiöse Themen eignet sich zwar die integrative Methode am besten, dennoch ist oftmals nicht klar, wie diese Methode genau aussieht und wie sie im konkreten Prozess angewendet werden soll. Die Empfehlung „Verhandlungsführung nach der integrativen Methode" hat somit zwei Aspekte: Der eine betrifft das Wissen um den Inhalt integrativen Verhandelns, der andere die Entscheidung für die Verhandlungsführung nach ebendieser Methode.

Was das Grundwissen in Bezug auf die Verhandlungsmethode anbelangt, ist es wiederum der Staat als verhandlungsführende und verhandlungsstärkste Partei, der beispielsweise in Form eines allen zugänglichen Handbuches die Grundprinzipien integrativen Verhandelns vermitteln kann. Der Entscheid für die Verhandlungsführung nach der integrativen Methode ist dann ein eigener Verhandlungsgegenstand.

G. Pflege der Beziehungen der Verhandlungspartner

Die letzte Empfehlung ist zugleich die wichtigste und jene mit der grössten Tragweite: Die Beziehungen zwischen Staat, Interessens-, Religions- und Weltanschauungsgemeinschaften sollen gepflegt werden. Dies geschieht durch informelle Aktivitäten, durch einen festgelegten Turnus des Verhandlungsortes und durch eine ständige Kultur des gegenseitigen Austausches. Stabile und von Vertrauen geprägte Beziehungen zwischen den Verhandlungspartnern benötigen Zeit und Pflege, um entstehen zu können.

Da die Verhandlungsfelder zwischen Staat und Religions- und Weltanschauungsgemeinschaften neben der religionskundlichen Bildung auch Aspekte wie Friedhöfe, Spitalseelsorge und Weiteres enthalten können, wäre es wünschenswert, dass in jedem Kanton institutionalisierte „Runde Tische“ der jeweils vorhandenen Religions- und Weltanschauungsgemeinschaften existieren, die sich mit dem jeweiligen Fragen auseinandersetzen und somit eine Art professionelle Verhandlungsparter für den Staat darstellen[170]. Die Gesprächskultur, die sich einer solchen Gruppierung bilden kann, kann auch die Behandlung heikler Themen möglich machen. Unter dem Blickwinkel der Beziehungspflege wäre solch ein „Runder Tisch der Religionen“ oder „Rat der Religionen“ äusserst effizient. Der ressourcenraubende Aufbau von guten Verhandlungsbeziehungen und eines guten Gesprächsklimas liesse sich so begrenzen und die Bemühungen um optimalen Lösungen für anstehende Probleme positiv unterstützen.

170 In diesem Sinne ist KELLER zuzustimmen, die eine „Professionalisierung“ der Verhandlungsführung befürwortet: „Das Rechtsgleichheitsgebot ist in Verhandlungsprozessen möglicherweise schwieriger zu gewährleisten als in hoheitlichen Verfahren. Dennoch scheint die Realisierung einer ausgewogenen Vertretung der Interessen durch Professionalisierung der Verhandlungsorganisation keine Unmöglichkeit zu sein.“ KELLER, *Runde Tische,* p. 267.

§ 9 Zusammenfassung Teil III

I. Rechtsvergleichung der Regelungsformen im Grossteil Frankreichs und der Schweiz (Kanton Zürich)

1. Methode und Ausgangsfrage

1. Die Methode der Rechtsvergleichung besteht in der Gegenüberstellung von Normen zweier Rechtssysteme, die denselben Regelungsgegenstand oder dieselbe Rechtsfrage betreffen. Im Zentrum rechtsvergleichender Arbeit steht das Funktionalitätsprinzip. Dieses Prinzip ignoriert die Hierarchiestufe einer Norm und geht davon aus, dass sämtliche Normen für den Vergleich berücksichtigt werden müssen, soll die Regelung eines bestimmten Gegenstands in den beiden Rechtsordnungen umfassend dargestellt werden. In der Folge geht es darum, jene Normen festzuhalten und zu vergleichen, die dieselbe Funktion in der Beantwortung einer Rechtsfrage haben.

2. Frankreich und die Schweiz (daher auch der Kanton Zürich) gehören der „civil law"-Tradition an, wobei Frankreich zur romanistischen, die Deutschschweiz und damit auch der Kanton Zürich zur deutschen Rechtsfamilie gehören. Beide Rechtssysteme haben einen vergleichbaren kulturellen Hintergrund, und in beiden Ländern war das Christentum in seinen verschiedenen Ausprägungen über Jahrhunderte die massgebende Religion.

3. Um zwei Rechtssysteme funktional vergleichen zu können, muss der Regelungsgegenstand oder das Rechtsproblem in Form einer Ausgangsfrage festgehalten werden. Die Ausgangsfrage für die vorgenommene Rechtsvergleichung lautet: „Wie lösen Frankreich und die Schweiz das Problem der mangelnden religionskundlichen Bildung der Jugendlichen im Rahmen der öffentlichen Schulen während der obligatorischen Schulzeit?"

4. Ziel des Vergleiches ist nicht die Auf- oder Abwertung der einen oder anderen rechtlichen Lösung. Es geht darum, Varianten zu der je eigenen Regelung zu erkennen, um für die Weiterentwicklung des eigenen Rechtssystems durch den Vergleich zu lernen.

5. Ein wichtiger Aspekt im vorliegenden Zusammenhang ist die Übersetzungsproblematik. Oft bietet sich eine wortwörtliche Übernahme der fremdsprachigen Rechtstexte an, da jede Übersetzung eine Interpretation des Inhalts ist. Dies gilt umso mehr im Rahmen dieser Arbeit. Französisch ist zwar Landessprache der Schweiz, allerdings ist die Wortbedeutung unter Umständen dennoch kulturell bedingt nicht identisch.

2. Ergebnisse

1. In formeller Hinsicht bestehen Unterschiede bezüglich der Normenstufe grundrechtlicher Gehalte. Zwar sind mit den Artikeln der DDHC, der Verfassungspräambel von 1946 und Art. 1 C. grundrechtliche Inhalte in der französischen Verfassung vorhanden. Dennoch sind wichtige Aspekte, wie etwa der Grundsatz der Nichtfinanzierung und der Nichtanerkennung von Religionsgemeinschaften auf gesetzlicher Stufe geregelt. Im Unterschied dazu kennt die Schweizerische Bundesverfassung und auch die neue Kantonsverfassung des Kantons Zürich einen expliziten Grundrechtskatalog. Auf gesetzlicher Stufe sind dann die Umsetzungen dieser Normen zu finden. Eine Ausnahme davon stellt das Zürcher Gemeindegesetz dar, das in § 39a die Möglichkeit einer kleinen Anerkennung von weiteren christlichen und jüdischen Gemeinschaften vorsieht.

2. Der Vergleich der beiden Verhältnisgestaltungen zwischen Staat und Religions- oder Weltanschauungsgemeinschaften in Frankreich und im Kanton Zürich führt zu einer differenzierten Wahrnehmung der Unterschiede und Gemeinsamkeiten. Die Religionsfreiheit beziehungsweise die Glaubens- und Gewissensfreiheit ist inhaltlich vergleichbar. Sowohl Art. 10 DDHC als auch Art. 15 BV (welcher durch Art. 10 KV ZH im Kanton Zürich direkt angewandt wird) betonen den individualrechtlichen Aspekt. Darüber hinaus pflegt der Kanton Zürich unterschiedliche Beziehungen zu den ansässigen Religionsgemeinschaften. Gemäss Art. 130 KV ZH sind drei christliche Kirchen öffentlich-rechtlich anerkannt, Art. 131 KV ZH verleiht zwei jüdischen Gemeinschaften den Status anerkannter Gemeinden. Andere Gemeinschaften organisieren sich in privatrechtlicher Form. Demgegenüber verleiht der französische Staat keiner Religionsgemeinschaft einen besonderen Status, ermöglicht es den Religionsgemeinschaften aber, ihre Finanzangelegenheiten in Form von Kultusvereinigungen (associations cultuelles und associations diocésaines) zu regeln. Insofern sind in Frankreich die meisten Religionsgemeinschaften privatrechtlich organisiert.

3. Die Ausgestaltung der verglichenen Bildungssysteme weist grosse Parallelen auf. In beiden Ländern ist die öffentliche Schule religiös neutral und garantiert eine ausreichende Grundbildung. An den gesetzlich vorgeschriebenen Erfüllungsorten der Schulpflicht ist der Schulbesuch unentgeltlich. Auf unterschiedliche Weise ermöglichen es beide Schulsysteme den Schülern, eine religiöse Bildung zu erhalten und versuchen, den religiösen Bedürfnissen der Schüler soweit möglich gerecht zu werden. Zu denken ist an Einzeldispensationen für religiöse Feiertage oder an die Anpassung der Schulkantinen an religiöse Vorschriften. Die Lehrpersonen stellen in beiden Systemen Repräsentanten des Staates dar und haben sich religiös neutral zu verhalten.

4. In formeller Hinsicht werden die Eltern im Grossteil Frankreichs als Träger des religiösen Erziehungsrechtes stärker in das bildungsrechtliche System einbezogen als im Kanton Zürich. Hier mag die französische Ratifizierung des 1. Zusatzprotokolls zur EMRK eine Rolle spielen. Symptomatisch für die stärkere Berücksichtigung der primären Erziehungsaufgabe der Eltern ist auch die Bedeutung des (ursprünglich katholisch geprägten) Privatschulwesens in Frankreich.

5. Dem jeweiligen staatskirchenrechtlichen System kommt eine zentrale Funktion für die Ausgestaltung des religionskundlichen Bildungsangebotes zu. Das französische System der laïcité liess die Behandlung religionskundlicher Fragen in den einzelnen Schulfächern zu, wenn ein sachlicher Zusammenhang zum Unterrichtsgegenstand gegeben war und die Erklärung religionskundlicher Aspekte zum besseren Verständnis des behandelten Inhalts notwendig war. Religiöser Unterricht hingegen hatte keinen Platz an den öffentlichen Schulen. Da die bestehenden Stundentafeln bereits überladen waren, bot es sich an, kein neues Fach zu schaffen, sondern die bestehende Form auszubauen. Im Kanton Zürich waren die Kirchen aufgrund des staatskirchenrechtlichen Kooperationssystems mit einem Fach innerhalb der Stundentafeln an den öffentlichen Schulen vertreten. Insofern stellte ein eigenes religionskundliches Fach formell keine Erweiterung der Stundentafel, sondern die Weiterentwicklung des bisherigen Bildungsangebotes vom konfessionell-kooperativen (und damit religiösen) zum religionskundlichen Unterricht dar.

6. In beiden Bildungssystemen stellen die Lehrpläne die zentralen Steuerungselemente des Bildungsangebotes dar. Diese werden sowohl in Frankreich als auch im Kanton Zürich innerhalb der zuständigen Verwaltungsbehörde erarbeitet. In Bezug auf die religionskundlichen Bildungsgehalte ist die Zusammensetzung der jeweiligen Fachgremien interessant. So werden in Frankreich nur die Akteure der schulischen Praxis sowie wissenschaftliches Personal zugezogen, während der Kanton Zürich in Zusammenhang mit der Schaffung von „Religion und Kultur“ auch religiöse Gemeinschaften zumindest zu Stellungnahmen und im Rahmen der Kommission „Religion und Kultur“ zur Mitarbeit eingeladen hat.

II. Verhandlungstheoretische Analyse der Ausarbeitungsprozesse

1. Methode

1. Für die vorzunehmende Analyse wurde ein fünfstufiges Analysemodell entwickelt, das auf vier Beiträgen der vertragstheoretischen Forschung sowie zwei zusätzlichen Aspekten beruht. Aufgrund der Art des verwendeten Materials sowie der Tatsache, dass der Erarbeitungsprozess des Faches „Religion und Kultur" noch nicht abgeschlossen ist, wurden zwei Beiträge aus der vertragstheoretischen Forschung auf einer Stufe vereint. Die Analyse beginnt mit allgemeinen Beobachtungen. Diese stützen sich auf Erkenntnisse aus den Teilen I und II der vorliegenden Arbeit. Anschliessend werden die Kontextelemente nach SPANGLE/WARREN ISENHART untersucht, bevor die beteiligten Parteien und befragten Gruppierungen genannt werden. Als vierter Schritt wird der Erarbeitungsprozess in das modifizierte 5-Phasen-Modell für die Erklärung des Verhandlungsprozesses nach ERBACHER überführt. Schliesslich werden die Eckpunkte der Verhandlung nach dem Modell von KOROBKIN untersucht und die Verhandlungsmethode auf Übereinstimmung mit den Grundsätzen des „Harvard-Konzepts" von FISHER/URY/PATTON überprüft.

2. Die Kontextelemente nach SPANGLE/WARREN ISENHART bestehen aus den sechs Untergruppen „structure", „norms and values", „relationship", „communication", „interdependence" sowie „power". Unter dem Begriff „structure" ist auch die rechtliche Rahmenordnung zu nennen.

3. ERBACHERs Modell, um den Verhandlungsprozess zu strukturieren, nennt fünf Phasen: die Vorbereitungsphase, die Kontaktphase, die Kernphase, die Vereinbarungsphase und die Umsetzungs- und Pflegephase. Die Nennung der Pflegephase am Schluss des Prozesses macht sein Modell für die hier vorgenommene Analyse besonders geeignet. Das Modell wurde für die vorliegende Analyse leicht modifiziert, um dem Umstand gerecht zu werden, dass ein eigentlicher Vertragsabschluss nicht stattfindet.

4. Mit dem „bargaining zone/surplus allocation"-Modell nach KOROBKIN lassen sich die zentralen Elemente des Verhandlungsprozesses darstellen, ohne dass die Unterscheidung zwischen „kooperativ" und „kompetitiv" oder „integrativ" und „distributiv" eine Rolle spielt. Durch zwei „reservation points" (RP) wird für jede Partei die „bargaining zone" (BGZ) begrenzt. Die RPs werden durch die „best alternative to the negotiated agreement" (BATNA) in ihrer grössten Ausdehnung bestimmt. Innerhalb der überlappenden BGZ ist ein Übereinkommen möglich und sinnvoll. Schwierigkeiten bilden „com-

mitment points“ (CP). Das sind Positionierungen einer Partei, die nur unter Imageschaden gegenüber Dritten aufgegeben werden können.

5. Das „Harvard-Konzept“ nach FISHER/URY/PATTON beruht auf den Erkenntnissen spieltheoretischer Forschung und behavioralistischen Spieltheorien. Durch verschiedene Experimente wie etwa dem „Prisoner's dilemma“ konnten die spieltheoretischen Forscher die Überlegenheit von kooperativem gegenüber kompetitivem Verhandlungshandeln aufzeigen. Die behavioralistische Forschung ergänzte diese Erkenntnisse durch eigene Daten und konnte zeigen, dass sich Kooperation und Beachtung der Beziehungsebene längerfristig positiv auf das Verhandlungsverhalten von Parteien auswirkt.

6. Das „Harvard-Konzept“ selbst beruht auf vier zentralen Prinzipien. Erstens soll eine Unterscheidung zwischen Mensch und Problem vorgenommen werden, wobei in der Sache hart verhandelt werden soll, der Umgang mit dem Menschen aber beziehungsfördernd gestaltet sein soll. Zweitens sind die gemeinsamen Interessen in den Mittelpunkt zu stellen. Drittens sollen Handlungsoptionen entwickelt werden, die für alle beteiligten Parteien vorteilhaft sind. Es handelt sich hier unter Umständen um einen kreativen Prozess, der alternative und nicht auf den ersten Blick erkennbare Lösungen ermöglichen soll. Viertens soll die gefundene Lösung anhand von neutralen Kriterien auf ihre Fairness untersucht werden. Auch diese neutralen Kriterien sind Bestandteil von Gesprächen zwischen den Parteien und sollen gemeinsam bestimmt werden.

2. Ergebnisse

1. Die Analysen der Ergebnisse zeigen, dass in beiden Erarbeitungs- und damit Verhandlungsprozessen vergleichbare Herausforderungen und Schwierigkeiten bestanden. Diese lassen sich in zwölf Punkten festhalten, die wiederum folgenden vier Stichworten zugeteilt werden können: „Grundkenntnisse“, „Festlegung von Regeln“, „Beziehung“ und „Machtverteilung“.

2. Vier Punkte betreffen das Stichwort „Grundkenntnisse“. So lässt sich ein unterschiedlicher Wissensstand der Verhandlungspartner bezüglich der rechtlichen Rahmenbedingungen, des Verhandlungsablaufs, der Bedeutung von „commitment points“ sowie der Verhandlungsmethode feststellen.

3. Weitere zwei Punkte können dem Stichwort „Festlegung von Regeln“ zugeordnet werden. Zum einen ist eine fehlende Sprachregelung Ursache mancher Missverständnisse und daraus resultierender Unstimmigkeiten. Zum anderen zeigt sich, dass die gemeinsamen Interessen zu wenig im Mittelpunkt der Bemühungen stehen. Insofern wäre eine Regelung hinsichtlich des

Sprachgebrauchs von bestimmten Begriffen sowie der Grundsätze der Verhandlungsführung in beiden Fällen angezeigt gewesen.

4. In beiden Erarbeitungsprozessen zeigen sich Defizite in Hinblick auf den zentralen Kontext-Aspekt „Beziehung“. Drei Punkte sind zu nennen: Erstens besteht in beiden Prozessen Verbesserungspotential in Hinblick auf die Pflegephase. Zweitens fehlen BATNAs, die beziehungsschonenden Charakter haben. Und drittens fehlen Hinweise auf informelle Aktivitäten, welche die Beziehungsqualität und das Vertrauen in die Vertragspartner verbessern könnten.

5. Das letzte Stichwort betrifft die Frage der Macht und umfasst drei Punkte. Als erster Punkt ist das fehlende Bewusstsein der tatsächlichen Machtverteilung zu nennen. Diese ist nicht gleichmässig, sondern fällt im öffentlichen Bildungswesen zugunsten des Staates aus. Die BATNA kann die eigene Machtposition zwar verändern, so der zweite Punkt, sie ist aber kein Mittel, um den Verhandlungspartner zu einer bestimmten Lösung zu zwingen. Der dritte Punkt betrifft eine Auslassung: In beiden Erarbeitungsprozessen finden die für das Endprodukt zentralen Verhandlungen soweit erkennbar in Räumlichkeiten des Staates statt. Die Möglichkeit, durch Wechsel des Verhandlungsortes die Machtposition dcs Staates weniger hervorzuheben und stattdessen die Beziehungen unter den Verhandlungspartnern zu stärken, wurde nicht genutzt.

6. Aus den zwölf gemeinsamen Schwierigkeiten lassen sich sieben Empfehlungen für weitere Gespräche über religionskundliche Bildung im schweizerischen Kontext entwickeln. Es empfiehlt sich, sämtliche Parteien frühzeitig in den Prozess einzubeziehen. Die Verteilung der Verhandlungsmacht muss klar kommuniziert werden. Es müssen Regeln (beispielsweise Sprachregelungen) für den Verhandlungsprozess festgehalten werden. Um effizientes und beziehungsfreundliches Verhandeln zu gewährleisten, ist es sinnvoll, ein gleiches Niveau an Grundkenntnissen sicherzustellen. „Commitment points“ sollten vermieden werden. Weiter ist es sinnvoll, die Verhandlungen nach der integrativen Methode zu führen. Und schliesslich ist es von zentraler Bedeutung, die Beziehungen der Verhandlungspartner untereinander zu pflegen.

Schlusszusammenfassung

Die rechtlichen Rahmenbedingungen beider Modelle religionskundlicher Bildung sind in vielen Punkten vergleichbar. So bestehen bezüglich der Garantie der Grundrechte, der Grundprinzipien des öffentlichen Bildungswesens, der Ausarbeitung der Lehrpläne für die öffentliche Schule, der Achtung des Kindeswohls im Rahmen der öffentlichen Schule sowie des Einbezugs der Eltern grosse Parallelen. Vergleichbar sind auch die Tendenzen der Bevölkerungszusammensetzung in Bezug auf die Religionszugehörigkeit. Untersucht man, welche Religions- und Weltanschauungsgemeinschaften sowie Interessensverbände im Rahmen des Erarbeitungsprozesses des jeweiligen Modells berücksichtigt wurden, so ist auch hier zumindest grosse Ähnlichkeit gegeben. Die beiden Modelle religionskundlicher Bildung mögen zwar inhaltlich differieren. Sie stehen aber beide in Kontinuität der jeweiligen bisherigen Handhabung von Religion als Unterrichtsgegenstand an den öffentlichen Schulen.

Der grosse und hier vertretener Ansicht nach für den Ausarbeitungsprozess entscheidende Unterschied zwischen den beiden untersuchten Modellen besteht in den staatskirchenrechtlichen Rahmenbedingungen und den sich daraus ergebenden Konsequenzen für die Ausarbeitung eines Modells religionskundlicher Bildung. Das staatskirchenrechtliche System der grundsätzlichen Trennung im Grossteil Frankreichs oder jenes der grundsätzlichen Kooperation im Kanton Zürich prägten den jeweiligen Ausarbeitungsprozess: Wenn Religionsgemeinschaften in Frankreich um Stellungnahmen hinsichtlich religionskundlicher Bildung gebeten wurden, so geschah dies auf wissenschaftlicher Ebene, nicht im direkten Gespräch mit Religionsvertretern. Im Kanton Zürich fanden direkte Begegnungen mit Religionsvertretern statt, allerdings waren nicht von Beginn weg sämtliche Religions- und Weltanschauungsgemeinschaften einbezogen worden. Je breiter ein Konsens in politisch sensiblen Bereichen wie etwa dem Bildungsbereich abgestützt ist, desto grösser ist seine Erfolgschance. Für religionskundliche Bildungsangebote bedeutet eine breite Konsensabstützung, dass gerade auch Religions- und Weltanschauungsgemeinschaften zumindest befragt, idealerweise in den Prozess einbezogen werden sollten.

Letztere Aussage kann als Postulat verstanden werden, das sich an den Staat richtet. Der Staat als gesprächs- oder eben verhandlungsführende Instanz hat sich in der Tat um eine breite Abstützung seiner religionskundlichen Bildungsangebote zu bemühen. Es wäre aber verfehlt, nur den Staat in die Pflicht zu nehmen. Die Religions- und Weltanschauungsgemeinschaften haben sich ihrerseits darum zu bemühen, tatsächliche Gesprächspartner des Staates zu sein. Dazu gehört in erster Linie eine klare interne Organisation der Gemeinschaften innerhalb der schweizerischen Rechtsordnung. Dann geht es aber auch um Kenntnis der rechtstaatlichen Rahmenbedingungen, der Möglichkeiten und Grenzen der Integration religionskundlicher Bildung an öffentlichen Schulen.

Ein weiterer Schritt wäre die Konstituierung von permanenten Gesprächs- oder eben Verhandlungsorganisationen der Gemeinschaften untereinander, die für den Staat Ansprechpartner darstellen. Solche professionalisierten „Runde Tische der Religionen und Weltanschauungen“ hätten den grossen Vorteil, dass die aufwendige Beziehungsarbeit und die Einigung auf Verhandlungsstandards und Grundprinzipien mit der Zeit wegfallen würden und ein Gremium bestände, das nach den Grundsätzen des „Harvard-Prinzips“ verhandeln könnte. Ziel wäre nicht eine grundsätzliche Veränderung des jeweiligen staatskirchenrechtlichen Systems, sondern die Optimierung der jeweiligen Art des Gesprächs mit religiösen und weltanschaulichen Gemeinschaften zwecks sachdienlicher Lösungen politisch heikler Themen aus dem Bereich „Religion im öffentlichen Raum“ im Allgemeinen.

Die genannte Kontakt- und Gesprächsoptimierung zwischen Religions- und Weltanschauungsgemeinschaften auf der einen und dem Staat auf der anderen Seite geht stillschweigend von einer Voraussetzung aus, die weder in Rechtstexten festgelegt ist, noch festgelegt werden kann. Es ist die Voraussetzung, dass sämtliche Beteiligte den Willen zur Kooperation haben, zur Toleranz und zum friedlichen Zusammenleben innerhalb eines Staates, dessen Rechtsordnung genau dies ermöglichen möchte. Ohne diesen allseitigen Willen bleibt jede Anstrengung um verbesserte Gesprächs- und Verhandlungskultur ohne Wirkung.